Kaiser

Finanzintermediäre am Markt für Unternehmenskontrolle

AF211901

# **GABLER** EDITION WISSENSCHAFT

Dirk Kaiser

# Finanzintermediäre am Markt für Unternehmenskontrolle

USA und Bundesrepublik Deutschland im Vergleich

Mit einem Geleitwort von Prof. Dr. Michael Bitz

DeutscherUniversitätsVerlag

Die Deutsche Bibliothek – CIP-Einheitsaufnahme

**Kaiser, Dirk:**
Finanzintermediäre am Markt für Unternehmenskontrolle :
USA und Bundesrepublik Deutschland im Vergleich
/ Dirk Kaiser. Mit einem Geleitw. von Michael Bitz.
- Wiesbaden : Dt. Univ.-Vlg. ; Wiesbaden : Gabler, 1994
  (Gabler Edition Wissenschaft)
  Zugl.: Hagenn, Fernuniv., Diss., 1994

NE: GT

Der Deutsche Universitäts-Verlag und der Gabler Verlag sind Unternehmen der
Verlagsgruppe Bertelsmann International.

Gabler Verlag, Deutscher Universitäts-Verlag, Wiesbaden
© Betriebswirtschaftlicher Verlag Dr. Th. Gabler GmbH, Wiesbaden 1994
Lektorat: Claudia Splittgerber

Höchste inhaltliche und technische Qualität unserer Produkte ist unser Ziel. Bei der Pro-
duktion und Auslieferung unserer Bücher wollen wir die Umwelt schonen: Dieses Buch ist auf
säurefreiem und chlorfrei gebleichtem Papier gedruckt.

Die Wiedergabe von Gebrauchsnamen, Handelsnamen, Warenbezeichnungen usw. in
diesem Werk berechtigt auch ohne besondere Kennzeichnung nicht zu der Annahme, daß
solche Namen im Sinne der Warenzeichen- und Markenschutz-Gesetzgebung als frei zu
betrachten wären und daher von jedermann benutzt werden dürften.

ISBN 978-3-8244-6016-8      ISBN 978-3-322-97681-9 (eBook)
DOI 10.1007/978-3-322-97681-9

*Meinen Eltern*

# Geleitwort

Wie in der vorliegenden Arbeit, die am Fachbereich Wirtschaftswissenschaft der Fern-Universität als Dissertation angenommen worden ist, einleitend noch einmal erhärtet wird, wickelt sich der Handel mit größeren Unternehmensanteilen, der sogenannte Markt für Unternehmenskontrolle, in den USA sehr viel lebhafter und deutlich stärker professionalisiert ab als in Deutschland. Der Verfasser nimmt diesen Befund zum Ausgangspunkt seiner Arbeit und untersucht, inwieweit sich dieses Phänomen durch Unterschiede in den institutionellen Rahmenbedingungen erklären läßt. Dabei untersucht er insbesondere die unterschiedliche Rolle, die den Banken in den beiden Systemen jeweils zukommt.

In gekonnter Verknüpfung von institutionenbezogener Analyse und historischen Vergleichen mit finanzierungstheoretischen Überlegungen entwickelt der Verfasser das zentrale Ergebnis seiner Arbeit: Das deutsche Universalbankensystem erlaubt es den Banken sehr viel eher als das amerikanische Trennbankensystem, über die umfassende Etablierung von Hausbankbeziehungen Unternehmen dauerhaft an sich zu binden; mithin bestehen eher geringe Incentives, den Handel größerer Unternehmensanteile zu forcieren. Die US-amerikanischen Regelungen machen die Etablierung von Hausbankbeziehungen sehr viel schwieriger, wenn nicht unmöglich. Wenn die Banken aber nicht davon ausgehen können, dauerhaft an den Geschäften mit *einem* Unternehmen zu profitieren, so liegt der Versuch nahe, Gewinne durch den laufenden Handel bedeutender Teile *vieler* Unternehmen zu erzielen.

Die Arbeit von Dirk Kaiser erweitert die Diskussion über den Markt für Unternehmenskontrolle damit um einen interessanten, bislang jedoch wenig beachteten Aspekt. Ihr ist daher in Wissenschaft und Praxis weite Verbreitung zu wünschen.

*Michael Bitz*

# Vorwort

Die vorliegende Arbeit ist vor allem das Ergebnis vieler interessanter Gespräche. In der Bankenpraxis hatte man mich auf das in Deutschland unterentwickelte Geschäft mit dem Handel von Unternehmen und bedeutenden Unternehmensteilen unter dem Rubrum „mergers & acquisitions" aufmerksam gemacht. Einer meiner akademischen Lehrer, Herr Professor Martin Hellwig, hatte mich auf das aktuelle Forschungsinteresse an Finanzintermediären hingewiesen. Was lag näher, als beides endlich in eine zusammenhängende Forschungsarbeit zu integrieren?

Mein Doktorvater, Herr Professor Michael Bitz, ist das Risiko einer solchen integrativen Betrachtungsweise eingegangen und hat mich in den vergangenen Jahren an der FernUniversität in Hagen geduldig unterstützt. Ihm danke ich für das in vielen Diskussionen entgegengebrachte Interesse, das sich auch nicht von der Vielfalt der in dieser Arbeit zusammengeführten Anschauungsweisen bremsen ließ. Das Koreferat hat dankenswerterweise Herr Professor Georg Schreyögg erstellt. Dank gilt auch den Sekretärinnen unseres Lehrstuhls, Frau Kamrath und Frau Klewer, deren Antworten auf meine Fragen einen Einführungskurs in die moderne Textverarbeitung ersetzten. Die Buchfassung dieser Arbeit erhielt durch den reichen Erfahrungsschatz und das geduldige Bemühen von Frau Barcarolo und Herrn Rollbusch ihren letzten Feinschliff. Meinen Kolleginnen und Kollegen vom Lehrstuhl danke ich für die freundschaftliche Atmosphäre, die sie gestiftet haben. Fragen zur US-amerikanischen Rechtsordnung beantworteten mir Mr. Joseph R. Coyne vom Board of Governors of the Federal Reserve System, Mr. Jesse Stiller vom Office of the Comptroller of the Currency und Mr. Richard M. Goldberg von der National Association of Securities Dealers.

*Dirk Kaiser*

# Inhaltsverzeichnis

## C. Schlußteil

# Abkürzungsverzeichnis

| | |
|---|---|
| ABlEG | Amtsblatt der Europäischen Gemeinschaften |
| AER | American Economic Review |
| AfA | Absetzung für Abnutzung |
| AG | Die Aktiengesellschaft (Zeitschrift) |
| AGB der Banken | Allgemeine Geschäftsbedingungen der Banken |
| AktG | Aktiengesetz |
| Amex | American Stock Exchange |
| ATS | Automatic Transfer Service |
| BA | Banking Act (Großbritannien:1987; USA: 1933) |
| BAnz | Bundesanzeiger |
| BB | Betriebsberater (Zeitschrift) |
| BdB | Bundesverband deutscher Banken |
| BetrVG | Betriebsverfassungsgesetz |
| BGB | Bürgerliches Gesetzbuch |
| BGBl. | Bundesgesetzblatt |
| BHCA | Bank Holding Company Act (1956) |
| BhA | Bankhistorisches Archiv |
| BI/GF | Bankinformation; ab 1991 mit Genossenschaftsforum (Zeitschrift; ohne fortlaufende Jahrgänge) |
| BörsG | Börsengesetz |
| BörsO | Börsenordnung |
| BörsZulVO | Börsenzulassungsverordnung |
| BStBl. | Bundessteuerblatt |
| CA | California |
| CA | Companies Act |
| CAPM | Capital Asset Pricing Model |
| CC | Comptroller of the Currency |
| CD | certificate of deposit |
| CEBA | Competitive Equality Banking Act (1987) |

| | |
|---|---|
| CFA | Chartered Financial Analyst |
| CO | Connecticut |
| C.F.R. | Code of Federal Regulation |
| DB | Der Betrieb (Zeitschrift) |
| DBW | Die Betriebswirtschaft (Zeitschrift) |
| DK | Dirk Kaiser |
| DIDMCA | Depository Institutions Deregulation and Monetary Control Act (1980) |
| EER | European Economic Review |
| EG | Europäische Gemeinschaften |
| EGKS | Europäische Gemeinschaft für Kohle und Stahl |
| EGKSV | Vertrag über die Gründung der Europäischen Gemeinschaft für Kohle und Stahl vom 18.04.1951 |
| EJ | The Economic Journal |
| ESOP | Employee Stock Ownership Plan |
| EuGH | Europäischer Gerichtshof |
| EWG | Europäische Wirtschaftsgemeinschaft |
| EWG-FKVO | Verordnung des Rates (EWG) Nr. 4064/89 über die Kontrolle von Unternehmenszusammenschlüssen |
| EWGV | Vertrag zur Gründung der Europäischen Wirtschaftsgemeinschaft vom 25.03.1957 |
| F. | Federal Reporter (Sammlung amerikanischer Gerichtsurteile von 1888 bis 1924) |
| F.2d | Fortsetzung von F. (ab 1924) |
| FDIC | Federal Deposit Insurance Corporation |
| FDICIA | Federal Deposit Insurance Corporation Improvement Act (1991) |
| FED | Federal Reserve System / Board of Governors of the Federal Reserve System |
| FFIEA | Federal Financial Institutions Examination Council Act (1978) |
| FFIEC | Federal Financial Institutions Examination Council |
| FIRREA | Financial Institutions Reform, Recovery and Enforcement Act (1989) |

| | |
|---|---|
| FISCCA | Financial Institutions Safety and Consumer Choice Act (1991) |
| Fn. | Fußnote |
| FRB | Federal Reserve Bulletin |
| FSA | Financial Services Act (1986) |
| GSA | Glass-Steagall Act (1933; Teil von BA) |
| GWB | Gesetz gegen Wettbewerbsbeschränkungen |
| HBR | Harvard Business Review |
| HGB | Handelsgesetzbuch |
| HypBG | Hypothekenbankengesetz |
| inc. | incorporated (Amerikanische Kapitalgesellschaft) |
| ISE | London International Stock Exchange |
| i.V.m. | in Verbindung mit |
| JITE | Journal of Institutional and Theoretical Economics (Zeitschrift für die gesamte Staatswissenschaft) |
| JoEEH | Journal of European Economic History |
| JoEH | Journal of Economic History |
| JoEL | Journal of Economic Literature |
| JoF | Journal of Finance |
| JoFE | Journal of Financial Economics |
| JoLE | Journal of Law and Economics |
| JoPE | Journal of Political Economy |
| KWG | Kreditwesengesetz |
| KStG | Körperschaftsteuergesetz |
| KStR | Körperschaftsteuerrichtlinien |
| LBO | Leveraged Buy Out |
| lit. | Buchstabe |
| ltd. | private limited company |
| MA | Massachusetts |
| MW | Milwaukee |
| MitbestG | Mitbestimmungsgesetz |

| | |
|---|---|
| MontanMitbestG | Montanmitbestimmungsgesetz |
| MitbestErgG | Mitbestimmungsergänzungsgesetz |
| MBO | Management Buy Out |
| NASD | National Association of Securities Dealers |
| NASDAQ | NASD Automated Quotation |
| NB | Neue Betriebswirtschaft (Zeitschrift) |
| NBA | National Bank Act |
| NH | New Hampshire |
| NJW | Neue Juristische Wochenschrift |
| NOW | negotiable order of withdrawal |
| NY | New York |
| NYSE | New York Stock Exchange |
| OCC | Office of the Comptroller of the Currency |
| ÖBA | Österreichisches Bank-Archiv |
| OECD | Organization for Economic Co-Operation and Development |
| o.J. | ohne (fortlaufend numerierte) Jahrgänge |
| OTC market | over-the-counter market |
| o.V. | ohne Verfasser |
| p.l.c. | public limited company |
| QJoE | Quarterly Journal of Economics |
| RoESt | Review of Economics and Statistics |
| REStud | Review of Economic Studies |
| RGBl. | Reichsgesetzblatt |
| RIW | Recht der Internationalen Wirtschaft |
| Rn. | Randnummer |
| s. | section |
| SchiffsBG | Schiffsbankgesetz |
| SA | Securities Act (1933) |
| SEA | Securities Exchange Act (1934) |
| SEAQ | The Stock Exchange Automated Quotation |

| | |
|---|---|
| SEC | Securities and Exchange Commission |
| SFA | The Securities and Futures Authority |
| SIB | Securities and Investments Board |
| SIPC | Securities Investor Protection Corporation |
| SRO | Self Regulatory Organization |
| s.t. | unter der Nebenbedingung, daß |
| TSA | The Securities Association |
| Tz. | Teilzahl |
| U.S. | United States Reporter (Verzeichnis amerikanischer Gerichtsurteile) |
| U.S.C. | United States Code |
| v. | versus |
| VAG | Versicherungsaufsichtsgesetz |
| Vorb. | Vorbemerkung |
| WA | Williams Act; Novelle von SEA |
| WiSt | Wirtschaftswissenschaftliches Studium (Zeitschrift) |
| WISU | Wirtschaftsstudium (Zeitschrift) |
| WLLN | „Weak Law of Large Numbers", zu deutsch: schwaches Gesetz der großen Zahlen |
| WPg. | Die Wirtschaftsprüfung (Zeitschrift) |
| WuW | Wirtschaft und Wettbewerb. Zeitschrift für Kartellrecht, Wettbewerbsrecht und Marktorganisation |
| ZBB | Zeitschrift für Bankrecht und Bankwirtschaft |
| ZfB | Zeitschrift für Betriebswirtschaft |
| ZfbF | Zeitschrift für betriebswirtschaftliche Forschung |
| ZfgK | Zeitschrift für das gesamte Kreditwesen |
| ZfU | Zeitschrift für Unternehmensgeschichte |
| ZfW | Zeitschrift für Wirtschaftsrecht |
| ZfWB | Zeitschrift für Wirtschafts- und Bankrecht |
| ZHR | Zeitschrift für das gesamte Handelsrecht und Wirtschaftsrecht |
| ZIP | Insolvenzrecht. Zeitschrift für die gesamte Insolvenzpraxis |

ZWP          Zeitschrift für Wirtschaftspolitik
ZWS          Zeitschrift für Wirtschafts- und Sozialwissenschaften

# Symbolverzeichnis

arg max  „argumentum maximum"; so ist beispielsweise

$$\arg\max_{x \in \mathbf{R}} -x^2$$

das $x$ aus den reellen Zahlen, das die Funktion $f(x) = -x^2$ maximiert.

$C$  Repräsentant des Kompensationseffektes bei den Delegationskosten inner-halb des zweiten Teilargumentes für den Beweis von Satz 2 im Diamond-Modell.

$c$  Asymptotisch konstante Intervallbreite zur Einführung des schwachen Ge-setzes der großen Zahlen im Beweis von Satz 2 im Diamond-Modell.

$D_N$  „Delegationskosten"; ein Finanzintermediär schließt mit Einlegern Kredit-verträge ab, um $N$ Unternehmer zu finanzieren; diese Kreditverträge be-inhalten eine nichtpekuniäre Konkursstrafe für den Fall des Zurückbleibens der Zahlungen $Z_N$ des Finanzintermediärs an die Einleger hinter dem ver-traglich vereinbarten Rückzahlungsbetrag $H_N$. Die Delegationskosten sind dann die erwartete Konkursstrafe, die der Finanzintermediär pro finanzier-tem Unternehmer zahlen muß.

$\delta$  Eine Konstante; sie beschreibt im Beweis von Satz 2 eine Obergrenze, unter die die Wahrscheinlichkeit $P_N$ durch Vergrößerung des Kreditportefeuilles des Finanzintermediärs gesteuert werden kann.

$E$  Erwartungswertoperator; die Stochastik wird in das Modell von Diamond durch die stetige Zufallsvariable $\tilde{n}$ (später indexiert $\tilde{n}_i$; für verschiedene Unternehmer $i$) eingeführt. Dabei umfaßt der Operator zunächst die Bil-dung eines unbedingten Erwartungswertes. Der Erwartungswertoperator bezeichnet aber auch die Bildung eines bedingten Erwartungswertes, was durch die Anfügung der entsprechenden Bedingung nach einem senkrechten Strich angedeutet wird. Die Bildung eines bedingten Erwartungswertes geht von der bedingten Dichtefunktion aus. Das Integral unter der bedingten Dichtefunktion wird nachträglich auf 1 normiert.

$\varphi$  Dichtefunktion einer Zufallsvariablen

$G_N$  Gesamtzahlung, die der Finanzintermediär von $N$ durch ihn finanzierte Unternehmer erhält

$G_N'$  Obere Grenze des Definitionsbereichs von $G_N$

$g_i(n_i)$  Funktion der Zahlungen des $i$-ten Unternehmers an den Finanzintermediär in Abhängigkeit von den outputs $n_i$.

$H_N$      Rückzahlungsbetrag, der insgesamt in den Kreditverträgen mit so vielen Einlegern vereinbart wurde, daß der Finanzintermediär $N$ Unternehmer finanzieren kann.

$h$      Rückzahlungsbetrag, der in einer direkten Finanzierungsbeziehung zwischen einem Unternehmer und Wirtschaftssubjekten mit Finanzierungsüberschüssen vereinbart wurde.

$i$      Laufindex für Unternehmer

$K$      Kosten, die anfallen, wenn ein Außenstehender die exakte Realisierung des outputs $n$ bei einem Unternehmer feststellen möchte; anschaulich könnte man sich hierunter die Kosten vorstellen, die einem Kreditgeber oder Finanzintermediär entstehen, wenn er einen Wirtschaftsprüfer zur Ermittlung von $n$ in ein Unternehmen schickt.

$M_1$      Laufende Erträge

$M_2$      Rückzahlungsbetrag

$M_3$      Mitwirkungs- und Kontrollrechte

$M_4$      Rechtsstellung im Konkurs

$\dfrac{1}{m}$      Privatvermögen eines einzelnen Kreditgebers

$\mu$      Erwartungswert einer Zufallsvariablen

$N$      Anzahl der „jungen" Unternehmer

$\tilde{n}$      Output eines Unternehmers (Zufallsvariable)

$n$      Output eines Unternehmers (Realisation der Zufallsvariablen $\tilde{n}$)

$n'$      Obere Grenze des Definitionsbereichs der Zufallsvariablen $\tilde{n}$

$\Omega$      Die Menge der Elementarereignisse, bei denen eine ausreichende Kompensation von Zahlungen der $N$ Unternehmer an den Finanzintermediär stattfindet, obwohl einzelne Unternehmer bei intermediärloser Finanzierungsbeziehung den vertraglich vereinbarten Rückzahlungsbetrag nicht hätten zahlen können, weshalb sie nichtpekuniär bestraft worden wären.

$P$      Wahrscheinlichkeit eines Zurückbleibens der Zahlungen hinter dem vertraglich vereinbarten Rückzahlungsbetrag $h$ in einer direkten Finanzierungsbeziehung.

$P_N$ Wahrscheinlichkeit eines Zurückbleibens der Zahlungen hinter dem vertraglich vereinbarten Rückzahlungsbetrag $H_N$ in einer Finanzierungsbeziehung mit einem Finanzintermediär, der $N$ Unternehmer finanziert.

$\theta$ Zahlungen des einzelnen Unternehmers an den Finanzintermediär in $t = 2$ im Rahmen des dynamisch erweiterten Modells.

$\Phi_N$ Nichtpekuniäre Konkursstrafe, wie sie in den Kreditverträgen mit so vielen Einlegern insgesamt ausgemacht wird, daß der Finanzintermediär zur Finanzierung von $N$ Unternehmern in der Lage ist.

$\phi$ Nichtpekuniäre Konkursstrafe, wie sie im Kreditvertrag in der intermediärlosen Finanzierungsbeziehung zwischen einem Unternehmer und Wirtschaftssubjekten mit Finanzierungsüberschüssen vereinbart wird.

$R$ Bei Diamond als „return" oder „interest rate" bezeichnete Bruttoertragsrate. Potentielle Kreditgeber haben Zugang zu einer Alternativanlage, die ihnen für eine investierte Einheit nach einer Periode einen Rückfluß von $R$ bringt. Dieser Rückfluß beinhaltet also begrifflich präzise sowohl eine Zinskomponente als auch eine Tilgungskomponente.

$\sigma$ Standardabweichung einer Zufallsvariablen

$\rho$ Korrelationskoeffizient zweier Zufallsvariablen

$t$ Zeitpunkt

$U - N$ Anzahl der „alten" Unternehmer

$Z_N$ Aufsummierte Zahlung des Finanzintermediärs an die Einleger, die der Finanzintermediär zur Finanzierung von $N$ Unternehmern benötigt.

$z$ Aufsummierte Zahlung eines Unternehmers an die Wirtschaftssubjekte mit Finanzierungsüberschüssen, die ihn ohne Zwischenschaltung eines Intermediärs finanziert haben.

# Verzeichnis der Abbildungen und Tabellen

**Deutsche Universalbanken in der zweiten Hälfte des 19. Jahrhunderts:**

But the German banks, and with them Austrian and Italian banks, established the closest possible relations with industrial enterprises. A German bank, as the saying went, accompanied an industrial enterprise *from the cradle to the grave*, from establishment to liquidation throughout all the vicissitudes of its existence.

(Gerschenkron (1962), S. 14; *Kursivdruck* von mir, DK)


**Deutsche Universalbanken zum Ende des 20. Jahrhunderts:**

Und wenn Sie die multinationalen Konzerne *von der Wiege bis zur Bahre* begleiten wollen, wäre eine Betreuung aus einer Hand ebenfalls sinnvoll.

(Ulrich et al. (1991), S. 184; *Kursivdruck* von mir, DK)

## A. Einleitung

## § 1   Fragestellung und Empirischer Befund

### 1   Fragestellung

In der wirtschaftswissenschaftlichen Forschung wird seit einigen Jahren ein Markt diskutiert, an dem sich vor 1965 vermutlich kein Wirtschaftssubjekt in dem Wissen engagiert hätte, daß es sich um den **„Markt für Unternehmenskontrolle"** handelt.

In diesem Jahr hatte Manne[1] mit seinem berühmten Aufsatz den „market for corporate control"[2] auf die Tagesordnung der wirtschaftswissenschaftlichen Forschung gesetzt. Er schrieb ihm eine disziplinierende Wirkung auf die Vorstände ineffizient arbeitender Aktiengesellschaften zu. Arbeitet ein Vorstand ineffizient, so haben die Finanzierungstitel dieser Gesellschaft bei Manne relativ zu ihren Möglichkeiten einen zu niedrigen Wert. Ein neues Management kann zu Übergewinnen gelangen, in dem es das Unternehmen effizienter führt und den Wert der Finanzierungstitel auf Normalniveau hebt. Das Interesse an diesem Markt und die Diskussion der von ihm angeblich ausgehenden – und zumeist als positiv unterstellten – Wirkungen ist seitdem nicht mehr abgeebbt.[3] Auffallend ist jedoch, wie wenig grundlegende Definitionsarbeit bisher für den „Markt für Unternehmenskontrolle" geleistet wurde. Es stellt sich deshalb die

**Frage 1:**

Wie kann man den „Markt für Unternehmenskontrolle" sinnvoll definieren? Wer agiert an diesem Markt? Was wird an ihm gehandelt?

---

1   Vgl. Manne (1965).

2   Als deutsche Übersetzung wäre „Markt für die Kontrolle von Kapitalgesellschaften" zutreffender als „Markt für Unternehmenskontrolle".

3   Für einen Überblick vgl. Jensen (1983) sowie von Thadden (1989).

Die vorliegende Arbeit soll Vorschläge zur Beantwortung dieser Frage unterbreiten, wobei auch der Frage nachgegangen werden soll, wie die institutionellen Rahmenbedingungen in der Bundesrepublik Deutschland und in den USA diesen Markt jeweils ordnen. Dem Gesellschaftsrecht wird hier die Schlüsselposition zugeschrieben und es wird untersucht, welcher gesellschaftsrechtliche Regelansatz jeweils verfolgt wird. Weiterhin soll in dieser Arbeit der Institution des Finanzintermediärs Aufmerksamkeit geschenkt werden.

**Frage 2:**

Welche Rolle spielen Finanzintermediäre, wenn finanzielle Mittel von den Finanzüberschüsse produzierenden Sparern zu den Finanzbedarf entwickelnden Investoren, also den Unternehmen fließen?

Auch hier möchte die vorliegende Arbeit Vorschläge für eine gedankliche Durchdringung des Phänomens machen. Denn noch bis vor sehr kurzer Zeit hätte sich die Wirtschaftswissenschaft bei der Antwort auf diese Frage auf die nicht falsifizierbare Position zurückgezogen, daß Finanzintermediäre Einlagen (und ähnliche Finanzierungsverträge) mit den Sparern abschließen, um finanzielle Mittel von ihnen entgegenzunehmen, um sodann Kreditverträge (und ähnliche Finanzierungsverträge) mit den Investoren abzuschließen, um diese finanziellen Mittel umgehend weiterzuleiten. Mithin wäre ein Finanzintermediär kaum mehr als eine Durchgangsstation für finanzielle Mittel. Eine Ableitung dieser tautologisch anmutenden Bilanzidentität aus einem Optimierungskalkül erfolgte nicht und wurde – wenn überhaupt – durch einige postulierte Plausibilitäten ersetzt.[4]

Nun ist eine derart schlüssige Analyse des Finanzintermediärs in einer ökonomischen Theoriewelt, die sich noch massiv am walrasianischen Paradigma friktionsloser Märkte mit umfassendem Informationsstand aller Beteiligten orientiert, auch nur sehr schwer zu betreiben: In dieser Welt, in der die Institution des walrasianischen Auktionators a priori gegeben ist, bleibt für profanere **Institutionen** und selbst für **Verträge** kein Platz.[5] [6] Wenn man realtypischen Rechtsinstitutionen wie dem „Vertrag" oder dem „Kreditinstitut" durch die Gestaltung des modelltheoretischen Prämissenkranzes

---

4    Vgl. Brainard/Tobin (1967), S. 57; ähnlich: Goldsmith (1969), S. 393/394.

5    Vgl. etwa die Analyseansätze von Gurley/Shaw (1960) und Brainard/Tobin (1967) in der Interpretation von Hellwig (1990), S. 1, 2 und 8.

6    Mehr Interesse an der Rolle von Institutionen wie Finanzintermediären brachten lange Zeit Wirtschafts*historiker* auf. Die Rolle unterschiedlicher Finanzsysteme in der wirtschaftlichen Entwicklung speziell der „take-off-Phase" der Industriellen Revolution untersuchen beispielsweise Gerschenkron (1962) oder Landes (1969).

den Zugang zur betrachteten Modellwelt verwehrt, dann kann das historisch gewachsene Chisma der Finanzintermediation – Trennbankensysteme mit ihrem herausragenden Repräsentanten USA einerseits, Universalbankensysteme in vielen Ländern
Kontinentaleuropas, insbesondere in Deutschland[7] andererseits – in eine Theorie der
Finanzintermediation schon gar nicht integriert werden.

Eine Vielzahl von Argumenten spricht aber gerade dafür, eine theoretische Analyse der
Finanzintermediation nicht in dem Stadium einer Hülse zu belassen, die von anderen
Generationen erst noch mit dem institutionellen Mark unterschiedlicher institutioneller
Rahmenbedingungen zu füllen wäre. Als Motivation für eine solche Analyse beobach-
te ich zum Beispiel das folgende verblüffende Phänomen:

Finanzintermediäre sind bei der Organisation eines Segmentes des Marktes für Finanzierungstitel engagiert, an dem bedeutsame Unternehmensteile und sogar ganze Unternehmen gehandelt werden (heutzutage gewöhnlich mit **„mergers & acquisitions"**[8]
bezeichnet) und das häufig als *die* realtypische Erscheinung des obengenannten Marktes für Unternehmenskontrolle verstanden wird[9]. Dieses Marktsegment gilt im Gegensatz zu den USA für die Bundesrepublik Deutschland als unterentwickelt und wenig
professionalisiert.[10] Es stellt sich deshalb die

---

**Frage 3:**
Welche Rolle spielt der Markt für Unternehmenskontrolle für Finanzintermediäre?
Warum ist das Auftreten von Finanzintermediären am Markt für Unternehmenskontrolle in den USA und in der Bundesrepublik Deutschland unterschiedlich? Lassen sich
aus einer eventuell unterschiedlichen Rolle der Finanzintermediäre am Markt für Unternehmenskontrolle Rückschlüsse auf die unterschiedliche Intensität des Handels von
Unternehmen und bedeutenden Unternehmensteilen ziehen?

---

Auch für diese Frage sollen in dieser Arbeit Lösungskonzepte erarbeitet werden, nachdem die institutionellen Rahmenbedingungen am Markt für Unternehmenskontrolle
und im Bereich der Finanzintermediation strukturiert präsentiert wurden.

---

7   Die Bankensysteme Deutschlands und der USA charakterisiert überblickartig Hein (1988).

8   Vgl. van Horne (1980), S. 665 – 689.

9   Das ergibt sich auch schon aus dem Aufsatz von Manne (1965); ähnlich: Jensen (1983), S. 5 – 50.

10  Vgl. Storck (1990), S, 379; Gröschel (1993), S. 228.

## 2 Empirischer Befund

Die Hypothese, daß der Handel von Unternehmen und bedeutenden Unternehmensteilen in der Bundesrepublik Deutschland im Vergleich zu den USA unterentwickelt und wenig professionalisiert ist, könnte auf verschiedene Arten mit empirischem Gehalt gefüllt werden. So könnte man an der Zahl der insgesamt *bestehenden* Unternehmen in den USA und in Deutschland ansetzen und sie als Bezugsbasis für die Anzahl von insgesamt gehandelten Unternehmen und bedeutenden Unternehmensteilen wählen. Die Anzahl der insgesamt bestehenden Unternehmen hat sich insbesondere für den Bereich der USA jedoch als sehr schwer ermittelbar erwiesen.[11] In ähnlicher Weise stellt die Ermittlung der insgesamt gehandelten Unternehmen und bedeutenden Unternehmensteile datentechnisch ein erhebliches Problem dar.[12]

Hingegen sind die *börsennotierten* Unternehmen eine Teilmenge der insgesamt bestehenden Unternehmen, für die Zahlenmaterial recht gut herbeizubringen ist. So kann man den Jahresberichten der deutschen Wertpapierbörsen die Zahl der börsennotierten inländischen Unternehmen in der Bundesrepublik Deutschland und an den wichtigsten Börsen in den USA[13] entnehmen. In den USA waren dies 1987 6829 Unternehmen, 1988 6624 Unternehmen, 1989 6461 Unternehmen und 1990 6338 Unternehmen.[14] In der Bundesrepublik Deutschland lagen die entsprechenden Zahlen 1987 bei 574 Unternehmen, 1988 bei 609 Unternehmen, 1989 bei 628 Unternehmen und 1990 bei 649 Unternehmen.[15] Auch die Anzahl der gehandelten Unternehmen und bedeutenden Unternehmensteile kann bei börsennotierten Unternehmen bei geeigneter Operationalisierung ermittelt werden. Geht man ausschließlich von Mehrheitsübernahmen aus, so

---

11 Die „International Financial Statistics" des International Monetary Fund (1991) liefern sowohl für die USA als auch für Deutschland keine Angaben über die Anzahl der existierenden Unternehmen. Das US Department of Commerce bringt in seinem „Statistical Abstract of the United States" lediglich Schätzzahlen ((1992), S. 519). Das „Statistische Jahrbuch 1992 für das Ausland" des Statistischen Bundesamtes liefert keine allgemeinen Angaben bezüglich der Unternehmenszahlen. International vergleichbare Zahlen gibt es lediglich für das produzierende Gewerbe; auch dort erfolgt keine Zahlenangabe für die USA ((1992), S. 257).

12 Eine der wenigen international angelegten Studien ist OECD (1984). Die Angaben sind jedoch schon für die USA nicht eindeutig (unterschiedliche Zahlen in Table 23 auf S. 92 und Table 29 auf S. 96). Darüber hinaus sind sie mit den Zahlen für Deutschland kaum vergleichbar, weil die deutschen Zahlen allein aus der Meldepflicht nach § 23 GWB an das Bundeskartellamt resultieren und deshalb von bestimmten, in DM definierten Schwellenwerten abhängig sind und nicht ausschließlich von international vergleichbaren Beteiligungsquoten (S. 110).

13 NYSE, Amex und NASDAQ; an den verbleibenden regionalen Börsen werden fast ausschließlich Werte gehandelt, die auch schon an der NYSE oder der Amex notiert werden; vgl. hierzu § 9 dieser Arbeit.

14 Vgl. Arbeitsgemeinschaft der Deutschen Wertpapierbörsen (1989), S. 514 und (1991), S. 157.

15 Vgl. ebda.

stellen die Angaben der Zeitschrift „Mergers & Acquisitions" für die USA und des „Wupper-Reports" für die Bundesrepublik Deutschland eine datentechnisch solide, im internationalen Vergleich bisher aber kaum genutzte Datenbasis dar.[16] Die absoluten Zahlen von Mehrheitsübernahmen börsennotierter inländischer Unternehmen und die relativen, mit der Anzahl der börsennotierten inländischen Unternehmen gewichteten Zahlen ergeben sich aus der folgenden Tabelle:

Tabelle 1: Absolute und relative Häufigkeit von Mehrheitsübernahmen in den USA und in der Bundesrepublik Deutschland

| | Jahr | USA | Deutschland |
|---|---|---|---|
| Anzahl von Mehrheitsübernahmen börsennotierter inländischer Unternehmen | 1987 | 283 | 14 |
| | 1988 | 320 | 12 |
| | 1989 | 228 | 17 |
| | 1990 | 225 | 18 |
| Mehrheitsübernahmen börsennotierter inländischer Unternehmen im Verhältnis zur Anzahl der börsennotierten inländischen Unternehmen | 1987 | 0.041 | 0.024 |
| | 1988 | 0.048 | 0.020 |
| | 1989 | 0.035 | 0.027 |
| | 1990 | 0.036 | 0.028 |

---

16 Die Auswertung beider Quellen hat Herr cand. rer. pol. Michael Bräuer im Rahmen seiner Diplomarbeit „‚Mergers & Acquisitions': Der Handel von Unternehmen und bedeutenden Unternehmensteilen in Deutschland und in den USA im Vergleich" am Lehrstuhl für Bank- und Finanzwirtschaft der FernUniversität Hagen (1993) vorgenommen, wofür ich ihm an dieser Stelle danken möchte. Herr Bräuer hat folgende Quellen ausgewertet: o.V., The $ 200 Billion Threshold, Mergers & Acquisitions 22, Heft 6 (1987), S. 9/10; o.V., The Tip of the M&A Iceberg, Mergers & Acquisitions 23, Heft 5 (1988), S. 7/8; o.V., Demand for Public Companies, Mergers & Acquisitions 24, Heft 5 (1989), S. 12 – 15; o.V., At the Top of the Line, Mergers & Acquisitions 25, Heft 5 (1990), S. 14/5; o.V., Shifts in Deal Currents, Mergers & Acquisitions 26, Heft 5 (1991), S. 8/9; Wupper & Partner (Hrsg.), Wupper-Report 1986, Hamburg (1987); Wupper & Partner (Hrsg.), Wupper-Report 1987, Hamburg (1988); Wupper & Partner (Hrsg.), Wupper-Report 1988, Hamburg (1989); Wupper & Partner (Hrsg.), Wupper-Report 1989, Hamburg (1990); Wupper & Partner (Hrsg.), Wupper-Report 1990, Hamburg (1991). Aus dem Wupper-Report wurde der Abschnitt „Beteiligungen" nach „Objekten" ausgewertet.

Im langfristigen Durchschnitt ergibt sich mithin, daß in Deutschland auf 100 inländische börsennotierte Unternehmen lediglich knapp 2.5 Mehrheitsübernahmen pro Jahr entfallen, während es in den USA 60% mehr, also 4 Mehrheitsübernahmen sind. Hält man die Anzahl der Mehrheitsübernahmen, die auf 100 inländische börsennotierte Unternehmen pro Jahr entfallen, für normalverteilt[17] und geht man davon aus, daß die Stichprobenvarianz ein guter Schätzer für die Varianz der Grundgesamtheit ist, so kann man auf das Datenmaterial einen Zweistichproben-Gaußtest[18] anwenden. Die Nullhypothese, daß der Erwartungswert der amerikanischen Grundgesamtheit kleiner oder gleich dem Erwartungswert der bundesdeutschen Grundgesamtheit ist, muß auf einem Signifikanzniveau von 0.05 verworfen werden. Die Gegenhypothese, daß der Erwartungswert der amerikanischen Grundgesamtheit größer ist als der der bundesdeutschen, erweist sich als empirisch gehaltvoll. In den USA dürften also signifikant mehr Unternehmen und bedeutende Unternehmensteile gehandelt werden als in der Bundesrepublik Deutschland.

---

17  Diese Annahme wird in „reiner" Form allerdings schon deshalb nicht erfüllt sein, weil es keine negativen Anzahlen von Übernahmen geben kann. Das Verteilungsproblem kann jedoch durch ein alternatives und etwas komplizierteres Testverfahren überwunden werden; vgl. Bamberg/Baur (1984), S. 192 – 194.

18  Vgl. hierzu Bamberg/Baur (1984), S. 192 – 194.

# § 2    Gang der Untersuchung und Themeneingrenzung

## 1    Gang der Untersuchung

Die vorliegende Arbeit zerfällt in elf in sich weitgehend abgeschlossene und in logischer Reihenfolge stehende Einheiten unterschiedlichen Umfangs. Diese Paragraphen sind zu Einleitung (§§ 1 und 2), Hauptteil (§§ 3 – 9) und Schlußteil (§§ 10 und 11) gruppiert. Die §§ 3 – 6 können der ersten der drei in § 1 genannten Explorationsfragen zugeordnet werden. Um den Markt für Unternehmenskontrolle operabel definieren zu können, wird zunächst in § 3 der Finanzierungsvertrag als idealtypisches Konstrukt und als realtypisches Rechtsinstitut zu betrachten sein. Der aus einem Finanzierungsvertrag resultierende Finanzierungstitel kommt nämlich als Marktobjekt des Marktes für Unternehmenskontrolle in Frage. Eine Systematisierung der Finanzierungstitel beruht dabei auf der Regelvermutung, daß Titel höherer Ordnung gewöhnlich die Existenz von Titeln niederer Ordnung voraussetzen. So scheint die Existenz des Finanzierungstitels erster Ordnung Geld heute faktisch notwendige Bedingung für die Konstruktion von Finanzierungstiteln zweiter Ordnung wie Aktie oder Kredit zu sein. Finanzierungstitel zweiter Ordnung sind ab dann ausschließlicher Gegenstand der Betrachtung, weil auch schon Manne (1965) alleine auf dieser Ebene ansetzte.[1]

Um die gedankliche Brücke zum Markt für Unternehmenskontrolle schlagen zu können, erläutert § 3 ferner die Märkte, auf denen Finanzierungstitel umgeschlagen werden und die Ausstattung von Finanzierungstiteln mit Mitwirkungs- und Kontrollrechten. § 4 charakterisiert sodann idealtypisch den Markt für Unternehmenskontrolle als ein Teilsegment des Marktes für Finanzierungstitel. Die realtypische Ausgestaltung des bundesdeutschen Marktes für Unternehmenskontrolle wird anhand des gesellschaftsrechtlichen Regelkonzeptes in § 5 dieser Arbeit dargestellt. § 6 ermöglicht dann einen Vergleich des US-amerikanischen Regelansatzes auf Bundesebene mit ebendiesen Regelungen der Bundesrepublik Deutschland.

Der Auseinandersetzung mit der zweiten Fragestellung dient § 7. Der Finanzintermediär wird dort als eine Institution identifiziert, die – zwischen Investor und Sparer geschaltet – Finanzierungsverträge unter Kostenvorteilen transformieren kann.

Die §§ 8 und 9 dienen dann bereits der Vorbereitung der Behandlung der dritten Fragestellung, indem die realtypischen Finanzintermediäre „Universalbank", „commercial bank" und „investment bank" in der bundesdeutschen bzw. US-amerikanischen Rechts-

---

[1]  Man kann sich natürlich leicht Finanzierungstitel höherer Ordnung vorstellen. Die Option auf eine Aktie etwa ist ein Finanzierungstitel dritter Ordnung, da sie konstitutiv die Existenz des Finanzierungstitels zweiter Ordnung Aktie voraussetzt. Im Rahmen dieser Untersuchung scheinen Finanzierungstitel höherer Ordnung aber vernachlässigt werden zu können.

ordnung auf Bundesebene skizziert werden. § 10 faßt dann die Untersuchungsergebnisse der idealtypischen und realtypischen Betrachtungsweisen zusammen und versucht, insbesondere eine Antwort auf die dritte eingangs gestellte Frage zu geben, indem er darstellt, wie man sich das unterschiedliche Verhalten der Finanzintermediäre am Markt für Unternehmenskontrolle als Reflex unterschiedlicher institutioneller Rahmenbedingungen vorstellen könnte.

Da nun aber angelsächsische Regelungselemente über die Europäische Gemeinschaft Einzug in die bundesdeutsche Rechtsordnung halten werden, versucht § 11 einen Ausblick auf Entwicklungstendenzen am bundesdeutschen Markt für Unternehmenskontrolle und bei der bundesdeutschen Finanzintermediation.

## 2 Themeneingrenzung

Die Bearbeitung der Explorationsfragen aus § 1 könnte durch eine Betrachtung von Unternehmen der verschiedensten Rechtsformen und andere Sachverhaltgestaltungen sehr stark aufgesplissen werden, ohne vermutlich entscheidend an Erkenntnisgewinn für ebendiese zuzulegen. Im Dienste einer kompakten Darstellung scheinen vielmehr die folgenden Eingrenzungen sinnvoll:

- Die Betrachtung vollzieht sich allein auf der finanzwirtschaftlichen Ebene. Realwirtschaftliche Auswirkungen von Tauschvorgängen am Markt für Unternehmenskontrolle und von Finanzintermediären werden vernachlässigt. Dies birgt die Gefahr des Einwandes reiner Partialanalyse. Analysen, die auch leistungswirtschaftliche Aspekte erfassen, liegen andererseits bereits vor[2], müssen sich aber den Einwand eines gewissen Theoriemankos insbesondere im Bereich der Finanzierungstheorie gefallen lassen. Eine Kombination finanzwirtschaftlicher und realwirtschaftlicher Argumente kann auch die Kombinationsmöglichkeiten in die Höhe schnellen lassen, so daß Doppelzählungen von Argumenten wahrscheinlich werden.[3]

---

2 Vgl. exemplarisch Sautter (1989).

3 Ein typisches Beispiel für Doppelzählungen bei den Chancen von Unternehmenskäufen liefert das Standardwerk „mergers & acquisitions" von Cooke (1986) auf den Seiten 27 – 37. So soll einerseits ein ineffizientes Management der Grund dafür sein, daß man Unternehmen mit Vorteil erwerben kann (S. 29), andererseits führt die principal-agent-Problematik zu einem eigenen Block von durch das Management bedingten Kaufmotiven (S. 28). Effizienzgewinne sind ein eigenständiges Motiv (S. 33), obwohl gerade auf sie die auf S. 26 genannten Synergieeffekte zurückgehen können.

- Es werden Unternehmen betrachtet, die über keine ausreichende Innenfinanzierung verfügen.[4] Zur Deckung von Finanzbedarfen sind sie deshalb auf Außenfinanzierung mit den Finanzüberschüsse produzierenden Sparern angewiesen. A priori stellen Finanzierungsverträge und Finanzintermediäre bei den Finanzierungsvorgängen also notwendige Rechtsinstitute dar.

- Die institutionelle Auseinandersetzung mit der Regelung von Tauschvorgängen am Markt für Unternehmenskontrolle beschränkt sich auf den Bereich des Gesellschaftsrechts. Verschiedenen anderen Rechtsgebieten wird man ebenfalls Relevanz zusprechen; das gilt insbesondere für das Steuerrecht und das Kartellrecht.

  – Der Verzicht auf eine Auseinandersetzung mit steuerrechtlichen Regelungen kann mit der **Komplexität der Materie** in beiden Rechtsordnungen motiviert werden. Diese ergibt sich in der Bundesrepublik Deutschland schon aus der Anzahl der Steuern, die für Tauschvorgänge am Markt für Unternehmenskontrolle relevant sein können und in den USA zusätzlich aus der nicht mehr klar zu trennenden Vielfalt von bundes- und einzelstaatlichen Regelungen.[5]

  – Ein Verzicht auf eine Auseinandersetzung mit der kartellrechtlichen Regelung des Marktes für Unternehmenskontrolle scheint auch dadurch erleichtert zu werden, daß das US-amerikanische Antitrust-Recht über den Weg der alliierten Dekartellierungsgesetze 1947 Einzug in Deutschland hielt.[6] In beiden Rechtsordnungen kann man deshalb sowohl den Ansatz am *ent*stehenden Unternehmenszusammenschluß im Wege der Zusammenschlußkontrolle als auch den Ansatz am *be*stehenden Unternehmenszusammenschluß im Wege der Mißbrauchsaufsicht finden.[7] Eine detaillierte rechtsvergleichende Analyse beider Gebiete muß jedenfalls weiteren Forschungsarbeiten überlassen werden.

---

4  Zur Abgrenzung von Innen- und Außenfinanzierung und zum Problem einer bilanzorientierten Berechnung der Innenfinanzierung vgl. Bitz/Kaiser/Matzke (1992), S. 31 – 42 und Bitz (1993), S. 5 – 8.

5  Vgl. für die Bundesrepublik Deutschland z.B. Herzig/Hötzel (1990), Knobbe-Keuk (1991), Sieben/Sielaff (1989), Otto (1989), Widmann (1990), Widmann/Mayer (1991), Scheffler (1991), Müller (1990) und Orth (1990); einen systematischen Überblick über das System der USA mit besonderem Bezug zur Interdependenz von bundesstaatlichen und einzelstaatlichen Regelungen findet man bei Treumann/Peltzer/Kuehn (1990), S. 372 – 405.

6  Vgl. WP-Handbuch (1992), Bd. II, K, Tz. 2.

7  Vgl. für die Bundesrepublick Deutschland die Kommentierungen zum GWB von Immenga/Mestmäcker (1981) und von Gamm (1990) und für die USA Herdzina (1990) und Treumann/Peltzer/ Kuehn (1990), S. 287 – 327.

• Der institutionelle Rahmen der Bundesrepublik Deutschland soll als ein Referenzpunkt dienen. „Deutsche Unternehmen" sollen stets inländische, börsennotierte
Aktiengesellschaften im Sinne des Aktiengesetzes sein, **„deutsche Universalbanken"** inländische Kreditinstitute im Sinne des Kreditwesengesetzes, ebenfalls
in der Rechtsform der Aktiengesellschaft.

• Es wird angenommen, eine Aktiengesellschaft wolle an einer anderen Aktiengesellschaft das Verfügungsrecht über deren Unternehmenspolitik erwerben oder
besitze es bereits.[8] In der Ausgangssituation bestehen keinerlei Beteiligungen.[9]
Bei beiden Aktiengesellschaften sind die Aktien voll eingezahlt.[10]

• Der institutionelle Rahmen der Vereinigten Staaten von Amerika soll als zweiter
Referenzpunkt dienen. Dargestellt werden dessen bundesstaatliche Regelungen im
Bereich der gesellschaftsrechtlichen Ordnung des Marktes für Unternehmenskontrolle und der Finanzintermediation. Die bundesstaatlichen Regelungen sind im
Bereich der Finanzintermediation maßgeblich für die einzelstaatlichen Regelungen. Im Bereich des Gesellschaftsrechts sind die einzelstaatlichen Regelungen
ausgesprochen heterogen und die bundesstaatlichen Regelungen stellen für über
Staatengrenzen hinaus operierende Unternehmen meist die entscheidende Mindest-
regelung dar. Amerikanische Unternehmen sollen inkorporierte, inländische Gesellschaften („inc." 's) sein. Als Finanzintermediäre abgegriffen werden **investment
banks** und **commercial banks,** beide ebenfalls als inkorporierte Gesellschaften.
Als Repräsentanten der commercial banks werden solche mit bundesstaatlicher
Zulassung herausgegriffen; man bezeichnet diese auch als **national banks.**

---

8  Der ebenfalls denkbare Fall des Unternehmenskaufes durch Privatpersonen wird also nicht
   Gegenstand der Betrachtung sein; zur allgemeinen zivilrechtlichen Zulässigkeit des Unternehmenskaufes vgl. Gösche (1991), S. 122; Rechtsquelle sind die §§ 433 ff. BGB.

9  Durch Anteilserwerb entstehen also keine „wechselseitigen Beteiligungen" im Sinne des § 19
   AktG.

10 Eventuelle Komplikationen durch nicht voll eingezahlte Aktien, etwa bei der Fusion (vgl. Kraft
   (1988), § 339, Rn. 54/5), werden also durch die Eingrenzung der Fragestellung a priori ausgeschlossen.

## B. Hauptteil

# § 3 Finanzierungsverträge in idealtypischer und in realtypischer Betrachtung

## 1 Zeitliches Auseinanderklaffen von Vorleistung und Gegenleistung als entscheidungstheoretisches Grundproblem

Grundlegende Formen wirtschaftlicher Aktivität stellen die Produktion und der Tausch dar. Unterstellen wir Freiwilligkeit des Handelns, so kann man bei rationalen Wirtschaftssubjekten davon ausgehen, daß sie sich nach dem Tauschvorgang durchweg verbessert fühlen. Tauschvorgänge, die „Zug um Zug" erfolgen, bei denen die ausgetauschten Leistungen also praktisch zeitgleich den Besitzer wechseln, stellen dabei nur eine einfache Form dar. Wirtschaftliche Aktivitäten wie die Produktion sind jedoch „häufig dadurch gekennzeichnet, daß zunächst ein Einsatz bestimmter Mittel erfolgt (Input), aus dem in der darauffolgenden Zeit gewisse Nutzungen gezogen werden (Output)".[1] Input und Output klaffen zeitlich auseinander.[2] Wollte ein Unternehmer Inputs für einen wie auch immer gearteten Produktionsvorgang von fremder Seite beschaffen, so könnte er dies in solchen Fällen nicht durch den Austausch von Outputs aus diesem Produktionsvorgang erreichen, sondern allenfalls durch das Versprechen der Leistung zukünftiger Outputs. Die Qualität eines solchen Versprechens muß von dem die Vorleistung Erwägenden jedoch genau überprüft werden. Wäre das Versprechen von schlechter Qualität oder wäre seine Qualität schwer taxierbar, so stünde er vor einem schwierigen Entscheidungsproblem.

Das zeitliche Auseinanderklaffen von Vorleistung und Gegenleistung als Entscheidungsproblem ist von verschiedenen wirtschaftswissenschaftlichen Schulen in völlig unterschiedlicher Weise angegangen worden. Dies wird in den Gliederungspunkten 1

---

1 Vgl. Bitz (1989b), S. 443.

2 Die Investitionstheorie bezeichnet es schon als „normal", wenn bei einem Investitionsobjekt nur ein einmaliger Input erforderlich ist, auf denn dann nur noch Outputs folgen; vgl. Bitz (1989b), S. 452.

und 2 dieses Paragraphen gezeigt, wobei der Schwerpunkt auf der Betrachtungsweise durch die sogenannte „Neuere Finanzierungstheorie" liegt.

## 1.1    Das walrasianische Paradigma

> „Der walrasianische Auktionator
> ist ein großer Mythos;
> ich betone beide Worte."
>
> James Tobin[3]

Zu den herausragenden Beiträgen von Léon Walras zur Wirtschaftstheorie gehört die simultane Untersuchung eines Wirtschaftssystems, in dem alle existierenden Güter auf eigenen Märkten gehandelt werden (Globalanalyse).[4] Die in dieser walrasianischen Welt handelnden Personen haben keine Marktmacht und behandeln deshalb Preise als gegebene Konstanten. Es wird dabei nicht erklärt, wie Preise alleine durch den Austausch zwischen den Handelnden zustande kommen. Stattdessen soll ein walrasianischer Auktionator, der über die Wünsche und Vorstellungen der Tauschpartner **vollständig informiert** ist, die von ihm ausgerufenen Preise so lange anpassen, bis im Gleichgewicht alle Märkte geräumt sind. Sämtliche Transaktionen, also sowohl die Weitergabe von Informationen als auch die eigentlichen Tauschvorgänge können dabei friktionslos **ohne Transaktionskosten** durchgeführt werden.[5] Walras' statische Analyse verhindert jede Möglichkeit eines zeitlichen Auseinanderklaffens von Vorleistung und Gegenleistung.

Die Integration verschiedener Zeitpunkte und der Unsicherheit, also verschiedener Zustände der Welt in einem bestimmten Zeitpunkt, ist von Hicks und Arrow/Debreu etwas „trickreich" vollzogen worden.[6] Alle möglichen Zustände der Welt können hier durch ein vollständiges System von bedingten Terminmärkten bereits in der Gegenwart abgegriffen werden, so daß die statische Theorie des Walras letztlich auch in dieser dynamisierten Welt ohne jede Änderung angewandt werden kann.[7]

---

3    Zitiert nach Felderer/Homburg (1987), S. 89.

4    Die am weitesten ausgearbeitete Version der Gedanken Walras' findet man bei Walras (1874).

5    Vgl. Walras (1874), Tz. 41/2 am Beispiel der Preisfindung für französische Staatsanleihen, die paradoxerweise in der reinen Güterwelt als Finanzierungstitel gar keinen Platz haben; Interpretation bei Bester (1989), S. 265.

6    Hildenbrand (1982), S. 12/3.

7    Vgl. Debreu (1959), S. 28 – 102 und Hildenbrand (1982), S. 12/3.

Eine Variation des walrasianischen Leitbildes wirtschaftswissenschaftlicher Forschung stellt auch das sogenannte Kapitalmarktmodell oder CAPM[8] mit seiner Implikation des Modells von Modigliani/Miller[9] dar. Ohne auf konkrete Unterschiede in den Modellwelten von Walras bis zum CAPM weiter eingehen zu wollen, seien einige Zentralaussagen aus den Modellen mit vollkommener Information und ohne Transaktionskosten zusammengetragen und verdichtet:

(1) Die Absicherung einer zukünftigen Gegenleistung für eine heutige Vorleistung durch einen Vertrag ist überflüssig, da der die Vorleistung Erbringende weiß, daß die zukünftige Gegenleistung tatsächlich erfolgen wird.

(2) Erst recht irrelevant wäre eine Unterscheidung von Finanzierungstiteln in Eigenfinanzierungstitel und Fremdfinanzierungstitel. Für den Wert eines Unternehmens, das ein bestimmtes Investitionsprojekt finanzieren möchte, spielt es keine Rolle, in welchem Verhältnis Eigen- und Fremdfinanzierung zueinander stehen.[10]

(3) Die von Wirtschaftssubjekten zu treffenden Anlageentscheidungen beschränken sich auf die Verteilung des Vermögens auf eine risikolose Anlage und ein wohldefiniertes, breit diversifiziertes „Marktportefeuille".[11]

(4) Tausch vollzieht sich direkt; indirekter Tausch der Form Vorleistung – Geld, Geld – Gegenleistung findet nicht statt. Für die Bereitstellung von Geld gibt es keinen Grund.[12]

(5) Finanzintermediäre sind redundant.[13]

(6) Das trotz vollkommener Information in einer Finanzierungsbeziehung verbleibende Restrisiko bezüglich der Gegenleistung, das man als **„technologisches Risiko"** bezeichnen könnte, wird von den Wirtschaftssubjekten voll antizipiert und kann deshalb mit einem einzigen Instrument, einer Risikoprämie im Zins, abgedeckt werden. Der Zins bringt einen vollständigen Ausgleich von geplanter Nachfrage und geplantem Angebot zustande.[14]

---

8  Vgl. hierzu Fama/Miller (1972), S. 276 – 320 mit weiteren Nachweisen zu den „Vätern" des Modells (Markowitz, Tobin, Sharpe, Lintner, Mossin) auf S. 319/20.

9  Modigliani/Miller (1958) in der Interpretation von Swoboda (1981), S. 18.

10  Vgl. Modigliani/Miller (1958).

11  Vgl. Fama/Miller (1972), S. 289.

12  „This approach, of course, stands in clear contrast to the construction of general equilibrium systems (à la Walras) in which it is often hard to see what necessary functions money plays at all" (Goodhart (1989), S. xiii).

13  Vgl. Benston/Smith (1976), S. 217.

14  Dies ergibt sich implizit aus dem CAPM; vgl. Fama/Miller (1972), S. 276 – 320.

(7) Ein Handel von Unternehmen und bedeutenden Unternehmensteilen findet nicht statt.[15]

Es bedarf wohl keiner weiteren Dokumentation, daß eine Theoriewelt, die zu solchen Schlüssen gelangt, als positive, an der Erklärung real existierender Phänomene ausgerichtete Theorie größte Schwierigkeiten hat. Gerade die für diese Arbeit grundlegenden Konzepte des Marktes für Unternehmenskontrolle und der Finanzintermediation werden aus der walrasianischen Welt vollkommener Märkte durch einen Annahmenzaun ferngehalten. Dies dürfte der Grund für den Paradigmawechsel[16] in der Finanzierungstheorie hin zur „Neueren Finanzierungstheorie" gewesen sein.

## 1.2    Neuere Finanzierungstheorie

Die „Neuere Finanzierungstheorie"[17] ist gegenwärtig noch kein geschlossenes Gedankengebäude, das erklären könnte, wie eine optimale Finanzierung ausgestaltet sein könnte und von welchen Einflußgrößen dieses Optimum abhängt.[18] Sie ist jedoch bereits ein Ansatz, um die Vielfalt realtypischer Finanzierungsformen und die Existenz zahlreicher institutioneller Regelungen zu erklären.[19] Zu den herausragenden Charakteristika der Neueren Finanzierungstheorie gehören die Annahme asymmetrisch verteilter Gestaltungsmöglichkeiten und Betroffenheiten und – im noch schärferen Gegensatz zu den vollkommenen Finanzmärkten der walrasianischen Theoriewelt – die unter den Beteiligten asymmetrisch verteilte Information.

### 1.2.1    Asymmetrie der Gestaltungsmöglichkeiten

Unter einer Finanzierungsbeziehung kann man sich beispielsweise die Überlassung einer Vorleistung an einen Manager vorstellen, der das Wissen um eine Investitionsmöglichkeit hat. Dieser Manager kann Entscheidungen stärker beeinflussen als derjenige, der die Vorleistung erbracht hat.[20] Es handelt sich hierbei um eine **principal-agent-Beziehung** mit asymmetrisch verteilten Gestaltungsmöglichkeiten. Das theoretisch Interessante an dieser Konstruktion ist nun darin begründet, daß der mit der

---

15   Es sei denn, ein solches Unternehmen oder ein solcher Unternehmensteil wäre klein genug, um in das Marktportefeuille des CAPM einzugehen.

16   Zum Begriff des Paradigmas und des Paradigmawechsels vgl. Kuhn (1962).

17   Einen Einstieg in die Konzepte gibt das Kapitel A bei Bitz (1988a), S. 67 – 70; vgl. auch die umfangreichen Literaturhinweise auf den S. 103 – 105.

18   Vgl. Hax/Hartmann-Wendels/von Hinten (1988), S. 711.

19   Vgl. ebda.

20   In Anlehnung an Schmidt, R.H. (1988), S. 257; grundlegend: Berle/Means (1933), S. 121.

Durchführung des Investitionsobjektes beauftragte agent nicht zwingend Ziele verfolgen muß, die mit denen des auftraggebenden principals kongruent sind. Vielleicht wird der agent nach Erhalt der Leistung zu dem Ergebnis kommen, daß deren teilweise Verwendung für ein repräsentatives Dienstbüro seinen Interessen eher entspricht als eine vollständige Verwendung für das Investitionsprojekt.[21]

### 1.2.2 Asymmetrie der Betroffenheiten

In der obigen principal-agent-Beziehung geht der agent auch deshalb zu einer vom principal nicht gewünschten Verwendung der Vorleistung über, weil er kein eigenes Vermögen eingesetzt hat und deshalb an der fehlgeleiteten Verwendung des Vorschusses anders teilnimmt als der principal. Man bezeichnet dies als Asymmetrie der Betroffenheiten. Neben der skizzierten Sachverhaltsgestaltung können asymmetrisch verteilte Betroffenheiten in einer Vielzahl von Konstellationen in der Realität beobachtet werden. Einen besonders wichtigen Fall stellt die unterschiedliche Betroffenheit von Eigenfinancier und Fremdfinancier bei variierendem Unternehmenserfolg dar.[22]

### 1.2.3 Informationsasymmetrie

Die beiden bisher dargestellten Asymmetrien stellen an sich noch kein schwerwiegendes Entscheidungsproblem dar, wenn ein potentieller Financier vor der Frage steht, ob er eine Vorleistung erbringen soll, um dafür spätere Gegenleistungen zu erhalten. Wenn er über die unterschiedlichen Betroffenheiten und Gestaltungsmöglichkeiten voll informiert ist, wird er das von seinen eigenen Interessen abweichende Verhalten der agents voll antizipieren. Die Ergebnisse kämen dann denen in der walrasianischen Theoriewelt gleich, wenn man neben der Knappheit der Ressourcen als zusätzliche Nebenbedingungen die asymmetrisch verteilten Gestaltungsmöglichkeiten und Betroffenheiten integrieren würde. Tatsächlich muß ein potentieller Financier neben dem technologischen Risiko, wie es aus einem vom Manager vorgegebenen Investitions- und Finanzierungsprogramm resultiert, aber auch noch verschiedene **Informationsrisiken**[23] berücksichtigen:

---

21 Vgl. zu dieser Problematik den grundlegenden Aufsatz von Jensen/Meckling (1976); repräsentative Büros werden von ihnen als „non-pecuniary benefits" (S. 314) bezeichnet; gebräuchlicher sind die Ausdrücke „perquisites" oder **„fringe benefits"** (Alchian/Demsetz (1972), S. 780).

22 Vgl. hierzu die sehr detaillierte Darstellung bei Bitz/Hemmerde/Rausch (1986), S. 15 – 20.

23 Die Grenze zwischen technologischem Risiko und Informationsrisiko wird vermutlich von Menschenhand nie völlig scharf gezogen werden können, da ein Experimentator sich stets dem Problem ausgesetzt sieht, daß mit subtileren Methoden der Informationsgewinnung seine Meßgenauigkeit immer weiter nachläßt. Für ein Risiko läßt sich deshalb letztlich nicht sicher aussagen, ob es auf einen Mangel an Information zurückgeht; vgl. Heisenberg (1979), S. 50.

(1) **Informationsrisiko I:** Das Risiko, über ein gegebenes technologisches Risiko unvollkommen, aber ebensogut wie der agent informiert zu sein. Dieses Risiko kann z.B. aus Kosten der Informationsgewinnung, ineffizienter Informationsverwertung oder einem begrenzten Informationsvorrat resultieren.[24]

(2) **Informationsrisiko II:** Das Risiko, über ein gegebenes technologisches Risiko schlechter informiert zu sein als der agent.

(3) **Informationsrisiko III:** Das Risiko, über ein vom agent beeinflußbares technoogisches Risiko schlechter informiert zu sein als der agent.

In den beiden letzten Fällen wird man von einer **Informationsasymmetrie** in der Finanzierungsbeziehung sprechen. In Kombination mit den beiden vorhergehenden Asymmetrien kann sie dem potentiellen Financier schwerwiegende Entscheidungsprobleme aufbürden: Empfänger von Vorleistungen könnten geneigt sein, nach der Festlegung günstiger Kreditkonditionen zu einer anderen Geschäftspolitik (d.h. Investitions-, Finanzierungs- und Informationspolitik) überzugehen, als sie dem Financier ursprünglich vorgegeben hatten, wenn dies für sie höheren erwarteten Nutzen (meist heißt das: höheren erwarteten Gewinn) bringt (**„moral hazard"**; relevant ist hier das Informationsrisiko III). Auch ohne ein solches „moralisches Risiko" aber kann es bei Informationsasymmetrie dazu kommen, daß sich die Zusammensetzung eines Pools von Empfängern von Vorschüssen bei einem Anstieg des vertraglich vereinbarten Zinssatzes zugunsten schlechterer Kreditrisiken ändert (**„adverse selection"**; relevant ist hier das Informationsrisiko II). Da die vereinbarte Zinsverpflichtung überhaupt nur bei Solvenz des Finanzierten eine Rolle spielt, sind Schuldner mit hoher Solvenzwahrscheinlichkeit von einer Zinserhöhung stärker betroffen als solche mit niedriger. Bei einem Anstieg des vertraglich vereinbarten Zinssatzes scheiden deshalb verläßliche Rückzahler als erste aus dem Markt. Die durchschnittliche Qualität eines Pools von Finanzierten kann sich also mit steigendem Zinssatz verschlechtern.[25]

---

24 Die Frage nach der Möglichkeit ineffizienter Informationsauswertung und von Kosten der Informationsgewinnung ist auch Hintergrund der Debatte um die **Informationseffizienz** von Aktien- und Devisenmärkten (vgl. Fama (1970) als Standardquelle; zu neueren Entwicklungen vgl. Kaiser (1991)).

25 Das Konzept des moral hazard geht auf Knight (1921), Kap. 8, das der adverse selection auf Akerlof (1970) zurück.

## 1.2.4 Finanzierungsverträge als Konsequenz

Zu einer der grundlegenden Konsequenzen einer Relaxation der Annahme eines vollkommenen Informationsstandes aller Beteiligten für Finanzierungsbeziehungen gehört der Abschluß von Finanzierungsverträgen:

---

**Definition 1**

Unter einem **Finanzierungsvertrag** versteht man einen Vertrag, der eine Partei zur Vorleistung und die andere Partei zur Gegenleistung verpflichtet, wobei Vorleistung und Gegenleistung zeitlich auseinanderfallen.

---

In einer funktionierenden Rechtsordnung können solche Finanzierungsverträge dem Financier trotz der skizzierten Informationsasymmetrie Vertrauen in die versprochene Gegenleistung geben.[26] Die Rechtsordnung eines marktwirtschaftlich geordneten Gemeinwesens schützt die beidseitige Erfüllung von vertraglichen Vereinbarungen („pacta sunt servanda").[27] Wenn der Financier seine vertragliche Verpflichtung zur Vorleistung erfüllt hat, wird er Inhaber eines Finanzierungstitels. Neben dem Anspruch auf Gegenleistung verbrieft der in der Realität auch Mitwirkungs- und Kontrollrechte:

---

**Definition 2**

Unter einem **Finanzierungstitel** soll der aus einem Finanzierungsvertrag resultierende Rechtsanspruch auf Gegenleistung und Mitwirkungs- und Kontrollrechte verstanden werden.

---

Das Zug-um-Zug-Geschäft der walrasianischen Theoriewelt (Vorleistung – Gegenleistung) wird also in der Neueren Finanzierungstheorie mit Finanzierungsverträgen zu einem zweiphasigen Geschehen: zunächst Vorleistung – Finanzierungstitel, dann Finanzierungstitel – Gegenleistung. Der Zins alleine kann Angebot und Nachfrage in dieser „neueren" Finanzierungswelt noch nicht zum Ausgleich bringen. Vielmehr werden in den Finanzierungsverträgen weitere Absprachen verschiedenster Art getroffen.

---

26  So sieht es auch die juristische Fachliteratur; vgl. für die deutsche Rechtsordnung Larenz (1987), S. 207.

27  Vgl. Larenz (1987), S. 208.

Neben den Mitwirkungs- und Kontrollrechten sind dies quantitative Beschränkungen der Vorleistung[28] und Sicherheiten[29].

Finanzierungstitel (die erst in der Welt der Neueren Finanzierungstheorie einen Sinn machen) kommen als Objekt des Marktes für Unternehmenskontrolle in Frage. Das zugehörige Definitionskonzept wird im nächsten Paragraphen dieser Arbeit präsentiert. Zur Vorbereitung dieser Definitionen wird in den verbleibenden Gliederungspunkten dieses Paragraphen jedoch zunächst eine Hierarchie der Finanzierungstitel skizziert, da Manne (1965) gedanklich auf einer ganz bestimmten Ebene dieser Hierarchie ansetzt (Gliederungspunkt 2). Allgemein wird zur Vorbereitung ferner anhand der bundes-deutschen Rechtsordnung der realtypische Finanzierungsvertrag vorgestellt (Gliede-rungspunkt 3). Am Beispiel der bundesdeutschen Aktiengesellschaft wird speziell die Ausstattung realtypischer Finanzierungstitel mit Mitwirkungs- und Kontrollrechten vorgestellt, die für ein Objekt des Marktes für Unternehmenskontrolle eine „conditio sine qua non" bedeutet (Gliederungspunkt 5). Märkte als Schauplatz des Handels von Finanzierungstiteln stehen dann im Zentrum von Gliederungspunkt 6.

---

28  Gemeint ist die Theorie der **Kreditrationierung**; von herausragender Bedeutung ist der Beitrag von Stiglitz/Weiss (1981), der die Verbindung zur oben erwähnten adverse selection schafft; für einen Überblick vgl. Kaiser (1992).

29  Vgl. Smith/Warner (1979) für die USA und Rudolph (1984) für die Bundesrepublik Deutschland.

## 2 Eine Hierarchie der Finanzierungstitel

Finanzierungstitel scheinen häufig die Existenz grundlegenderer Finanzierungstitel vorauszusetzen. So ist es heutzutage geradezu eine Selbstverständlichkeit, daß Leistung und Gegenleistung bei Aktien oder Darlehen in Geld definiert und erbracht werden. Auch die realtypisch zu beobachtende Existenz des Geldes konnte durch die Aufgabe der Annahme eines vollkommenen Informationsstandes aller Beteiligten recht schlüssig erklärt werden.[30] Allgemein werden dem Geld Eigenschaften als Wertaufbewahrungsmittel, als Recheneinheit, als gesetzliches Zahlungsmittel und als Tauschmittel zugesprochen.[31]

Wie gewöhnliche Finanzierungstitel verbrieften Banknoten in früheren Zeiten einen Anspruch auf spätere Gegenleistung. Es handelte sich deshalb um eine auf den Namen des Inhabers lautende, verbriefte schuldrechtliche Verpflichtung.[32] Dies ist in der Rechtsordnung der Bundesrepublik nicht mehr der Fall. Banknoten sind keine Wertpapiere mehr, sondern reine Geldzeichen.[33] Insofern ist Geld als Wertaufbewahrungsmittel nicht übermäßig attraktiv. Auch die Eigenschaft des Geldes als gesetzliches Zahlungsmittel[34] trägt zur Erklärung der Nachfrage nach Geld nur bei. „Verliert es in einem inflatorischen Prozeß dieses Vertrauen, mag es im rechtlichen Sinn (vorläufig) weiter Geld bleiben; es ist jedoch funktionsarm, ja funktionslos geworden".[35] Schließlich kann man sich auch fragen, ob nicht auch andere, vielleicht auch abstrakte Größen als Recheneinheit in Frage kommen.[36]

Gedanklich weit durchdrungen werden konnte dagegen die Eigenschaft des Geldes als Medium des indirekten Tausches in einer Theoriewelt unvollkommener Information. Da man selten davon ausgehen kann, daß dem eigenen Wunsch zum Tausch einer bestimmten Sache bei einem anderen Wirtschaftssubjekt der genaue Gegenwunsch gegenübersteht, die **„double coincidence of wants"** mithin selten vorliegt, stellt Geld als Medium des indirekten Tauschs eine bedeutende Vereinfachung dar. „Der Zwang

---

30  Vgl. Goodhart (1989), S. 24 – 50 und Thieme (1993), S. 175 für überblickartige Darstellungen.

31  Vgl. Duwendag/Ketterer/Kösters/Pohl/Simmert (1993), S. 73 – 84.

32  Vgl. Goldschmidt (1868), S. 1224 i.V.m. Hahn, H.J. (1990), S. 76.

33  Vgl. Hahn, H.J. (1990), S. 75/6; bereits mit Ausbruch des Ersten Weltkriegs hatte das Gesetz vom 4. August 1914 den Einlösezwang für Reichsbanknoten ausgesetzt. Eine Einlösepflicht hat es dann nochmals gegen Ende der Weimarer Republik gegeben, seitdem aber niemehr (ebda.).

34  Geld ist das letzte Mittel „der solutio von Obligationen" (Hartmann (1868), S. 48).

35  Hahn, H.J. (1990), S. 32; das Wort „Vertrauen" verweist auf die bereits skizzierte Entscheidungssituation unter Informationsasymmetrie. Vertrauen ist nicht nur bei Finanzierungsverträgen, sondern auch bei Institutionen wie Finanzintermediären (vgl. hierzu § 7 dieser Arbeit) eine conditio sine qua non; vgl. z.B. Diamond/Dybvig (1983), die von „confidence" sprechen (S. 410).

36  Hellwig (1985) schlägt „Lichtjahre" vor (S. 505).

zur doppelten ... Koinzidenz kann ... durch indirekten Tausch gelockert werden: Gut $X$ wird ... gegen ein Gut $Z$ und dieses wiederum nach einem oder mehreren weiteren Tauschakten schließlich gegen das gewünschte Gut $Y$ eingetauscht."[37] Der indirekte Tausch vermindert die Informationskosten, weil die Suchaktivitäten von Käufern und Verkäufern vor dem eigentlichen Tauschakt sinken.[38]

Es spricht einiges dafür, daß diese Eigenschaft des Geldes, leicht tauschbar zu sein, der Grund dafür ist, daß in einer Vielzahl der Fälle bei Finanzierungsverträgen Leistung und Gegenleistung in Geld erfolgen.[39] [40] Eine Vorleistung in Geld ermöglicht dem Empfänger eine annähernd transaktionskostenfreie Verwendung des Vorschusses. Eine Gegenleistung in Geld ermöglicht dies dem Inhaber des Finanzierungstitels. Der Wortlaut des § 607 (1) BGB deutet an, daß vielfach auch die Rechtsordnung die Existenz des Geldes unterstellt, damit Finanzierungsverträge entstehen können.

Geld wollen wir deshalb als Finanzierungstitel 1. Ordnung bezeichnen. Finanzierungstitel 2. Ordnung wie die Aktie setzen gewöhnlich dessen Existenz voraus. Eine ähnliche Hierarchie läßt sich auch auf höheren Ebenen beobachten. So setzt die Option auf Aktien konstitutiv die Existenz eines Finanzierungstitels 2. Ordnung, eben der Aktie, voraus.[41] Mithin handelt es sich um einen Finanzierungstitel 3. Ordnung. Wir gelangen somit zur

---

**Definition 3**

Ein Finanzierungstitel heißt **Finanzierungstitel $n$-ter Ordnung** ($n \geq 2$), wenn er Ansprüche auf Finanzierungstitel ($n-1$)-ter Ordnung verbrieft.

---

Eine theoretische Auseinandersetzung mit dem Phänomen der Hierarchie von Finanzierungstiteln ist bisher kaum erkennbar. Denkbar wäre es allerdings, daß die realtypischen Finanzierungstitel durch Neukombination zu Finanzierungstiteln höherer

---

37  Duwendag/Ketterer/Kösters/Pohl/Simmert (1993), S. 77/8.

38  Vgl. Thieme (1993), S. 175.

39  Krümmel (1978) definiert die Liquidität von Wirtschaftssubjekten sogar ausschließlich über die Zahlungsmittelbestände, die sie an einem bestimmten Stichtag halten oder – in einer Variation – doch zumindest über deren Fähigkeit, Liquiditätsreserven in Zahlungsmittel umzutauschen oder bei Banken Zahlungsmittel zu beschaffen (S. 47).

40  Selbst dann, wenn ein Finanzierungsvertrag entweder bei der Vorleistung oder bei der Gegenleistung nicht auf Geld zurückgreift, ist oft noch eine „Bewertung" der realen Komponente, also eine Umrechnung in Geldeinheiten, vorgesehen; so etwa bei der Sachgründung nach § 27 AktG, bei der Gründungsprüfer die Angemessenheit der Bewertung der einzelnen Vermögensgegenstände zu gewährleisten haben (§ 33 (2) AktG).

41  Vgl. zum Optionsgeschäft und allgemeiner zum Termingeschäft Bitz (1993), S. 243 – 281.

Ordnung verfeinert werden, um näher an das Ideal des in Gliederungspunkt 1.1 dieses Paragraphen genannten „vollständigen Systems von bedingten Terminmärkten" heranzukommen. Wesentlich für die folgende Analyse scheint jedenfalls zu sein, daß vor allem Finanzierungstitel 2. Ordnung als Objekt des Marktes für Unternehmenskontrolle in Frage kommen, da vor allem sie es sind – ganz im Gegensatz zu Geld, Optionen etc., die Mitwirkungs- und Kontrollrechte verbriefen. Und auch Manne geht ja in seiner Analyse von Aktien aus.[42] Betrachtungen auf anderen Hierarchieebenen wären zwar ebenfalls denkbar, sollen in dieser Arbeit aber nicht Gegenstand der Betrachtung sein. Im folgenden sind deshalb mit Finanzierungstiteln immer solche der 2. Ordnung gemeint.

---

42   Vgl. Manne (1969), S. 112.

## 3    Rechtliche Rahmenbedingungen für Verträge am Beispiel des deutschen Regelungsansatzes

Alle Arten von **Rechtsgeschäften** lassen sich erschöpfend in einseitige und mehr-
seitige Rechtsgeschäfte zerlegen. Die einseitigen Rechtsgeschäfte zerfallen in die
*streng* einseitigen Rechtsgeschäfte (zum Beispiel die Auslobung nach § 657 BGB) und
in die *empfangsbedürftigen* einseitigen Rechtsgeschäfte (zum Beispiel die Kündigung
von Dauerschuldverhältnissen gemäß § 783 BGB). Bei jenen tritt die Rechtsfolge
schon durch die *Abgabe* der einen Willenserklärung ein, bei diesen erst durch *Zugang*
dieser Willenserklärung.[43] Innerhalb der mehrseitigen Rechtsgeschäfte werden solche
unterschieden, bei denen die Hauptleistung und die Hauptgegenleistung voneinander
abhängig sind, und solche Verträge, bei denen dies nicht der Fall ist. Es ist mittlerweile
herrschende Meinung, daß der **Gesellschaftsvertrag** nach § 320 BGB in die letzte
Kategorie fällt.[44] In die erste Kategorie fallen hingegen der **Kauf** nach § 430 BGB[45]
oder der **Darlehensvertrag** nach § 610 BGB. Die Verknüpfung von Leistung und
Gegenleistung wird gewöhnlich als **Synallagma** bezeichnet.[46] Sie ist Ausdruck des
ökonomischen Prinzips: Die Rechtssubjekte geben Sachen und Rechte nur hin, weil sie
auf Sachen und Rechte als Gegenleistung vertrauen, die besser in ihre Pläne passen.[47]

Die zeitliche Abfolge von Vorleistung und Gegenleistung kann beim Vertrag grundsätzlich frei ausgehandelt werden; beim Kaufvertrag etwa kann ein Austausch von
Leistung und Gegenleistung „Zug um Zug", also ohne größeren Zeitabstand erfolgen,
beim Darlehensvertrag erscheint es dagegen realistisch zu vermuten, daß zwischen
Leistung und Gegenleistung Zeit verstreicht.

Die Möglichkeit einer solchen zeitlichen Verwerfung wird von der Rechtsordnung
ausdrücklich zugelassen.[48] [49] Den Urtyp eines damit entstehenden Finanzierungs-

---

43  Vgl. Baumann (1980), S. 209/10.

44  Vgl. Eisenhardt (1992), Rn. 18.

45  Vgl. zum Kauf ganzer Unternehmen Semler (1992).

46  Vgl. Larenz (1987), S. 202/3 und Eisenhardt (1992), Rn. 8.

47  Vgl. auch Picot/Kaufmann (1988), S. 1064.

48  § 320 (1) S. 1 BGB.

49  Die eigenständige Bedeutung solcher Verträge hat bereits Stützel (1952) erkannt: (Zum Konzept
des Vertrages auf S. 8:) „In unserer Terminologie läuft die ‚Lösung' eines spieltheoretischen Pro-
blems darauf hinaus, die für den jeweiligen Eigenwert eines Vertrages relevanten Variablen ... so
lange zu verschieben, bis der Eigenwert beider Verträge verschwindet und damit dann auch für
Situationen, von denen dies von vornherein nicht vermutet wird, jene Situation herbeizuführen,
die im Modell der Reinen Ökonomie allgemein unterstellt wird." (Zum zeitlichen Auseinanderklaffen von Leistung und Gegenleistung auf S. 17:) „Wir wollen die Zeitpunkte, in denen Aktion
und endgültige Normerfüllung zusammenfallen, **Zeit der Erfüllung** und jene Zeitpunkte, in
denen Aktionen geschehen, die auf spätere endgültige Normerfüllung bezogen sind (Vorsorge),

vertrages stellt wohl das Darlehen dar (§ 607 (1) BGB): „Wer Geld oder andere vertretbare Sachen als Darlehen empfangen hat, ist verpflichtet, dem Darleiher das Empfangene in Sachen von gleicher Art, Güte und Menge zurückzuerstatten." Die Hauptpflicht des Darleihers besteht gewöhnlich darin, den Kredit zu geben und die Hauptpflicht des Darlehensnehmers darin, Zinsen zu zahlen und den Darlehensbetrag zurückzuerstatten (§§ 607 – 609 BGB).[50] Da im Schuldrecht aber **Vertragsfreiheit** herrscht, können die Parteien von derart gesetzlich geregelten Typen abweichen oder völlig neue Vertragstypen entwickeln.[51] Denkbar ist es also beispielsweise auch, statt eines festen, erfolgsunabhängigen Zinses eine variable, erfolgsabhängige Dividende vertraglich zu vereinbaren. Die Folge dieser Vertragsfreiheit ist eine große Vielfalt von Finanzierungsverträgen. Zu Zwecken der Systematisierung erweist es sich deshalb als vorteilhaft, bestimmte **Charakteristika von Finanzierungstiteln** zu identifizieren.

---

Zeit der **Erfüllungsvorbereitung** nennen. So können wir sagen: Wer immer Handlungen als wirtschaftlich charakterisiert, unterstellt, daß das Leben in Zeiten der Erfüllung und Zeiten der Erfüllungsvorbereitung zerfällt." (**Fettdruck** von mir; DK).

50  Vgl. Baumann (1990), S. 212.

51  Vgl. Baumann (1980), S. 215.

**4        Systematisierung der Merkmale von Finanzierungstiteln**

Wer bei einem Finanzierungsvertrag eine Vorleistung erbringt, wird auf die vertraglich
vereinbarte Gegenleistung der Zukunft großen Wert legen und sie angemessen präzisieren wollen. Festzulegen sind zunächst die laufenden Erträge aus dem Finanzierungstitel (Merkmal $M_1$). Sie schwanken zwischen einer erfolgsabhängigen Gewinn-
beteiligung bis zu einem erfolgsunabhängigen festen Zins. Die erste Konstellation sei
konstitutiv für eine **idealtypische Eigenfinanzierung**, die zweite für eine **idealtypische Fremdfinanzierung**.[52] Neben den Erträgen spielt der Rückzahlungsbetrag
des Finanzierungstitels (Merkmal $M_2$) eine Rolle. Denkbar sind hier alle Formen
zwischen einem erfolgsunabhängigen Liquidationserlös im Falle einer idealtypischen
Eigenfinanzierung bis zu einem erfolgsunabhängigen festen Betrag, der zu einem
vertraglich fixierten Zeitpunkt zu zahlen ist, im Falle der idealtypischen Fremdfinanzierung.[53] Relevant ist für den Vorleistenden schließlich, welchen Betrag er zurück-
erhält, wenn das gesamte Vermögen des Finanzierten nicht mehr zur Deckung seiner
Schulden ausreicht oder er zahlungsunfähig wird. Es kommt dann zur Gesamtvoll-
streckung in sein Vermögen, also zum Konkurs (Merkmal $M_4$ eines Finanzierungstitels). Am günstigsten würde der Vorleistende sich im Konkurs stehen, wenn er als
Konkursgläubiger mit bevorzugten Ansprüchen, also mit Absonderungsrechten, ausgestattet wäre. Dies ist bei der idealtypischen Fremdfinanzierung der Fall. Den denkbar
ungünstigsten Fall würde es darstellen, wenn er nicht nur im Konkurs keinerlei
Ansprüche an die Vermögensmasse stellen könnte, sondern darüber hinaus noch
Eingriffe in das Vermögen dulden müßte, das er nicht in die Finanzierungsbeziehung
eingebracht hat. Dies trifft bei der idealtypischen Eigenfinanzierung zu.

Neben diesen an den späteren Gegenleistungen ansetzenden Merkmalen eines Finanzierungstitels ist vermutlich für das Eingehen der Finanzierungsbeziehung auch entscheidungsrelevant, welche Rechte zur **Mitwirkung** an der Politik des die Vorleistung
Empfangenden der Finanzierungstitel dem Vorleistenden erlaubt und welche Rechte
zur **Kontrolle** dieser Politik er ermöglicht (Merkmal $M_3$). Denkbar wäre es sowohl,
daß er keinerlei Mitwirkungs- und Kontrollrechte beinhaltet (idealtypische Fremdfinanzierung), als auch, daß er die volle Geschäftsführungs- und Vertretungskompe-
tenz beim Vorleistenden beläßt (idealtypische Eigenfinanzierung).[54]

Realtypische Finanzierungstitel entsprechen jedoch nur zu einem Teil einem dieser
beiden Idealtypen.[55] Man findet zahlreiche Finanzierungstitel, die in einigen Merk-

---

52    Vgl. Bitz (1993), S. 9.
53    Vgl. ebda.
54    Vgl. ebda.
55    Vgl. ebda.

malen eher Eigenfinanzierungscharakter, in anderen aber eher Fremdfinanzierungs-
charakter aufweisen.[56] Als Abgrenzungskriterium zwischen Eigen- und Fremdfinanzierung wird in solchen Fällen gewöhnlich die Rechtsstellung im Konkurs
herangezogen.[57] Zur Veranschaulichung dieser Vielzahl von idealtypischen und
realtypischen Finanzierungstiteln hat sich die Darstellung in einem charakteristischen
Rechtsprofil als vorteilhaft erwiesen. Für ein grundpfandrechtlich gesichertes Darlehen
mit Negativklauseln und Verwendungs- oder geschäftspolitischen Auflagen ergibt sich
das folgende Bild:

| Charakteristisches Rechtsprofil | Fremd-finanzierung | | | | Eigen- |
|---|---|---|---|---|---|
| | 1 | 2 | 3 | 4 | 5 |
| $M_1$ | ● | ● | ● | ● | ● |
| $M_2$ | ● | ● | ● | ● | ● |
| $M_3$ | ● | ● | ● | ● | ● |
| $M_4$ | ● | ● | ● | ● | ● |

Abbildung 1: Charakteristisches Rechtsprofil eines grundpfandrechtlich gesicherten
Darlehens mit Negativklauseln und verwendungs- oder geschäftspolitischen Auflagen

Während die Merkmale $M_1$, $M_2$ und $M_4$ der Ausgestaltung eines idealtypischen
Fremdfinanzierungstitels entsprechen, hat sich aufgrund der zugesicherten Negativklauseln und Auflagen hinsichtlich der Mitwirkungs- und Kontrollrechte eine deutliche
Verlagerung ergeben. Für eine einfache Stammaktie eines Kleinaktionärs ergibt sich
dagegen das folgende Rechtsprofil:

---

56  Vgl. ebda.
57  Vgl. Bitz (1993), S. 10.

| Charakteristisches Rechtsprofil | Fremd-<br>finanzierung | | | | Eigen- |
|---|---|---|---|---|---|
| | 1 | 2 | 3 | 4 | 5 |
| $M_1$ | • | • | • | • | ● |
| $M_2$ | • | • | • | • | ● |
| $M_3$ | • | • | ● | • | • |
| $M_4$ | • | • | • | ● | • |

Abbildung 2: Charakteristisches Rechtsprofil der einfachen Stammaktie eines Klein-aktionärs[58]

Ein Darlehensgeber kann also, obwohl es sich bei seinem Finanzierungstitel um eine Fremdfinanzierung handelt, durch die Vereinbarung einer Negativklausel und anderer Auflagen wesentlich konkreter Einfluß auf die Geschäftspolitik nehmen als der Eigen-financier Stammaktionär, dem lediglich ein einzelnes Stimmrecht in der Haupt-versammlung verbleibt.

Die genannten Merkmale von Finanzierungstiteln stehen unter anderer Bezeichnung im Brennpunkt einer ökonomischen Schule, die meist als „property-rights-Ansatz" bezeichnet wird.[59] Sie geht davon aus, daß sich Tauschhandlungen stets als ver-

---

58  Vgl. Bitz/Wiechers/Kaiser (1990), S. 46.

59  Die property-rights-Theorie stellt eine Weiterentwicklung der klassischen Mikroökonomie dar (vgl. Picot/Kaufmann (1988), S. 1063), die institutionelle Rahmenbedingungen einbezieht (vgl. Gäfgen (1983), S. 46). Sie untersucht das Verhalten von Individuen, nicht von Kollektiven (vgl. Gäfgen (1983), S. 44). Es wird unterstellt, daß diese Individuen sich rational verhalten und ihren Nutzen maximieren; Zielgrößen von Kollektiven wie etwa der Gewinn sind nicht Gegenstand der Betrachtung (vgl. Furubotn/Pejovich (1972), S. 1147). Es stellen Eigentumsrechte und Trans-aktionskosten die beiden Grundtypen von Handlungsbeschränkungen dar. Dabei ist es bemer-kenswert, daß einer der geistigen Väter der Theorie, der Nobelpreisträger Coase, in seinen beiden berühmtesten Werken (1937) und (1960) den schon vielfach angesprochenen Paradigmawechsel gerade umgekehrt vollzogen hat und bereits 1937, also weit vor den eigentlichen Begründern der Neueren Finanzierungstheorie, eine nicht vollkommene Ökonomiewelt betrachtete, in der Trans-aktionskosten eine Erklärung dafür darstellen, warum es Unternehmen gibt. Eine der bedeuten-dsten Arten von Transaktionskosten sind nämlich die Kosten der Nutzung des Preismechanis-mus' („costs of using the price mechanism", Coase (1937), S. 390). Sie können eingespart werden, wenn man die Transaktionen in der Unternehmung abwickelt. Hier kann durchaus eine Verbindung zur Informationsökonomie geschlagen werden, indem man Informationsmangel als eine der Ursachen für die Kosten der Nutzung des Preismechanismus' ansieht (vgl. Gäfgen (1983), S. 47). Die Unternehmung ist sozusagen ein hochspezialisierter Ersatzmarkt, der in Privateigentum steht (vgl. Alchian/Demsetz (1972), S. 793 und 795). Erst mit der modernen Unternehmung entstehen aber auch die Probleme der Trennung von Eigentum und Kontrolle

traglich abgesicherter Austausch von „Verfügungsrechten" beschreiben lassen.[60] Die unter das Wertaufbewahrungsmotiv gefaßten Merkmale $M_1$, $M_2$ und $M_4$ von Finanzierungstiteln werden von den property-rights-Theoretikern als das Recht bezeichnet, die Erträge aus einem Finanzierungsvertrag einzubehalten (**„usus fructus"**).[61] Diese Theorie spleißt das Merkmal $M_3$ jedoch weiter auf: Zum Mitwirkungs- und Kontrollrecht aus einem Finanzierungstitel gehört sowohl das Recht, die finanzierten Ressourcen zu nutzen (**„usus"**) als auch das Recht, deren Form und Substanz zu verändern (**„abusus"**) als auch das Recht, diese Ressourcen anderen ganz oder teilweise zu überlassen.[62]

---

(vgl. Berle/Means (1932), S. 121; modelliert z.B. von Jensen/Meckling (1976)). Erst 1960 hat Coase dann auch den Fall der Abwesenheit von Transaktionskosten betrachtet und den ersten Hauptsatz der Wohlfahrtstheorie aus der Welt der Güter in die Welt der Rechte übersetzt (S.5). Explizit benutzt hat Coase den Begriff des „Verfügungsrechts" allerdings noch nicht. Dies hat erst Demsetz (1964). 12 Jahre früher hatte Stützel aber bereits festgestellt, daß jede Form von Wirtschaften Ausdruck einer bestimmten „Schaltgewalt" ist. „Freilich ist der Spielraum der wirtschaftlichen Entscheidungsmöglichkeiten bei jeder von ihnen (bei jeder wirtschaftlichen Person; DK) wieder ganz anderer Art. Wir wollen diesen Spielraum den ‚Waltbereich' nennen." (Stützel (1952), S. 18). Mit der gedanklichen Fokussierung auf das Recht, über Vermögensgegenstände schalten und walten zu können, könnte Stützel den vermeintlichen Gründervätern der Theorie, Alchian und Demsetz, das „property right" vorweggenommen haben. Der Staat hat die Grenzen eines jeden Verfügungsrechtes zu definieren (vgl. Furubotn/Pejovich (1972), S. 1140; Stützel (1952), S. 4 und 25). Die Errichtung eines solchen Rechtssystems verursacht zwar wiederum Transaktionskosten. Diese sind jedoch für die laufenden Transaktionen als „sunk costs" nicht entscheidungsrelevant (vgl. Picot/Kaufmann (1988), S. 1064). Sowohl bei den laufenden Transaktionen als auch bei der Ausgestaltung des Rechtssystems streben rational handelnde Individuen eine optimale Ausgestaltung der property rights an, um jegliche Transaktionskosten zu minimieren (vgl. Gäfgen (1983), S. 45).

60  Vgl. Demsetz (1964), S.19; Demsetz (1967), S. 347; Furubotn/Pejovich (1972), S. 1139.

61  Vgl. Tietzel (1981), S. 210; Picot/Kaufmann (1988), S. 1063; Gäfgen (1983), S. 48 spricht von „Ertragsaneignung".

62  Vgl. Tietzel (1981), S. 210; Picot/Kaufmann (1988), S. 1063; Gäfgen (1983), S. 48 spricht von „Nutzung" und „Veränderung"; Furubotn/Pejovich (1972), S. 1139/40 sprechen von dem Recht „to use it, to change its form and substance and to transfer all rights in the asset through, e.g., sale, or some rights through, e.g., rental."

## 5      Das Merkmal der Mitwirkungs- und Kontrollrechte am Beispiel der deutschen Aktiengesellschaft

Wenn Finanzierungstitel ihrem Inhaber das Recht zugestehen, alleine oder mit anderen Inhabern von Finanzierungstiteln die Geschäftsführung und die Vertretung der Gesellschaft persönlich *unmittelbar* vorzunehmen, so soll das im folgenden als **„direktes Verfügungsrecht"** bezeichnet werden. Ein Beispiel bildet der Gesellschafter einer Offenen Handelsgesellschaft, der aufgrund (dispositiver) gesellschaftsrechtlicher Vorschriften zur Geschäftsführung nach § 114 (1) HGB und aufgrund zwingender gesellschaftsrechtlicher Vorschriften zur Vertretung nach § 125 (1) HGB der Offenen Handelsgesellschaft berechtigt ist.[63] Ermöglichen sie dagegen ihrem Inhaber nur alleine oder mit anderen Inhabern von Finanzierungstiteln, die Personen zu bestimmen, die zur Geschäftsführung und Vertretung der Gesellschaft berechtigt sind, so soll vom **„indirekten Verfügungsrecht"** die Rede sein. Dieses liegt typischerweise bei einer Stammaktie vor. Der Wirkungsgrad des Mitwirkungs- und Kontrollrechtes dieses Finanzierungstitels hängt entscheidend vom Verhältnis der Anzahl der selbst gehaltenen Stammaktien zu der Anzahl der existierenden Stammaktien ab.

Wenn bei einem entsprechenden solchen Verhältnis die Finanzierungstitel von einem anderen Unternehmen gehalten werden und es sich bei einem der Unternehmen um eine Aktiengesellschaft handelt, so ist dies hinreichend für eine aktienrechtliche Beherrschung im Sinne des § 17 AktG: „Es genügt, daß ein Unternehmen die Möglichkeit hat, auf ein anderes *unmittelbar oder mittelbar* beherrschenden Einfluß auszuüben."[64] Das indirekte Verfügungsrecht beinhaltet dann, daß ein Unternehmen über Beherrschungsmöglichkeiten verfügt, die es ihm gestatten, die Geschäftspolitik des abhängigen Unternehmens nach seinem Willen zu gestalten.[65] Diese Eigenschaft eines Finanzierungstitels oder eines ganzen Pakets von Finanzierungstiteln wird vom AktG sehr hoch bewertet und mit vielfältigen gesellschaftsrechtlichen Konsequenzen belegt, die in § 5 dieser Arbeit ausführlich erörtert werden.[66] Die Kausalität von einem Paket von mehr als 50% der Stimmrechte einer Aktiengesellschaft bis zur konkreten Gestaltung der Geschäftspolitik verläuft in entgegengesetzter Reihenfolge zur Abhandlung im Aktiengesetz. Zunächst bestimmt die Hauptversammlung den Aufsichtsrat. Der Aufsichtsrat bestellt dann den Vorstand.

---

63  Vgl. Eisenhardt (1992), Rn. 98.

64  WP-Handbuch (1992), Bd. I, R, Tz. 111; Kursivdruck von mir; DK.

65  Vgl. ebda.

66  Die Unterscheidung in direktes und indirektes Verfügungsrecht wird auch von der amerikanischen Rechtsordnung in den Securities Acts voll abgedeckt: „Control under the Securities Acts is: ‚...possession, *directly or indirectly*, of the power to direct or cause the direction of the management and policies of a person, whether through the ownership of voting securities, by contract or otherwise.' (Leimbach (1989), S. 7/8; Kursivdruck von mir; DK).

## 5.1 Die Hauptversammlung

Zur Teilnahme an der Hauptversammlung sind alle Aktionäre ohne Rücksicht auf ihr Stimmrecht befugt. Vorstand und Aufsichtsrat „sollen" an der Sitzung der Hauptversammlung teilnehmen.[67] Die **Kompetenz der Hauptversammlung** umfaßt folgende Befugnisse und Aufgaben:

a) Grundlegende Entscheidungen über Fortbestand und (Kapital-)Struktur der Gesellschaft; zu dieser **Grundlagenzuständigkeit** zählen nicht nur die in § 119 (1) AktG erwähnten Fälle der Satzungsänderung, der Herauf- oder Herabsetzung des Grundkapitals und der Auflösung der Gesellschaft, sondern auch sämtliche in § 5 behandelten gesellschaftsrechtlichen Gestaltungsmöglichkeiten beim Erreichen bestimmter Beteiligungsquoten (Unternehmensverträge, Fusion und Eingliederung).

b) Die **Wahl und Abberufung der Aktionärsvertreter** im Aufsichtsrat sowie die Entlastung der Mitglieder des Vorstandes und des Aufsichtsrates.

c) Die **Verwendung des Bilanzgewinns**.[68]

d) **Auskunft** durch den Vorstand.[69]

Die Stimmkraft des Aktionärs richtet sich nach den Aktiennennbeträgen. Bei gleichmäßiger Stückelung hat prinzipiell jede Aktie gleich viele Stimmen und zwar in der Regel eine.[70] Ausnahmen von dieser Regel stellen die Vorzugsaktien ohne Stimmrecht, die Mehrstimmrechtsaktien und das Höchststimmrecht dar.[71] In diesen drei Fällen kann bei Abstimmungen das Verhältnis beim Kapital von dem Verhältnis bei den Stimmen abweichen.[72] Der im Aktiengesetz häufig benutzte Terminus vom „vertretenen Grundkapital" bei Abstimmungen ist unscharf, da als bei der Beschlußfassung „vertreten" nur dasjenige Aktienkapital gilt, für das auch tatsächlich abgestimmt wird.[73]

---

67   § 118 (3) AktG; vgl. Kübler (1990), S. 204.

68   § 119 (1) Nr. 2 AktG; vgl. Kübler (1990), S. 202.

69   § 131 (1) AktG; vgl. Kübler (1990), S. 204.

70   Vgl. Zöllner (1985), § 134, Rn. 22.

71   Vgl. Zöllner (1985), § 134, Rn. 5, 23 und 24.

72   Vgl. Zöllner (1985), § 133, Rn. 64.

73   Vgl. Zöllner (1985), § 133, Rn. 35.

**Beschlüsse der Hauptversammlung** bedürfen nach § 133 (1) AktG mindestens der einfachen Stimmenmehrheit, sofern nicht Gesetz oder Satzung eine größere Mehrheit oder weitere Erfordernisse vorschreiben. Die einfache Stimmenmehrheit liegt vor, wenn mindestens eine Stimme mehr für als gegen den Beschluß abgegeben worden ist. Diese einfache Stimmenmehrheit ist zusätzlich immer auch dann erforderlich, wenn das Gesetz eine Kapitalmehrheit fordert.[74] Wenn das Gesetz eine Mehrheit des vertretenen Grundkapitals verlangt, so ist stets eine Qualifizierte Mehrheit von drei Vierteln gemeint. Dieses Erfordernis der Qualifizierten Mehrheit gilt für alle Beschlüsse über die in § 5 dieser Arbeit angesprochenen gesellschaftsrechtlichen Gestaltungsmöglichkeiten.

## 5.2    Der Aufsichtsrat

Die Mitglieder des Aufsichtsrates werden nach § 101 (1) AktG von der Hauptversammlung gewählt, soweit sie nicht in den Aufsichtsrat zu entsenden sind oder als Aufsichtsratsmitglieder der Arbeitnehmer gewählt werden.[75]

Für die Wahl gilt das uneingeschränkte Mehrheitsprinzip.[76] Aufsichtsratsmitglieder können höchstens bis zur Beendigung der Hauptversammlung bestellt werden, die über die Entlastung für das vierte Geschäftsjahr nach dem Beginn der Amtszeit beschließt. Dabei wird nach § 102 (1) AktG jedoch das Geschäftsjahr, in dem die Amtszeit beginnt, nicht mitgerechnet.[77] Sogenannte „staggered-board-Bestimmungen"[78], bei denen die Amtszeiten der Mitglieder des Aufsichtsrates gegeneinander zeitversetzt sind, sind möglich, denn die Amtszeiten der einzelnen Mitglieder sind unabhängig voneinander.[79]

Die Wiederbestellung von ausscheidenden Aufsichtsratsmitgliedern ist zulässig, jedoch kann die Wiederwahl eines auf die gesetzliche Höchstdauer bestellten Aufsichtsratsmitgliedes nicht vor der über die Entlastung für das vierte Geschäftsjahr beschließenden Hauptversammlung erfolgen.[80] Auch ein *Widerruf der Bestellung* von Aufsichtsratsmitgliedern der Anteilseigner ist möglich. Die Satzung kann das für diese Entscheidung in § 103 (1) S. 2 AktG aufgestellte Erfordernis der Dreiviertelmehrheit

---

74  Vgl. Zöllner (1985), § 133, Rn. 65.

75  § 101 (1) AktG; vgl. Mertens (1985), § 101, Rn. 14.

76  Vgl. Mertens (1985), § 101, Rn. 14.

77  § 102 (1) AktG; vgl. Mertens (1985), § 102, Rn. 4.

78  Vgl. hierzu auch Gliederungspunkt 4.3.1 in § 6 dieser Arbeit.

79  Vgl. Mertens (1985), § 102, Rn. 11.

80  Vgl. Mertens (1985), § 102, Rn. 11.

der abgegebenen Stimmen auch durch eine größere oder geringere Mehrheit erset-
zen.[81] Die Kausalität in der Wirkungskette des indirekten Verfügungsrechts geht also
von der Hauptversammlung zum Aufsichtsrat. Die Anteilseigner können bei geeigneter
Struktur der von ihnen gehaltenen Finanzierungstitel die Entscheidung über die personelle Besetzung des Aufsichtsrates revidieren.

Dies gilt auch dann noch, wenn die Satzung bestimmten Aktionären ein **Ent-
sendungsrecht** für Mitglieder des Aufsichtsrats zubilligt. Solche Entsendungsrechte
können höchstens für ein Drittel der sich nach dem Gesetz oder der Satzung ergebenden Zahl der Aktionärsvertreter eingeräumt werden.[82] Solche Aufsichtsratsmitglieder
können von dem Entsendungsberechtigten jederzeit abberufen und durch ein anderes
ersetzt werden.[83]

Zu den Aufgaben des Aufsichtsrats gehören die Wahl, Überwachung und im
Bedarfsfall die Abberufung des Vorstands (§§ 84 (1), (3), 111 (1), (2) AktG); er ist als
*Kontrolleur* der Geschäftsführung auch dazu ermächtigt, Bücher und Schriften der
Aktiengesellschaft zu prüfen.[84] Er ist Beratungsorgan und in einigen Fällen auch
*(Mit-) Entscheidungsorgan* der Aktiengesellschaft.[85] Die Abberufung von Vorstandsmitgliedern kann nur aus „wichtigem Grund" erfolgen (§ 84 (3) AktG). Beispiele für
einen solchen wichtigen Grund sind: grobe Pflichtverletzung, Unfähigkeit zur ord-
nungsmäßigen Geschäftsführung, Entzug des Vertrauens durch die Hauptversammlung
aus nicht offenbar unsachlichen Gründen.[86] Liegt ein solcher „wichtiger Grund" vor,
so können die Anteilseigner bei geeigneter Struktur der von ihnen gehaltenen
Finanzierungstitel also Druck auf den amtierenden Aufsichtsrat ausüben, damit dieser
den Vorstand abberuft oder einen neuen Aufsichtsrat wählen, bei dem die Anteilseigner das Vertauen haben, daß ihrer Präferenz für eine bestimmte personelle Besetzung des Vorstandes Aufmerksamkeit geschenkt wird.

Je nach dem relevanten **Mitbestimmungsgesetz** gehören zum Aufsichtsrat neben den
oben genannten Vertretern der Anteilseignerseite auch Vertreter der Arbeitnehmerseite.[87] Eine signifikante Abkopplung des indirekten Verfügungsrechtes der Haupt-

---

81  § 103 (1) S. 2 und 3 AktG; vgl. Mertens (1985), § 103, Rn. 7 und 13 sowie Kübler (1990),
    S. 197.

82  § 101 (2) AktG; vgl. Mertens (1985), § 101, Rn. 35 und 43 sowie Kübler (1990), S. 197.

83  § 103 (2) S. 1 AktG.

84  § 111 (3) AktG; vgl. Kübler (1990), S. 197 und 200.

85  § 111 (4) S. 2 AktG; vgl. Theisen (1993), S. 297 mit weiteren Nachweisen.

86  § 84 (3) S. 2 AktG.

87  a) Das älteste relevante Gesetz ist das **Montanmitbestimmungsgesetz**. Unter es fallen alle
    Unternehmen,

α) deren überwiegender Betriebszweck auf dem Gebiet von Eisen und Stahl liegt (§ 1 (1) Montan MitbG);

β) die in der Form einer AG, GmbH oder bergrechtlichen Gewerkschaft betrieben werden (§ 1 (1) MontanMitbestG);

γ) und die in der Regel mehr als 1000 Mitarbeiter beschäftigen (§ 1 (2) MontanMitbestG).

In solchen Unternehmen stehen sich gemäß § 4 (1) MontanMitbestG im Aufsichtsrat zwei jeweils fünfköpfige Gruppen oder „Bänke" von Vertretern der Anteilseigner und der Arbeitnehmer gegenüber (bei größeren Unternehmen kann eine Bank auch aus 7 oder 10 Vertretern bestehen (§ 9 MontanMitbG). Um zu verhindern, daß es bei der Entscheidung im Aufsichtsrat zu einem Patt kommt, sieht § 4 (1) lit. c MontanMitbestG die Zuwahl eines sogenannten „Neutralen Mitgliedes" vor. Es wird durch die Hauptversammlung auf Vorschlag des Aufsichtsrates nach § 5 MontanMitbestG gewählt. Dieser Vorschlag bedarf gemäß § 8 (1) MontanMitbestG sowohl der absoluten Mehrheit der Stimmen als auch der Zustimmung von jeweils mindestens drei Vertretern – also der Mehrheit – beider Bänke (vgl. Kübler (1990), S. 405).

b) Die Vorschriften des **Mitbestimmungsgesetzes** von 1976 sind gemäß § 1 MitbestG auf die Unternehmen anzuwenden, die

α) in der Rechtsform einer AG, KGaA, GmbH, bergrechtlichen Gewerkschaft oder eingetragenen Genossenschaft betrieben werden (§ 1 (1) Nr. 1 MitbestG),

β) im Regelfall mehr als 2000 Arbeitnehmer beschäftigen (§ 1 (1) Nr. 2 MitbestG),

γ) nicht unter die Vorschriften des MontanMitbestG fallen (§ 1 (2) Nr. 1 MitbestG) und

δ) nicht sogenannte „Tendenzunternehmen" sind, die politischen, konfessionellen, caritativen, erzieherischen, künstlerischen und wissenschaftlichen Bestimmungen oder Zwecken der Meinungsäußerung und der Berichterstattung bei Presse, Rundfunk und Fernsehen dienen (§ 1 (4) MitbestG; vgl. Eisenhardt (1992), Rn. 207.

Bei solchen Unternehmen ist die Zusammensetzung des Aufsichtsrates folgendermaßen geregelt: Den Anteilseignern und den Arbeitnehmern wird nach § 7 (1) MitbestG dieselbe Anzahl von Sitzen eingeräumt. Die Zusammensetzung dieser beiden Bänke ist unterschiedlich geregelt: Die den Aktionären zustehenden Aufsichtsratsmandate werden in der Hauptversammlung durch Mehrheit gewählt. Für die Vertreter der Arbeitnehmer ist dagegen „die Repräsentation unterschiedlicher Positionen und Belange und damit ihre Inhomogenität zwingend vorgeschrieben" (vgl. Kübler (1990), S. 410/1). Um Pattsituationen zu vermeiden, ist dem Aufsichtsratsvorsitzenden eine Zweitstimme eingeräumt worden. Nach § 27 (1) MitbestG bedarf die Wahl des Aufsichtsratsvorsitzenden und seines Stellvertreters einer Mehrheit von zwei Dritteln aller Mitglieder des Aufsichtsrats. Kommt eine solche Mehrheit nicht zustande, so wählen gemäß § 27 (2) MitbestG in einem zweiten Wahlgang die Anteilseignerseite den Vorsitzenden und die Arbeitnehmerseite seinen Stellvertreter (vgl. Kübler (1990), S. 411).

c) Unter die Bestimmungen des **Betriebsverfassungsgesetzes** von 1952 fallen

α) alle Aktiengesellschaften und Kommanditgesellschaften auf Aktien mit mehr als 500 Arbeitnehmern, sofern es sich nicht um Familiengesellschaften (der Alleinaktionär ist eine natürliche Person) handelt (§ 76 (1) i.V.m. 76 (6) BetrVG 1952,

β) Gesellschaften mit beschränkter Haftung, bergrechtliche Gewerkschaften und eingetragene Genossenschaften mit mehr als 500 Arbeitnehmern (§ 77 (1), (3) BetrVG 1952),

γ) der Versicherungsverein auf Gegenseitigkeit, wenn er mehr als 500 Arbeitnehmer hat (§ 77 (2) BetrVG 1952),

sofern sie nicht unter die Montanmitbestimmung oder das MitbestG fallen.Bei solchen Unternehmen muß der Aufsichtsrat gemäß §§ 76, 77 BetrVG 1952 zu einem Drittel aus Vertretern der Arbeitnehmer bestehen, sofern es sich nicht um die erwähnten Tendenzunternehmen handelt. Diese sind zur Sicherung ihrer künstlerischen, geistigen, journalistischen oder caritativen Ten-

versammlung über die Unternehmenspolitik ist – wenn überhaupt – nur im Bereich der Montanmitbestimmung möglich. Je nach Verhaltensweise des – ja auch durch die Hauptversammlung gewählten – „Neutralen Mitglieds" ist auch dies nicht zwingend.

## 5.3 Der Vorstand

Hat der Aufsichtsrat die nach Gesetz oder Satzung erforderliche Zahl von Vorstandsmitgliedern ernannt, so obliegen Geschäftsführung und Vertretung der Gesellschaft nach den §§ 77, 78 AktG *alleine* dem Vorstand. Die Bestellung des Vorstands durch den Aufsichtsrat erfolgt für höchstens 5 Jahre. Zulässig ist es, für den Fall eines Ausscheidens ein nicht unangemessenes Ruhegehalt oder Übergangsgeld zu versprechen („golden parachute").[88] [89] Die durch die Bestellung bewirkte Geschäftsführungsbefugnis des Vorstands ist umfassend und findet ihre Grenzen nur in Gesetz und Satzung.[90] Der Vorstand ist also tatsächlich das zentrale Gesellschaftsorgan, auf das das indirekte Verfügungsrecht beim Finanzierungstitel Stammaktie ausgerichtet ist.

Die Bedeutung des indirekten Verfügungsrechtes über die Unternehmenspolitik aus Finanzierungstiteln ist auch von der betriebswirtschaftlichen Literatur eingehend gewürdigt worden. Ist der Inhaber eines Pakets von mehr als 50% der Stammaktien ein Unternehmen wie die Aktiengesellschaft, so ermöglicht es ihm im Regelfall einen **beherrschenden Einfluß** im Sinne des § 17 AktG (wenn nicht konkrete Sachverhalte des Einzelfalls gegen diese Regelvermutung sprechen). Wie in § 5 dieser Arbeit ausgeführt wird, stellen von allen Beherrschungskonstruktionen solche den Regelfall dar, bei denen neben den beherrschenden Einfluß die **einheitliche Leitung** im Sinne des § 18 AktG tritt (sog. „Unterordnungskonzern"). Es wird meines Wissens nicht bezweifelt[91], daß dem Wesen der einheitlichen Leitung die Ausübung von **Echten Füh-**

---

denz, die von ihrer Leitung festgelegt wird, von der Mitbestimmung ausgeschlossen (§ 118 BetrVG; vgl. Eisenhardt (1992), Rn. 206).

88  Vgl. auch hierzu Gliederungspunkt 4.3.1 in § 6 dieser Arbeit.

89  Vgl. Mertens (1985), § 77, Rn. 37 und § 84, Rn. 11, 13.

90  Vgl. Mertens (1985), § 77, Rn. 3; der vom Gesetz vorgesehene Regelfall ist der der **Gesamtgeschäftsführung**. Jeder Maßnahme müssen dann alle Mitglieder des Vorstands zugestimmt haben. Satzung oder Geschäftsordnung können Ausnahmen von diesem Prinzip vorsehen. Die Entscheidungsfindung kann so auch durch **einfache oder qualifizierte Mehrheit** erfolgen. Für den Fall der Stimmengleichheit kann der Stimme eines Vorstandsmitgliedes ausschlaggebende Bedeutung eingeräumt werden. In der Regel wird dieses Mitglied vom Aufsichtsrat ernannte **Vorstandsvorsitzende** oder der vom Vorstand selbst gewählte **Vorstandssprecher** sein (vgl. Kübler (1990), S. 190). Eine Regelung, die es dem Vorsitzenden oder Sprecher erlaubt, gegen die Mehrheit der übrigen Vorstandsmitglieder zu entscheiden, ist verboten (vgl. Kübler (1990), S. 194).

91  Zustimmend jedenfalls Albach (1966), S. 33 und Meier (1966), S. 570.

**rungsentscheidungen** im Sinne von Gutenberg[92] entspricht.[93] Hierbei handelt es sich um den Teil der Entscheidungen, den die Unternehmensleitung nicht an andere Personen delegieren kann (oder soll). Es gibt fünf Arten der echten Führungsentscheidung:

---

„α)  Festlegung der Unternehmenspolitik auf weite Sicht,

β)  Koordinierung der großen betrieblichen Teilbereiche,

γ)  Beseitigung von Störungen außergewöhnlicher Art im laufenden Betriebsprozeß,

δ)  Geschäftliche Maßnahmen von außergewöhnlicher Bedeutung, Besetzung der Führungsstellen im Unternehmen."[94]

---

Es ist dies eine gute Charakterisierung der indirekten Mitwirkungs- und Kontrollrechte, die ein ausreichend großes Paket von Stammaktien mittelbar haben kann, auch wenn die Stammaktie selbst keinen unmittelbaren Einfluß auf die Geschäftsführung der Gesellschaft verbrieft. Der vielfach benutzte Passus von der „Trennung von Eigentum und Kontrolle" bei der Publikumskapitalgesellschaft[95] ist in dieser Form eine Verkürzung des Sachverhalts und gibt die Mitwirkungs- und Kontrollmöglichkeiten der Inhaber ausreichend großer Pakete von Stammaktien nicht vollständig wider.

---

92  Gutenberg (1983), S. 134.

93  „Echte Führungsentscheidungen" trifft nur der „Dispositive Faktor". Gutenberg hat der klassischen Einteilung der Produktionsfaktoren in Boden, Arbeit und Kapital, die primär an der Einkommensverteilung interessiert war, deren Einteilung in Betriebsmittel, Werkstoffe und menschliche Arbeit gegenübergestellt. Die menschliche Arbeit zerfällt wiederum in solche dispositiven Charakters und nicht dispositiven Charakters. Die Gutenbergsche Einteilung ist auf die einzelwirtschaftliche Analyse des innerbetrieblichen Geschehens ausgerichtet. Ich danke Herrn Professor Bitz für diesen Hinweis; DK.

94  Gutenberg (1983), S. 140.

95  Berle/Means (1932), S. 121.

# 6 Märkte für Finanzierungstitel

Wann immer ein Finanzierungsvertrag geschlossen worden ist, ist ein Finanzierungstitel vom Empfänger der Vorleistung zum Vorleistenden übergegangen. Eine solche erstmalige Ausgabe eines Finanzierungstitels ist eine Operation am **Primärmarkt**[96] für Finanzierungstitel. Dieser ist gedanklich vom **Sekundärmarkt** zu trennen, der dem Handel bereits ausgegebener Finanzierungstitel dient.[97] Die konkrete Ausgestaltung des Primärmarktes und des Sekundärmarktes hängt dabei von zwei Punkten entscheidend ab. Grundlegend ist zunächst die Frage, ob die gehandelten Finanzierungstitel **Individualkontrakte** sind oder ob es sich um emissionsfähige **Wertpapiere** handelt. Hierzu muß es sich um Wertpapiere handeln, die „fungibel" oder „vertretbar" sind, also durch ein anderes Wertpapier mit gleichlautendem Inhalt beliebig ersetzt werden können.[98] Ob Emissionen am Primärmarkt gelingen, kann auch davon abhängen, welchen Organisationsgrad der Sekundärmarkt aufweist.[99] Die am besten ausgestaltete Organisationsform von Sekundärmärkten stellen die Wertpapierbörsen dar.[100] An einem börsenmäßig organisierten Sekundärmarkt ist ein Tauschpartner meist sehr viel leichter zu finden, als wenn Wertpapiere ohne eine solche Börse getauscht werden sollen. Noch schwerer ist es gewöhnlich, Individualkontrakte einzutauschen.[101] Weiterhin kann man Märkte für **Eigenfinanzierungstitel** und **Fremdfinanzierungstitel** unterscheiden.[102] Es wurde bereits darauf hingewiesen, daß als Abgrenzungskriterium zwischen beiden Finanzierungsformen die Rechtsstellung im Konkurs herangezogen werden sollte. Sowohl Eigen- als auch Fremdfinanzierungstitel lassen sich mit ihren zugehörigen Märkten jeweils in Individualkontrakte und emissionsfähige Wertpapiere unterscheiden.[103] Die Märkte für Finanzierungstitel sollen im nächsten Paragraphen Ausgangspunkt für die Definition des Marktes für Unternehmenskontrolle sein, nachdem in diesem Paragraphen dargestellt wurde, daß Mitwirkungs- und Kontrollrecht gewöhnlich an Finanzierungstitel geknüpft sind.

---

96    Zur Unterscheidung von Primärmarkt und Sekundärmarkt vgl. Bitz/Wiechers/Kaiser (1990), S. 29.

97    Vgl. ebda.

98    Es handelt sich hierbei um vertretbare Sachen im Sinne des § 91 BGB.

99    Vgl. Bitz/Wiechers/Kaiser (1990), S. 30.

100  Vgl. ebda.; zu zahlenmäßigen Angaben und weiteren Nachweisen zum börsenmäßig organisierten Sekundärmarkt für Wertpapiere in den USA und in der Bundesrepublik Deutschland vgl. Gliederungspunkt 2 in § 1 dieser Arbeit.

101  So werden Beteiligungen an Kommanditgesellschaften und Gesellschaften mit beschränkter Haftung bisweilen per Zeitungsannonce angeboten oder nachgefragt.

102  Vgl. zu den Eigenfinanzierungstiteln Bitz/Wiechers/Kaiser (1990) und zu den Fremdfinanzierungstiteln Bitz/Schulte/Weidekind/Peters (1990).

103  Vgl. ebda.

# § 4    Der Markt für Unternehmenskontrolle in idealtypischer Betrachtung

## 1    Definitionen

### 1.1    Der Markt für Unternehmenskontrolle

Der Gedanke, daß der Wert eines Finanzierungstitels nicht allein durch seine „Früchte" (also den usus fructus), sondern auch durch den Grad seiner Mitwirkungs- und Kontrollrechte (also zum Beispiel den usus und den abusus) bestimmt wird, ist von Manne (1965) aufgegriffen und gedanklich zum „market for corporate control" weiterentwickelt worden. Notwendige Bedingung für die Charakterisierung eines Marktes scheint die Beschreibung der Marktsubjekte, also von Anbieter und Nachfrager, und des Marktobjektes, also des an diesem Markt gehandelten Gegenstandes, zu sein. Zu beidem findet man in dem Ausgangsartikel von Manne (1965) zunächst nur Andeutungen. So ist über das Marktobjekt zu lesen, es sei „Kontrolle".[1]

Nun kann man „Kontrolle" über die Kochtopfindustrie in gewissem Sinne beispielsweise auch erreichen, indem man alle überhaupt von dieser Industrie produzierbaren Kochtöpfe aufkauft und derart Marktmacht über den Absatzmarkt auf die Kochtopfindustrie ausübt. Dann wäre der Markt für Unternehmenskontrolle in Wirklichkeit kein Novum, sondern schlicht der Kochtopfmarkt. Dieser Definitionsansatz erscheint deshalb ein Ausweichen vor dem eigentlichen Definitionsproblem zu sein. Mit etwas Psychologie kommt man bei der Lektüre des Artikels vielmehr zu dem Schluß, daß der Markt für Unternehmenskontrolle ein Teilsegment des Marktes für einen speziellen Finanzierungstitel ist: die Aktie.[2] Kontrolle ist also bei Manne trotz der anderslautenden Formulierung auf S. 112 kein einzeln bewertbarer Vermögensgegenstand, sondern Ausstattungsmerkmal von Finanzierungstiteln. (Gehandelt werden am Manneschen Markt für Unternehmenskontrolle die „Aktien der Kochtopfindustrie").

In Gliederungspunkt 3 wurde in § 3 dieser Arbeit nun bereits anhand eines grundpfandrechtlich gesicherten Darlehens mit Negativklauseln und Verwendungs- oder geschäftspolitischen Auflagen darauf hingewiesen, daß je nach Gestaltung des konkreten Einzelfalles ein Fremdfinanzierungstitel ausgeprägtere Mitwirkungs- und Kontrollrechte beinhalten kann als eine einzelne Stammaktie. Sinnvoll dürfte es deshalb sein, als Objekt des Marktes für Unternehmenskontrolle einzelne Finanzierungstitel oder Gesamtheiten von Finanzierungstiteln zu identifizieren, sofern sie mindestens das

---

1    „The basic proposition advanced in this paper is that the control of corporations may constitute a valuable asset" (Manne (1965), S. 112).

2    „Shares" (Manne (1965), S. 112).

indirekte Verfügungsrecht bei Fragen der Unternehmenspolitik beinhalten. Der Markt für Unternehmenskontrolle ist ein Teilsegment des Marktes für Finanzierungstitel.

---

**Definition 4**

Der **Markt für Unternehmenskontrolle** ist das Teilsegment des Marktes für Finanzierungstitel, an dem einzelne Finanzierungstitel oder Gesamtheiten von Finanzierungstiteln gehandelt werden, die das direkte oder das indirekte Verfügungsrecht in Fragen der Unternehmenspolitik verbriefen.

---

Mit dieser Definition ist auch der zweite Problemkreis bereits angesprochen, wer am Markt für Unternehmenskontrolle agieren kann. Es sind dies alle Wirtschaftssubjekte, die Finanzierungstitel mit den genannten Verfügungsrechten kaufen oder verkaufen. Hierbei kann es sich im Einzelfall sowohl um Privatpersonen als auch um Unternehmensorgane handeln. Die Fallgestaltung ist denkbar, daß der Käufer der Finanzierungstitel, der Verkäufer oder beide am Markt für Unternehmenskontrolle agieren, obwohl sie lediglich an der Ausstattung der Finanzierungstitel hinsichtlich ihrer Merkmale $M_1$, $M_2$ und $M_4$ interessiert sind. Verkauft etwa ein Anleger sein 51%-Paket von Stammaktien einer Aktiengesellschaft, weil er diese Finanzierungstitel hinsichtlich ihrer „Früchte" hoch bewertet findet, an einen Käufer, der dieses Paket ausschließlich wegen seiner Mitwirkungs- und Kontrollrechte attraktiv findet, so handelt es sich um eine Transaktion am Markt für Unternehmenskontrolle, obwohl der Verkäufer am Merkmal $M_3$ der Finanzierungstitel gar nicht interessiert war.

Einer spontanen Zuordnung zum Markt für Unternehmenskontrolle entzieht sich aber auch eine zeitliche Zergliederung von Transaktionen in Finanzierungstiteln. Kauft etwa der Großaktionär einer Aktiengesellschaft, der bereits 35% aller Stammaktien hält, ein Paket von weiteren 16% der Stammaktien dieser Gesellschaft, so drängt sich die Frage auf, ob die 16%-Transaktion ein Ereignis am Markt für Unternehmenskontrolle war. Eine allgemeingültige Antwort auf diese Frage gibt es wohl nicht. Sie wird vermutlich bei verschiedenen Anschauungen unterschiedlich ausfallen. Es sei hier jedoch der Vorschlag gemacht, die 35%-Transaktion und die 16%-Transaktion als zeitlich gestreckte Teile einer Gesamttransaktion aufzufassen, die zu einem Bündel von Finanzierungstiteln führt, das im Regelfall das indirekte Verfügungsrecht in Fragen der Unternehmenspolitik verbrieft. Die 16%-Transaktion ist insofern Teil einer Gesamttransaktion, die sich am Markt für Unternehmenskontrolle abspielt.

Interessant ist auch eine Auseinandersetzung mit der Frage, ob der Tausch eines Individualkontraktes wie des Darlehens eine Transaktion am Markt für Unternehmenskontrolle darstellt, wenn das Darlehen keine Negativklauseln, keine Verwendungsauflagen, keine geschäftspolitischen Auflagen und ähnliches, wohl aber ein Kündigungsrecht enthält. Auch hier wird es eventuell unterschiedliche Einschätzungen des „Drohpotentials" eines solchen Kündigungsrechtes geben und damit der Einflußmöglichkeiten auf die Unternehmenspolitik. Das wäre plausibel, weil ein solches Kündigungsrecht je nach Ausgestaltung des Einzelfalls von der Unternehmensführung schon deshalb unterschiedlich bewertet werden wird, weil die Möglichkeit einer Anschlußfinanzierung unterschiedlich wahrscheinlich erscheint. Kann die Unternehmensführung auf viele Finanzierungsangebote gleicher Attraktivität zurückgreifen, so wird sie sich von einem solchen Kündigungsrecht vermutlich kaum in Fragen der Unternehmenspolitik beeinflussen lassen und sie nicht von den Wünschen des Darlehensgebers abhängig machen. Vielfach wird es also nur bei intensiver Auseinandersetzung mit den Details des Einzelfalles möglich sein zu entscheiden, ob der Kauf oder Verkauf von Finanzierungstiteln lediglich eine Transaktion am Markt für Finanzierungstitel oder auch eine am Markt für Unternehmenskontrolle war.

## 1.2    Typischer und atypischer Markt für Unternehmenskontrolle

Die Entschiedenheit, mit der in der Literatur alleine der Finanzierungstitel Aktie als Objekt des Marktes für Unternehmenskontrolle angesetzt wird[3] und die Schwerpunktlegung in der betrieblichen Praxis amerikanischer Finanzintermediäre auf den Handel größerer Pakete von Aktien im Bereich „mergers & acquisitions"[4] legen eine Untergliederung des Marktes für Unternehmenskontrolle nahe. Der „typische" Markt für Unternehmenskontrolle soll dabei mit der theoretischen und bankbetrieblichen Konzeption der angloamerikanischen Staaten korrespondieren, der „atypische" Markt für Unternehmenskontrolle dagegen die gute Vielfalt der Finanzierungstitel berücksichtigen.

---

**Definition 5**

Der **typische Markt für Unternehmenskontrolle** ist das Teilsegment des Marktes für Unternehmenskontrolle, an dem Gesamtheiten des Finanzierungstitels Aktie gehandelt werden, die das indirekte Verfügungsrecht in Fragen der Unternehmenspolitik verbriefen.

---

3    Vgl. z.B. Manne (1965), Jensen (1983) und von Thadden (1989).

4    Vgl. hierzu § 6 und § 9 dieser Arbeit.

---

**Definition 6**

Der **atypische Markt für Unternehmenskontrolle** ist der nach Absonderung des „typischen" Teilsegments verbleibende Rest des Marktes für Unternehmenskontrolle.

---

## 1.3 Das öffentliche Übernahmeangebot

Insbesondere im angloamerikanischen Bereich hat sich am typischen Teilsegment des Marktes für Unternehmenskontrolle eine besondere Vorgehensweise entwickelt, um eine Gesamtheit von Finanzierungstiteln zusammenzustellen, die das indirekte Verfügungsrecht in Fragen der Unternehmenspolitik verbrieft. Dies geschieht mit Hilfe des öffentlichen Übernahmeangebotes. Wenn ein öffentliches Übernahmeangebot ernsthaft auf die Zusammenstellung von Finanzierungstiteln abgestellt sein soll und nicht lediglich aus einer wie auch immer gearteten Verpflichtung resultiert, so sollte es idealtypisch die folgenden Charakteristika (a) bis (e) aufweisen:

---

**Definition 7**

Unter einem **öffentlichen Übernahmeangebot** versteht man eine Offerte an die Besitzer von Aktien eines Unternehmens. Mit dem öffentlichen Übernahmeangebot sollen (a) Aktien oberhalb ihres Marktpreises gekauft werden. Es ist (b) nur für eine begrenzte Zeit gültig, so daß (c) die Aktionäre unter zeitlichem Druck stehen, es anzunehmen. (d) Das Angebot erfolgt schriftlich. (e) Seine Bedingungen sind fest, sie können nicht ausgehandelt werden.[5]

---

Beim gewöhnlichen Kauf eines entsprechenden Paketes von Aktien etwa an der Börse sieht sich ein Bieter mit einer doppelten Unsicherheit konfrontiert. Er muß zunächst einkalkulieren, daß der Börsenhandel nicht genügend „tief" ist, daß also nur ein geringer Bruchteil der Aktien der Zielgesellschaft an der Börse umgesetzt wird und die Mehrzahl der Aktien unbewegt in den Depots der Anleger verbleibt (**Mengenkomponente des Übernahmerisikos**). Unabhängig von der Frage, ob der Börsenhandel ausreichend tief ist, muß der Bieter aber auch damit rechnen, daß seine Kaufaktion zu einem kaum prognostizierbaren Anstieg des Börsenkurses im Zeitablauf

---

5  Vgl. Cox (1984), Tz. 26.6111; ähnlich die Definition von Hauschka/Roth (1988), S. 185 und von Arranow/Einhorn, zitiert bei Breiding (1974), S. 16; den Preisaufschlag könnte man in Anlehnung an das im Emissionsgeschäft beobachtete Phänomen des „underpricing" auch als „**overpricing**" bezeichnen.

führt und er deshalb den Preis für die Übernahme der Kontrolle über das Zielunternehmen nicht hinreichend genau kalkulieren kann (**Preiskomponente des Übernahmerisikos**). Beide Komponenten des Übernahmerisikos lassen sich mit Hilfe des öffentlichen Übernahmeangebotes möglicherweise reduzieren.

Bei einem erfolgreichen öffentlichen Übernahmeangebot, bei dem eine für den Kontrollerwerb ausreichend große Zahl von Aktionären ihre Aktien abtritt, wurden sie sogar vollständig eliminiert. Hierin liegt für den Bieter die ökonomische Ratio für die Sinnhaftigkeit eines öffentlichen Übernahmeangebotes. Die Differenz zwischen Angebotspreis und laufendem Marktpreis scheint insofern eine Art von **Versicherungsprämie** für den Abbau des Übernahmerisikos zu sein. Weitere institutionelle Ausgestaltungsformen von öffentlichen Übernahmeangeboten werden in § 6 dieser Arbeit präsentiert. Zunächst jedoch erweist sich eine Auseinandersetzung mit dem Risiko- und Chancenpotential von Transaktionen am Markt für Unternehmenskontrolle als sinnvoll. Die bis heute anhaltende Diskussion um diesen Markt knüpft vor allem an den vermuteten Chancen an.

# 2    Risiken von Transaktionen am Markt für Unternehmenskontrolle

Transaktionen am Markt für Unternehmenskontrolle verändern die Inhaberstruktur bei Finanzierungstiteln, die die direkte oder indirekte Beeinflussung der Unternehmenspolitik erlauben. Dies kann Konsequenzen insbesondere für diejenigen haben, deren Finanzierungstitel keinen Einfluß auf die Unternehmenspolitik erlauben, also beispielsweise von Minderheitsaktionären oder von Gläubigern, deren Fremdfinanzierungstitel keine Nebenabsprachen bezüglich der Unternehmenspolitik vorsehen.

Eine Änderung der Geschäftspolitik nach der Transaktion am Markt für Unternehmenskontrolle kann von solchen Minderheitsaktionären und Gläubigern beim Kauf ihrer Titel praktisch nicht antizipiert werden. Kauft ein Unternehmen etwa 51% der Stammaktien eines anderen Unternehmens, so ist es ihm im Regelfall möglich, das in Mehrheitsbesitz stehende Unternehmen des Unternehmensverbundes zu Transaktionen zu zwingen, die dem herrschenden Unternehmen nützen, dem abhängigen Unternehmen aber schaden. Dies wäre etwa der Fall, wenn

–   das abhängige Unternehmen seine erstellten Produkte zu Preisen unter Marktniveau an das herrschende Unternehmen verkaufen müßte,

–   das abhängige Unternehmen dem herrschenden Unternehmen Kredite zu einem Zinssatz unterhalb des Marktzinssatzes gewähren müßte oder

–   das abhängige Unternehmen sein Vermögen dem herrschenden Unternehmen unter Marktpreis überlassen müßte.[6]

Dies würde für die Vermögensposition der genannten Minderheitsaktionäre und Gläubiger mit größter Wahrscheinlichkeit negative Konsequenzen haben. Gesetzliche Regelungen, die es sich zum Ziel gesetzt haben, Minderheitsaktionäre und Gläubiger vor solchen nicht antizipierbaren Vermögenseinbußen zu schützen, können zwei Kategorien zugeordnet werden:

(1) **Regelungen, die dauerhaft nach der Transaktion am Markt für Unternehmenskontrolle greifen und**

(2) **Regelungen, die einmalig vor oder während der Transaktion am Markt für Unternehmenskontrolle greifen.**

---

6    Vgl. zu dieser Problematik Eisenhardt (1992), Rn. 298/9 sowie 223 und Emmerich/Sonnenschein (1992), S. 254 – 361.

In die erste Kategorie fallen beispielsweise Regelungen, die

- das abhängige Unternehmen zwingen, möglicherweise schädigende Geschäfte schriftlich festzuhalten, extern prüfen zu lassen und zu publizieren,

- das herrschende Unternehmen zum Ersatz eines Schadens zwingen,

- die Unternehmenspolitik des herrschenden oder des abhängigen Unternehmens beeinflussen,

- das herrschende Unternehmen zwingen, Verluste des abhängigen Unternehmens zu übernehmen,

- den Gläubigern der abhängigen Gesellschaft das Recht geben, Sicherheiten für ihre Forderungen zu verlangen,

- Minderheitsaktionären der abhängigen Gesellschaft Mindestdividenden zusichern,

- Minderheitsaktionären und Gläubigern des abhängigen Unternehmens das Recht auf vorzeitige Beendigung ihrer Finanzierungsbeziehung bei „angemessenem" Rückzahlungsbetrag geben oder

- Minderheitsaktionären die Möglichkeit geben, in „angemessener" Weise Aktionäre der herrschenden Gesellschaft zu werden.

Zur zweiten Kategorie gehören demgegenüber beispielsweise Regelungen, die

- die Publizierung anstehender wesentlicher Änderungen in der Inhaberstruktur bestimmter Finanzierungstitel verlangen,

- die Publizierung anstehender wesentlicher Änderungen in der Unternehmenspolitik durch diese Änderung in der Inhaberstruktur stipulieren,

- die externe Überprüfung der beiden vorgenannten Informationen fordern und

- den Inhabern von bestimmten Finanzierungstiteln die Möglichkeit geben, ihre Titel zu den gleichen Konditionen zu veräußern, wie sie bei einer (im realtypischen Einzelfall vermutlich schwer zu definierenden) „originären" Transaktion angesetzt wurden.

Im Rahmen dieser Arbeit wird in § 5 und § 6 eine Untersuchung erfolgen, in welcher Weise die bundesdeutsche und die US-amerikanische Rechtsordnung Regelungen der einen oder der anderen Kategorie implementiert haben. Dabei ist nicht an eine normative Analyse gedacht, die auf die Vorteilhaftigkeit eines Konzeptes abzielt, sondern lediglich an eine Diagnose bestehender Unterschiede. Zuvor jedoch soll auch erörtert werden, daß vom Markt für Unternehmenskontrolle positive Wirkungen ausgehen können.

# 3    Chancen von Transaktionen am Markt für Unternehmens-
kontrolle

Nicht nur die ersten Konzepte zur Definition des Marktes für Unternehmenskontrolle, sondern auch die ersten Überlegungen zu dessen ökonomischen Chancenpotential gehen auf Manne (1965) zurück.

Die „Ineffizienz" eines Managements kann aus Anlegersicht zwei grundsätzliche Erscheinungsformen haben. Einerseits könnten Manager andere Ziele als die Inhaber von Finanzierungstiteln verfolgen und zu hohe „fringe benefits" [7] produzieren. Auf einer Transformationskurve zwischen „Wert der Finanzierungstitel" und „fringe benefits" würden sie dann nicht den aus Sicht der Financiers optimalen Achsenabschnitt mit maximalem Wert der Finanzierungstitel wählen, sondern Punkte im Inneren des Orthanten. Die andere Form von Ineffizienz könnte aus Anlegersicht darin bestehen, daß sie Punkte unterhalb dieser Transformationskurve wählen. Es ist relativ leicht einzusehen, daß die zweite Art der Ineffizienz aus der Sicht konkurrierender Managementteams einen Zustand darstellt, in dem Anreize dazu bestehen, sich den Inhabern der Finanzierungstitel anzudingen und damit ihnen höheren Wert und sich selbst höhere „fringe benefits" zu ermöglichen. [8] Es ist jedoch vor allem die zweite Ineffizienz, auf die Mannes Analyse abzielt. Arbeitet ein Vorstand derart ineffizient, so haben die Finanzierungstitel dieser Gesellschaft relativ zu ihren Möglichkeiten angeblich auch einen zu niedrigen Wert und ein neues Management kann zu höheren Gewinnen gelangen, indem es das Unternehmen effizienter führt und den Wert der Finanzierungstitel auf Normalniveau hebt.

Die Denkweise knüpft damit unmittelbar an den Strukturelementen der Neueren Finanzierungstheorie an. Das ineffiziente Management verfolgt in der Finanzierungsbeziehung die Interessen der Financiers nicht stringent genug, weil es asymmetrische Gestaltungsmöglichkeiten und Betroffenheiten gibt. Da die Financiers schlechter informiert sind als die Manager, können sie sich gegen diese in ihren Augen fehlgeleitete Verwendung der Ressourcen alleine mit Risikoprämien nicht angemessen wehren. Paradoxerweise übernehmen es dann andere *Manager*, ihren vermeintlichen Kollegen ein bestimmtes Überniveau von fringe benefits zu verwehren. Die entscheidende Frage ist natürlich, wie den neuen Managern die Übernahme der Kontrolle gelingt. Würden sie lediglich die alten Eigentümer überzeugen, daß sie ihnen nützlicher sind, so drängen sich zwei Fragen auf: Was sind die Determinanten eines „normalen" Niveaus an fringe benefits? Warum haben die neuen Manager nicht ebenso ein Interesse an

---

7    Vgl. zu diesem Begriff Fn. 21 in § 3 dieser Arbeit.

8    „Only the take-over scheme provides some assurance of competitive efficiency among corporate managers" (Manne (1965), S. 113).

repräsentativen Dienstbüros wie ihre Vorgänger? Viel entscheidender ist jedoch der Einwand, daß es sich bei dieser Fallgestaltung um keine Transaktion am Markt für Unternehmenskontrolle handelt. Würden die jungen Unternehmer dagegen genügend Aktien (etwa 51%) des Unternehmens am Markt für Unternehmenskontrolle kaufen,[9] so wäre der Markt für Unternehmenskontrolle lediglich ein Markt, an dem bestimmte Finanzierungstitel wieder zu den Finanzierungsbeziehungen des walrasianischen Paradigmas werden, weil die Asymmetrien von Gestaltungsmöglichkeiten, Betroffenheiten und Information für diese „glücklichen" 51% beseitigt werden. Es ist aber wenig plausibel, daß zwischen den verbleibenden 49% der Aktionäre und dem Management in irgendeiner Weise positive Effekte aufgetreten sind, weil hier die drei Asymmetrien noch bestehen.

Die Diskussion der diszplinierenden Wirkung des Marktes für Unternehmenskontrolle im Spannungsfeld zwischen den Fixpunkten des walrasianischen Paradigmas und vielfältiger Marktunvollkommenheiten und Asymmetrien hat unlängst auch Einzug in die deutsche Literatur gehalten. Ausgehend von dem empirischen Befund, daß der Aktienbesitz deutscher Aktiengesellschaften breit gestreut ist, wurde die Hypothese vertreten, daß dies zu Machtpotentialen beim Management führt, die nicht dem liberalen Ideal entsprechen und erst noch zu legitimieren seien.[10] Dem war mit dem Hinweis widersprochen worden, daß Märkte, insbesondere der Markt für Unternehmenskontrolle, eine Kontrolle des Managements gewährleisten und ein Bedarf an Neulegitimierung nicht gegeben sei.[11] Ohne daß dies explizit gesagt wird, entsteht das Diskussionspotential hier aus der Frage, ob Ein- und Austritt bei der Veranstaltung Markt freigegeben oder durch Hindernisse wie Informationsasymmetrien und Transaktionskosten gebremst werden. An dem Umstand, daß Delegation von Macht an Manager den Preis der „fringe benefits" kostet, ändert all das aber auch bei ansonsten vorliegenden Marktvollkommenheiten nichts.

Es soll an dieser Stelle nicht der Versuch unternommen werden, die Mannesche Auffassung vom Markt für Unternehmenskontrolle hinsichtlich seiner Subjekte und Objekte wiederzubeleben, um das in der Realität doch so offensichtliche Phänomen des Handels von Unternehmen und bedeutenden Unternehmensteilen zu erklären. Es hat hier in der jüngeren Zeit eine Vielzahl von interessanten Entwicklungen gegeben.[12] Wichtig erscheint vielmehr die Feststellung, daß die Theoriewelt bei Manne wie auch bei praktisch allen jüngeren Entwicklungen in der Theorie des Marktes für Unter-

---

9   In der Terminologie von Gliederungspunkt 5 in § 6 dieser Arbeit wäre das ein „Management Buy In".

10  Vgl. Schreyögg/Steinmann (1981) und Steinmann/Schreyögg/Dütthorn (1983).

11  Vgl. Picot/Michaelis (1984) und dann in einer Replik wiederum Steinmann/Schreyögg (1984).

12  Für einen sehr gut strukturierten Überblick vgl. von Thadden (1989), aber auch Jensen (1983).

nehmenskontrolle nicht nur hinsichtlich des Marktobjektes (Aktien), sondern auch hinsichtlich des Marktsubjektes eine eingeschränkte Vorstellung hat: Käufer am Markt für Unternehmenskontrolle sind meist angehende Manager-Eigentümer. Der ganzen Vielfalt möglicher Käufer und Verkäufer von einzelnen oder geblockten Finanzierungstiteln bleibt der Zugang zum Markt für Unternehmenskontrolle verwehrt. Dies gilt insbesondere für die Finanzintermediäre.

# § 5    Der Markt für Unternehmenskontrolle in realtypischer Betrachtung: Die bundesdeutsche Konzeption

## 1    Gesellschaftsrecht

Im bundesdeutschen Gesellschaftsrecht kann man Bestimmungen der beiden in § 4 in Gliederungspunkt 2 genannten Kategorien finden. Im folgenden soll eine Darstellung grundlegender Regelungskonzepte erfolgen. Bei der Recherche konnte festgestellt werden, daß die bundesdeutsche – wie übrigens auch die US-amerikanische – Rechtsordnung vor allem auf die Änderung der Inhaberstruktur von *Eigen*finanzierungstiteln wie der Aktie abstellen. Gläubiger- oder aktionärsschützende Maßnahmen, die auf Änderungen in der Inhaberstruktur von *Fremd*finanzierungstiteln abstellen, sind nicht bekannt geworden.

### 1.1    Regelungen, die an der Entstehung von Unternehmenszusammenschlüssen ansetzen

Hat es ein Unternehmen in der Bundesrepublik Deutschland ins Auge gefaßt, an einem anderen Unternehmen eine Beteiligungsposition durch den Kauf von Eigenfinanzierungstiteln aufzubauen, nachdem in der Ausgangssituation kein solcher Besitz von Eigenfinanzierungstiteln bestand, so sind als Regelungen, die *einmalig* an der Entstehung des Unternehmenszusammenschlusses ansetzen, die §§ 20 und 21 AktG relevant, wenn eines der am Beteiligungserwerb beteiligten Unternehmen – wie in dieser Arbeit unterstellt – eine Aktiengesellschaft ist. Soll der Beteiligungserwerb in der Form eines öffentlichen Übernahmeangebotes erfolgen, so stellen die Leitsätze für öffentliche freiwillige Kauf- und Umtauschangebote immerhin eine Sollbestimmung, wenn auch keine rechtlich zwingende Mußvorschrift dar.

#### 1.1.1    Die Mitteilungspflichten nach den §§ 20 und 21 AktG

§ 20 AktG sieht **Mitteilungspflichten** von Unternehmen jeder Rechtsform **gegenüber Aktiengesellschaften** vor. Sobald einem Unternehmen mehr als 25% der Aktien oder eine Mehrheitsbeteiligung nach § 16 (1) AktG gehören, hat es dies der Aktiengesellschaft unverzüglich mitzuteilen. Dabei sind für die 25%-Schwelle Aktien zuzurechnen, deren Übereignung das Unternehmen, ein von ihm abhängiges Unternehmen oder ein anderer für Rechnung des Unternehmens oder eines von diesem abhängigen Unternehmens verlangen kann sowie solche Aktien, zu deren Abnahme das Unternehmen, ein von ihm abhängiges Unternehmen oder ein anderer für Rechnung des Unternehmens oder eines von diesem abhängigen Unternehmens verpflichtet ist. § 21 AktG sieht demgegenüber **Mitteilungspflichten von Aktiengesellschaften** gegenüber anderen Kapitalgesellschaften vor, sobald der Aktiengesellschaft mehr als **25%** der Anteile einer anderen Kapitalgesellschaft oder bergrechtlichen Gewerkschaft oder eine **Mehrheits**beteiligung im Sinne von § 16 (1) AktG an einem anderen Unternehmen gehören.[1]

Der im Rahmen dieser Arbeit betrachtete Beteiligungserwerb einer Aktiengesellschaft an einer anderen Aktiengesellschaft fällt also sowohl in den Regelungsbereich des § 20 AktG als auch in den des § 21 AktG. Beide Paragraphen schreiben diese Mitteilungspflichten völlig unabhängig von der Frage vor, ob die Zielgesellschaft an einer Börse zur amtlichen Notierung zugelassen ist. Da § 20 (5) AktG und § 21 (3) AktG darüber hinaus vorschreiben, daß es der Zielgesellschaft ebenfalls unverzüglich mitzuteilen ist, wenn eine der obengenannten Beteiligungen nicht mehr besteht, ist *jedes Über- und Unterschreiten* der 25%- und der 50%-Schwelle mitteilungspflichtig. Die Formulierung der beiden Paragraphen („die Aktien") signalisiert, daß bei der 25%-Schwelle alleine Kapitalquoten relevant sind, während bei der 50%-Schwelle sowohl Kapitalmehrheiten als auch Stimmrechtsmehrheiten mitteilungspflichtig sind.[2] Die Mitteilungen haben *unverzüglich,* d.h. ohne schuldhaftes Zögern zu erfolgen; mitteilungspflichtig sind nur Unternehmen, nicht aber Privatpersonen.

Die Aktiengesellschaft, die eine Mitteilung nach § 20 (1) oder (4) AktG erhalten hat, muß deren Bestehen unverzüglich in den Gesellschaftsblättern publizieren.[3] Die Unterlassung einer nach den §§ 20 (1) und (4) und 21 (1) und (2) AktG gebotenen Mitteilung führt – wie sich aus den §§ 20 (7) und 21 (4) ergibt – dazu, daß Rechte aus Aktien oder Anteilen, die einem meldepflichtigen Unternehmen gehören, für die Zeit, für die die Mitteilung unterlassen wurde, nicht ausgeübt werden können. Dies bedeutet neben dem juristischen Zwang auch einen erheblichen ökonomischen Anreiz zur Durchführung der Mitteilung, zumal alle Rechte aus den in Betracht kommenden Anteilen, seien sie Vermögensrechte, seien sie Verwaltungsrechte, in gleicher Weise betroffen sind.[4]

---

1   §§ 20 (1), 20 (2), 20 (4), 21 (1) und 21 (2) AktG.

2   Vgl. Koppensteiner (1988), § 20, Rn. 10 und 13.

3   Vgl. Koppensteiner (1988), § 20, Rn. 21, 23 und 32; zu den Gesellschaftsblättern gehört nach § 25 AktG auf jeden Fall der Bundesanzeiger; § 21 AktG fordert diese Bekanntmachung in den Gesellschaftsblättern nicht.

4   Vgl. Koppensteiner (1988), § 20, Rn. 42.

### 1.1.2    Die Leitsätze für öffentliche freiwillige Kauf- und Umtauschangebote

Im Gegensatz zum angloamerikanischen Rechtskreis ist dem deutschen Gesellschaftsrecht das *eigenständige* Rechtsinstitut[5] des „öffentlichen Übernahmeangebotes" fremd.[6] Unter einem öffentlichen Übernahmeangebot versteht man – wie in § 4 dieser Arbeit bereits ausgeführt – eine von einer Bietergesellschaft ausgehende öffentliche Offerte an die Aktionäre einer Zielgesellschaft, deren Aktien innerhalb eines festgelegten Zeitraums zu festgelegten Bedingungen zu erwerben. Denkbar ist dabei die Verknüpfung einer Pflicht zur Abgabe eines Übernahmeangebotes mit dem Erreichen einer bestimmten Beteiligungsquote.[7]

Es ist darauf hingewiesen worden, daß aufgrund konzernrechtlicher Vorschriften bei Abschluß eines Beherrschungs- oder Gewinnabführungsvertrages (§ 305 AktG) oder bei der Eingliederung (§ 321 AktG) Übernahmeangebote abzugeben seien.[8] Dem ist jedoch nicht zu folgen. Die §§ 305 und 321 AktG sprechen vielmehr von der *Verpflichtung*, Aktien gegen eine angemessene *Abfindung* zu erwerben, sofern bestimmte Bedingungen eingetreten sind. Diese Abfindungen stellen also lediglich Annexvorschriften der Unternehmensverträge und der Eingliederung dar, keinesfalls aber eigenständige Rechtsinstitute.

Ebenfalls kein Übernahmeangebot im Sinne eines verbindlichen Rechtsinstitutes kann aus den „**Leitsätzen für öffentliche freiwillige Kauf- und Umtauschangebote** bzw. Aufforderungen zur Abgabe derartiger Angebote in amtlich notierten oder im geregelten Freiverkehr gehandelten Aktien bzw. Erwerbsrechten"[9] (im folgenden „Leitsätze") deduziert werden. Es handelt sich vielmehr um Leitlinien, deren Einhaltung auf freiwilliger Basis erfolgt. Jede andere Form eines Übernahmeangebotes, die nicht gegen zwingendes Recht verstößt, ist darüber hinaus auch möglich.[10]

---

5  Zum Begriff des Rechtsinstituts vgl. z.B. Baumann (1983), S. 287.

6  Der informationspolitische Wert eines Übernahmeangebotes ist dennoch in Deutschland nicht unerkannt geblieben: „Insiderinformationen sind ferner Kenntnisse von folgenden vorgesehenen Maßnahmen: (...) Übernahme- oder Abfindungsangebot ..."; § 2, Nr. 3 lit. b) der **Insiderhandelsrichtlinien**; diese Regeln haben keinen Gesetzescharakter; deren Anerkennung hat höchstens zivilrechtliche Folgen, so daß maximal der durch Insiderinformationen erlangte Übergewinn zu restituieren ist. Dies wird sich voraussichtlich durch Umsetzung der Richtlinie des Rates der Europäischen Gemeinschaften vom 13.11.1989 zur Koordinierung der Vorschriften betreffend Insidergeschäfte (ABIEG, Nr. L 334/30 vom 18.11.1989) ändern; vgl. hierzu Grunewald (1990), Monßen (1991) und Grundmann (1992).

7  So wie es auch Rule 9 (2) des City Codes in England vorsieht; vgl. Grunewald (1989), S. 1237.

8  Vgl. Peltzer (1989), S. 72 und die nächsten Gliederungspunkte dieses Paragraphen dieser Arbeit.

9  BMF (1979), S. 2 – 9.

10 Vgl. Hauschka/Roth (1988), S. 184.

Diese Leitlinien haben öffentliche Angebote zum Gegenstand, „die ohne Bestehen einer Rechtspflicht von einer natürlichen oder juristischen Person (Käufer) an die Aktionäre einer Aktiengesellschaft ... gerichtet sind mit der Maßgabe, deren Aktien ... zu einem bestimmten Preis in bar oder im Tausch gegen Aktien ... zu kaufen".[11] Oberstes Prinzip ist dabei die Gleichstellung aller Inhaber von Aktien der gleichen Art. Mit der Abwicklung des Angebotes „sollen" **Kreditinstitute** betraut werden.[12] Der geforderte Inhalt des „alsbald" zu veröffentlichenden Übernahmeangebotes wird von den Leitlinien genau vorgegeben. Er reicht von der Nennung des Käufers über den Kaufpreis in Geld oder Aktien, die Angebotsfrist, eine eventuelle Höchstzahl von Aktien, auf die sich das Angebot gegebenenfalls beschränkt bis zum Zeitpunkt, an dem die Zahlung geleistet sein muß.[13] Die mittelbare oder unmittelbare Beteiligung des Käufers an der betroffenen Gesellschaft ist anzugeben. Die **Angebotsfrist** soll mindestens 21 Tage und höchstens 60 Tage betragen. Wird das Kauf- oder Umtauschangebot durch Verbesserung der Bedingungen geändert, so soll die Angebotsfrist frühestens 14 Tage nach Bekanntgabe der Änderung enden. Informationen zur Beurteilung des Angebots sollen nur dann weitergegeben werden, wenn sie allgemein bekanntgemacht werden. **Maßnahmen,** die den **Marktpreis** der Aktien der betroffenen Gesellschaft negativ **beeinflussen** können, sollen unterlassen werden. Der Käufer soll deshalb auch keine Geschäfte in Aktien der betroffenen Gesellschaft abschließen oder abschließen lassen. Wenn der Tausch von Aktien des Käufers gegen Aktien der betroffenen Gesellschaft angeboten wird, so soll der Käufer während der Angebotsfrist auch keine Handlungen vornehmen, die den Wert des Vermögens seiner Gesellschaft wesentlich beeinträchtigen. Ist schließlich die Zahl der angebotenen Aktien höher als die Zahl der unter das Angebot fallenden Aktien, so sollen die von dem Angebot Gebrauch machenden Aktionäre nach Festsetzung eines bestimmten Mindestbetrages grundsätzlich **pro rata** berücksichtigt werden.[14] Hieraus folgt im Umkehrschluß, daß die Leitsätze Teilangebote nicht grundsätzlich ablehnen.

Obwohl die Leitsätze ein sehr hohes Anspruchsniveau an sich selbst stellen[15], muß kritisch angemerkt werden, daß sie von ihrer Konzeption her auch für den Kleinstanleger gelten, der eine Aktie erwirbt, da für ihren Geltungsbereich weder eine Ober- noch eine Untergrenze – etwa in Form einer Beteiligungsquote – vorgegeben wurde. Zwar soll der Angebotspreis im Angebot genannt werden, doch gibt es keine ökono-

---

11  BMF (1979), S. 2.

12  BMF (1979), S. 2; der Einsatz eines Kreditinstitutes wird also keineswegs für unerläßlich gehalten.

13  BMF (1979), S. 3 – 5.

14  BMF (1979), S. 5.

15  „Sie erübrigen eine spezielle gesetzliche Regelung für Übernahmeverfahren ..."; BMF (1979), S. 6.

mischen Anforderungen an den Angebotspreis selbst. So kann die „Sollverpflichtung"
zur Abgabe eines Übernahmeangebotes jederzeit auch durch unrealistische Angebots-
preise entwertet werden. Obwohl die Leitlinien ausdrücklich auf ausländische Regelungen mit ähnlicher Zielsetzung eingehen, ist ein Verbot von Abwehrmaßnahmen
während der Dauer des Angebotes – wie etwa im City Code – nicht zu finden.

## 1.2 Regelungen, die an bereits bestehenden Unternehmens-
## zusammenschlüssen ansetzen

Es ist auffällig, daß der deutsche Regelungsansatz für den Markt für Unternehmenskontrolle schwerpunktmäßig auf Eigenfinanzierungstitel wie die Aktie abstellt. Ebenso
auffällig ist, daß es – wie in Gliederungspunkt 1.1 gezeigt wurde – kaum rechtliche
Bestimmungen gibt, die einmalig an der Entstehung von Unternehmenszusammenschlüssen ansetzen. Die Leitsätze zu öffentlichen Übernahmeangeboten haben allenfalls den Charakter einer Empfehlung. Intensiver war dagegen das Bemühen des
Gesetzgebers, bei bereits bestehenden Unternehmenszusammenschlüssen *dauerhaft*
regelnd einzugreifen, was im folgenden gezeigt werden soll.

### 1.2.1 Gesellschaftsrechtliche Verpflichtungen
### beim Vorliegen bestimmter Beteiligungsquoten

Die für das indirekte Verfügungsrecht über die Unternehmenspolitik bei der deutschen
Aktiengesellschaft gewöhnlich entscheidende 50%-Schwelle beim Eigenfinanzierungstitel Aktie ist auch bei weiteren aktienrechtlichen Regelungen der Ausgangspunkt. Den
Risiken einer bedeutenden Änderung in der Inhaberstruktur des Eigenfinanzierungstitels Aktie für Minderheitsaktionäre und Gläubiger durch Käufe und Verkäufe durch
andere Unternehmen versucht das Aktiengesetz durch eine erschöpfende Definition
„verbundener Unternehmen" (§§ 15 – 19 AktG)[16] [17] und ein System von **gläubiger-**

---

16  Nicht betrachtet werden die **handelsrechtlichen** Bestimmungen über verbundene Unternehmen.
    Sie beziehen sich vor allem auf deren Rechnungslegung. Während § 290 (1) HGB – den
    Konzernrechnungslegungsvorschriften des früheren AktG 1965 entsprechend – die Aufstellungs-
    pflicht an das Merkmal der tatsächlichen Ausübung der einheitlichen Leitung knüpft („**Konzept**
    **der einheitlichen Leitung**"), geht das „**Control-Konzept**" des § 290 (2) HGB auf angelsächsi-
    sches Vorbild zurück und begründet eine Konzernrechnungslegungspflicht bei rechtlichen
    *Beherrschungsmöglichkeiten* (vgl. Maas/Schruff (1986), S. 20). Der aktienrechtliche Begriff der
    „verbundenen Unternehmen" geht in vieler Hinsicht weiter als der handelsrechtliche. So ist nach
    § 17 AktG jeder beherrschende Einfluß relevant, nach § 290 (2) Nr. 2 und 3 HGB dagegen nur
    der Fall, wenn einer Muttergesellschaft das Recht zusteht, die Mehrheit der Verwaltungs-
    mitglieder zu bestellen oder abzuberufen bzw. das Recht, einen beherrschenden Einfluß durch
    einen Beherrschungsvertrag oder eine Satzungsbestimmung auszuüben (vgl. Kropf (1986),
    S. 367). Andererseits geht § 271 (2) HGB aber auch weiter als das Aktiengesetz. So sind verbun-

**und minderheitsaktionärsschützenden Maßnahmen** zu begegnen (§§ 291 – 328 AktG).

### 1.2.1.1 Die Mehrheitsbeteiligung nach § 16 AktG

Die grundlegende Form des verbundenen Unternehmens stellt die Mehrheitsbeteiligung dar. Da – wie sich aus § 16 (1) AktG ergibt – sowohl die Mehrheit der Stimmrechte als auch die Mehrheit der Kapitalanteile konstitutiv für den Tatbestand der Unternehmensbeteiligung ist, kann die Überschreitung der kapitalmäßigen Beteiligungsquote von **50%** als hinreichend für die Aussage angesehen werden, daß beide Aktiengesellschaften "in Mehrheitsbesitz stehende und mit Mehrheit beteiligte Unternehmen" im Sinne des Aktiengesetzes sind. Höchststimmrechte (§ 134 (1) S.2 AktG), Stimmrechtsbeschränkungen (§ 134 (2) S. 2 AktG), Mehrstimmrechtsaktien (§ 12 (2) AktG) oder Vorzugsaktien ohne Stimmrecht (§§ 139 – 141 AktG) ändern hieran nichts.[18] Mit dem Tatbestand der Mehrheitsbeteiligung sind diverse gesellschaftsrechtliche Verpflichtungen verbunden.[19] Sie sind durchweg für das Verfügungsrecht über das Unternehmen von Belang. So muß beispielsweise gemäß §§ 20 (4) und 21 (2) AktG das mit Mehrheit beteiligte Unternehmen dem in Mehrheitsbesitz stehenden

---

dene Unternehmen im Sinne von § 271 (2) HGB, nicht aber im Sinne von § 15 AktG, anzunehmen, wenn beispielsweise ein Mutterunternehmen bei einem Tochterunternehmen über das Recht verfügt, die Mehrheit der Mitglieder eines Gesellschaftsorgans zu bestellen, ohne tatsächlich eine einheitliche Leitung auszuüben (vgl. Kropf (1986), S. 368; zustimmend WP-Handbuch (1991), Bd. I, R, Tz. 11).

17 Ebenfalls zu den verbundenen Unternehmen im Sinne des Aktiengesetzes zählen die **wechselseitig beteiligten Unternehmen** des § 19 AktG. Da sie wegen der Themeneingrenzung von dieser Arbeit nicht erfaßt werden, wird auf sie nicht weiter eingegangen. Ferner gelten als verbundene Unternehmen auch die Vertragsteile eines **Unternehmensvertrags** gemäß §§ 291 und 292 AktG. Auf sie wird aus systematischen Gründen weiter unten einzugehen sein.

18 Eine Mehrheit der *Anteile* liegt vor, wenn die festgestellte Beteiligung höher ist als die Hälfte des Unternehmenskapitals (vgl. Koppensteiner (1988), § 16, Rn. 28). Bei der Ermittlung des Verhältnisses des Gesamtnennbetrags der einem Unternehmen gehörenden Anteile zum Nennkapital der Aktiengesellschaft sind **eigene Anteile** vom Nennkapital abzusetzen (§ 16 (2) S. 2 AktG). Eine Mehrheitsbeteiligung ist indes nicht vorhanden, wenn lediglich eine Option auf den Erwerb von Anteilen besteht (vgl. WP-Handbuch (1992), Bd. I, R, Tz. 84). Eine Mehrheit der *Stimmen* liegt vor, wenn die Summe der ausübbaren Stimmrechte mehr als die Hälfte aller Stimmrechte ausmacht. Dies gilt allerdings nicht, wenn die Ausübung dieser Stimmrechte auf einem Stimmbindungsvertrag beruht. Auch die mit **Depotaktien** regelmäßig verbundenen **Vollmachtstimmrechte** der Banken sind den ausübbaren Stimmrechten nicht zuzurechnen (vgl. Koppensteiner (1988), § 16, Rn. 33).

19 §§ 20 (4), 21 (2), 20 (6), 22, 160 (1) Nr. 8, 56 (2), 160 (1) Nr. 1 und 2, 305 (2) Nr.2 AktG; ferner die für alle verbundenen Unternehmen entstehenden Rechtsfolgen: §§ 89 (4), 115 (3), 90 (1) und (3), 131 (1), 142 – 147, 312 AktG.

Unternehmen das Bestehen einer Mehrheitsbeteiligung mitteilen. Als vermutlich wichtigste Konsequenz der aktienrechtlichen Mehrheitsbeteiligung ist jedoch mit Koppensteiner (1988), § 16, Rn. 6 die Tatsache anzusehen, daß sie die Abhängigkeitsvermutung des § 17 (2) AktG und damit indirekt die Vermutung des Bestehens eines Unterordnungskonzernverhältnisses nach § 18 (1) S.3 AktG auslöst.

### 1.2.1.2 Der Abhängigkeitsbegriff des § 17 AktG

Der Abhängigkeitsbegriff des § 17 AktG zeigt eine markante Übereinstimmung mit dem in § 3 in Gliederungspunkt 3 dieser Arbeit entworfenen, an der Bestellung der Unternehmensorgane Aufsichtsrat und Vorstand ausgerichteten Bild vom indirekten Verfügungsrecht über das Unternehmen und seine Politik.

Völlig hinreichend für die Annahme, daß ein Unternehmen beherrschenden Einfluß ausüben kann und damit ein anderes von ihm abhängig ist, ist es, „wenn der beherrschende Einfluß im Rahmen der gesellschaftsrechtlichen Möglichkeiten und somit notfalls erst über Wahlen zum Aufsichtsrat oder über die Bestellung anderer Vorstandsmitglieder zur Geltung gebracht werden kann."[20]

Diese Einflußmöglichkeit auf die Besetzung der Organe sichert die für die Abhängigkeits- bzw. Beherrschungsvermutung notwendige Möglichkeit, „die Geschäfts- und Unternehmenspolitik des abhängigen Unternehmens zu gestalten." Die Gestaltungsmöglichkeit braucht sich keineswegs auf alle, sondern nur auf „bedeutsame" Gebiete der Unternehmenspolitik zu erstrecken.[21]

Welche Instrumente stehen konkret zur Etablierung eines beherrschenden Einflusses zur Verfügung?

–  Das „klassische" Instrument zur Etablierung der Herrschaft über eine Aktiengesellschaft ist entsprechend dem oben Gesagten die Mehrheitsbeteiligung, sofern sie die Mehrheit der Stimmrechte verschafft.[22]

–  Auch eine Minderheitsbeteiligung kann beherrschenden Einfluß vermitteln, wenn sich eine sogenannte **„Hauptversammlungsmehrheit"** oder „Präsenzmehrheit" in

---

20  WP-Handbuch (1992), Bd. I, R , Tz. 112; gleicher Meinung Koppensteiner (1988), § 17, Rn. 19: „Es genügt die Wahrscheinlichkeit einflußkonformen Verhaltens, die sich daraus ergibt, daß die Stellung als Organmitglied auf die Dauer vom ‚Wohlwollen‘ desjenigen abhängt, der die Zusammensetzung der Gesellschaftsorgane bestimmt."

21  WP-Handbuch (1992), Bd. I, R, Tz. 111; grundsätzlich zustimmend Koppensteiner (1988), § 17, Rn. 24.

22  Vgl. Koppensteiner (1988), § 17, Rn. 31; zustimmend WP-Handbuch (1992), Bd. I, R, Tz. 114.

der Hand eines Unternehmeraktionärs befindet. Von einer solchen Mehrheit spricht man, „wenn sie unter Berücksichtigung der erfahrungsgemäßen Frequenzen beim Besuch von Hauptversammlungen ausreicht, um voraussichtlich für längere Dauer Beschlüsse mit einfacher Mehrheit durchzusetzen."[23]

- **Beherrschungsvertrag und Eingliederung** begründen stets eine unwiderlegbare Unterordnungskonzern- und damit Abhängigkeitsvermutung.[24]

- Strittig ist, ob **Depotstimmrechte** von Banken, eventuell in Verbindung mit einem Stimmgewicht aus eigener Beteiligung, Abhängigkeit gegenüber einem Kreditinstitut begründen können. Koppensteiner[25] plädiert dafür, einer solchen Kombination abhängigkeitsbegründende Wirkung zuzusprechen, wenn ein ausreichendes Stimmgewicht erreicht wird. Anderer Auffassung ist WP-Handbuch[26], da das Kreditinstitut nur als Bevollmächtigter der Aktionäre handle und von dessen Weisungen abhängig sei.

- **Wirtschaftliche Abhängigkeit** als Folge von Beziehungen zu Kreditgebern, Zulieferern und Abnehmern ist abzulehnen, da Abhängigkeit immer *gesellschaftsrechtliche*, interne Möglichkeiten voraussetzt.[27]

- Strittig ist, ob **personelle Verflechtungen** als Beherrschungsgrundlage in Frage kommen. Während Koppensteiner (1988), § 17, Rn. 52 einen beherrschenden Einfluß verneint, da nicht festgestellt werden kann, in welche Richtung die Beherrschung läuft, kann laut WP-Handbuch[28] ein Abhängigkeitsverhältnis sehr wohl durch Personenidentität in den Verwaltungen des Unternehmens begründet werden.

- **Kombinationen von Beherrschungsmitteln** können allgemein dann einen beherrschenden Einfluß erlauben, wenn diese Mittel auf derselben Ebene, insbesondere auf der Stimmrechtsebene wirken.[29]

---

23  Koppensteiner (1988), § 17, Rn. 35 und 36; zustimmend WP-Handbuch (1992), Bd. I, R, Tz. 124.

24  Vgl. Koppensteiner (1988), § 17, Rn. 14; zustimmend WP-Handbuch (1992), Bd. I, R, Tz. 118.

25  Vgl. Koppensteiner (1988), § 17, Rn. 42.

26  Vgl. WP-Handbuch (1992), Bd. I, R, Tz. 121.

27  Vgl. Koppensteiner (1988), § 17, Rn. 50; zustimmend WP-Handbuch (1992), Bd. I, R, Tz. 118; an dieser Stelle wird die erwähnte Sonderstellung von Eigenfinanzierungstiteln in der bundesdeutschen Rechtsordnung besonders deutlich.

28  Vgl. WP-Handbuch (1992), Bd. 1, R, Tz. 123.

29  Vgl. Koppensteiner (1988), § 17, Rn. 56, der als Beispiel die genannte Kombination von Depotstimmrecht und Beteiligung nennt; grundsätzlich zustimmend WP-Handbuch (1992), Bd. I, R, Tz. 114 – die Möglichkeit beherrschenden Einflusses wird hier einer Kombination aus einer Minderheitsbeteiligung und einem Konsortialvertrag zugebilligt, wenn das mit Minderheit

Ist die Abhängigkeitsvermutung nicht zu widerlegen, so resultieren aus ihr bedeutende **Rechtsfolgen.**[30] Von für das Verfügungsrecht über das Unternehmen herausragender Bedeutung sind die Vorschriften der §§ 311 – 318 AktG, insbesondere der Abhängigkeitsbericht des § 312 AktG. Auf sie wird im folgenden Gliederungspunkt eingegangen.

### 1.2.1.3 Der Regelungskomplex der §§ 311 – 318 AktG

Zentrales Motiv der Regelungen der §§ 311 – 318 AktG ist der **Schutz der Minderheitsaktionäre und der Gläubiger** einer abhängigen Gesellschaft.[31] Nach § 311 AktG ist eine Unternehmensverwaltung grundsätzlich nicht verpflichtet oder berechtigt, Sonderinteressen eines herrschenden Aktionärs ohne Nachteilsausgleich zu fördern. Die Ausübung von Leitungsmacht ist danach innerhalb gewisser Schranken *zulässig*[32], wenn die Gesellschaft durch das nur bei Kompensation schädlicher Folgen nicht geltende Benachteiligungsverbot hinsichtlich ihres Vermögens und ihres Ertrages *so gestellt wird, als sei sie unabhängig.*[33]

Zur Absicherung seiner Zielsetzung unterwirft der Gesetzgeber den Vorstand einer abhängigen Gesellschaft der Pflicht, alljährlich einen **Abhängigkeitsbericht** zu erstellen.[34] Er soll die Rechtsgeschäfte enthalten, die die Gesellschaft im abgelaufenen Geschäftsjahr mit dem herrschenden Unternehmen oder auf Veranlassung oder im Interesse dieses Unternehmens vorgenommen hat und alle anderen Maßnahmen, welche sie auf Veranlassung oder im Interesse dieser Unternehmen im vergangenen Geschäftsjahr getroffen oder unterlassen hat. Ist der Gesellschaft dabei ein Nachteil entstanden, so ist anzugeben, wie der Ausgleich erfolgte oder erfolgen wird.[35]

---

beteiligte Unternehmen sich durch diesen Vertrag mit Sicherheit auf die Mitwirkung anderer Unternehmen verlassen kann.

30  §§ 16 (4), 19 (1) S. 2, 20 (1) S. 2, 21 (1) S. 2, 20 (2), 20 (7), 89 (2) S. 2, 100 (2) Nr. 2, 115 (1) S. 2, 136 (2), 302 (2), 308 und 320 (5), 311 –318 AktG.

31  Vgl. WP-Handbuch (1992), Bd. I, F, Tz. 672.

32  Vgl. Maul (1985), S. 1749.

33  Vgl. Koppensteiner (1988), § 312, Rn. 1.

34  § 312 (1) AktG.

35  Vgl. Maul (1985), S. 1749.

Anschließend ist der Abhängigkeitsbericht von den Abschlußprüfern und vom Aufsichtsrat zu **prüfen.**[36] Danach hat der Aufsichtsrat gemäß § 314 (2) AktG das Prüfungsergebnis in seinen Bericht an die Hauptversammlung aufzunehmen. Ist der Jahresabschluß durch einen Abschlußprüfer zu prüfen, so hat der Aufsichtsrat in diesem Bericht auch zu dem Ergebnis der Prüfung Stellung zu nehmen. Ein vom Abschlußprüfer erteilter Bestätigungsvermerk ist in den Bericht aufzunehmen, eine Versagung oder Einschränkung desselben ausdrücklich mitzuteilen (§ 314 (2) S. 2 und 3 AktG).

Hat der Abschlußprüfer den Bestätigungvermerk eingeschränkt oder versagt, hat der Aufsichtsrat erklärt, daß Einwendungen gegen die Erklärung des Vorstands bestehen oder hat der Vorstand selbst erklärt, daß die Gesellschaft durch bestimmte Rechtsgeschäfte oder Maßnahmen benachteiligt worden ist, ohne daß die Nachteile ausgeglichen worden sind, so kann jeder Aktionär beim Gericht die Bestellung von **Sonderprüfern** verlangen (§ 315 AktG).

Ein herrschendes Unternehmen, das eine abhängige Aktiengesellschaft veranlaßt hat, ein nachteiliges Rechtsgeschäft vorzunehmen oder eine Maßnahme zu ihrem Nachteil zu treffen oder zu unterlassen, ohne den Nachteil ausgeglichen zu haben, ist der Gesellschaft zum **Ersatz des ihr daraus entstehenden Schadens** verpflichtet (§ 317 (1) AktG). Die Mitglieder des Vorstands der abhängigen Gesellschaft **haften** neben den nach § 317 AktG Ersatzpflichtigen als Gesamtschuldner, wenn sie es unter Verletzung ihrer Pflichten unterlassen haben, das nachteilige Rechtsgeschäft oder die nachteilige Maßnahme in den Abhängigkeitsbericht aufzunehmen (§ 318 (1) AktG). Der Vorstand der abhängigen Gesellschaft ist die Instanz, die zu prüfen hat, ob ein Abhängigkeitsverhältnis vorliegt.[37] Der vielfache Einwand gegen das System aus Abhängigkeitsbericht und Prüfung richtet sich deshalb gegen die Abhängigkeit der Mitglieder des Vorstands der Tochtergesellschaft.[38] Eine Befragung von Aufsichtsratsmitgliedern der Anteilseigner- und der Arbeitnehmerseite sowie von Abschlußprüfern deutete andererseits darauf hin, daß dieser Personenkreis den Regelungskomplex nicht für wirklich ineffektiv hält.[39]

---

36  § 313 (1) und 314 (2) S. 2 AktG; da die **kleine Aktiengesellschaft** keinen Abschlußprüfer zu bestellen braucht, ergibt sich bei ihr allerdings keine Verpflichtung zur Prüfung des Abhängigkeitsberichtes durch einen Abschlußprüfer.

37  Vgl. Institut der Wirtschaftsprüfer (1990), S. 305; sind Vorstand und Abschlußprüfer in dieser Frage uneins, so ist eine Anrufung des Landgerichts möglich (WP-Handbuch (1992), Bd. I, F, Tz. 740).

38  So auch Hommelhoff (1992), S. 300.

39  Vgl. Hommelhoff (1992), S. 313; „seine Regelungen brächten, so die übereinstimmende Aussage, ... den (konzern-) abhängigen Vorstand und die Konzernleitung schon im Vorfeld unter-

## 1.2.1.4 Der Konzern nach § 18 AktG

Werden mehrere rechtlich selbständige Unternehmen unter „einheitlicher Leitung"
zusammengefaßt, so bilden sie einen Konzern im Sinne des § 18 AktG.[40]

Anders als der zur Abhängigkeit führende beherrschende Einfluß muß diese einheitliche Leitung auch tatsächlich ausgeübt werden. Gegenstand dieser einheitlichen Leitung sind die **originären Führungsaufgaben** nach Gutenberg[41], nicht dagegen ab-
geleitete Aufgaben. Hierzu gehören die Festlegung der Unternehmensziele im Rahmen
der Satzung, die Festlegung der Grundzüge der Finanz-, Investitions-, Markt- und
Personalpolitik, die Entscheidung über geschäftliche Maßnahmen von besonderer
Bedeutung, die Koordination der wesentlichen Teilbereiche der Unternehmung und die
Besetzung der Führungsstellen im Unternehmen.[42] Für die aktienrechtliche einheitliche Leitung ist es in keiner Weise erforderlich, daß die unter ihr stehenden Unter-
nehmen keinen eigenen Willen haben oder diesen nicht gegenüber einer herrschenden
Unternehmung durchsetzen können. Dieses Wesensmerkmal ist nämlich konstitutiv für
die oben dargestellte Abhängigkeitsbeziehung. Liegt einheitliche Leitung ohne ein
Abhängigkeitsverhältnis vor, so kann es sich um einen **Gleichordnungskonzern** im
Sinne des § 18 (2) AktG handeln.[43] Den Regelfall dürften jedoch Konzerne darstellen,

---

nehmerischer Entscheidungen an einen Tisch. In diesem Abstimmungsprozeß stärke die Pflicht
zur Berichtaufstellung den Tochtervorstand derart, daß er sich durchschlagend erfolgreich gegen
alle Entscheidungen mit nachteiligen Auswirkungen auf die Tochtergesellschaft sperren könne"
(ebda.).

40  Vgl. Koppensteiner (1988), § 15, Rn. 2; die Unternehmen sind zwar rechtlich selbständig, bilden
    jedoch wirtschaftlich eine Einheit.

41  Vgl. auch § 3, Gliederungspunkt 5 dieser Arbeit.

42  Vgl. WP-Handbuch (1992), Bd. I, R, Tz. 164 und 166; gänzlich anderer Meinung ist hier
    Koppensteiner (1988), § 18, Rn. 20 (Fettdruck von mir, DK): „Als Ergebnis festzuhalten ist da-
    her, daß einheitliche Leitung in der verbundweiten Koordination des **finanziellen Bereichs**
    besteht. Ihr Vorhandensein ist nicht nur ausreichende, sondern notwendige Bedingung eines
    Konzerns." Während unmittelbar vorher noch auf die „gesamte" Planung als Wesenselement der
    einheitlichen Leitung abgestellt wird, soll hier dem Finanzbereich eine Bedeutung zukommen,
    die er in meinen Augen haben kann, keineswegs aber haben muß. Gänzlich unhaltbar ist die in
    diesem Zusammenhang geäußerte Behauptung, Abschreibungen stellten eine Entscheidung über
    Mittelherkunft und Mittelverwendung dar; vgl. zum Problem einer bilanzorientierten Interpre-
    tation der Innenfinanzierung Bitz/Kaiser/Matzke (1992), S. 31 – 42; vgl. auch Eisenhardt (1992),
    Rn. 316, der die einheitliche Leitung als Unterstellung unter „gemeinsame Planung" begreift.

43  Vgl. WP-Handbuch (1992), Bd. I, R, Tz. 164; Gleichordnungskonzerne sind Gesellschaften des
    bürgerlichen Rechts (vgl. Koppensteiner (1988), § 18, Rn. 7); denkbar ist die Konstruktion, daß
    eine **Holdinggesellschaft** einheitliche Leitung im Gleichordnungskonzern ausübt; dieser einheit-
    lichen Leitung können sich die Konzernunternehmen aber jederzeit entziehen, weshalb kein
    Abhängigkeitsverhältnis vorliegt. Beruht der Gleichordnungskonzern beispielsweise auf einem
    Gleichordnungskonzernvertrag nach § 291 (2) AktG, wobei die Gesellschaft unter der einheit-
    lichen Leitung eines Organs steht, so impliziert ein solcher Vertrag, daß die Gesellschaft selbst

bei denen neben die einheitliche Leitung ein Abhängigkeitsverhältnis im Sinne von § 17 AktG tritt. Es handelt sich dann um einen **Unterordnungskonzern** im Sinne von § 18 (1) AktG.

Das AktG knüpft an das Vorliegen eines Abhängigkeitsverhältnisses stets die Regelvermutung, daß ein Unterordnungskonzern vorliegt. Bestehen sogar ein Beherrschungsvertrag oder eine Eingliederung, so kann diese Vermutung nicht widerlegt werden.[44]

Die Widerlegung der Konzernvermutung kann beispielsweise gelingen, wenn sich eine Holdinggesellschaft auf das Verwalten ihrer Beteiligungen beschränkt, nicht dagegen bei einer sogenannten geschäftsleitenden Holding.[45] Auch das Vorliegen eines Konzerns bringt für das Verfügungsrecht über ein Unternehmen gewichtige Konsequenzen mit sich.[46] So darf nach § 313 (1) S. 4 AktG in Verbindung mit § 145 (3) AktG der Prüfer des Abhängigkeitsberichtes auch alle Bücher von Konzernunternehmen einsehen.

### 1.2.2 Gesellschaftsrechtliche Gestaltungsmöglichkeiten beim Vorliegen bestimmter Beteiligungsquoten

Wie nun gezeigt werden soll, knüpft das Aktiengesetz an bestehende Beteiligungsquoten von 75% und 95% verschiedene **Gestaltungsmöglichkeiten,** über die die beteiligte Gesellschaft disponieren kann. Auch bei ihnen gilt es, Maßnahmen zum Schutze von Minderheitsaktionären und Gläubigern zu berücksichtigen.

#### 1.2.2.1 Unternehmensverträge nach den §§ 291 – 307 AktG

Das Aktiengesetz definiert in den §§ 291 und 292 erschöpfend die zwischen einer Aktiengesellschaft oder Kommanditgesellschaft auf Aktien als Objektgesellschaft und einem anderen Unternehmen als Subjektgesellschaft möglichen Unternehmensverträge. Deutlich abgesetzt werden dabei der „Beherrschungsvertrag" und der „Gewinnabführungsvertrag".

---

an der Willensbildung dieses Leitungsorgans beteiligt ist (vgl. Koppensteiner (1988), § 291, Rn. 78).

44 Vgl. Koppensteiner (1988), § 18, Rn. 26; zustimmend WP-Handbuch (1992), Bd. I, R, Tz. 173.

45 Vgl. WP-Handbuch (1992), Bd.I, R, Tz. 195 i.V.m. Tz. 171.

46 §§ 134 (1) S. 4, 313 (1) S. 4 i.V.m. 145 (3) und – ausschließlich für den Unterordnungskonzern – § 100 (2) S. 2 AktG.

Ein **Gewinnabführungsvertrag** ist ein Vertrag, durch den sich eine AG oder KGaA verpflichtet, ihren ganzen Gewinn an ein anderes Unternehmen abzuführen.[47] Da der Gewinnabführungsvertrag nach § 302 AktG zwingend auch die Übernahme von Verlusten impliziert, wäre es zutreffender von einem „Ergebnisabführungsvertrag" zu sprechen. In einem Vorabschluß wird der abzuführende Gewinn ermittelt, so daß der definitive Jahresabschluß einen Bilanzgewinn von Null ausweist. Der Gewinnabführungsvertrag beinhaltet niemals ein Weisungsrecht.[48]

Ein **Beherrschungsvertrag** ist demgegenüber ein Unternehmensvertrag, durch den eine AG oder KGaA die Leitung ihrer Gesellschaft einer anderen Gesellschaft unterstellt.[49] Mit Abschluß des Beherrschungsvertrages gehen sämtliche Leitungsfunktionen gemäß § 76 AktG auf das herrschende Unternehmen über.[50] Es entsteht ein **Unterordnungskonzern.**[51] Der Vorstand einer durch Beherrschungsvertrag beherrschten Gesellschaft ist an die Weisungen der herrschenden Gesellschaft gebunden. Da der Beherrschungsvertrag ohne eine qualifizierte Mehrheit nicht abzuschließen ist, hat die herrschende Gesellschaft auch ein Abberufungsrecht für den Aufsichtsrat der abhängigen Gesellschaft. Der Vorstand des herrschenden Unternehmens ist faktisch das Aufsichtsorgan des beherrschten Unternehmens. Die materielle Kompetenz des Aufsichtsrats des beherrschten Unternehmens existiert demnach nicht.[52]

Im Sinne der Fragestellung dieser Arbeit, die auf den Erwerb des indirekten Verfügungsrechtes an einer Aktiengesellschaft fokussiert, sind diese beiden Verträge von *besonderer Bedeutung:*

–  Die sonstigen Unternehmensverträge der §§ 291 und 292 AktG ermöglichen nämlich nicht annähernd eine vergleichbare Disposition über das Objektunternehmen. Die in § 291 (2) AktG genannten „Gleichordnungskonzernverträge" sind konstitutiv für den Gleichordnungskonzern. Die Objektgesellschaften werden hier zwar einheitlich geleitet, können sich dieser einheitlichen Leitung aber stets wieder entziehen, Abhängigkeit liegt nicht vor. Dieser Mangel an **Durchsetzbarkeit** von unternehmerischen Entscheidungen impliziert kein indirektes Verfügungsrecht im Sinne dieser Arbeit.

---

47  § 291 (1) S. 2 AktG.

48  Vgl. Koppensteiner (1988), § 291, Rn. 53 und 64.

49  § 291 (1) S. 1 AktG.

50  Vgl. Koppensteiner (1988), § 291, Rn. 30; Die Leitungsmacht wird lediglich dadurch eingeschränkt, daß die Weisungen nach § 308 (1) S. 2 AktG dem Konzerninteresse dienen müssen.

51  Vgl. Schubert/Küting (1981), S. 289; zur Etablierung eines Unterordnungskonzerns ist von den Unternehmensverträgen alleine der Beherrschungsvertrag in der Lage.

52  Vgl. Turner (1991), S. 584.

– Die in § 292 AktG genannten „anderen Unternehmensverträge" sind darüber hinaus anders als die in § 291 AktG behandelten Verträge „schuldrechtliche Austauschverträge, wie sie typischerweise auch zwischen unabhängigen Unternehmen abgeschlossen werden."[53] Sie sind auf äquivalente Austauschrelationen ausgerichtet. Der durch den Vertrag Begünstigte kann also noch nicht derart frei unternehmerische Entscheidungen treffen wie beim Beherrschungsvertrag.

– Beherrschungsvertrag und Gewinnabführungsvertrag sind die beiden Unternehmensverträge, an denen auch das Steuerrecht ansetzt.[54]

Sowohl der Beherrschungsvertrag als auch der Gewinnabführungsvertrag benötigen zu ihrem Abschluß eine **qualifizierte Mehrheit von drei Vierteln** des in der Hauptversammlung vertretenen Grundkapitals und die einfache Stimmenmehrheit. Ist – wie unterstellt – auch der begünstigte Vertragsteil eine Aktiengesellschaft, so muß auch deren Hauptversammlung dem Beherrschungsvertrag mit diesen Mehrheiten zustimmen.[55] Jedem Aktionär jeder Hauptversammlung, die über die Zustimmung zu einem Beherrschungsvertrag oder Gewinnabführungsvertrag entscheidet, ist in der Hauptversammlung **Auskunft** u.a. über alle für den Vertragsabschluß wesentlichen Angelegenheiten des Unternehmens zu geben, mit dem der Vertrag geschlossen werden soll.[56]

Der Abschluß von Beherrschungs- und Gewinnabführungsvertrag ermöglicht gegenüber dem „faktischen", nicht auf einem Unternehmensvertrag beruhenden Konzern diverse **Gestaltungsmöglichkeiten:**

– Die Verträge können miteinander **kombiniert** werden. Wer wegen eines Beherrschungsvertrages ohnehin zur Übernahme von Jahresfehlbeträgen der beherrschten Gesellschaft gezwungen ist, wird regelmäßig auch ein Interesse daran haben, ebenfalls Gewinne uneingeschränkt auf einer rechtlichen Grundlage zu übernehmen.[57]

– Der Abschluß eines Beherrschungsvertrages **befreit von den Zwängen,** die die gläubiger- und minderheitsaktionärsschützenden Maßnahmen der §§ 311 – 318 AktG dem herrschenden Unternehmen ansonsten auferlegen. Insbesondere vom

---

53 Vgl. Koppensteiner (1988), Vorb. § 291, Rn. 8 und 66; deshalb ist bei ihnen auch kein besonderer Schutz von Gläubigern und Minderheitsaktionären erforderlich.

54 § 14 Nr. 1, 2 und 4 KStG; Abschnitte 51 S. 1 und 55 (2) KStR; vgl. Müller (1990), Tz. 2: Entscheidend ist auch im Steuerrecht ein beherrschender Einfluß.

55 § 293 (2) AktG.

56 § 293 (4) AktG.

57 Vgl. Schubert/Küting (1981), S. 290.

Abhängigkeitsbericht (§ 312 AktG) wird man vermuten dürfen, daß seine Erstellung und Prüfung „recht hohe Kosten"[58] verursacht.

– Sowohl der Beherrschungs- als auch der Gewinnabführungsvertrag implizieren die zukünftige Möglichkeit, durch Abgabe eines gesetzlich in § 305 AktG geregelten Abfindungsangebotes die **Beteiligungsquote noch über 75% aufzustocken.**

– Beherrschungs- und Gewinnabführungsvertrag können eindeutige Verhältnisse schaffen, wenn es darum geht, gegenüber der Finanzverwaltung die Vorzüge einer steuerlichen **Organschaft** durchzusetzen, was der Wortlaut des § 14 KStG unschwer erkennen läßt.

Auch bei den Unternehmensverträgen gesellt sich neben die Chancen in Form von Gestaltungsmöglichkeiten das Risiko belastender **Rechtsfolgen.** Zwecken des Gläubigerschutzes dienen die Vorschriften über die **gesetzliche Rücklage** der aus Beherrschungs- oder Gewinnabführungsvertrag verpflichteten Gesellschaft, über den **Höchstbetrag der Gewinnabführung** der verpflichteten Gesellschaft, über die **Verpflichtung zur Übernahme eines Jahresfehlbetrages** einer verpflichteten Gesellschaft durch die begünstigte Gesellschaft sowie das Recht von Gläubigern der verpflichteten Gesellschaft, bei Ende eines Beherrschungs- oder Gewinnabführungsvertrages auf Sicherheitsleistung für ihre Forderungen durch die begünstigte Gesellschaft.[59] Nach § 303 (2) AktG steht das Recht zu solcher Sicherheitenbestellung Gläubigern allerdings nicht zu, die im Falle eines Konkurses ein Recht auf vorzugsweise Befriedigung aus einer Deckungsmasse haben, die nach gesetzlicher Vorschrift zu ihrem Schutz errichtet und staatlich überwacht wird.[60] Das System der Vorschriften zum Schutz der Minderheitsaktionäre besteht aus Vorschriften für die wiederkehrenden Zahlungen an die außenstehenden Aktionäre und der Verpflichtung zur Abgabe eines Abfindungsangebotes an diese.[61]

---

58  Schubert/Küting (1981), S. 309; für die Beurteilung der Belastung durch die Erstellung des Abhängigkeitsberichtes spielt der Grad der Verflechtung innerhalb des Unternehmensverbundes eine wesentliche Rolle.

59  §§ 300 – 303 AktG.

60  Als solche kommen die Vermögensmassen nach § 35 HypBG, § 36 SchiffsBG und nach §§ 77, 79 VAG in Frage. Auch Gläubiger, die sonst schon zureichend gesichert sind, etwa durch ein ein Absonderungsrecht, müssen sich bei Inanspruchnahme der Regelungen des § 303 (2) AktG den Einwand unzulässiger Rechtsausübung entgegenhalten lassen; vgl. Koppensteiner (1988), § 303, Rn. 11.

61  §§ 304 – 305 AktG.

## 1.2.2.2 Die Verschmelzung nach den §§ 339 – 358a AktG

Wie der Abschluß eines Unternehmensvertrages erfordert auch die Durchführung einer „Verschmelzung" eine Mehrheit von 75% des in der Hauptversammlung vertretenen Grundkapitals sowie die einfache Stimmenmehrheit. Sie wird bisweilen als die Zusammenschlußform „mit der stärksten Bindungsintensität"[62] bezeichnet, weil bei ihr mindestens eines der beteiligten Unternehmen seine rechtliche Selbständigkeit verliert. Sie ist in zwei Formen möglich:

- Als **Verschmelzung durch Aufnahme** (§ 339 (1) S. 2 Nr. 1 AktG); hierbei handelt es sich um die Übertragung des Vermögens einer oder mehrerer Gesellschaften (der „übertragenden Gesellschaften") als Ganzes im Wege der Gesamtrechtsnachfolge auf eine andere Gesellschaft (die „übernehmende Gesellschaft") gegen Gewährung von Aktien der übernehmenden Gesellschaft, wodurch die übertragende Gesellschaft als Rechtsperson untergeht. Die Anteilseigner der übertragenden Gesellschaft werden entsprechend ihres Umtauschverhältnisses Aktionäre der übernehmenden Gesellschaft.[63]

- als **Verschmelzung durch Neubildung** (§ 339 (1) S. 2 Nr. 2 AktG); durch diese Art der Verschmelzung gehen die Überträgerinnen (die sich „vereinigenden Gesellschaften") als Rechtsperson unter. Sämtliche Mitgliedschaftsrechte an ihnen erlöschen, ihr gesamtes Vermögen einschließlich der Verbindlichkeiten geht im Wege der Gesamtrechtsnachfolge auf die neu gebildete Gesellschaft über.[64]

Eine Verschmelzung durch Aufnahme verläuft nach folgendem **Verfahren**:

(1) Gemäß § 340 (1) AktG schließen zunächst die Vorstände der beteiligten Gesellschaften den **Verschmelzungsvertrag** oder verfassen zunächst einen Vertragsentwurf. Dieses der *Verbesserung des Informationsstandes der Aktionäre* dienende Instrument hat den Vorschriften des § 340 (2) AktG über den Mindestinhalt eines Verschmelzungsvertrages zu genügen. Hierzu gehört auch die Festlegung des **Umtauschverhältnisses**, einer Variablen, der bei der Fusion eine Schlüsselrolle zukommt und die eine Unternehmensbewertung der betroffenen Unternehmen voraussetzt. Der Verschmelzungsvertrag bedarf zu seiner Wirksamkeit der notariellen Beurkundung (§ 343 (1) AktG).[65]

---

62  Schubert/Küting (1981), S. 318.

63  Vgl. Kraft (1988), § 339, Rn. 15; diese Form der Fusion wird im anglo-amerikanischen Rechtsraum als „**merger**" bezeichnet (Schubert/Küting (1981), S. 320).

64  Vgl. Kraft (1988), § 339, Rn. 19; diese Form der Fusion wird im anglo-amerikanischen Rechtsraum als „**amalgamation**" bezeichnet (Schubert/Küting (1981), S. 320) oder auch als „**consolidation**" (Treumann/Peltzer/Kuehn (1990), S. 285; Cox (1984), Tz. 26.3100).

65  Vgl. Kraft (1988), § 339, Rn. 57 – 66 i.V.m. § 340, Rn. 1 und 5.

(2) Die Vorstände sämtlicher an der Verschmelzung beteiligten Gesellschaften haben einen **Verschmelzungsbericht** zu erstatten, in dem der Verschmelzungsvertrag bzw. dessen Entwurf rechtlich und wirtschaftlich erläutert wird. Dabei ist insbesondere auf das Umtauschverhältnis einzugehen. Die Berichte können auch zusammen als Gemeinschaftsbericht erstattet werden. Sie haben dem Prinzip der Vollständigkeit zu genügen, alle entscheidungsrelevanten Umstände sind aufzuführen. Auch der Verschmelzungsbericht soll die *Informationsmöglichkeiten der Aktionäre verbessern.*[66]

(3) Sodann ist der Verschmelzungsvertrag oder dessen Entwurf für jede der beteiligten Gesellschaften durch einen oder mehrere von den Vorständen bestellte **Verschmelzungsprüfer** zu prüfen (§ 340b (1) AktG). Die Prüfer haben über das Ergebnis ihrer Prüfung, insbesondere über die Angemessenheit des Umtauschverhältnisses, schriftlich zu berichten (§ 340b (4) AktG). Dieser schriftliche Bericht soll *die Aktionäre in die Lage versetzen, in Kenntnis aller für die Verschmelzung wesentlichen Umstände abstimmen zu können.* Die Verschmelzungsprüfer haben nur die Richtigkeit der Angaben, nicht aber die Zweckmäßigkeit der Fusion zu prüfen. Als Verschmelzungsprüfer kommen nur Wirtschaftsprüfer in Frage.[67]

(4) Die **Hauptversammlungen aller beteiligten Gesellschaften** müssen dem Verschmelzungsvertrag mit einfacher Mehrheit der abgegebenen Stimmen und einer **Kapitalmehrheit von 75% des vertretenen Grundkapitals** zustimmen. Nach § 340c (2) S. 2 AktG kann die Satzung eine größere Kapitalmehrheit und weitere Erfordernisse vorsehen, sofern sie die Annahme der Verschmelzung erschweren. Sind mehrere Aktiengattungen vorhanden, so bedarf der Beschluß einer Hauptversammlung zu seiner Wirksamkeit der Zustimmung der Aktionäre jeder Gattung (§ 340c (3) AktG). Wenn sich mindestens neun Zehntel des Grundkapitals der übertragenden Gesellschaft im Bereich der übernehmenden Gesellschaft befinden, ist die Zustimmung der Hauptversammlung der übernehmenden Gesellschaft nicht erforderlich. In der Hauptversammlung müssen nach § 340 (2) AktG die unter (1), (2) und (3) genannten Unterlagen ausgelegt werden. Gegenstand des Verschmelzungsbeschlusses ist aber lediglich der Verschmelzungsvertrag.[68]

(5) Die Vorstände der beteiligten Gesellschaften melden die Verschmelzung zur Eintragung in das **Handelsregister** an (§ 345 AktG).

---

66  Vgl. Kraft (1988), § 339, Rn. 57 – 66 i.V.m. § 340a, Rn. 3, 8 und 12.

67  Vgl. Kraft (1988), § 339, Rn. 57 – 66 i.V.m. § 340b, Rn. 2, 5, 6, 7 und 22.

68  Vgl. Kraft (1988), § 339, Rn. 57 – 66 i.V.m. § 340c, Rn. 8, 12 und 15. Die *Initiative* zur Fusion kann übrigens auch von der Hauptversammlung ausgehen, wenn sie den Vorstand über ihr indirektes Verfügungsrecht zwingt, einen Verschmelzungsvertrag zu erstellen.

(6) Nachdem der von der übernehmenden Gesellschaft bestellte **Treuhänder** – meist ein **Kreditinstitut** im Sinne des KWG – dem Registergericht am Sitz der Gesellschaften angezeigt hat, daß er im Besitz der neuen Aktien und der eventuell vorgesehenen baren Zuzahlungen ist und nachdem die Verschmelzung in das Handelsregister des Sitzes der übertragenden Gesellschaft eingetragen wurde, wird die Verschmelzung in das Handelsregister des Sitzes der übernehmenden Gesellschaft eingetragen (§ 346 AktG). Mit dieser Eintragung setzen die Verschmelzungswirkungen ein.[69]

Bei der **Verschmelzung durch Neubildung** ergeben sich – cum grano salis – gegenüber diesen sechs Schritten nur die folgenden *Besonderheiten:*

(1) Die Verschmelzung durch Neubildung ist nur zulässig, wenn die betreffenden Gesellschaften bereits zwei Jahre im Handelsregister eingetragen sind.

(2) Die Verschmelzung durch Neubildung ist im Gegensatz zur Verschmelzung durch Aufnahme auch möglich, wenn die Aktien aller sich vereinigenden Gesellschaften unter pari stehen.

(3) Da bei der Verschmelzung durch Neubildung eine völlig neue Gesellschaft entsteht, bedarf es neben den sonstigen im Verschmelzungsvertrag vorgesehenen Vereinbarungen der Festlegung der Satzung dieser neuen Gesellschaft. Diese Satzung ist wesentlicher Bestandteil des Verschmelzungsvertrages.

(4) Schließlich sind Vorstand und Aufsichtsrat dieser neuen Gesellschaft zu bestellen.[70]

Welche **Anreize** bestehen nun aus betriebswirtschaftlicher Sicht, einen Unternehmenszusammenschluß durch Beteiligungserwerb in eine Fusion übergehen zu lassen, insbesondere im Vergleich zur aktienrechtlichen Alternative des Vertragskonzerns, dessen Beschluß ebenfalls eine Mehrheit von drei Vierteln des in der Hauptversammlung vertretenen Grundkapitals und die einfache Stimmenmehrheit erfordert?

• Ein Charakteristikum der Fusion besteht darin, daß sie im Gegensatz zum Vertragskonzern mit Beherrschungsvertrag weder in Form einer baren Ausgleichszahlung noch in Form einer baren Abfindung Zahlungsmittel erfordert **(Liquiditätseffekt)**. Die Aktionäre der untergehenden Gesellschaft erhalten stets Aktien, seien es Aktien der aufnehmenden Gesellschaft bei der Verschmelzung durch Aufnahme, seien es Aktien der neugebildeten Gesellschaft bei der Verschmelzung

---

69  Vgl. Kraft (1988), § 339, Rn. 57 – 66 i.V.m. § 346 Rn. 46.

70  Vgl. Kraft (1988), § 353, Rn. 1 – 6 und 19.

durch Neubildung. Diese neuen Aktien können darüber hinaus einer Kapitalerhöhung entstammen.[71]

- Die Konstruktion der aktienrechtlichen Fusion bringt es ferner mit sich, daß
  **Minderheitsaktionäre vollkommen ausscheiden.** Im Gegensatz zum Vertragskonzern bilden diese Minderheitsaktionäre in keiner Weise mehr einen Fremd-
  körper.

- Mit dem Verlust der rechtlichen Selbständigkeit entfallen bei der Fusion die Funktionen des Aufsichtsates, der Vorstandsmitglieder und sonstiger leitender Ange-
  stellter. Hierin liegt Potential für Einsparungen bei den **Personalkosten.**

- Damit in direktem Zusammenhang steht der Umstand, daß sich gegenüber einem
  Vertragskonzern die **Weisungswege** bis zum beherrschten Unternehmen wesentlich **verkürzen,** da der herrschende Vorstand nicht mehr den Umweg über den
  Vorstand der beherrschten Gesellschaft gehen muß. Das Verfügungsrecht über das
  beherrschte Unternehmen hat hier also eine besonders „griffige" Form.

Nicht unbeachtet dürfen neben den Gestaltungsmöglichkeiten durch eine Fusion als
Unternehmenszusammenschluß deren **Rechtsfolgen** bleiben:

- Eine Verschmelzung durch Neubildung verursacht Nebenkosten in Form der
  **Gründungskosten** (z.B. Notariats- und Gerichtskosten, Prüfungsaufwendungen
  sowie Kosten des Aktiendrucks), die im Einzelfall durchaus beachtlich sein
  können.[72]

- Mindestens ein Unternehmen geht als Rechtsperson unter. Wie stark der hierdurch
  verursachte **Identitätsverlust,** der Verlust an „good will" und Unternehmenskultur
  bei der untergehenden Firma ist, kann nur von Einzelfall zu Einzelfall beantwortet
  werden.

- Der Chance des Verwaltungsabbaus bei der übertragenden (aufgenommenen)
  Gesellschaft steht das Risiko gegenüber, daß solcher Abbau auf **innerbetriebliche
  Widerstände** stößt und deshalb auch nur schwer durchsetzbar ist.

---

71 Vgl. Kraft (1988), § 339, Rn. 49; allenfalls zum **Spitzenausgleich** kommen bare Zuzahlungen in
Betracht; sie dürfen aber gemäß § 344 (2) AktG den zehnten Teil des Gesamtnennbetrages der
gewährten Aktien der übernehmenden Gesellschaft bzw. der neu gebildeten Gesellschaft (§ 353
(1) S. 1 AktG) nicht übersteigen. Es kommt nicht darauf an, ob die baren Zuzahlungen zum
Spitzenausgleich unbedingt erforderlich waren. Nur muß durch richtige Stücklung der Aktien
dafür Sorge getragen werden, daß eventuell erforderliche Zuzahlungen nicht die Grenze des
Zulässigen übersteigen. Die der Entschädigung dienenden Aktien brauchen keinesfalls in Zahl
und Gattung denjenigen zu entsprechen, die die Aktionäre der Überträgerin in der Ausgangssituation besaßen; vgl. hierzu Kraft (1988), § 339, Rn. 50 und 52.

72 Vgl. Schubert/Küting (1981), S. 322.

– Wie oben dargestellt, ist die aktienrechtliche Fusion mit einem **System minder-heitsaktionärsschützender Maßnahmen** verknüpft. In der Hauptversammlung, die über die Zustimmung zur Fusion zu entscheiden hat, muß den Aktionären Informationsmaterial in Form des Verschmelzungsvertrages, des Verschmelzungs-berichtes und des Prüfungsberichtes zur Verfügung gestellt werden.

– Weiterhin bewirkt die aktienrechtliche Fusion **gläubigerschützende Maß-nahmen:** Nach § 347 (1) S. 1 AktG können Gläubiger der übertragenden Gesell-schaften ohne Nachweis einer konkreten Gefährdung ihrer Forderung durch die Verschmelzung **Sicherheitsleistung** verlangen. Demgegenüber können die Gläu-biger der Übernehmerin Sicherheitsleistung nur erlangen, wenn sie nachweisen, daß die Erfüllung ihrer Forderung durch die Verschmelzung konkret gefährdet wird (§ 347 (1) S. 2 AktG). Ferner dürfen die Gläubiger für den Konkursfall kein Recht auf vorzugsweise Befriedigung aus einer Deckungsmasse haben, die nach gesetzlichen Vorschriften zu ihrem Schutz errichtet worden ist und staatlich über-wacht wird.[73]

– Sowohl den Aktionären als auch den Gläubigern der übertragenden Gesellschaft sind die Mitglieder des Vorstands und des Aufsichtsrates dieser Gesellschaft als Gesamtschuldner zum **Ersatz eines Schadens** verpflichtet, den sie durch die Verschmelzung erleiden.[74] Dies gilt nicht für Mitglieder des Vorstands und des Aufsichtsrates, die bei der Prüfung der Vermögenslage der Gesellschaft und beim Abschluß des Verschmelzungsvertrages ihre Sorgfaltspflicht beachtet haben.[75]

### 1.2.2.3 Die Eingliederung nach den §§ 319 – 327 AktG

Ein „Paradoxon" in der Anordnung der aktienrechtlichen Formen von Unternehmens-zusammenschlüssen kann man in der Tatsache sehen, daß die Fusion als Zusammen-schluß mit der höchsten Bindungsintensität keineswegs die höchste Eingangsbeteili-gungsquote erfordert. Mit einer gemäß § 320 AktG geforderten Quote von **95%** ist das vielmehr beim Rechtsinstitut der **Eingliederung** der Fall. Die Eingliederung stellt einen Unternehmensverbund von sehr hoher Bindungsintensität dar, bei dem die Hauptgesellschaft ein Verfügungsrecht über die eingegliederte Gesellschaft erhält, das dem bei einer Verschmelzung sehr nahe kommt. Sie wird als die engstmögliche Form

---

73  Vgl. Kraft (1988), § 347, Rn. 2 und 8; als Deckungsmassen im obigen Sinne kommen die bereits beim Vertragskonzern (Fn. 60 in Gliederungspunkt 1.2.2.1 dieses Paragraphen) genannten **Sondervermögen** in Betracht. Die Gläubiger müssen sich binnen sechs Monaten nach Bekannt-machung der Verschmelzung bei der Gesellschaft zum Zwecke der Sicherheitsleistung melden.

74  § 349 (1) S. 1 AktG.

75  § 349 (1) S. 2 AktG.

des Zusammenschlusses rechtlich selbständig bleibender Unternehmen bezeichnet.[76] Der Begriff der Eingliederung existierte für Unternehmenszusammenschlüsse bereits vor der Reform des Aktiengesetzes 1965, mit der er Einzug auch in das Gesellschaftsrecht hielt. Innerhalb der steuerrechtlichen Organschaft wurde auch zuvor schon von finanzieller und organisatorischer Eingliederung gesprochen.[77]

Die aktienrechtliche Eingliederung ist in zwei Formen möglich.

(1) Die Eingliederung nach § 320 AktG setzt voraus, daß sich **mindestens 95%** des Grundkapitals der einzugliedernden Gesellschaft „in der Hand" der zukünftigen Hauptgesellschaft befinden. Die außenstehenden Aktionäre scheiden durch den Beschluß aus der einzugliedernden Gesellschaft gegen Abfindung aus.

(2) Bei der Eingliederung nach § 319 AktG ist dagegen eine **hundertprozentige** Beteiligung der zukünftigen Hauptgesellschaft erforderlich. Naturgemäß gibt es bei dieser Variante keine außenstehenden Aktionäre mehr und deshalb auch keine Abfindungsverpflichtungen.

Neben einer Beteiligungsquote von mindestens 95% setzt die Eingliederung ferner voraus, daß es sich bei zukünftiger Hauptgesellschaft und einzugliedernder Gesellschaft um **inländische Aktiengesellschaften** handelt. Die Hauptversammlungen beider Gesellschaften müssen über die Eingliederung abstimmen. Während an den Hauptversammlungsbeschluß der einzugliedernden Gesellschaft keine besonderen Mehrheitserfordernisse gestellt werden – was in Anbetracht der hohen Mindestbeteiligungsquote auch kaum von Bedeutung ist, hat die Hauptversammlung der zukünftigen Hauptgesellschaft mit **drei Vierteln** des vertretenen Grundkapitals dem Eingliederungsbeschluß zuzustimmen.

Dies ist nicht zuletzt deshalb der Fall, weil mit der Eingliederung die Hauptgesellschaft zur **Haftung** für die Verbindlichkeiten der einzugliedernden Gesellschaft verpflichtet wird.[78] In der Hauptversammlung der einzugliedernden Gesellschaft steht jedem Aktionär nach § 320 (3) AktG ein Recht auf **Auskunft** über alle im Zusammenhang mit der Eingliederung wesentlichen Angelegenheiten der zukünftigen Hauptgesellschaft zu, wenn die Beteiligungsquote der zukünftigen Hauptgesellschaft unterhalb von 100% liegt. Schon mit der Bekanntmachung der über die Eingliederung beschließenden Hauptversammlung bzw. der Hauptversammlung der zukünftigen Hauptgesellschaft muß die Höhe der Abfindung für die außenstehenden Aktionäre mit-

---

76   Sinngemäß Schubert/Küting (1981), S. 310.

77   Vgl. Koppensteiner (1988), Vorb. § 319, Rn. 1.

78   Vgl. Koppensteiner (1988), Vorb. § 319, Rn. 1 i.V.m. § 319 Rn. 3 und 5.

geteilt werden (§ 320 (2) S. 1 Nr. 2 AktG i.V.m. § 320 (2) S. 2 AktG).[79] Die Eingliederung ist in das Handelsregister der eingegliederten Gesellschaft einzutragen.[80]

Welche betriebswirtschaftlichen **Anreize** können für eine inländische Aktiengesellschaft, die 95% und mehr des Kapitals einer anderen inländischen Aktiengesellschaft hält, bestehen, statt einer Fusion oder eines Vertragskonzerns die Eingliederung als Ausgestaltung des Unternehmenszusammenschlusses zu wählen?

- Im Gegensatz zum Vertragskonzern ermöglicht die Eingliederung der Hauptgesellschaft ein **praktisch unbeschränktes Verfügungsrecht** über das Unternehmen der eingegliederten Gesellschaft, das nur in der Erhaltung des Grundkapitals der eingegliederten Gesellschaft seine Grenzen findet.[81] Diese Weisungsbefugnis umfaßt alle Maßnahmen, die gemäß § 76 AktG in den Zuständigkeitsbereich des Vorstands fallen. Die eingegliederte Gesellschaft ist unabhängig von den Schranken des § 308 AktG verpflichtet, Weisungen der Hauptgesellschaft auszuführen. Die §§ 311 – 318 AktG, insbesondere der Abhängigkeitsbericht – finden ebensowenig Anwendung wie die Vorschriften über die Bildung einer gesetzlichen Rücklage.[82] Weisungsberechtigt ist der Vorstand der Hauptgesellschaft, Weisungsempfänger ist der Vorstand der eingegliederten Gesellschaft.[83]

- Eine Gewinnabführung wie beim Vertragskonzern mit integriertem Gewinnabführungsvertrag ist auch bei der Eingliederung möglich. Aus steuerlichen Erwägungen dürfte zwar auch hier der Abschluß eines Gewinnabführungsvertrages empfehlenswert sein. Die üblicherweise zu erbringenden **Sicherheiten brauchen aber nicht erbracht zu werden.** Gewinnabführungsverträge zwischen eingeglie-

---

79  Vgl. Koppensteiner (1988), Rn. 8, 9 und 10.

80  Der Registereintragung der Hauptgesellschaft kann also nicht angesehen werden, ob eine andere Gesellschaft in sie eingegliedert ist.

81  Die Hauptgesellschaft kann die eingegliederte Gesellschaft sogar zu Transaktionen anweisen, die das Reinvermögen unter die Grenze des Grundkapitals absinken lassen, ist in diesem Fall jedoch gemäß § 324 (3) AktG zum Verlustausgleich verpflichtet (vgl. Koppensteiner (1988), § 324 Rn. 1).

82  Vgl. Schubert/Küting (1981), S. 314; zustimmend Koppensteiner (1988), Vorb. § 319, Rn. 2, der dieses praktisch unbeschränkte Verfügungsrecht für konsequent hält: „Denn Minderheitsaktionäre sind nicht vorhanden und die Gläubiger der eingegliederten Gesellschaft werden ... durch die Haftung der Hauptgesellschaft gesichert. Bei dieser Sachlage besteht kein Grund, die Hauptgesellschaft daran zu hindern, das eingegliederte Unternehmen verbundsintern wie eine Betriebsabteilung zu behandeln" (Koppensteiner (1988), § 323, Rn. 1).

83  Vgl. Koppensteiner (1988), § 323, Rn. 9 und 10.

derter Gesellschaft und Hauptgesellschaft sind **von der Anwendung der §§ 293 – 296 und 298 – 303 AktG ausgenommen** (§ 324 (2) S.1 AktG).[84]

• Auch unabhängig von eventuellen Gewinnabführungsverträgen ermöglicht die Eingliederung eine flexiblere Gewinnverwendungspolitik als der Vertragskonzern: Die **Vorschriften über die Bildung einer gesetzlichen Rücklage und ihre Verwendung brauchen nicht beachtet zu werden.** Wenn die eingegliederte Gesellschaft zum Eingliederungszeitpunkt keine gesetzliche Rücklage hat, so braucht eine solche auch nicht gebildet zu werden. Bereits vorhandene gesetzliche Rücklagen können aufgelöst und entweder als Gewinn abgeführt oder zur Verlustabdeckung verwendet werden. Freie Rücklagen jeder Art können als Gewinn an die Hauptgesellschaft überführt werden, auch wenn sie vor der Eingliederung gebildet wurden.[85]

• Im Gegensatz zur fakultativen Abfindung bei Beherrschungs- und Gewinnabführungsverträgen (§ 305 AktG) **scheiden** bei der Eingliederung eventuell noch vorhandene **außenstehende Aktionäre zwangsläufig gegen angemessene Abfindung aus,** die Hauptgesellschaft wird Alleinaktionärin der eingegliederten Gesellschaft. Das im Zusammenhang mit Unternehmensverträgen sich stellende Problem der Dividendengarantie mit ihrem fixkostenähnlichen Charakter stellt sich gar nicht erst.[86] Im Regelfall hat die Abfindung aus Aktien der Hauptgesellschaft zu bestehen. Ist die Hauptgesellschaft ihrerseits eine abhängige Gesellschaft, so haben die ausgeschiedenen Aktionäre die Wahl zwischen Aktien der Hauptgesellschaft und einer Barabfindung (§ 320 (5) S. 2 AktG). Die Wahl der Abfindungsform haben bei der Eingliederung *allein die ausgeschiedenen Aktionäre* – ganz im Gegensatz zur Regelung bei Unternehmensverträgen: Dort obliegt gemäß § 305 AktG die Auswahl den Vertragsparteien. Ferner unterscheiden sich die vorgesehenen Alternativen inhaltlich dadurch, daß im Falle des § 305 AktG zwischen Aktien der *herrschenden* (bzw. mit Mehrheit beteiligten) Gesellschaft und Barabfindung, bei der Eingliederung dagegen zwischen Aktien der *abhängigen* Hauptgesellschaft und Barabfindung zu wählen ist.[87] Bei der Abfindung in Aktien richtet sich das **Umtauschverhältnis** nach dem Verhältnis, in dem bei einer **fingierten Verschmelzung** zwischen Hauptgesellschaft und eingegliederter Gesellschaft Aktien der Hauptgesellschaft gewährt worden wären (§ 320 (5) S. 3 AktG; Spitzenbeträge können auch gegen bare Zuzahlungen ausgeglichen werden.) Die

---

84   Vgl. Schubert/Küting (1981), S. 315.

85   Vgl. Schubert/Küting (1981), S. 315/16; zustimmend Koppensteiner (1988), § 324, Rn. 4.

86   Vgl. Schubert/Küting (1981), S. 312 und 316.

87   Vgl. Koppensteiner (1988), § 320, Rn. 19, der ein Redaktionsversehen bei der Verfassung des Gesetzestextes vermutet, da eine Rechtfertigung für diese Unterschiede kaum zu sehen ist.

ausgeschiedenen Aktionäre haben einen Anspruch darauf, in Aktien *derselben Gattung* abgefunden zu werden, wie sie sie vorher hielten.[88] Die angemessene Barabfindung hat die Vermögens- und Ertragslage der eingegliederten Gesellschaft im Zeitpunkt der Beschlußfassung ihrer Hauptgesellschaft über die Eingliederung zu berücksichtigen (§ 320 (5), S. 4 AktG). Die Verpflichtung zur Abfindung kann gemäß § 305 (4) AktG bei Beherrschungs- und Gewinnabführungsverträgen zeitlich befristet werden. § 320 AktG sieht keine solche zeitliche Befristung für das Pendant bei der Eingliederung vor. Dies wird damit begründet, daß bei den genannten Verträgen bei Ablauf der Frist zumindest noch der Anspruch auf Ausgleichszahlung gemäß § 304 AktG bleibt.[89] Dem steht bei der Eingliederung keine vergleichbare Regelung gegenüber.

• Auch gegenüber der aktienrechtlichen Verschmelzung kann sich das Rechtsinstitut der Eingliederung als vorteilhaft erweisen. Hier ist zunächst anzuführen, daß die Eingliederung aufgrund der Vorgaben von § 327 AktG verhältnismäßig **einfach wieder rückgängig** gemacht werden kann. Die Eingliederung endet beispielsweise durch Beschluß der Hauptversammlung der eingegliederten Gesellschaft (Nr. 1) oder wenn sich nicht mehr alle Aktien in der Hand der Hauptgesellschaft befinden (Nr. 3).

• Von Bedeutung dürfte der Umstand sein, daß bei der Eingliederung die eingegliederte Gesellschaft im Gegensatz zur Fusion rechtlich selbständig bleibt, was unter verschiedenen Gesichtspunkten von Vorteil sein kann: Der „**good will**" der eingegliederten Gesellschaft, der eng mit ihrer Firma verbunden ist, bleibt erhalten. Aufsichtsrats- und Vorstandsmandate werden nicht vollständig abgebaut, was die Eingliederung eventuell leichter durchführbar macht und durchaus auch personalpolitisch erwünscht sein kann.[90]

Nicht unbeachtet können bei der Wahl der Form des Unternehmenszusammenschlusses aber die **Rechtsfolgen** der Eingliederung bleiben.

– Von einem eingegliederten Unternehmen wird unwiderlegbar vermutet, daß es mit dem herrschenden Unternehmen in einem **Unterordnungskonzernverhältnis** steht, was den Tatbestand der Abhängigkeit impliziert. Da ein eingegliedertes Unternehmen immer auch im Mehrheitsbesitz eines anderen Unternehmens steht, erfüllt ein eingegliedertes Unternehmen gleich **in dreifacher Hinsicht den Tatbestand der Verbundenen Unternehmen** (§ 15 AktG) – mit allen kumulierten Konsequenzen.

---

88  Vgl. Koppensteiner (1988), § 320, Rn. 22.

89  So jedenfalls Koppensteiner (1988), § 320, Rn. 26.

90  Sinngemäß Koppensteiner (1988), Vorb. § 319, Rn. 3.

- Gemäß § 324 (3) AktG ist die Hauptgesellschaft verpflichtet, jeden bei der eingegliederten Gesellschaft entstehenden **Bilanzverlust auszugleichen,** soweit
  dieser den Betrag der Kapitalrücklagen und der Gewinnrücklagen übersteigt.
  Dieser Verlustausgleich bleibt damit aber wesentlich hinter dem bei Unternehmensverträgen nach § 302 AktG zurück.[91] Denn schließlich wirkt sie nicht,
  solange überhaupt *offene* Rücklagen vorhanden sind. § 302 AktG gestattet demgegenüber nur, daß *andere* Gewinnrücklagen, die *während* der Vertragsdauer
  gebildet wurden, aufgelöst werden. Bei der aktienrechtlichen Eingliederung
  braucht die Hauptgesellschaft also erst dann Verluste der eingegliederten Gesellschaft zu übernehmen, wenn bei letzterer sämtliche Rücklagen aufgebraucht sind.

- Da die Eingliederung als eine Gefährdung der den Gläubigern der eingegliederten
  Gesellschaft zur Verfügung stehenden Haftungsmasse wirkt, bestimmt § 321
  AktG, daß den **Gläubigern** der eingegliederten Gesellschaft, deren Forderungen
  begründet worden sind, bevor die Eintragung der Eingliederung in das Handelsregister bekannt gemacht worden ist, **Sicherheit** zu leisten ist, wenn sie sich
  binnen sechs Monaten nach der Bekanntmachung zu diesem Zweck melden und
  sofern sie nicht Befriedigung erlangen können. Das Recht auf Sicherheitsleistung
  besteht allerdings nicht, wenn die Gläubiger im Falle des Konkurses ein Recht auf
  vorzugsweise Befriedigung aus einer der in Fn. 60 in Gliederungspunkt 1.2.2.1
  dieses Paragraphen präzisierten Vermögensmassen haben. Im Gegensatz zur
  Abfindung der *Minderheitsaktionäre* gibt es also für die Abfindung der *Gläubiger*
  sehr wohl eine Frist zur Anmeldung von Besicherungsansprüchen.

- Schließlich ordnet § 322 (1) AktG die **gesamtschuldnerische Mithaftung** der
  Hauptgesellschaft für die vor und während der Eingliederung begründeten
  Verbindlichkeiten der eingegliederten Gesellschaften. Diese Haftung besteht auch
  noch nach Beendigung der Eingliederung weiter. Sie stellt das Korrelat zum
  Verzicht der Eingliederung auf Einhaltung sonst maßgeblicher Grundsätze der
  Vermögensbindung dar.[92]

---

91 Vgl. Koppensteiner (1988), § 324, Rn. 11.
92 Vgl. Koppensteiner (1988), § 322, Rn. 13.

## 1.3    Bewertung

Der bundesdeutsche Regelungsansatz zielt im Bereich des Gesellschaftsrechtes vor allem auf die Änderung der Inhaberstruktur von Eigenfinanzierungstiteln wie der Aktie ab. Gläubiger- und aktionärsschützende Maßnahmen, die auf Änderungen in der Inhaberstruktur von Fremdfinanzierungstiteln abstellen, sind nicht erkennbar. Regelungen, die einmalig an der Entstehung von Unternehmenszusammenschlüssen ansetzen, stellen die §§ 20 und 21 AktG dar, die aber nur den Fluß von Informationen regeln, nicht jedoch den Verlauf der Entstehung des Unternehmenszusammenschlusses. Die Leitsätze für öffentliche freiwillige Kauf- und Umtauschangebote präzisieren Sollbestimmungen für die Entstehung von Unternehmenszusammenschlüssen über den Weg des öffentlichen Übernahmeangebotes, sind jedoch in keiner Weise bindend.

Bindende Vorschriften findet man vielmehr vorwiegend im Bereich der Regelung von bestehenden Unternehmenszusammenschlüssen. Hier sind neben informationspolitischen Maßnahmen auch konkrete Vorgaben für die unternehmerische Geschäftspolitik in Abhängigkeit von der Zusammenschlußform zu finden. Besondere Bedeutung kommt hier den Maßnahmen zum Schutze von Minderheitsaktionären und Gläubigern zu. Je nach Maßgabe des konkreten Einzelfalls werden sie einen der Faktoren darstellen, die ein Unternehmen bei der Auswahl aus dem Angebot gesellschaftsrechtlicher Zusammenschlußformen wählt.

## 2    Unternehmen und bedeutende Unternehmensteile als langfristige Investitionsobjekte

Der empirische Befund des § 1 der vorliegenden Arbeit lautete, daß in der Bundesrepublik Deutschland signifikant weniger Mehrheitsübernahmen börsennotierter inländischer Aktiengesellschaften stattfinden als in den Vereinigten Staaten von Amerika. In den USA dürften signifikant mehr Unternehmen und bedeutende Unternehmensteile gehandelt werden als in der Bundesrepublik Deutschland. Der Handel von Unternehmen und bedeutenden Unternehmensteilen gilt im Gegensatz zu den USA für die Bundesrepublik Deutschland als unterentwickelt und wenig professionalisiert.[93]

Es korrespondiert mit dieser geringen Umschlagsintensität von Unternehmen und bedeutenden Unternehmensteilen die Abwesenheit einer eigenen betriebswirtschaftlichen Unternehmensphilosophie der deutschen Banken auf diesem potentiellen strategischen Geschäftsfeld. Eine Philosophie wurde von diesen vielmehr im Bereich des bestehenden Unternehmenszusammenschlusses zwischen Bank und anderen Unternehmen entwickelt. Eine deutsche „Hausbank" ist vor allem am langfristigen Bestehen dieses Zusammenschlusses orientiert, was in § 8 dieser Arbeit dokumentiert wird. Zunächst sollen jedoch in § 6 der gesellschaftsrechtliche Regelungsansatz für den US-amerikanischen Markt für Unternehmenskontrolle und die Unternehmensphilosophie des „mergers & acquisitions" an diesem Markt dargestellt werden.

---

93    Vgl. Storck (1990), S. 379 und Gröschel (1993), S. 228.

# § 6 Der Markt für Unternehmenskontrolle in realtypischer Betrachtung: Die US-amerikanische Konzeption

## 1 Britische Selbstverwaltungsvorschriften als Vorläufer des US-amerikanischen Regelungsansatzes

Die US-amerikanische Rechtsordnung ist in vieler Hinsicht von britischen Vorbildern geprägt. Außer bei der Grundstruktur der Finanzintermediäre[1] kann man dies deutlich im Bereich der Ordnung des typischen Marktes für Unternehmenskontrolle erkennen. Im angloamerikanischen Bereich sind Regelungen, die an der Entstehung von Unternehmungszusammenschlüssen durch den Erwerb des Eigenfinanzierungstitels Aktie ansetzen, sehr viel ausgeprägter als im bundesdeutschen Regelungsansatz. Oberster Leitsatz scheint in beiden Ländern das Prinzip der Gleichbehandlung der Aktionäre und damit auch der Schutz der Minderheitsaktionäre zu sein. Regelungen zum Schutz von Gläubigern sind indes in diesen Regelungswerken nicht bekanntgeworden.

Selbst zwischen der britischen und der US-amerikanischen Rechtsordnung lassen sich aber wiederum einige bedeutende Unterschiede feststellen. Dies gilt zunächst für die Bedeutung privater Selbstverwaltungsvorschriften und dann für die Rolle der Finanzintermediäre am typischen Markt für Unternehmenskontrolle.

### 1.1 Der Panel on Take-overs and Mergers

Ein gutes Beispiel für solche privaten Selbstverwaltungsvorschriften in Großbritannien stellt der vom **„Panel on Take-overs and Mergers"**[2] herausgegebene **„City Code on Take-overs and Mergers"** dar, die wohl einzige wirklich praxiserprobte Regelung öffentlicher Übernahmeangebote in der Europäischen Gemeinschaft.[3] Er wurde im Jahre 1967 zu Zwecken des **Aktionärsschutzes** eingeführt. Seine Rechtsnatur ist rein

---

1 Vgl. hierzu § 9 dieser Arbeit.

2 Der Vorsitzende des Panel, sein Stellvertreter und weitere nichtrepräsentative Mitglieder werden vom Governor der Bank of England zugelassen. Zusätzlich sind die Repräsentanten folgender Verbände Mitglieder des Panel: The Association of British Insurers, The Association of British Investment Trust Companies, The British Bankers' Association, **The British Merchant Banking and Securities Houses Association,** The Confederation of British Industry, The Institute of Chartered Accountants in England and Wales, The International Stock Exchange of the United Kingdom and the Republic of Ireland Limited, The Investment Management Regulatory Organization, The National Association of Pension Funds, The Securities and Futures Authority, The Unit Trust Association (City Code, Introduction, Tz. 2).

3 Vgl. Knoll (1992), S. 117 sowie Caytas/Mahari (1988), S. 91.

privatrechtlich.[4] Der Panel ist keine staatlich zugelassene Selbstverwaltungsorgani-
sation wie die Self-Regulating Organizations im Sinne des Financial Services Acts.[5]
Die Regelwerke des Securities and Investment Boards (SIB)[6] und der Self-Regulating
Organizations (SRO)[7] sehen aber vor, daß eine Zulassung zum Handel in Wertpapie-
ren nur erfolgen darf, wenn die Unternehmen zusagen, dem City Code zu entsprechen.
Ferner sehen diese Regelwerke vor, daß Verstöße gegen den Code von den Self-
Regulating Organizations bei der Beurteilung der Frage herangezogen werden können,
ob die betreffenden Unternehmen noch die Zulassungskriterien erfüllen. Schließlich
fordert eine der Self-Regulating Organizations, die Securities and Futures Authority
(SFA), von ihren Mitgliedern, daß sie den Panel mit Informationen und sonstigem
Beistand unterstützen.[8]

Dem Panel stehen keine gesetzlichen Sanktionsmöglichkeiten bei Nichteinhaltung der
Vorschriften des City Code zur Verfügung, sondern lediglich Maßnahmen wie die
Benachrichtigung der betroffenen Self-Regulating Organizations oder der öffentlichen
Behörden oder ein Antrag an die Börse, die amtliche Notierung der Aktien der betreffenden Gesellschaft auszusetzen. Da der Panel bisher immer die Unterstützung der
„financial community" hatte, hat sich dieses System der Selbstregulierung als ausgesprochen effektiv erwiesen.[9] In Auslegungsfragen zum City Code ist stets eine Rück-
sprache mit dem Panel erforderlich.[10]

## 1.2    Der City Code on Take-overs and Mergers

Der City Code scheint zunächst lediglich ein Regelungswerk zu sein, das öffentlichen
Übernahmeangeboten eine feste Ordnung gibt. Er wirkt jedoch viel weitergehend auf
den typischen Markt für Unternehmenskontrolle, da *beliebige* Käufe von Aktien, also
auch solche, die nicht über ein öffentliches Übernahmeangebot erfolgen, vom ihm
erfaßt und mit der Pflicht zur Abgabe eines öffentlichen Übernahmeangebotes belegt
werden, wenn diese Aktien 30% der Stimmrechte einer Gesellschaft verbriefen. Der
City Code findet Anwendung auf alle öffentlichen Übernahmeangebote für Stimm-
rechtsaktien von in Großbritannien ansässigen („resident") Aktiengesellschaften
(„public limited companies"), unabhängig davon, ob sie börsennotiert („listed") sind

---

4   Vgl. Knoll (1992), S. 117.

5   Vgl. zu diesen Begriffen § 9 dieser Arbeit.

6   Dto.

7   Dto.

8   Vgl. Barnett (1992), S. 24.

9   Vgl. Barnett (1992), S. 25.

10   Vgl. Heaton (1992), S. 11.

oder nicht, und ferner auf Gesellschaften mit beschränkter Haftung („private limited companies")[11] , wenn ihre Anteile in den letzten Jahren öffentlich zum Verkauf angeboten wurden.[12]

Er zerfällt in eine Aufstellung allgemeiner Prinzipien und Einzelregelungen für öffentliche Übernahmeangebote. Das zentrale allgemeine Prinzip des City Codes stellt der **Grundsatz der Gleichbehandlung der Aktionäre** dar.[13] Allgemeine **Publizitätsvorschriften** im Stile der §§ 20 und 21 AktG für wesentliche Änderungen in den Beteiligungsverhältnissen enthält der City Code nicht, da hier auf bereits bestehende gesetzliche Regelungen zurückgegriffen werden konnte. So schreibt der **Companies Act** vor, daß ein Aktionär verpflichtet ist, das Eigentum an Anteilen von mehr als **3%** und Erhöhungen dieses Eigentums um jeden weiteren Prozentpunkt öffentlich bekanntzugeben.[14]

In einem öffentlichen Übernahmeangebot muß ein Bieter nach City Code die folgenden Informationen mit der **Angebotsunterlage** liefern:

(a) Seine Absichten bezüglich der Fortführung der Zielgesellschaft;

(b) alle beabsichtigten größeren Änderungen in der Geschäftspolitik der Zielgesellschaft;

(c) seine Absichten bezüglich der Weiterbeschäftigung der Mitarbeiter der Zielgesellschaft;

---

11  Die Gleichsetzung von Aktiengesellschaft und public limited company bzw. Gesellschaft mit beschränkter Haftung und private limited company ist mehr als grob. Präzise gilt vielmehr: Nur eine public limited company kann Aktien an andere Personen als ihre Gründer veräußern, es gibt aber auch private limited companies auf Aktien. Eine Änderung der Inhaberstruktur erfordert bei einer private limited company also eine Änderung des Gesellschaftsvertrages. Eine public limited company muß mindestens zwei Gründer haben, eine private limited company mindestens einen. Eine public limited company hat ein Mindestgrundkapital von £ 50.000, für private limited companies gibt es keine entsprechende Vorschrift. Die ersteren haben im Namen den Zusatz „public limited company" oder „p.l.c." zu führen, die letzteren die Bezeichnung „limited" oder „ltd.": CA 1985 s. 2 i.V.m. FSA 1986 s. 170 (1), CA 1985 s. 25, s. 26, s. 27; vgl. Mayson/French/Ryan (1992), S. 23 – 46, Abbott (1990), S. 44 – 53 und Gower (1992), S. 11 – 13.

12  Vgl. Burgess (1985), Tz. 7 – 36; Stern (1992), S. 1066 und Knoll (1992), S. 117.

13  City Code, Introduction, Tz. 1; Berger (1990) interpretiert die explizite Setzung allgemeiner Prinzipien vor die Einzelregelungen so, daß eine vollständige Regelung aller Details eines öffentlichen Übernahmeangebotes nicht möglich ist und stattdessen auf den „Geist" des Regelungswerkes abzustellen sei (S. 1649); „Gleichbehandlung" bedeutet hier Gleichbehandlung durch den Bieter und sollte nicht mit dem Gleichbehandlungsgebot des § 53a AktG verwechselt werden, der eine Gleichbehandlung von Aktionären durch die eigene Gesellschaft vorschreibt (Berger (1990), S. 1651).

14  CA 1985 s. 198, s. 199 und s. 201; dort allerdings 5%; vermutlich hat sich der Prozentsatz bis zum Erscheinen von Knoll (1992) reduziert; vgl. Knoll (1992), S. 119; man bezeichnet dies auch als **„Substantial Share Acquisition Rule"**.

(d) Bilanz- und GuV-Daten des Bieters aus den letzten drei Geschäftsjahren;

(e) die grundlegenden Rechnungslegungsprinzipien des Bieters;

(f) die Namen der Vorstandsmitglieder des Bieters;

(g) eine Beschreibung, wie das Angebot finanziert werden soll und woher diese Finanzmittel stammen;

(h) einen Vergleich zwischen dem Angebotspreis und dem Kurs für eine Aktie der Zielgesellschaft am letzten Geschäftstag vor dem Beginn des Angebotszeitraumes;

(i) die Beteiligungsverhältnisse zwischen Bieter und Zielgesellschaft, wobei auch gemeinschaftlich mit Bieter und Zielgesellschaft operierende Personen einbezogen werden müssen.[15]

Die **Mindestlaufzeit** eines öffentlichen Übernahmeangebotes beträgt nach City Code 21 Tage.[16] Nachdem ein öffentliches Übernahmeangebot unbedingt geworden ist oder für unbedingt erklärt worden ist, muß es für Annahmeerklärungen noch mindestens 14 Tage offen bleiben. Damit soll vermieden werden, daß über sehr kurzfristig angelegte öffentliche Übernahmeangebote (sogenannte „saturday night specials") knappe, aber für das indirekte Verfügungsrecht ausreichende Mehrheiten aufgebaut werden können. Wenn das Angebot von Anfang an unbedingt war, kann auf die vierzehntägige Verlängerung der Angebotsfrist verzichtet werden.[17] Die **Höchstlaufzeit** für öffentliche Übernahmeangebote beträgt 60 Tage.[18] Werden die **Angebotsbedingungen** während der Laufzeit des öffentlichen Übernahmeangebotes revidiert, so muß das Angebot noch mindestens 14 Tage, nachdem die **revidierte** Angebotsunterlage hinterlegt wurde, offen bleiben.[19] Eventuelle Verbesserungen der Angebotsbedingungen sollen gemäß dem Gleichbehandlungsgrundsatz nämlich an alle Aktionäre weitergegeben werden. Jedem Aktionär steht das Recht zu, die Annahme eines öffentlichen Übernahmeangebotes noch bis zu 21 Tage nach dem Ende der ursprünglichen Angebotsperiode zu **widerrufen,** wenn das Angebot bis dahin nicht unbedingt geworden ist oder für unbedingt erklärt wurde.[20]

Im Gegensatz zur Regelung in den Vereinigten Staaten verbietet der City Code **parallele Käufe** außerhalb des öffentlichen Übernahmeangebotes nicht – er läßt sie sogar ausdrücklich zu. In einem solchen Fall ist der Bieter aber gezwungen, eventuell gezahl-

---

15   City Code, rules 24.1, 24.2, 24.3.

16   City Code, rule 31.1.

17   City Code, rule 31.4.

18   City Code, rule 31.6; vgl. Knoll (1992), S. 127.

19   City Code, rule 32.1.

20   City Code, rule 34.

te höhere Preise in das bestehende Angebot aufzunehmen und insofern die Angebotsbedingungen zu revidieren.[21] Wenn solche parallelen Käufe von Aktien stattgefunden haben, müssen Börse, Panel und die Presse informiert werden.[22]

**Teilangebote** kollidieren mit dem Grundsatz der Gleichbehandlung der Aktionäre und werden deshalb vom City Code intensiver Regelung unterzogen. Jedes Teilangebot bedarf der Zustimmung des Panels. Wenn das Teilangebot dem Bieter nicht mehr als 30% der stimmberechtigten Aktien der Zielgesellschaft bringen kann, wird diese Zustimmung „normalerweise" gewährt.[23] Könnte das Angebot jedoch zu Beteiligungsquoten zwischen 30 und 100% führen, so wird diese Zustimmung „normalerweise" nicht gewährt.[24] Wann immer der Panel ein Teilangebot im Einzelfall ausnahmsweise doch zugelassen hat, besteht im Gegensatz zur allgemeinen Regelung ein Verbot weiterer Parallelkäufe von Aktien.[25] Hat der Panel ausnahmsweise ein Angebot zugelassen, daß zu Beteiligungsquoten zwischen 30 und 100% führt, so muß es darauf bedingt sein, daß die Mehrheit der Aktionäre, die das Teilangebot nicht angenommen haben, es durch Beschluß billigt.[26]

Für den Bieter besteht grundsätzlich eine Wahlmöglichkeit, in den Angebotsbedingungen Aktien zum Tausch oder eine Abfindung in **Bargeld** vorzusehen. Diese Freiheit findet bei Übernahmeangeboten ihre Grenzen, die zu einer Beteiligung von über **10%** des stimmberechtigten Aktienkapitals führen können. In solchen Fällen ist vorbehaltlich einer Genehmigung des Panel mindestens eine Bargeldalternative als Gegenleistung vorzusehen, wenn das Angebot nicht schon ein Barangebot ist. Diese Bargeldleistung darf nicht niedriger sein als der höchste Preis, den der Bieter oder gemeinschaftlich mit ihm handelnde Personen für Aktien der gleichen Klasse in den letzten **12 Monaten** vor Beginn der Angebotsperiode gezahlt haben.[27] Die Pflicht zur Abgabe eines Barangebotes kann also im britischen Rechtskreis nicht durch unrealistische Angebotsbedingungen entwertet werden.

**Bedingte Angebote** sind nach City Code grundsätzlich möglich. Jedes Angebot, das zu Beteiligungsquoten von über 50% am stimmberechtigten Aktienkapital führen

---

21  City Code, rule 6.2.

22  City Code, rule 6.2 i.V.m. note 4.

23  City Code, rule 36.1.

24  City Code, rule 36.2.

25  City Code, rule 36.3.

26  City Code, rule 36.5 in der Interpretation von Knoll (1992), S. 128.

27  City Code, rule 11.1; vgl. Knoll (1992), S. 129, der aber 15% als kritische Grenze angibt; vermutlich handelt es sich um einen Redaktionsfehler.

könnte, muß den Zusatz enthalten, daß der Bieter es nicht für unbedingt erklärt, wenn er bisher weniger als 50% des stimmberechtigten Kapitals akquiriert hat.[28]

Außer wenn der Panel ein abweichendes Vergehen zuläßt, muß jede Person, die schlagartig oder durch zeitlich gestaffelte Käufe Aktien erwirbt, die zusammen mit den von ihr oder von gemeinschaftlich mit ihr handelnden Personen gehaltenen Aktien **30%** der Stimmrechte einer Gesellschaft verbriefen, ein öffentliches Übernahmeangebot an alle übrigen Aktionäre machen (Zwangsangebot, **„mandatory offer"**).[29] Gleiches gilt, wenn eine Person, die zusammen mit gemeinschaftlich handelnden Personen zwischen 30 und 50% der stimmberechtigten Aktien einer Gesellschaft hält, innerhalb von 12 Monaten zusätzliche Aktien erwirbt, die mehr als **2%** der Stimmrechte verbriefen.[30] Ein unbemerkter Aufbau kleiner, aber für das indirekte Verfügungsrecht über die Unternehmenspolitik ausreichender Beteiligungspositionen ist also nicht möglich. Auch Zwangsangebote nach rule 9.1 des City Codes müssen eine Gegenleistung in Bargeld oder zumindest eine Bargeldalternative vorsehen. Dieser Bargeldbetrag darf abermals nicht kleiner sein als der höchste vom Bieter oder von gemeinschaftlich mit ihm handelnden Personen in den letzten 12 Monaten für Aktien der gleichen Klasse gezahlte Preis.[31] *Hierdurch wird verhindert, daß der Erwerb der Kontrolle über eine Gesellschaft durch die Zahlung sehr hoher Kaufpreise lediglich an eine kleine Gruppe bevorzugter Aktionäre möglich ist.* Zwangsangebote nach rule 9.1 dürfen nur darauf bedingt werden, daß der Bieter Zusagen bekommt, die mit vorher gekauften oder zugesagten Aktien zu einer Beteiligung des Bieters und gemeinschaftlich mit ihm handelnder Personen von mehr als 50% der stimmberechtigten Aktien führen.[32]

Um ein Zielunternehmen nicht durch eine ganze Kadenz von Übernahmeangeboten langfristig unter Druck setzen zu können, was einen geregelten Geschäftsablauf verhindern könnte, sieht der City Code auch Bestimmungen für den Fall vor, daß ein Angebot beim Panel hinterlegt wurde und nicht für unbedingt erklärt oder sogar zurückgezogen wurde. In diesem Fall dürfen weder der Bieter noch gemeinschaftlich mit ihm handelnde Personen **innerhalb von 12 Monaten** nach Ablauf oder Rückzug des Angebotes

---

28  City Code, rule 10.

29  City Code, rule 9.1 lit. (a); hier liegt ein entscheidender Unterschied zur Regelung in den USA vor, die kein Zwangsangebot vorsieht.

30  City Code, rule 9.1 lit. (b); vgl. Assmann/Bozenhardt (1988), S. 33.

31  City Code, rule 9.5 lit (a); vgl. Knoll (1992), S. 121.

32  City Code, rule 9.3 lit (a).

(i) ein öffentliches Übernahmeangebot für die Zielgesellschaft abgeben oder

(ii) irgendwelche Aktien der Zielgesellschaft kaufen, wenn der Bieter oder irgendeine der genannten Personen dadurch zu einem Zwangsangebot nach rule 9 verpflichtet würde.[33]

**Finanzintermediäre** spiegeln im Regelungswerk des City Codes eine wichtige Rolle. Der board (Vorstand) einer Zielgesellschaft muß sich bei jedem öffentlichen Übernahmeangebot kompetenten und unabhängigen Rat einholen, der gewöhnlich von den merchant banks[34] und von Wirtschaftsprüfern und Rechtsanwälten gegeben wird. Die Beurteilung durch einen Finanzintermediär muß den Aktionären der Zielgesellschaft mitgeteilt werden.[35] Etwas weniger stringent ist die Regelung für den board eines Bieters. Er muß nur dann unabhängigen Rat bei einem öffentlichen Übernahmeangebot einholen, wenn die Mitglieder in einem Interessenkonflikt stehen oder es sich um eine Gegenmaßnahme auf ein öffentliches Übernahmeangebot auf die eigene Gesellschaft handelt.[36] In den meisten Fällen, wenn auch nicht immer, wird eine merchant bank den geforderten „kompetenten und unabhängigen" Rat erteilen.[37] Indem der Finanzintermediär seine Einschätzung des öffentlichen Übernahmeangebotes offenlegt, verbessert er den Informationsstand des Aktionärs.[38] Damit können in Großbritannien auch Finanzintermediäre Informationen extern prüfen, um sie anschließend den Aktionären zur Verfügung zu stellen. Es ist bereits darauf hingewiesen worden, daß dies im bundesdeutschen Regelungsansatz häufig stattdessen öffentlich-rechtlich bestellte Wirtschaftsprüfer übernehmen; so etwa bei Abhängigkeitsbericht und Verschmelzungsbericht.

Hinsichtlich der Durchführbarkeit von **Abwehrmaßnahmen**[39] gegen öffentliche Übernahmeangebote muß auf die restriktiven englischen Bestimmungen hingewiesen werden:[40] So ist etwa der Verkauf der „crown jewels" während eines öffentlichen Übernahmeangebotes verboten, es sei denn, daß die Hauptversammlung der Zielgesell-

---

33  City Code, rule 35.1; Knoll (1992), S. 139 weist auf die auch an dieser Stelle bestehenden fundamentalen Unterschiede zur Regelung in den USA hin.

34  Vgl. hierzu § 9 dieser Arbeit.

35  City Code, rule 3.1.

36  City Code, rule 3.2; letzteres scheint sich mir auch direkt aus rule 3.1 zu ergeben.

37  Vgl. Barnett (1992), S. 15.

38  Vgl. O'Brien (1992), S. 42.

39  Vgl. hierzu Gliederungspunkt 4.2 dieses Pargraphen.

40  Assmann/Bozenhardt (1988) formulieren: „Abwehrmaßnahmen ... sind als ineffizient ... und außerhalb seiner (des boards; DK) verbandsrechtlichen Befugnisse (**ultra vires**) anzusehen und mithin zu unterbinden" (S. 70; **Fettdruck** von mir; DK).

schaft ihm zustimmt.[41] Die Ausgabe von Aktien in die Hände befreundeter Unternehmen und Privatpersonen (faktisch eine Spielart der „eigenen Aktien") wird vom City Code ebenfalls für die Dauer eines öffentlichen Übernahmeangebotes verboten.[42] „Golden parachutes", also sehr hohe Abfindungszahlungen an ausscheidende Manager, sind wie in den USA auch in Großbritannien den Mitgliedern eines boards nicht generell verwehrt. Alle Unterlagen aber, die den Aktionären einer Zielgesellschaft zugesandt werden und Empfehlungen bezüglich einer Annahme oder Ablehnung des Angebots beinhalten, müssen Einzelheiten über die Entlohnung der Vorstandsmitglieder beinhalten.[43]

Die durchgeführte Auseinandersetzung mit dem City Code macht nicht nur klar, daß die auf den nächsten Seiten dargestellten US-amerikanischen Regelungen in entscheidendem Umfang durch britische Vorbilder gekennzeichnet sind. Die im Vergleich mit den USA komplexeren Regelungen des City Codes ermöglichen auch eine tiefgehende Auseinandersetzung mit den Problemen, die ein neu entstehender Unternehmenszusammenschluß Minderheitsaktionären der Zielgesellschaft aufzwingt. Sie zeigt auch, daß die bereitzustellenden Informationen neben dem öffentlich-rechtlich bestellten Wirtschaftsprüfer – wie in der Bundesrepublik Deutschland – und neben der Behörde – wie der Securities and Exchange Commission in den USA – auch von einer privaten Institution – nämlich dem Finanzintermediär in Großbritannien – geliefert werden können. Der Finanzintermediär als eine Institution, die quasi im Auftrage vieler Inhaber von Finanzierungstiteln Informationen zentral beschafft, wird also gerade von der britischen Rechtsordnung klar erkannt. Dies ähnelt sehr der im § 9 dieser Arbeit skizzierten idealtypischen Rolle des Finanzintermediärs.

---

41  City Code, rule 21; in den USA ist diese Maßnahme auch während eines öffentlichen Übernahmeangebotes möglich (vgl. Cooke (1986), S. 239).

42  City Code, rule 38; in den USA ist das nicht der Fall (vgl. Cooke (1986), S. 239).

43  City Code, rule 24.4; vgl. Cooke (1986), S. 241.

# 2    Rechtssystematik in den USA

Auf die britischen Wurzeln dürfte es auch zurückgehen, daß die Vereinigten Staaten ein Land des **„common law"** sind. Etwas verkürzt bedeutet dies, daß das Recht des Landes eher durch richterliche Urteile als durch kodifiziertes Recht bestimmt wird.[44] Dennoch spielt auch in den Vereinigten Staaten das kodifizierte Recht eine bedeutende Rolle. Das gilt vor allem für seinen Einfluß auf die täglichen Lebensverhältnisse, während die Wirkung des „case law" auf die juristische Denkweise ungebrochen ist.[45] Das „case law" besteht aus den schriftlich festgelegten „opinions" zu von Berufungsgerichten behandelten Rechtsstreitigkeiten.[46] Charakteristisch für die Systematik des amerikanischen Rechts ist weiterhin, daß die föderale Staatsverfassung zu einem komplexen und bisweilen „verwirrenden" Nebeneinander von Bundesrecht und einzelstaatlichem Recht geführt hat.[47] Für die Regulierung des Wirtschaftslebens durch Bundesgesetze ist der Ansatzpunkt die sog. **„commerce clause"** der amerikanischen Verfassung.[48] Aus ihr ergibt sich eine weitgehende Regelungskompetenz des Bundesgesetzgebers für die Wirtschaftsgesetzgebung und damit auch für die Bankenaufsicht.[49]

Quellen des kodifizierten Rechts, also von Gesetzesrecht („statutory law") und Verwaltungsrecht („administrative law") sind in den Vereinigten Staaten vor allem die sogenannten „codes". Ein code ist eine sachbezogene Zusammenstellung und Neuordnung der relevanten Gesetze („acts").[50] Novellierungen eines Gesetzes („amendments") werden integriert.[51] Die codes sind nach verschiedenen Titeln geordnet – so bezieht sich beispielsweise 12 United States Code (abgekürzt 12 U.S.C.) auf den Bereich „Banks and Banking".

Sachbezogene Zusammenstellungen gibt es auch beim „administrative law". Dieses Verwaltungsrecht besteht aus den sogenannten „rules" und „regulations", die die Ministerien und Behörden wie etwa die Zentralbank innerhalb ihres Kompetenzbereiches

---

44    Vgl. Cohen/Berring/Olson (1989), S. 2 und 13 sowie Breiding (1974), S. 43.

45    Vgl. Cohen/Berring/Olson (1989), S. 13.

46    Vgl. ebda.; nur ein kleiner Teil aller Fälle führt auch zu solchen opinions.

47    Breiding (1974), S. 43.

48    „The Congress shall have Power ... To regulate Commerce with foreign Nations, and among the Several States, and with the Indian Tribes" (Constitution, Art. I, Sec. 8 (3); zitiert nach Hütz (1990), S. 56).

49    Vgl. Hütz (1990), S. 58; ähnlich Knoll (1992), S. 46.

50    Cohen/Berring/Olson (1989), S.7.

51    Dies., S. 145/6.

erlassen.[52] Sie sind allgemein anwendbar und haben die Wirkung von Gesetzen. Auch das administrative law wird sachbezogen nach Titeln geordnet, wobei die Nummer des Titels meist mit der Nummer des Titels des Codes der entsprechenden Gesetze korrespondiert. So beschäftigt sich 12 Code of Federal Regulation (abgekürzt 12 C.F.R.) tatsächlich auch mit dem Bereich „Banks and Banking".

---

52   Vgl. dies., S. 261.

# 3    Gesellschaftsrecht

Das US-amerikanische **Gesellschaftsrecht** hat drei Hauptquellen: Das Gesellschaftsrecht der Einzelstaaten („corporate statutes of the states"), die gesellschaftsrechtliche
Rechtsprechung und verschiedene Vorschriften der Bundesgesetze.[53] Die Unterscheidung zwischen AG und GmbH ist ihm fremd[54], es kennt alleine die „corporation" als
Gesellschaft mit auf das Unternehmensvermögen beschränkter Haftung. Der börsengehandelten Aktiengesellschaft in Deutschland entspricht in den Vereinigten Staaten
am ehesten die „public corporation"; es ist dies eine corporation, deren Eigenfinanzierungstitel von einer großen Zahl von Anteilseignern erbracht werden und deren
„Aktien" frei und häufig gehandelt werden.[55]

## 3.1    Die amerikanische Kapitalgesellschaft

Die amerikanische corporation kennt kein gesetzlich vorgeschriebenes Mindestgrundkapital.[56] Der Satzung einer deutschen Aktiengesellschaft entsprechen bei der
amerikanischen corporation zwei Dokumente. Die **„charter"** ist die Verfassung der
corporation. Sie beurkundet den Gründungsvertrag und ist Grundlage der Gesellschaft.[57] Sie ist im Gegensatz zu den **„by-laws"** öffentlich zugänglich.[58] Die by-laws
sind detaillierte Regeln für den täglichen Betrieb im Stile einer Geschäftsordnung. Sie
werden gewöhnlich vom board verfaßt und weiterentwickelt. In ihnen findet man
Einzelheiten zur Hauptversammlung, zur Übertragbarkeit der Aktien, zum Geschäftsjahr und zu den Gehältern der Mitglieder des boards.[59]

Corporations sind zur Führung eines Aktionärsverzeichnisses **(stock record book)**
verpflichtet.[60] Dies ist möglich, weil in den USA Namensaktien den Regelfall darstellen.[61] Nur wenn die Börse, an der eine Aktie gehandelt wird, zur Erleichterung der

---

53   Vgl. Cox (1984), Tz. 1.0000; Gesellschaftsrecht ist grundsätzlich Staatenrecht und wird erst dann
     Bundesrecht, wenn eine Gesellschaft ihre Anteile über die Staatsgrenze hinaus absetzt (vgl.
     hierzu Treumann/Peltzer/Kuehn (1990), S. 209).

54   Vgl. Breiding (1974), S. 54.

55   Vgl. Cox (1984), Tz. 1.2100; auf die Anführungsstriche bei nicht völlig eindeutig dem amerikanischen Pendant zuzuordnenden Begriffen wie „Aktie" und „Aktiengesellschaft" werde ich im
     folgenden verzichten.

56   Vgl. Cox (1984), Tz. 21.1100.

57   Vgl. Wiethölter (1961), S. 186.

58   Vgl. Treumann/Peltzer/Kuehn (1990), S. 237.

59   Vgl. ebda.; vgl. auch Cox (1984), Tz. 10.2100.

60   Vgl. Treumann/Peltzer/Kuehn (1990), S. 241.

61   Vgl. Wiethölter (1961), S. 249.

Übertragbarkeit der Aktie eine abweichende Regelung vorsieht, werden die Namensaktien durch Ausgabe eines Herausgabeanspruchs auf die Aktie faktisch zu Inhaberpapieren.[62] Aktien können auch innerhalb einer Gattung in unterschiedlichem Maße das Stimmrecht verbriefen.[63] Für die Verabschiedung diverser gesellschaftsrechtlicher Gestaltungsmöglichkeiten wie etwa der Fusion ist in den USA meist eine 2/3-Mehrheit nötig. Einer 1/3-Beteiligung kommt deshalb oft die Bedeutung einer Sperrminorität zu.[64]

Ein separates Kontrollorgan wie den Aufsichtsrat kennt die amerikanische corporation nicht.[65] Der von der Hauptversammlung direkt gewählte **„board of directors"** vereinigt auf sich sowohl die Funktion des Vorstandes als auch die des Aufsichtsrates einer deutschen Aktiengesellschaft.[66] In der Praxis wird die Führung der Geschäfte einer corporation meist einem sogenannten Exekutivausschuß (**executive committee, management**) übertragen.[67] Die Spitze des Exekutivausschusses ist meist auch Mitglied des board. Doppelbesetzungen dieser Art sind im amerikanischen Gesellschaftsrecht zulässig.[68] Der board mit seiner unbegrenzten Zuständigkeit für die Unternehmensführung legt den Geschäftsbereich der officers, also der Mitglieder des executive committees, fest.[69]

Zu den Rechten des board gehört im Gegensatz zum deutschen Aktienrecht auch die vollständige Bestimmung der auszuschüttenden Dividende.[70] Bezugsrechte für junge Aktien (**preemptive rights**) kann der Vorstand in einer Vielzahl von Fällen ausschließen.[71]

Diese weitgehenden Rechte des boards sind Reflex der sogenannten **„business judgement rule"**. Wenn der board bei *eigener* sorgfältiger Beurteilung zu dem Ergebnis kommt, die Abwehrmaßnahme diene dem Gesellschaftsinteresse, so ist sie zulässig.

---

62  Vgl. Lamprecht (1973), S. 192/3.

63  Vgl. Treumann/Peltzer/Kuehn (1990), S. 251.

64  Vgl. Cox (1984), Tz. 26.3730.

65  Vgl. Treumann/Peltzer/Kuehn (1990), S. 229: „There is no separate corporate organ which supervises the activities of the board of directors."

66  Vgl. Breiding (1974), S. 56.

67  Vgl. ebda. sowie Wiethölter (1961), S. 206 und Treumann/Peltzer/Kuehn (1990), S. 227.

68  Vgl. Wiethölter (1961), S. 206.

69  Vgl. ders., S. 208.

70  Vgl. Treumann/Peltzer/Kuehn (1990), S. 229.

71  Vgl. Cox (1984), Tz. 23.3200 sowie Treumann/Peltzer/Kuehn (1990), S. 223; handelt es sich um eine im Staate Delaware gegründete Gesellschaft, so hat der Vorstand stets dieses Recht (vgl. ebda.).

Diese Regel schützt die directors auch davor, sich für wirtschaftliche Fehlentscheidungen gegenüber Aktionären und Gerichten verantworten zu müssen, wenn diese Entscheidungen sich im Rahmen einer „ordnungsgemäßen Geschäftsführung" bewegen.[72] Sie ermöglicht es dem board ferner, auf ein öffentliches Übernahmeangebot mit einem **breiten Arsenal von Abwehrmaßnahmen** zu reagieren.[73] So zählt es zu den Besonderheiten des amerikanischen Gesellschaftsrechts, dem board einer corporation den Rückerwerb eigener Aktien **(treasury shares)** zu gestatten.[74]

Die Beschlußfähigkeit der Hauptversammlung einer amerikanischen corporation ist im Unterschied zum deutschen Recht fast immer an eine bestimmte Mindestanwesenheitsquote **(quorum)** geknüpft.[75] Aus Gründen des Schutzes von Minderheitsaktionären erlauben einige Staaten und erzwingen andere Staaten zwingend das Verfahren des **„cumulative voting"** bei der Wahl der Mitglieder des boards.[76] Hierbei kann ein Aktionär Stimmen im Umfang der von ihm gehaltenen stimmberechtigten Aktien, multipliziert mit der Anzahl der zu wählenden directors abgeben. Er kann all diese Stimmen auf eine Person vereinigen oder auch über mehrere Personen streuen.[77] Läßt es das Staatenrecht zu, so kann statt des cumulative voting für die Wahl des board auch das sogenannte **„staggered-board"**-Verfahren gewählt werden, um Minderheitsvertretungen im board auszuschließen.[78] In diesem Fall wird stets nur ein bestimmter Teil des boards im jeweiligen Jahr neu gewählt.[79]

Auch in den USA ist es möglich, das Stimmrecht aus einer Aktie widerrufbar an eine andere Person zu übertragen **(„proxy"**; Kurzform von procuracy).[80] Im Gegensatz zur

---

72  Trockels (1990), S. 140.

73  Vgl. Berger (1991), S. 1656.

74  Vgl. Breiding (1974), S. 199 sowie Treumann/Peltzer/Kuehn (1990), S. 227; Manager von Gesellschaften mit Sitz im Staate Delaware können sich aufgrund des Anti-Takeover-Gesetzes dieses Staates noch etwas sicherer vor Übernahmen fühlen, da hier grundsätzlich eine dreijährige Frist zwischen Erwerb bestimmter Beteiligungspakete und den dadurch an sich möglichen gesellschaftsrechtlichen Gestaltungsmöglichkeiten wie etwa der Fusion abzuwarten ist (vgl. Knoll (1992), S. 51/2).

75  Vgl. Wiethölter (1961), S. 194 und Cox (1984), Tz. 11.2200.

76  Vgl. Cox (1984), Tz. 8.2120.

77  Vgl. Treumann/Peltzer/Kuehn (1990), S. 223; hat eine corporation etwa zwei Aktionäre, von denen einer 67% und der andere 33% des Aktienkapitals hält und besteht ihr board aus drei Mitgliedern, so kann der „Minderheitsaktionär" auf jeden Fall einen ihm genehmen director im board durchsetzen (vgl. ebda.).

78  Vgl. Wiethölter (1961), S. 228 i.V.m. Treumann/Peltzer/Kuehn (1990), S. 224.

79  Vgl. Cox (1984), Tz. 8.3200; dies *kann* so aussehen, daß nur ein Drittel der directors eine volle dreijährige Amtszeit hat, während ein anderes Drittel eine zweijährige und das letzte Drittel schließlich nur eine einjährige Amtszeit hat (ders., Tz. 8.3210).

80  Vgl. Cox (1984), Tz. 12.100 sowie Wiethölter (1961), S. 248.

deutschen Praxis ist es in den USA durchaus nicht unüblich, daß der board einer corporation *aktiv* für sich um Stimmrechtsvollmachten wirbt.[81] Dies fällt der Verwaltung besonders leicht, da die Aktien in der Regel Namensaktien sind und die Liste der anzusprechenden Personen der Verwaltung mit dem „stock record book" zur Verfügung steht.[82] Da gerade in den zwanziger Jahren die Verwaltungen oft Stimmrechtsvollmachten eingeholt hatten, ohne die Aktionäre ausreichend über die zur Abstimmung stehenden Tagesordnungspunkte zu informieren, führte der Bundesgesetzgeber 1934 mit dem **Securities Exchange Act** (SEA) umfangreiche Informationspflichten ein.[83] Bei börsennotierten oder über Staatsgrenzen hinweg gehandelten Aktiengesellschaften muß jeder, der sich um eine Stimmrechtsvollmacht bemüht, dem die Vollmacht Gewährenden ein sog. „**proxy statement**" mit umfangreichen Informationen zukommen lassen.[84] Auch in den USA spielen commercial banks[85] beim Depotstimmrecht eine gewisse Rolle, sie sind aber kein Alleinanbieter für Stimmrechtsvollmachten. Den „praktisch wichtigeren Fall" stellt es vielmehr dar, daß Aktionäre ihre Aktien nicht einer commercial bank, sondern einer investment bank überlassen, die das Stimmrecht aus den Aktien wahrnimmt.[86] Aktionäre, die mit dem management hinsichtlich eines Tagesordnungspunktes nicht übereinstimmen, können ein eigenes proxy statement herausgeben. Das management muß dieses Material der Dissidenten versenden oder ihnen eine Liste der Aktionäre mit Adressen zukommen lassen. Es kommt zu einem Wettbewerb um Stimmrechtsvollmachten (**proxy contest**).[87] Dabei kann das management „vernünftige" Ausgaben, die bei einem proxy contest anfallen, vom steuerlichen Gewinn abziehen.[88] Gelingt es aber den Dissidenten, die Kontrolle über die Gesellschaft zu gewinnen, so können *sie* sich „vernünftige" Ausgaben von der Gesellschaft erstatten lassen.[89]

---

81   Weder der Vorstand noch der Aufsichtsrat einer deutschen Aktiengesellschaft dürften dies; vgl. Zöllner (1985), § 134, Rn. 79.

82   Vgl. Wiethölter (1961), S. 249.

83   SEA § 14 (a); SEC rule 14a–3; vgl. Cox (1984), Tz. 12.3000.

84   15 U.S.C. § 78n (c); vgl. Cox (1984), Tz. 12.3300; Schedule 14A zu rule 14a schreibt insbesondere die Information vor, die der board erteilen muß, wenn er sich bei einem Aktionär um eine Stimmrechtsvollmacht bemüht (vgl. ebda.); vgl. Wiethölter (1961), S. 50, 51, 163 und 251.

85   Vgl. hierzu § 9 dieser Arbeit.

86   Vgl. Wiethölter (1961), S. 252.

87   Vgl. Cox (1984), Tz. 12.3600 und 12.5000 sowie Wiethölter (1961), S. 259.

88   Vgl. Cox (1984), Tz. 12.5100.

89   Vgl. Cox (1984), Tz. 12.5120.

## 3.2 Regelungen, die an der Entstehung von Unternehmens-zusammenschlüssen ansetzen

Ein Jahr später als in Großbritannien wurde in den Vereinigten Staaten im Jahre 1968 das **öffentliche Übernahmeangebot** Gegenstand allgemeiner Regelung. Durch den Williams Act wurde der auf das Jahr 1934 zurückgehende Securities Exchange Act um § 13 (d), (e) und § 14 (d) – (f) erweitert.[90] Der relevante Regelungskomplex von SEA § 13 schreibt vor, daß jede Person, die nach Erwerb von nach SEA § 12[91] an einer nationalen Börse registrierten „equity securities" Eigentümerin von mehr als **5%** der Aktien dieser Klasse ist, innerhalb von 10 Tagen nach dem Erwerb der Zielgesell-schaft, der betreffenden Börse und der **Securities and Exchange Commission** (SEC) eine Unterlage („statement") zusenden muß, die die von der SEC in ihren rules und regulations geforderten Informationen enthält.[92]

Der relevante Regelungskomplex von SEA § 14 schreibt demgegenüber vor, daß jede Person, die beabsichtigt, ein öffentliches Übernahmeangebot (**„tender offer"**) für equity securities einer bestimmten Klasse, die nach SEA § 12 registriert sind, abzuge-ben, der SEC eine Angebotsunterlage (**„statement"**) zusenden muß, die die Informa-tionen der Unterlage nach SEA § 13 und weitere, von der SEC in ihren rules und regulations festlegbare Informationen enthält.[93]

Eine explizite Voranstellung allgemeiner Prinzipien vor die Einzelregelung des öffent-lichen Übernahmeangebotes findet man im Securities Exchange Act im Gegensatz zur britischen Regelung nicht. Aus diversen Einzelregelungen kann man jedoch den **Grundsatz der Gleichbehandlung** der Aktionäre vor die Klammer ziehen.[94]

Erleichtert wird ein öffentliches Übernahmeangebot in den USA bisweilen, indem ein proxy contest vorgeschaltet wird. Die gesetzliche Regelung nach SEA § 14 (a)[95] i.V.m. rule 14a – 7 sieht vor, daß opponierende Aktionäre hierbei die Möglichkeit erhalten müssen, Einblick in das Aktionärsverzeichnis zu erhalten. Zumindest aber muß das management die Informationen der Dissidenten an die anderen Aktionäre

---

90  15 U.S.C. § 78m (d), (e) und 15 U.S.C. § 78n (d) – (f); vgl. Assmann/Bozenhardt (1988), S. 27.

91  15 U.S.C. § 78l.

92  Vgl. Breiding (1974), S. 106; Treumann/Peltzer/Kuehn (1990), S. 277; Assmann/Bozenhardt (1988), S. 28; Knoll (1992), S. 55/6 sowie Cox (1984), Tz. 26.6120.

93  Vgl. Knoll (1992), S. 90; Cox (1984), Tz. 26.6210.

94  Dies gilt jedenfalls für das noch darzulegende unabdingbare Rücktrittsrecht, den Zwang zur Repartierung und die Pflicht zur allgemeinen Weitergabe eines nachträglich erhöhten Angebots-preises; so jedenfalls Breiding (1974), S. 108; vgl. auch Assmann/Bozenhardt (1988), S. 29 so-wie Cox (1984), Tz. 26.6220.

95  15 U.S.C. § 78n (c).

weitergeben. Die Einblicknahme in das Aktionärsverzeichnis bedeutet ein zusätzliches Informationspotential im Hinblick auf die Struktur und Herkunft der Aktionäre der Zielgesellschaft.[96]

Eine **Bagatellklausel** (SEA § 13 (d) (6) (B) und § 14 (d) (8) (A))[97] nimmt solche Wertpapierkäufe von der Publizitätspflicht der § 13 und den Regelungen für das öffentliche Übernahmeangebot der § 14 aus, die bei einer Klasse gleich ausgestatteter Wertpapiere innerhalb von 12 Monaten nicht mehr als **2%** aller Wertpapiere dieser Klasse übersteigen.[98]

Die **Unterlage** nach SEA § 13 (d) (1)[99] muß Angaben zur Identität des Käufers (lit (A)), zur Finanzierung des Kaufs (lit (B)), zu den Absichten, die mit dem Kauf verfolgt werden (lit (C)), zum genauen Umfang der bestehenden Beteiligungsverhältnisse (lit (D)) und zu Absprachen mit anderen Personen, die diese Wertpapiere betreffen (lit (E)) enthalten.[100] Die **Angebotsunterlage** nach SEA § 14 (d) (1)[101] muß die Informationen der Unterlage nach SEA § 13 (d) (1) und weitere, von der SEC in rules und regulations spezifizierbare Informationen enthalten. Relevant ist hier insbesondere rule 14d (c) – (f). Der bei einem öffentlichen Übernahmeangebot zu zahlende **Preis** steht *im freien Ermessen des Bieters*.[102] Käufe vor dem Übernahmeangebot spielen im Gegensatz zur britischen Regelung keine Rolle für den *Mindestpreis des Angebots*.[103] [104] Eine solche Bietpreisfindung würde ja auch nur dann Sinn machen, wenn es wie im City Code ein Zwangsangebot gäbe.

Die **Laufzeit** eines öffentlichen Übernahmeangebotes muß mindestens 20 Tage betragen.[105] Faktisch ist davon auszugehen, daß öffentliche Übernahmeangebote keine

---

96  Vgl. Knoll (1992), S. 96; ähnlich Breiding (1974), S. 138.

97  15 U.S.C. § 78m (d) (6) (13) und § 78n (8) (A).

98  Vgl. Breiding (1974), S. 120.

99  15 U.S.C. § 78m (d) (1).

100 Vgl. Breiding (1974), S. 141/2 und 160; noch weiter präzisiert werden die Anforderungen an diese Unterlage durch schedule 13D; Treumann/Peltzer/Kuehn (1990), S. 278; Assmann/ Bozenhardt (1988), S. 28.

101 15 U.S.C. § 78n (d) (1).

102 Vgl. Knoll (1992), S. 82/3.

103 Vgl. Hahn, D. (1990), S. 17.

104 Als Faustregel setzen Experten für den bei öffentlichen Übernahmeangeboten in den USA gesetzten Preis eine Prämie von 20% auf den laufenden Marktpreis an (vgl. Hayes/Taussig (1967), S. 39/40).

105 rule 14e-1(a); vgl. Knoll (1992), S. 84/5 und Assmann/Bozenhardt (1988), S. 28; diese Regelung ist eine Reaktion auf die sogenannten **„saturday night specials"**. Das waren Übernahmeangebote, bei denen zwischen Veröffentlichung der Offerte und deren Fristablauf eine extrem kurze Zeitspanne verging (vgl. ebda.)

längere Laufzeit als 60 Tage haben, da der Bieter bei längerfristigen Angeboten stets ein beliebiges Rücktrittsrecht der ihre Aktien abtretenden Aktionäre einkalkulieren müßte.[106]

Wenn der Bieter die **Bedingungen** eines öffentlichen Übernahmeangebotes vor Ablauf der Angebotsfrist revidiert, muß er nach SEA § 14 (d) (7)[107] einen eventuell höheren Preis aus Gründen der Gleichbehandlung jedem Wertpapierhalter zugute kommen lassen, der im Laufe des öffentlichen Übernahmeangebotes, also vor oder nach Revision der Angebotsbedingungen, seine Aktien abtritt.[108] Im Gegensatz zur britischen Regelung verbietet der Securities Exchange **Act Erwerbe** von Aktien, die **parallel** zu einem öffentlichen Übernahmeangebot stattfinden.[109]

Öffentliche Übernahmeangebote können grundsätzlich so angelegt sein, daß nur ein Teil aller Aktionäre (etwa 51%) zum Angebotspreis seine Aktien abtreten kann, die verbleibenden Aktionäre jedoch nicht.[110] Solche Teilangebote sind im Gegensatz zum City Code in den USA grundsätzlich zulässig. Wird ein solches Angebot überzeichnet, so könnte der Bieter die Aktienannahme auf einer „**first-come-first-served**" Basis rationieren, also bis zum Erreichen der Angebotsgrenze in der zeitlichen Reihenfolge der Hinterlegung annehmen.[111] Hierdurch kann es zu einem Verkaufsdruck auf den „offeree" kommen.[112] Der Securities Exchange Act verbietet ein solches Vorgehen. Wenn eine Person ein **Teilangebot** macht, also ein öffentliches Übernahmeangebot für weniger als alle ausstehenden equity securities einer Klasse und wenn innerhalb von zehn Tagen nach der ersten Veröffentlichung des Angebots mehr Wertpapiere hinterlegt worden sind als diese Person zu akzeptieren bereit ist, so müssen diese Wertpapiere so weit wie möglich anteilig („**pro rata**") zugeteilt werden, das heißt im Verhältnis der zur Abtretung angebotenen Aktien ohne Bevorzugung einzelner Aktionäre.[113] In den USA kann jedoch mit „**front-end-loaded**" Angeboten ein Verkaufsdruck ausgeübt werden. Hierbei wird zunächst nur ein Teilangebot für eine einfache Mehrheit gemacht und später dann für die verbleibende Minderheit ein Angebot zu

---

106  Vgl. Knoll (1992), S. 83.

107  15 U.S.C. § 78n (d) (7).

108  Vgl. Assmann/Bozenhardt (1988), S. 29 sowie Knoll (1992), S. 83.

109  rule 10b – 13; vgl. Knoll (1992), S. 85 und Breiding (1974), S. 179.

110  In Großbritannien stellt sich dieses Problem im Regelfall nicht, da Teilangebote vom Panel meist nicht zugelassen werden; vgl. Gliederungspunkt 1.2 dieses Paragraphen.

111  Vgl. Hahn (1990), S. 17 sowie Breiding (1974), S. 105.

112  Vgl. Knoll (1992), S. 83.

113  SEA § 14 (d) (6), entsprechend 15 U.S.C. § 78n (d) (6); vgl. Breiding (1974), S. 19 und 66; Assmann/Bozenhardt (1988), S. 29 sowie Knoll (1992), S. 83 und 87.

schlechteren Konditionen.[114] Auch eine der britischen Regelung vergleichbare Vorschrift, die für bestimmte Konstellationen vorschreiben würde, daß ein öffentliches Übernahmeangebot in **bar** zu erfolgen hat oder zumindest eine Bargeldalternative vorsehen muß, kennt der Securities Exchange Act nicht.

**Bedingte Angebote** sind in den USA zulässig. Als Bedingungen wurden in der amerikanischen Praxis die ausreichende Erlangung von Finanzierungsmöglichkeiten, der Vorbehalt der Einhaltung gesetzlicher Bestimmungen, die erfolgreiche Durchsetzung gegenüber Abwehrmaßnahmen und die Erlangung der angestrebten Beteiligungsquote beobachtet.[115] Der Securities Exchange Act kennt nur Pflichten des Bieters *bei* Abgabe eines öffentlichen Übernahmeangebotes, eine Pflicht *zur* Abgabe eines öffentlichen Übernahmeangebotes im Stile der mandatory offer des City Code gibt es jedoch nicht. Ebenso auffallend ist der Mangel einer Regelung für Folgeangebote. Denn immerhin besteht die Gefahr, daß ein Bieter, der im ersten Anlauf die gewünschte Beteiligungsquote nicht erreicht, eine Kadenz von Folgeangeboten startet und es so zu einer permanenten Bedrohung des managements der Zielgesellschaft und vor allem zu nachteiligen Auswirkungen auf die Unternehmenspolitik und den Wert der Finanzierungstitel des Unternehmens kommt. Folgeangebote sind in den USA grundsätzlich zulässig.[116]

Die Beteiligung von **Finanzintermediären** bei öffentlichen Übernahmeangeboten geht in den USA nicht wie in Großbritannien auf die Pflicht zurück, sich beraten zu lassen. Es gibt weder für die Zielgesellschaft noch für den Bieter irgendwelche Beratungspflichten.[117] Die Funktion des öffentlich-rechtlich bestellten Wirtschaftsprüfers in der Bundesrepublik Deutschland und der Vielzahl von Institutionen wie dem Finanzintermediär in Großbritannien bei der externen Prüfung von Information nach bedeutenden Änderungen in der Inhaberstruktur von Eigenfinanzierungstiteln übernimmt in den USA insofern eine Behörde, die Securities and Exchange Commission (SEC).

Für die Zulässigkeit von **Abwehrmaßnahmen** müssen in den USA primär die einzelstaatlichen, gesellschaftsrechtlichen Vorschriften beachtet werden.[118] Der Securities Exchange Act geht im Gegensatz zum City Code nicht auf sie ein. Der Spielraum des board für solche Maßnahmen ist durchweg sehr viel größer als in Großbritannien. Eingeschränkt wird er lediglich durch dessen allgemeine Loyalitäts- und Sorgfalts-

---

114   Vgl. Hahn, D. (1990), S. 17.

115   Eine explizite Erlaubnis findet man im SEA nicht. Die Zulässigkeit folgt nach dem Grundsatz: „Was nicht verboten ist, ist erlaubt"; vgl. Knoll (1992), S. 88.

116   Vgl. Knoll (1992), S. 109/10.

117   Vgl. Knoll (1992), S. 259.

118   Vgl. Assmann/Bozenhardt (1988), S. 30.

pflicht, wie es die bereits erwähnte „business judgement rule" aus der Rechtsprechung zum Ausdruck bringt.[119]

### 3.3 Regelungen, die an bereits bestehenden Unternehmenszusammenschlüssen ansetzen

Das Augenmerk der US-amerikanischen Rechtsordnung scheint auf Bundesebene auf dem typischen Markt für Unternehmenskontrolle – also wie in der Bundesrepublik Deutschland auf Eigenfinanzierungstiteln – und – abweichend vom bundesdeutschen Regelungsansatz – auf der Entstehung von Unternehmenszusammenschlüssen zu liegen. Ein auch nur annähernd durchgängiges Regelungswerk, das an bereits bestehenden Unternehmenszusammenschlüssen wie dem Vertragskonzern oder der eingegliederten Gesellschaft ansetzt, sieht die amerikanische Rechtsordnung nicht vor.[120] Das Recht der Unternehmenszusammenschlüsse ist grundsätzlich von der commerce clause der Verfassung nicht abgedeckt, so daß gesellschaftsrechtliche Konzentrationsformen von Bundesstaat zu Bundesstaat unterschiedlich geregelt sind. Das Recht der einzelnen Bundesstaaten verlangt aktionärsschützende Maßnahmen wie die Zustimmung der Aktionäre zum Zusammenschluß oder eine unabhängige Bewertung des Unternehmens nur in einem einzigen Fall, dem der Fusion.[121] Nur im Bereich der Verschmelzung gibt es nämlich Mindestvorgaben durch den Revised Model Business Corporation Act.[122] Sie konzentrieren sich auf Begriffsbestimmungen und Abstimmungsverfahren. Ein **„merger"** entspricht der bundesdeutschen Fusion durch Aufnahme, die **„consolidation"** der Fusion durch Neubildung.[123] Die Aktionäre beider betroffenen Gesellschaften müssen dem Zusammenschluß zustimmen.[124] Die Fusion stellt also die einzige Regelung eines bestehenden Unternehmenszusammenschlusses dar, bei der es minderheitsaktionärsschützende Maßnahmen gibt. Der Mangel eines Regelungssystems zum Schutze von Minderheitsaktionären und der Mangel an Mindestvorgaben auf Bundesebene dokumentiert die geringe Bedeutung, die dem bestehenden Unternehmenszusammenschluß in der US-amerikanischen Rechtsordnung beigemessen wird. Das Augenmerk liegt auf der Entstehung des Zusammenschlusses.

---

119  Vgl. Gliederungspunkt 3.1 dieses Paragraphen.

120  Vgl. Knoll (1992), S. 291.

121  Vgl. Treumann/Peltzer/Kuehn (1990), S. 273.

122  Vgl. Hamilton (1991), S. 431 – 446 und Moye (1989), S. 346 – 354.

123  Hamilton (1991), S. 431.

124  Moye (1989), S. 349.

# 4    „Mergers & Acquisitions" – Die Philosophie des Handels von Unternehmen und bedeutenden Unternehmensteilen

Die schwerpunktmäßige Ausrichtung auf den laufenden Handel von Paketen des Eigenfinanzierungstitels Aktie kann man im angloamerikanischen Bereich nicht nur anhand der Rechtsordnung feststellen. Auch die betriebswirtschaftliche, speziell die bankbetriebliche Praxis hat sich unter dem Rubrum „mergers & acquisitions" auf den Handel von Unternehmen und bedeutenden Unternehmensteilen über Pakete des Eigenfinanzierungstitels Aktie spezialisiert und diverse Sonderformen eines solchen Handels entwickelt. Da die agents in Finanzierungsbeziehungen an einem Wechsel in der Struktur der principals oft gar nicht interessiert sind, hat sich unter gleicher Überschrift aber auch eine „Kultur" von Abwehrmaßnahmen gegen bedeutende Änderungen in der Inhaberstruktur des Eigenfinanzierungstitels Aktie entwickelt. Besondere Handelsformen und Abwehrmaßnahmen werden im folgenden dargestellt.[125]

## 4.1    Handel von Unternehmen und bedeutenden Unternehmensteilen

Unterscheidet man die Käufe von Unternehmen und bedeutenden Unternehmensteilen nach der Art der beteiligten Personen, so sind neben dem originären Kauf durch ein anderes Unternehmen (oder durch eine oder mehrere Privatpersonen) noch verschiedene **Sonderformen** zu unterscheiden:

Beim **Management Buy Out (MBO)** handelt es sich um den Kauf eines Unternehmens durch die bisher schon im Unternehmen tätigen Manager, d.h. durch den board bei einer amerikanischen corporation oder durch den Vorstand bei einer bundesdeutschen Aktiengesellschaft. Bei der Sonderform des **„spin-off"** gründen diese Manager ein neues Unternehmen durch Ausgliederung und Kauf von Betriebsteilen und Tochtergesellschaften.

Der **Management Buy In (MBI)** ist dagegen der Kauf eines Unternehmens durch das Management eines fremden Unternehmens oder durch ein sich eigens zu diesem Zweck konstituierendes Management.

Beim **Employee Stock Ownership Plan (ESOP)** handelt es sich schließlich um den Kauf eines Unternehmens durch seine eigene Belegschaft.

---

125   Die Ausführungen stellen eine eigenständige Überarbeitung eines begrifflich nicht immer konsistenten Literaturangebotes dar. Zur grundsätzlichen Überprüfung der Richtigkeit der Aussagen empfehlen sich Moschner (1988a), (1988b), (1988c), (1988d), (1989a), (1989b), (1989c) zu den Handelsformen, Cooke (1986) zu den Abwehrmaßnahmen und allgemein Bogenschütz (1990).

Grundsätzlich jeder Kauf eines Unternehmens oder eines bedeutenden Unternehmensteils, also auch in den drei genannten Sonderformen, kann ein Leveraged Buy Out sein. Unter einem **Leveraged Buy Out (LBO)** versteht man den Kauf eines Unternehmens oder bedeutenden Unternehmensteiles, wenn zur Finanzierung der Akquisition primär Fremdfinanzierungstitel und darüber hinaus nur sehr begrenzt Eigenfinanzierungstitel eingesetzt werden. Besichert werden die Fremdfinanzierungstitel mit Vermögensgegenständen des erworbenen Unternehmens. Die Zahlung von Zinsen und Tilgung erfolgt durch Zugriff auf die Zahlungsmittelüberschüsse der Zielgesellschaft, wobei die dadurch entstehende Zinsbelastung steuerlich absetzbar ist.[126] Vielfach wird beim Leveraged Buy Out versucht, durch geschickte Umstrukturierung, den Verkauf des Unternehmens in Teilen (sog. „asset stripping") oder Einbringen eigener Managementkapazitäten den Wert gegenüber der Ausgangssituation *schnell* zu steigern und diesen Wertzuwachs auch *schnell* durch Abstoßen der noch bestehenden Unternehmensreste zu realisieren. Die nur kurze Besitzabsicht unterscheidet den LBO dann von anderen Unternehmenskäufen und gibt ihm einen spekulativen Charakter.[127]

Nach der Einstellung des Managements des Zielunternehmens zu dem Unternehmenskauf unterscheidet man weiterhin **„friendly takeovers"** (das Management hat gegen den Kauf keine Einwände oder befürwortet ihn sogar) und **„hostile takeovers"** (das Management ist gegen diesen Kauf).

---

126 Vgl. Lutter/Wahlers (1989), S. 1/2. Die Autoren weisen darauf hin, daß ein LBO im strengen Sinne dieser Definition bei der bundesdeutschen Aktiengesellschaft höchstens in der aktienrechtlichen Konzentrationsform der Fusion, nicht aber als gewöhnlicher Kauf möglich ist (S. 9, 10, 12 und 13 unter Bezugnahme auf die §§ 71a (1) und 57 (1) AktG).

127 Als „das" Beispiel für einen Leveraged Buy Out gilt die abenteuerlich zu lesende Geschichte um den zwischen management und der amerikanischen investment bank Kohlberg, Kravis, Roberts & Co. entbrannten Kampf um den Keks- und Tabakkonzern RJR Nabisco. Am allerkurzweiligsten ist die Darstellung von Behrens (1990), S. 35 – 46. Eine sehr intensiv recherchierte Analyse haben dagegen Michel/Shaked (1991) vorgelegt. Hervorzuheben sind die folgenden Aspekte: 1) RJR war eine „cash cow"; anhand der Daten der Angebotsunterlage, die investment bank ihrem Übernahmeangebot am 6. Dezember 1988 beilegte, stellt sich RJR als ein breit diversifizierter Konzern mit gleichmäßigem Wachstum und geringem Finanzbedarf dar (vgl. Michel/Shaked (1991), S. 16). 2) Die investment bank verfolgte erfolgreich eine Strategie des „get them all": Es wurden sehr viele investment banks in das Übernahmekonsortium einbezogen. Verbleibende Bieter konnten so kaum noch auf andere erfahrene investment banks zurückgreifen (vgl. Michel/Shaked (1991), S. 23/24).

## 4.2 Abwehr des Handels von Unternehmen und bedeutenden Unternehmensteilen

Spätestens dann, wenn ein feindliches Übernahmeangebot virulent wird, dürfte sich das Management des Zielunternehmens nach geegneten Abwehrmaßnahmen umsehen. Auch hier kann der Finanzintermediär als Berater wertvolle Dienste leisten. Es folgt eine Auflistung der wichtigsten Grundtypen.[128] Sie lassen sich unterscheiden in Maßnahmen, die auch ohne das Vorliegen eines konkreten Übernahmedrohung bereits empfehlenswert sind („Allgemeine Maßnahmen") und solche, die erst als Reaktion auf ein konkret vorliegendes Übernahmeangebot in Frage kommen („Reaktionen").

### 4.3.1 Allgemeine Maßnahmen

Bei den **treasury shares (Eigene Aktien)** versucht das Zielunternehmen, dem Bieterunternehmen den Aufkauf beträchtlicher Aktienpakete zu erschweren, indem es seine eigenen Aktien aufkauft. Dieses in den USA weit verbreitete Instrument scheitert in Deutschland am Aktiengesetz.[129]

**Staggered-Board**-Bestimmungen sehen verschieden lange Bestelldauern oder unterschiedliche Enddaten der Bestellung der einzelnen Aufsichtsrats- und Vorstandsmitglieder der Anteilseignerseite vor, so daß zu einem bestimmten Hauptversammlungstermin niemals alle Mitglieder des board gleichzeitig zur Wiederwahl stehen.[130] Sie sind in Deutschland so gut wie unbekannt.[131] Sie bewirken, daß ein potentieller Bieter durch die große Zeitspanne abgeschreckt wird, die vergehen würde, bis die Mehrheit der Sitze in den Unternehmensorganen mit Vertretern des Bieters besetzt wäre.[132]

---

128 Diese Grundtypen sind in den USA stets anwendbar, weil die amerikanischen Gerichte unter Anwendung der besagten „business judgement rule" dem board einen äußerst weiten Ermessensspielraum bei Abwehrmaßnahmen zubilligen (vgl. Assmann/Bozenhardt (1988), S. 162). Aufgrund des „City Code" sind sie in Großbritannien während eines Übernahmeangebotes verboten (Cooke (1986), S. 237 – 246). Auf die Anwendbarkeit im deutschen Rechtsraum wird in den folgenden Fußnoten individuell eingegangen.

129 §§ 71 – 71e AktG; als Abwehrgrund könnte lediglich der „schwere Schaden" des § 71 (1) AktG in Frage kommen. Hierunter fallen aber Änderungen der Mehrheit in der Hauptversammlung, eine absehbare Konzernierung einer bis dahin unverbundenen Gesellschaft oder eine drohende Überfremdung der Gesellschaft gerade *nicht;* vgl. Hauschka/Roth (1988), S. 187.

130 Vgl. Ebenroth/Eyles (1988), S. 416.

131 Vgl. Peltzer (1991), S. 488.

132 Das deutsche Recht läßt eine solche Staffelung der Amtszeiten zu. Allein schon durch die gesetzlichen Bestimmungen zur Bestellung von Aufsichtsrat und Vorstand wird aber eine vollständige Neubesetzung der Organe einer Gesellschaft auf einen Schlag meist unmöglich sein; vgl. Hauschka/Roth (1988), S. 187/88; vgl. § 3 dieser Arbeit.

**Percupine Provisions** sind strengere als die gesetzlich geforderten Mehrheitsverhältnisse, die die Satzung vor die Durchführung einer Verschmelzung stellt.[133] Es muß aber darauf hingewiesen werden, daß auch ohne einen solchen Verlust der rechtlichen Selbständigkeit von mindestens einem der beteiligten Unternehmen eine Übernahme der Kontrolle möglich ist, was die Bedeutung dieser Abwehrmaßnahme ebenso wie der folgenden relativiert.[134]

**Fair-Price**-Regelungen sehen für eventuelle zukünftige Fusionen ein „angemesses" Entgelt für Minderheitsaktionäre vor, wenn sie ihre Anteile an den Bieter verkaufen.[135]

Bei **Poison Pills** handelt es sich um die Ausgabe von Finanzierungsinstrumenten, die mit bestimmten Vorzügen ausgestattet sind, in deren Genuß ein potentieller Bieter allerdings nicht kommen kann.[136]

aa) **Flip-Over-Bestimmungen** sind ein Bezugsrecht auf junge Aktien. Allen Aktionären außer einem eventuellen Mehrheitsaktionär wird das Recht eingeräumt, Aktien eines potentiellen Bieters günstig zu kaufen. Dies verteuert dem Bieter die Übernahme.[137]

bb) **Stimmrechtsbestimmungen** wie etwa Höchststimmrechte begünstigen Altaktionäre durch Gewährung von Stimmrechten, die Bietern nicht zugesprochen werden.[138] **Mehrstimmrechtsaktien,** die im angelsächsischen Raum als eine

---

133  Soll eine Fusion bei einer bundesdeutschen Aktiengesellschaft erschwert werden, so kann die Satzung eine solche Bestimmung durchaus vorsehen; vgl. hierzu auch § 3 dieser Arbeit; § 340c (2) S. 2 AktG; vgl. Hauschka/Roth (1988), S. 188/89.

134  Vgl. auch hierzu § 3 dieser Arbeit.

135  Derartige Regelungen erübrigen sich für eine bundesdeutsche Aktiengesellschaft. Aufgrund der §§ 340 (2) Nr. 3 und 340b (4) AktG müssen das Umtauschverhältnis der Aktien und eine eventuelle bare Zuzahlung bei der Fusion durch einen Sachverständigen überprüft werden. Auch kann jeder Aktionär einer übergebenden Gesellschaft gesetzliche Überprüfung nach den §§ 352a und 306 AktG verlangen. Ferner geben die §§ 349 und 351 AktG einen Schadensersatzanspruch gegen die Organe der fusionierenden Gesellschaft; vgl. Hauschka/Roth (1988), S. 189.

136  Vgl. Knoll (1992), S. 281.

137  Vgl. Hauschka/Roth (1988), S. 188; § 53a AktG verbietet eine solche Ungleichbehandlung von Aktionären in Deutschland; vgl. Peltzer (1988) S. 73/4; für den konkreten Fall der Fusion wird die Umtauschrelation darüber hinaus von zwingenden gesetzlichen Regelungen und gerichtlichen Kontrollmöglichkeiten determiniert (vgl. ebda.).

138  Dies ist in Deutschland in der Form des Höchststimmrechtes grundsätzlich zulässig; § 134 (1) S. 2 AktG; beim Höchststimmrecht ist die Stimmkraft ab einer bestimmten Beteiligungsquote niedriger als die Kapitalbeteiligung; vgl. Zöllner (1985), § 134, Rn. 1 und 24; allerdings müssen die Kriterien für alle Aktionäre gelten, die gezielte Benachteiligung bestimmter Aktionäre ist unzulässig; § 134 (1), S. 5 AktG; vgl. Hauschka/Roth (1988), S. 190; die Stimmrechtsbeschrän-

weitere Stimmrechtsbestimmung sehr beliebt sind, scheitern in Deutschland meist an aktienrechtlichen Bestimmungen.[139]

cc)  Bei **Bezugsrechtsbestimmungen ("Flip-In-Bestimmungen")** handelt es sich gegenüber „Flip-Over-Bestimmungen" um den Ausschluß des Bezugsrechtes für eine bestimmte Aktionärsgruppe. Mehrheitsaktionären steht bei Kapitalerhöhungen kein Bezugsrecht zu, so daß sie ihre Mehrheitsposition nur kostspielig aufrecht erhalten können.[140]

Beim **Golden Parachute** läßt sich das Management des Zielunternehmens für den Fall einer Kündigung prohibitiv hohe Abfindungen zusichern.[141]

### 4.3.2  Reaktionen

In Frage kommt beispielsweise bei einer konkreten Übernahmedrohung die **Inanspruchnahme von kartellrechtlichen Vorschriften oder deren Androhung:** Dem Bieter und der Öffentlichkeit wird vom Zielunternehmen zu verstehen gegeben, daß man den beabsichtigten Kauf für wettbewerbspolitisch bedenklich hält und willens ist, die zuständigen Kartellbehörden hierauf aufmerksam zu machen. Dies ist in den USA möglich und gängige Praxis.[142] [143]

---

kung gilt ferner nicht, wenn das Gesetz eine Kapitalmehrheit vorschreibt, was bei Kapitalerhöhungen und Fusionen beispielsweise der Fall ist (ebda.).

139   § 12 AktG.

140   In Deutschland kann das Bezugsrecht der Altaktionäre gemäß § 186 AktG mit einer Mehrheit von drei Vierteln des vertretenen Grundkapitals ausgeschlossen werden. Der Ausschluß des Bezugsrechts muß aber sachlich gerechtfertigt sein. Sollte ein Übernehmer das Ziel verfolgen, wichtige Teile des Zielunternehmens umgehend zu veräußern, so würde das einen Bezugsrechtsausschluß rechtfertigen (vgl. Hauschka/Roth (1988), S. 291). Um dem Vorstand von vorneherein die Möglichkeit schnellen Handelns offenzuhalten, sollte aber eher über den Bezugsrechtsausschluß im Rahmen des Genehmigten Kapitals (§§ 202 ff.) nachgedacht werden (ebda.).

141   Derartige Abfindungen mit Sanktionscharakter sind nach deutschem Recht nicht möglich. Bei der rechtlichen Argumentation muß hierbei nach dem jeweiligen Unternehmensorgan unterschieden werden: Die Vergütung des Aufsichtsrates regelt die Satzung oder beschließt die Hauptversammlung mit einfacher Stimmenmehrheit (§ 113 AktG). Weder alte noch neue Aktionäre – insbesondere also keine Übernehmer – brauchen einer Regelung zuzustimmen, die den Aufsichtsrat zu lasten des Unternehmens begünstigt. Die Bezüge der Vorstandsmitglieder wiederum setzt der Aufsichtsrat fest. Hierbei hat er nach dem Grundsatz der Angemessenheit zu verfahren. Unangemessene Bezüge machen ihn nach § 116 AktG i.V.m. § 93 AktG schadensersatzpflichtig; nach § 93 (2) AktG kann sich die Pflicht zum Schadensersatz auch auf den begünstigten Vorstand erstrecken; vgl. Hauschka/Roth (1988), S. 192.

142   Caytas/Mahari (1988), S. 326.

**Crown Jewels** sind bestimmte für den Bieter besonders interessante Unternehmensteile. Sie werden veräußert oder ihre Veräußerung wird angedroht. Der verbleibende Unternehmenstorso ist dann – so jedenfalls hofft es das Management des Zielunternehmens – für den Bieter nicht mehr interessant.[144] Die manager einer Kapitalgesellschaft sind Treuhänder fremden Vermögens. Wenn sie dieses Vermögen sehr rentierlich anlegen, so besteht offensichtlich die Gefahr, daß Dritte auf es zugreifen wollen. Die Abwehrmaßnahme der „crown jewels" verdeutlicht, daß ein solcher Treuhänder bisweilen fremdes Vermögen wenig rentierlich investieren muß, um Treuhänder bleiben zu können.

Beim **Management Buy Out (MBO)** kauft ein Management sein eigenes Unternehmen. Dies kann auch geschehen, um einem potentiellen Bieter zuvorzukommen.[145]

Der **White Knight** ist ein anderer, dem Management des Zielunternehmens genehmerer Bieter. Der „weiße Ritter" wird gebeten, ein im Sinne des managements des Zielunternehmens günstigeres Gegenangebot zu machen, um eine Übernahme durch einen feindlichen Bieter zu verhindern.[146]

**Pac Man:** Das Management des Zielunternehmens droht an oder geht dazu über, seinerseits dem Bieterunternehmen ein unfreundliches Übernahmeangebot zu machen und dieses seinerseits aufzukaufen.[147]

---

143  Auch in Deutschland ist diese Abwehrmaßnahme uneingeschränkt zulässig. Nach § 98 (2) GWB unterliegen alle kartellrechtlich relevanten Sachverhalte dem Gesetz gegen Wettbewerbsbeschränkungen (man beachte aber bezüglich des Kartellverbots die „Bereichsausnahme" für Kreditinstitute des § 102 GWB). Das Amtsverfahren erfolgt indes nach dem **Opportunitätsprinzip**, ein Antragsrecht Dritter besteht nicht (vgl. von Gamm (1990), § 24 GWB, Rn. 25).

144  Einzelne Vermögensteile bis hin zu ganzen Betriebsabteilungen können in Deutschland vom Vorstand ohne Zustimmung von Aufsichtsrat und Hauptversammlung veräußert werden. Nach der **„Holzmüller"-Entscheidung** des Bundesgerichtshofes erfordert jedoch die Ausgliederung des betriebswichtigsten Teils die Zustimmung der Hauptversammlung mit einfacher Mehrheit; vgl. Hauschka/Roth (1988), S. 191; anders verhält es sich bei einem völligen Verkauf des Unternehmensvermögens, der stets der Zustimmung der Hauptversammlung mit drei Vierteln des vertretenen Grundkapitals bedarf; § 361 AktG.

145  Eine auch in Deutschland mögliche Abwehrmaßnahme.

146  Dto.

147  In Zusammenhang mit dieser Abwehrmaßnahme ist für den deutschen Rechtskreis auf die Bedeutung der Reihenfolge des Erwerbs von Unternehmensanteilen hingewiesen worden (vgl. Hauschka/Roth (1988), S. 194 unter Bezugnahme auf die §§ 19, 20 21 und 328 AktG); hier muß jedoch darauf hingewiesen werden, daß § 71d AktG die Entstehung wechselseitiger Beteiligungen unmöglich macht, die jenseits der wirtschaftlich bedeutenden 50%-Grenze liegen, die im Regelfall erst den Zugang zu den Unternehmensorganen Aufsichtsrat und Vorstand eröffnet (vgl. Koppensteiner (1988), § 71d, Rn. 11).

### 4.3.3   Die Rolle der Finanzintermediäre

Im angloamerikanischen Trennbankensystem[148] spielen bestimmte Finanzintermediäre im Bereich des „mergers & acquisitions" eine herausragende Rolle. Die Finanzintermediäre helfen bei der Suche nach geeigneten Unternehmen, beispielsweise wenn Bedarf an einer Erweiterung der Organisation, an Sicherung der Zulieferer- oder der Absatzmärkte besteht. Sie betätigen sich auf dem Gebiet der Unternehmensbewertung, um Käufer und Verkäufer Orientierungsgrößen bei der vertraglichen Festlegung des Kaufpreises zu geben. Sie sichern die Finanzierung eines Kaufes von Unternehmen und bedeutenden Unternehmensteilen, etwa durch Absatz von Wertpapieren. Sie beraten konkret über die Ausgestaltung eines Kaufes von Unternehmen und bedeutenden Unternehmensteilen, etwa bei der Frage, ob ein solcher Kauf „highly leveraged" durchgeführt werden soll. Sie beraten das management der Zielgesellschaft hinsichtlich möglicher Abwehrmaßnahmen. Als Verwalter oder Berater von Investmentfonds betrachten sie Käufe von Unternehmen und bedeutenden Unternehmensteilen unter *eigenen* Renditeüberlegungen. Solche Finanzintermediäre sind in Großbritannien die merchant banks und in den USA die investment banks.[149] Auf sie wird nach einer theoretischen Fundierung in § 9 dieser Arbeit aus aufsichtsrechtlichen Aspekten detailliert eingegangen, wobei ihr Verhalten am typischen Markt für Unternehmenskontrolle unter der Überschrift „mergers & acquisition" im Zentrum der Betrachtung steht.

---

148   Vgl. hierzu § 9 der vorliegenden Arbeit.

149   Im deutschen Schrifttum sind diese Dienstleistungen von angloamerikanischen Finanzintermediären bisher wenig dokumentiert. Für den britischen Bereich hat unlängst (1993) Herr cand. rer. pol. Andreas Heinrichs mit seiner Diplomarbeit „Die Rolle von Finanzintermediären bei öffentlichen Übernahmeangeboten am Beispiel der englischen merchant banks: Institutionelle Regelungen und ökonomische Analyse" einen eigenständig recherchierten Beitrag vorgelegt; vgl. Auch Moschner (1988b).

# § 7 Finanzintermediation in idealtypischer Betrachtung

## 1 Definitionen

### 1.1 Finanzintermediäre

Bei den bisherigen Ausführungen über Finanzierungsverträge, Finanzierungstitel und deren Märkte wurde stets angenommen, daß die Austauschbeziehung zwischen Zahlungsmittelempfänger und Zahlungsmittelgeber *unmittelbar* erfolgt, also ohne Zwischenschaltung von Finanzierungsinstitutionen.

Nun können die Vorstellungen eines potentiellen Zahlungsmittelgebers und eines potentiellen Zahlungsmittelempfängers von einem wünschenswerten Finanzierungs-vertrag jedoch in mancher Hinsicht auseinanderklaffen. So müssen die beiden potentiellen Vertragspartner hinsichtlich des dem Finanzierungsvertrag zugrunde zu legenden Zahlungsmittelbetrages nicht übereinstimmen. Man spricht von einem „Los-größenproblem".[1] Selbst bei betragsmäßiger Übereinstimmung ihrer Vorstellung von einem wünschenswerten Finanzierungsvertrag „ist es möglich, daß die Vorstellungen der beiden Parteien über die Dauer des beabsichtigten Finanzkontraktes divergieren".[2] Man spricht dann von einem „Fristenproblem". Ob der Finanzierungsvertrag zu-stande kommt, wird aber auch davon abhängen, ob der potentielle Zahlungsmittelgeber bereit ist, die Risiken auf sich zu nehmen, mit denen die zukünftige Rückzahlung der vertraglich vereinbarten Beträge behaftet ist.[3] Dies bezeichnet man häufig als „Risikoproblem" der Finanzierungsbeziehung.[4] Schließlich müssen der potentielle Zahlungsmittelgeber und der potentielle Zahlungsmittelempfänger aber auch Kenntnis von der Existenz eines zumindest annähernd geeigneten Partners für einen Finanzie-rungsvertrag erlangen. In der Sprache der Neueren Finanzierungstheorie bezeichnet man dies als „Informationsproblem" der Finanzierungsbeziehung.[5]

Gleichwohl kann man in der Realität beobachten, daß – diesen vier Problemen zum Trotz – dennoch Finanzierungsbeziehungen zustande kommen. In vielen Fällen scheint dies dadurch ermöglicht zu werden, daß die Finanzierungsbeziehungen nicht unmit-telbar, sondern *mittelbar* unter Zwischenschaltung einer **Institution**, des Finanzinter-mediärs, zum Fluß von Zahlungsmitteln und Finanzierungstiteln führen. Die Probleme

---

1   Bitz (1989a), S. 433.

2   Bitz (1989a), S. 433.

3   Es wurde bereits in den Gliederungspunkten 1.1 und 1.2.3 in § 3 dieser Arbeit der Vorschlag gemacht, dieses Risiko, mit dem die Rückzahlung behaftet ist, gedanklich in ein „techno-logisches Risiko" und verschiedene „Informationsrisiken" zu zerlegen.

4   Bitz (1989a), S. 433.

5   Ebda.

aller vier Kategorien können durch die Existenz von Finanzintermediären reduziert werden.[6]

So nehmen Finanzintermediäre innerhalb bestimmter Grenzen beliebige Zahlungsmittelbeträge an und stellen gleichzeitig innerhalb bestimmter Grenzen beliebige
Zahlungsmittelbeträge bereit. Sie federn damit das Losgrößenproblem ab, indem sie
**Losgrößentransformation** betreiben.[7] Auch halten sich Finanzintermediäre bereit, in
den Finanzierungsverträgen mit den originären Zahlungsmittelgebern andere Fristen
zugrunde zu legen als in den Finanzierungsverträgen mit den originären Zahlungsmittelempfängern: Sie vollziehen eine **Fristentransformation.**[8] Durch den Eintritt
eines Finanzintermediärs zwischen originäre Zahlungsmittelgeber und Zahlungsmittelempfänger kann aber auch das Risiko reduziert werden, daß die vertraglich vorgesehenen Rückzahlungsbeträge teilweise oder vollständig ausbleiben **(technologisches
Risiko)** ebenso wie das Risiko, über die stochastischen Charakteristika dieser Rückzahlungsbeträge unzureichend informiert zu sein **(Informationsrisiko).** Der Finanzintermediär bewirkt dann eine **Risikotransformation.**[9] Schließlich ersparen Finanzintermediäre, die mit einer Vielzahl von Geldgebern und -nehmern Geschäfte
abschließen, beiden Seiten die individuelle Suche nach geeigneten Marktpartnern. Es
kommt zu einer **Informationsbedarfstransformation.**[10] Unter Berücksichtigung
dieser Transformationspotentiale für Finanzierungsverträge innerhalb einer Institution
ergibt sich die folgende Definition:

---

**Definition 8**

Ein **Finanzintermediär** ist eine Institution, die mit originären Zahlungsmittelgebern Finanzierungsverträge abschließt und die derart erhaltenen Zahlungsmittel
zum Abschluß von Finanzierungsverträgen mit originären Zahlungsmittelempfängern benutzt. Die Finanzierungsverträge mit den originären Zahlungsmittelempfängern und die mit den originären Zahlungsmittelgebern unterscheiden sich
systematisch hinsichtlich der vertraglich festgelegten Fristen, Beträge sowie der
daraus resultierenden Risiken.

---

6   Vgl. ebda.

7   Ähnlich: Bitz (1989a), S. 433.

8   Vgl. ebda.

9   Etwas anders Bitz (1989a), S. 433/4, der diese Transformationen des Informationsrisikos nicht
    der Risikotransformation, sondern der Informationsbedarfstransformation zuordnen würde.

10  Vgl. Bitz (1989a), S. 433.

## 1.2 Hausbankbeziehung

Häufig zu beobachten ist weiterhin, daß die Finanzierungsbeziehung zwischen originären Zahlungsmittelempfängern und Finanzintermediären bestimmte zusätzliche Charakteristika aufweist.

Originäre Zahlungsmittelempfänger wickeln oft den größten Teil ihrer Finanzierungsgeschäfte oder sogar ihr komplettes Finanzierungsgeschäft mit einem einzigen Finanzintermediär (realtypisch betrachtet: mit einer einzigen Bank) ab.[11] Dieser Finanzintermediär wird oftmals im Zeitablauf auch nicht gewechselt, es handelt sich dann also um eine langfristige Finanzierungsbeziehung.[12] Diese Intensität und Konstanz der Finanzierungsbeziehung bewirkt hier ein besonderes Vertrauensverhältnis. Der Informationsstand des Finanzintermediärs bezüglich des originären Zahlungsmittelempfängers ist hoch.[13] Da sich seit dem 19. Jahrhundert für solche besonderen Finanzierungsbeziehungen ein bestimmter Sprachgebrauch herauskristallisiert hat[14], erscheint die folgende Definition sinnvoll:

---

**Definition 9**

Unter einer **Hausbankverbindung** soll im folgenden eine Finanzierungsbeziehung zwischen einem originären Zahlungsmittelempfänger und einem Finanzintermediär verstanden werden, sofern der originäre Zahlungsmittelempfänger über diesen einen Finanzintermediär wenigstens den größten Teil seiner Bankgeschäfte abwickelt und diesen Finanzintermediär über einen längeren Zeitraum nicht wechselt.

---

11  Vgl. Süchting (1987), S. 8.
12  Vgl. Juncker (1985), S. 97 sowie Süchting (1987), S. 8.
13  Vgl. Süchting (1987), S. 8 sowie Beiharz (1990).
14  Vgl. hierzu den sich in § 8 dieser Arbeit anschließenden historischen Exkurs.

## 2    Abriß der Theorie der Finanzintermediation

Annähernd zeitgleich mit der Vorlage der Studien der zweiten historischen Schule[15] hat ein theoretisches Interesse an dem Phänomen der Bindung zwischen „Hausbanken" und Industrie eingesetzt, das bis heute nicht nachgelassen hat.[16] Hier soll nicht der Versuch unternommen werden, einen vollständigen Überblick über die bisherigen Entwicklungen in der Theorie der Finanzintermediation und der Hausbankbeziehung zu geben.[17] Vielmehr soll eine bestimmte Richtung innerhalb der Theorie der Finanzintermediation skizziert werden, in deren Tradition das unter Gliederungspunkt 3 dieses Paragraphen präsentierte Modell steht. Gemäß Fragestellung 2 aus § 1 dieser Arbeit wird auch von diesen Ansätzen untersucht, warum es Finanzintermediäre geben kann. Welche Leistungen können Finanzintermediäre wie Banken gewinnbringend anbieten, die Individuen an Märkten so nicht anbieten können?

Zu ihrer Beantwortung ist früh auf die Risikotransformationsfunktion der Finanzintermediäre hingewiesen worden.[18] Arnold hat eben diese Funktion untersucht, die Finanzintermediäre in die Lage versetzen soll, „Quanten an Chancen und Risiken zu produzieren, die jedem Geldgeber eine seiner Risikoeinstellung entsprechende Partizipation an der Realinvestition" ermöglichen.[19] Die Frage, warum Institutionen und nicht Individuen an Märkten durch geeignete Diversifizierung ihres Bestandes an Finanzierungstiteln diese Risikotransformation vornehmen, wurde von Arnold wie von verschiedenen anderen Autoren[20] zum damaligen Zeitpunkt noch ohne Bezug zum Forschungsleitbild der Neueren Finanzierungstheorie, also ohne Integration von Informationsasymmetrien in Finanzierungsbeziehungen behandelt. Für viele Personen soll demzufolge das eigene Vermögen zu klein oder sollen die angebotenen Parten zu groß sein, als daß sie innerhalb ihres Vermögens eine ausreichende Diversifizierung vornehmen könnten.[21] **Transaktionskosten** und Ganzzahligkeitsprobleme dürften in dieser Theoriewelt also an der Wiege der Institution des Finanzintermediärs stehen.

---

15  Vgl. hierzu den historischen Exkurs in § 8 dieser Arbeit.

16  Vgl. Hilferding (1910) und alle in diesem Gliederungspunkt genannten Autoren.

17  Vgl. für einen solchen Scholtens (1993).

18  Bei Jeidels (1905) ist entfernt das schwache Gesetz der großen Zahlen (S. 55) und das Prinzip der Risikoverteilung erkennbar (S. 122); auch Riesser (1912) scheint Vorteile durch Risikodiversifikation zu identifizieren; Arnold (1976) verweist auf Macleod, der bereits 1892/3 relevante Beiträge geleistet haben soll.

19  Arnold (1964), S. 6; vgl. auch Arnold (1976).

20  Z.B. Apfelthaler (1939), Stützel (1964), Brainard/Tobin (1967).

21  Vgl. Arnold (1964), S. 90.

Über denkbare Erscheinungsformen solcher Transaktionskosten hat es eine intensive Diskussion gegeben. Dabei wurde bereits früh darauf hingewiesen, daß die **Informationsasymmetrie** in Finanzierungsbeziehungen einerseits und Transaktionskosten andererseits keine schnittmengenfreie Einteilung möglicher Erklärungsansätze für das Phänomen der Finanzintermediation sein müssen.[22] Muß in einer Finanzierungsbeziehung etwa wegen Informationsasymmetrien an die Bestellung von Sicherheiten gedacht werden, die ihrerseits Transaktionskosten verursachen, so kann die Höhe solcher Sicherheiten die Kosten der Beschaffung von Zahlungsmitteln beeinflussen.[23] Ebenso kann der Handel von Finanzierungsverträgen behindert sein und Transaktionskosten verursachen, weil der potentielle Käufer einen schlechteren Informationsstand hat als der potentielle Verkäufer.[24]

Informationsasymmetrien können durch verschiedenartigste Handlungen der Informationsbeschaffung abgeschwächt werden.

(1) Einerseits kann ein Finanzintermediär den Zahlungsmittelempfänger lediglich *überwachen,*

(2) andererseits aber auch sein Verhalten aktiv *beeinflussen.*

Überwachung und Beeinflussung sind die beiden möglichen Übersetzungen des englischen Wortes „**monitoring**". Es ist zur Bezeichnung einer eigenen Richtung innerhalb der Theorie der Finanzintermediation geworden.

Bei einer derart breit angelegten Auffassung von Informationsgewinnung durch Finanzintermediäre[25] wie im zugehörigen monitoring-Ansatz scheinen bei der Idee, daß die Informationsgewinnung bei Finanzintermediären zentralisiert werden könnte, um sie besonders effizient zu gestalten, viele Autoren Pate gestanden zu haben.[26][27] In

---

22  Z.B. Alchian/Demsetz (1972) ohne direkten Bezug auf die Finanzintermediation; vgl. Benston/Smith (1976); Leland/Pyle (1977) sowie Campbell/Kracaw (1980).

23  Vgl. Benston/Smith (1976), S. 221.

24  Vgl. Leland/Pyle (1977), S. 382 – 384.

25  Für eine solch breite Interpretation spricht sich z.B. auch Hellwig (1990) aus: „‚monitoring' ought to be understood in a broad sense as any form of collecting information about a firm" (S. 11).

26  „Aus diesen Interessen (dem Interesse an der richtigen Verwendung des Kredits, DK) entspringt das Bestreben, die Aktiengesellschaften, an denen sie interessiert sind, dauernd zu überwachen, was am besten durch die Vertretung im Aufsichtsrat geschehen kann" (Hilferding (1910), S. 144). „It should be observed how important it is ... that the banker should know, and be able to judge, what his credit is used for ... the banker must not only know what the transaction is which he is asked to finance and how it is likely to turn out, but he must also know the customer, his business, and even his private habits, and get, by frequently ‚talking things over with him' a clear picture of his situation" (Schumpeter (1939), S. 116). „Die Banken müssen sich bei jeder Kreditgewährung zuvor eine genaue und vollständige Kenntnis ... beschaffen, um mit Sicherheit urteilen zu können, ob der Kreditwerber kreditwürdig und zahlungsfähig ist ... Eines der

modelltheoretisch geschlossener Form wurde eine Formulierung von Diamond (1984) präsentiert.[28] Die Auffassung von Finanzintermediären als Institutionen, die Informationen für eine Gemeinschaft von Inhabern von Finanzierungstiteln gewinnen, könnte ein Schlüsselbaustein bei der Beantwortung der Frage sein, welche Funktion Finanzintermediäre haben.

Diese Frage wurde schon von Hilferding (1910) aufgeworfen und eher mit Postulaten als modelltheoretisch beantwortet. Für Hilferding ergibt sich aus einer Kreditabhängigkeit der Industrie (einer „Kapitalknappheit") eine Herrschaft der Banken über die Industrie.

Ganz ähnlich ist das Argument bei Gerschenkron (1962), der Länder wie Deutschland und Rußland in der take-off-Phase mit drückender Kapitalknappheit konfrontiert sieht, weshalb sie zu Finanzintermediären (im deutschen Fall) oder staatlicher Hilfe (im russischen Fall) greifen müssen. Diese Institutionen lenken dann das knappe „Kapital" in Schlüsselbereiche höchster Rentabilität.

Ein Unterschied zwischen den Argumentationsweisen von Hilferding und Gerschenkron liegt lediglich darin, daß bei Gerschenkron die Kreditabhängigkeit der Industrie als auslösendes Glied der Wirkungskette nicht aus marxistischen und damit zwangsläufigen Entwicklungstendenzen der Wirtschaft wie bei Hilferding entspringt, sondern lediglich aus *vorübergehenden* Verwerfungen in Entwicklungsprozessen bestimmter

---

wichtigsten Mittel, strukturelle Risiken zu bekämpfen und konjunkturelle Risiken anzuzeigen, ist die Kontrolle" (Apfelthaler (1939), S. 60 und 134).

27   Zu einer solchen Informationsgewinnung werden Finanzintermediäre heute auch durch gesetzliche Vorschriften verpflichtet; vgl. z.B. § 18 KWG.

28   Diamonds Modell ist statisch. Dies hat zur Entwicklung einer dynamisch angelegten Gegenrichtung geführt. Mayer (1988) hatte die Existenz von Finanzintermediären mit einem sogenannten „time inconsistency problem" in Verbindung gebracht. Ein Unternehmen, das in ein langfristiges Investitionsprojekt investiert hat, ist später in einer schwachen Verhandlungsposition, wenn es zur Überbrückung von vorübergehenden Verlusten eine Zwischenfinanzierung aushandeln muß. Um dem potentiellen Kreditnehmer hiervor die Angst zu nehmen, wäre es für eine Bank ex ante optimal, sich auf einen langfristigen Finanzierungsvertrag festzulegen. Umgekehrt wird ein Unternehmen in der Krise bereit sein, Sanierungskredite mit einem langfristigen Finanzierungsarrangement mit dem Sanierer zu verbinden. Dies nimmt dem Finanzintermediär die Angst, das Unternehmen könnte, wenn es aus der Krise heraus ist, aus einer dann wieder starken Verhandlungsposition zu einem günstigeren Finanzintermediär wechseln, der keine Anfangsverluste einzukalkulieren hätte (S. 1178/9). Die Argumentation scheint mir indes nur eine für langfristige Finanzierungsverträge sinnvoll und nicht für die Institution Bank zu sein. Dies gilt auch für die in Mayers **„commitment"**-Tradition stehende Arbeit von Fischer, K. (1990). Nach Hellwig (1990) unterscheidet sich der commitment-Ansatz vom monitoring-Ansatz dadurch, daß „bindende Verträge", die alle zukünftigen Handlungsweisen vollkommen spezifizieren, nicht mehr möglich sind (S. 17). Auch dies scheint mir in die Irre zu gehen. Wie in Gliederungspunkt 3 dieses Paragraphen dargestellt wird, kann im Diamond-Modell eben nicht vertraglich erzwungen werden, daß der Kreditnehmer die Wahrheit über seine erwirtschafteten Überschüsse enthüllt.

Länder im 19. Jahrhundert.[29][30] Schon bei Hilferding ist die Beziehung zwischen Bank und Industrieunternehmen durch Langfristigkeit und hohes Einflußpotential der Banken gekennzeichnet.[31] Diese Langfristigkeit, die einer der Definitionsbestandteile der „Hausbankbeziehung" ist, resultiert dabei aus einer Illiquidität der Finanzierungstitel.[32] Diesen Erklärungsansatz für Hausbankbeziehungen könnte man mit der Bezeichnung **„Illiquiditätshypothese"** schlagwortartig umreißen.[33]

Im folgenden Gliederungspunkt wird nun eine überarbeitete Version des Modells von Diamond (1984) präsentiert. Die „Überarbeitung" bezieht sich zunächst auf eine inhaltliche Ausformulierung des äußerst knapp gehaltenen Originaltextes und eine kritische Diskussion des Prämissenkranzes. Das Modell von Diamond ist für die in dieser Arbeit angestrebte idealtypische Analyse aus zweierlei Gründen attraktiv. Einerseits erklärt das Modell von Diamond die Institution des Finanzintermediärs aus einer speziellen Informationsasymmetrie in der Finanzierungsbeziehung. Andererseits kann über das Modell vor allem in der in Gliederungspunkt 3.4 präsentierten erweiterten Fassung ein Bezug zu der Hilferdingschen Beobachtung geschaffen werden, daß die Illiquidität von Finanzierungstiteln der Beziehung zwischen Intermediär und Unternehmen die Qualität einer Hausbankbeziehung gibt. Die dynamische Modellerweiterung gibt Anhaltspunkte, warum Finanzintermediäre mit vertraglichen Nebenabsprachen die Illiquidität der Finanzierungstitel verstärken und verlängern. Sie bildet damit die theoretische Basis für ein Verständnis der in den §§ 8 und 9 beschriebenen, realtypischen Implementierung von vertraglichen Nebenabsprachen durch bundesdeutsche und US-amerikanische Banken.

---

29  Hilferding (1910) und Gerschenkron (1962) in der Interpretation von Wellhöner (1989), S. 67/8.

30  Das Argument von Gerschenkron, das dem Finanzintermediär eine fördernde Rolle in Entwicklungsprozessen zubilligt, ist nicht unerwidert geblieben. Neuburger/Stokes (1974) glauben, empirisch bestätigt zu haben, daß die Finanzintermediäre durch einseitige Bevorzugung bestimmter Branchen eher Fehlallokationen bewirkt haben (S. 711, 715 und 730); ähnlicher Standpunkt bei Tilly (1986), S. 150.

31  Vgl. Hilferding (1910), S. 103/4.

32  „Die Verpflichtung läßt sich dann erst nach längerer Zeit lösen. Das Unternehmen bleibt an die Bank gebunden" (Hilferding (1910), S. 104).

33  Sie steht im Gegensatz zu einer anderen Erklärung der Hausbankbeziehung, die man unter das Schlagwort **„Sanierungshypothese"** fassen könnte. Mayer (1988) und Fischer, K. (1990) (vgl. Fn. 28 dieses Paragraphen) erklären eine vertragliche Bindung zwischen Finanzintermediär und Industrieunternehmen vor allem aus krisenhaften Zuspitzungen beim Unternehmen.

## 3    Ein Modell

Um das Modell von Diamond (1984) einer breiten Öffentlichkeit zugänglich zu
machen und gleichzeitig die Grenzen des Aussagegehaltes und die Bedeutung des
Prämissenkranzes zu verdeutlichen, vollzieht sich die Präsentation in drei Schritten.
Zunächst erfolgt in Gliederungspunkt 3.1 eine kritische Diskussion des Prämissenkranzes des Grundmodells. Sodann wird in Gliederungspunkt 3.2 die Mechanik der
Ableitung von Modellaussagen aus diesem Prämissenkranz dargestellt. Hierzu war es
in erheblichen Ausmaß nötig, Zwischenschritte zu interpolieren, wie sie vermutlich
von Diamond gemacht, in der Originalquelle jedoch nicht ausgewiesen wurden.[34] In
Gliederungspunkt 3.3 werden die Kernaussagen des Modells in einer Form präsentiert,
die bereits den Übergang zur dynamischen Erweiterung des Modells in Gliederungspunkt 3.4 vorbereitet. Die Kernaussagen des erweiterten Modells in Gliederungspunkt
3.5 schaffen dann die Basis für ein Verständnis der in den §§ 8 und 9 dieser Arbeit
dargestellten vertraglichen Nebenabsprachen, wie sie bundesdeutsche und US-amerikanische Banken implementieren.

### 3.1    Prämissenkranz des Grundmodells

• Betrachtet wird ein **statisches**, also einperiodiges Modell mit den Zeitpunkten $t = 0$
   und $t = 1$. Es gibt zwei Gruppen von Unternehmern, deren jeweiliger Typ
   öffentlich bekannt ist:  $i = 1$, (1) ... $N$ [35] Unternehmer sind „jung". Über diese
   jungen Kreditnehmer weiß ein potentieller Kreditgeber wenig, die Informationsasymmetrie würde in einer Finanzierungsbeziehung mit ihnen hoch sein. $i = N+1$,
   (1) ... $U$ Unternehmer sind dagegen „alt". Über sie wissen potentielle Kreditgeber
   viel, die Informationsasymmetrie würde in einer Finanzierungsbeziehung mit
   ihnen verschwindend gering sein.[36] Die Unternehmer verfügen über keinerlei

---

34  Auf eine ausführliche Belegtechnik wird in den Gliederungspunkten 3.1 bis 3.3 dieses Para-
     graphen verzichtet, da die Bezugnahme auf Diamond (1984) offensichtlich oder wenigstens leicht
     rekonstruierbar ist. Aus drucktechnischen Gründen wurden einige Symbole abgeändert. So wurde
     zum Beispiel $y$ zu $n$.

35  Der Laufindex $i$ läuft also in Einerschritten von 1 bis $N$.

36  Diese Annahme kann man mit zwei Argumenten plausibel machen: a) An alte Unternehmen ist
     bereits häufig Kredit vergeben worden, so daß sich ein **Erfahrungsschatz** bezüglich ihrer
     Zahlungsfähigkeit und Zahlungswilligkeit gebildet hat; b) Unternehmen erfüllen mit fort-
     schreitendem Unternehmenslebenszyklus höhere **gesetzliche Informationserfordernisse**: i) Die
     Unternehmen wachsen in die Rechtsformen der Kapitalgesellschaft und in die Größenkriterien
     des § 267 (2) und (3) HGB für mittelgroße und große Kapitalgesellschaften hinein. Deshalb sind
     sie nach § 316 (2) HGB verpflichtet, ihren Jahresabschluß und ihren Lagebericht durch einen
     Abschlußprüfer prüfen zu lassen; aus eben diesen Gründen werden sie zur Offenlegung ihres
     Jahresabschlusses nach § 325 HGB verpflichtet und können die größenabhängigen Erleichte-
     rungen für kleine Kapitalgesellschaften nach § 326 HGB und dann auch für mittelgroße Kapital-
     gesellschaften nach § 327 HGB nicht mehr in Anspruch nehmen; ii) Die Unternehmen wachsen

Privatvermögen. Wenn der Unternehmer vertraglich vereinbarte Rückzahlungen nicht leistet, entsteht dem Kreditgeber deshalb zwangsläufig ein Schaden.

• Die verschiedenen Kreditgeber sind die „principals" in einer **principal-agent-Beziehung** mit den Unternehmern. Wird ein Finanzintermediär zwischen Unternehmer und Kreditgeber geschaltet, so werden die Kreditgeber zu Einlegern und sind dann die principals von zwei hintereinandergeschalteten agents: Einerseits ist der Finanzintermediär agent der Einleger, andererseits sind die Unternehmer agents des Finanzintermediärs. Für sämtliche principals und agents wird die sehr restriktive Annahme getroffen, sie seien **risikoneutral.**

• Zwischen den $i = 1$, (1) ... $N$ Unternehmern und ihren potentiellen Kreditgebern besteht eine „ex-post-**Informationsasymmetrie**"[37] : Obwohl die Kreditgeber die Charakteristika der Dichtefunktion $\varphi$ des outputs $\tilde{n}$ der Unternehmer bereits in $t = 0$ kennen, kann der Unternehmer in $t = 1$ stets behaupten, er habe weniger als die Realisation $n$ erwirtschaftet. Zwischen den $i = N+1$, (1) ... $U$ Unternehmern und den Kreditgebern können solche Verwerfungen nicht entstehen, weil der

---

in die anspruchsvolle Rechtsform der Aktiengesellschaft hinein; sie haben deshalb die besonderen informationspolitischen Erfordernisse dieser Rechtsform zu beachten (z.B. §§ 152 – 160 AktG); potentielle Kreditgeber sind aber auch durch die besonderen Vorschriften zur Verwendung des Jahresabschlusses besser geschützt (z.B. § 150 AktG); iii) Die Unternehmen wachsen in die Finanzierung durch Wertpapiere hinein und haben die besonderen Anforderungen für im Freiverkehr, im geregelten Markt und amtlich notierte Wertpapiere zu beachten (vgl. hierzu beispielsweise die Richtlinien für den Freiverkehr an der Frankfurter Wertpapierbörse, die Börsenordnung für die Frankfurter Wertpapierbörse, das Börsengesetz und die Verordnung über die Zulassung von Wertpapieren zur amtlichen Notierung an einer Wertpapierbörse (Börsen-zulassungs-Verordnung)).

Die Idee einer Zuordnung von Unternehmenslebenszyklus und speziellen Finanzierungsformen scheint erstmals von Fischer, L. (1987), S. 13 vorgeschlagen worden zu sein; auch bei ihm ist der Übergang in die Rechtsform der Aktiengesellschaft das Zeichen eines reifen Unternehmens; ein theoretisches Argument für das „switching" in der Unternehmensfinanzierung gibt Schmidt, R. H. (1981): „Eine genauere Betrachtung der Kosten der Eigenkapitalfinanzierung bei einer idealtypischen Kapitalgesellschaft zeigt, daß die wichtigsten Kostenkomponenten, die Kosten der Publizität und die eines Kontrollsystems für die verselbständigte Geschäftsführung, Fixkosten in bezug auf die Zahl der zu informierenden und zu schützenden Kapitalgeber sind. Daß der hier betrachtete Teil der Finanzierungskosten bei der idealtypischen Personengesellschaft mit der Zahl der Gesellschafter ansteigt, während sie bei der idealtypischen Kapitalgesellschaft Fixkosten sind, gibt eine einfache Erklärung für den Umstand, daß große Unternehmungen eher als Kapitalgesellschaften und kleine eher als Personengesellschaften geführt werden" (S. 203). Dieses theoretische Argument deckt sich mit der Beobachtung von Kübler (1990): „1960 waren von den 100 größten Unternehmen der BRD 79 und von den 1000 größten immerhin noch 440 als AG organisiert. Diese Zahlen legen den Schluß nahe, daß mit der Größe eines Unternehmens die Wahrscheinlichkeit seiner Organisation als AG zunimmt" (S. 168).

37  Der Begriff der „ex-post-Informationsasymmetrie" ist sehr mißverständlich: Zwar ist die *Ursache* der Informationsasymmetrie in der in $t = 1$ liegenden Möglichkeit zur Verschleierung zu sehen, entscheidungsrelevant ist ihre *Wirkung* jedoch schon in $t = 0$; der potentielle Kreditgeber wird das Risiko eines solchen Betrugs bereits dann voll antizipieren.

erwirtschaftete output hier beispielsweise von einem Wirtschaftsprüfer kontrolliert
und bestätigt wird. In der Terminologie von Gliederungspunkt 1.2.3 von § 3 dieser
Arbeit ist also das Informationsrisiko II, nicht jedoch das Informationsrisiko III
modelliert. Entsprechend wird auf ein breites Feld von informationspolitischen
Problematiken verzichtet.

- Um sich vor den Gefahren aus der Informationsasymmetrie zu schützen, kann der
  einzelne Kreditgeber den Empfänger der Finanzierungsmittel jedoch überwachen
  („**monitoring**")[38] Pro Unternehmer verursacht dieses monitoring in $t = 0$
  **Transaktionskosten** in Höhe von $K$. Es erlaubt dem Kreditgeber, die tatsächlich
  realisierten Ergebnisse des Unternehmers zweifelsfrei zu bestimmen. Diese durch
  monitoring gewonnene **Information** ist jedoch **nicht öffentlich zugänglich**.

- Die Investitionsprojekte der $i = 1, (1) \dots U$ Unternehmer sind unteilbar. Der zu
  ihrer Durchführung nötige input wird zur Vereinfachung auf 1 normiert. Die
  Inputeinheit wird damit zu einer Art von **Numérairegut** für das Modell. Es wird
  durchweg angenommen, daß sich die Modellgrößen konsequent in Einheiten
  dieses Numérairegutes, das dem Modell seine Dimension gibt, umrechnen lassen.
  Die stochastischen outputs aller Investitionsprojekte $\tilde{n}$ sind **unabhängig identisch
  verteilt**. Ihre Realisationen $n$ sind nach unten durch 0 und nach oben durch $n' < \infty$
  beschränkt. Weil die Kreditgeber freien Zugang zum Markt für Finanzierungstitel
  haben, muß der Unternehmer sie davon überzeugen, daß er ihnen eine erwartete
  Bruttoertragsrate, die sowohl Zins als auch Tilgung beinhaltet, von mindestens $R$
  bringt. Da jeder Kreditgeber nur ein Privatvermögen von $\frac{1}{m}$ zur Verfügung hat,
  muß der einzelne Unternehmer zur Durchführung seines Investititionsprojektes
  $m > 1$ Kreditgeber von der Wettbewerbsfähigkeit seines Angebotes überzeugen.

- Es herrschen **homogene Erwartungen**: Unternehmer und alle Kreditgeber sind
  sich über die Charakteristika der Dichtefunktion $\varphi$ von $\tilde{n}$ einig, insbesondere
  darüber, daß

  ($\alpha$1)    $E_{\tilde{n}}(\tilde{n}) > R + K$

  ist. Die Realisationen von $\tilde{n}$ sind vom Verhalten des Unternehmers völlig unabhängig (es gibt also keinen „moral hazard" hinsichtlich des Investitions-
  programmes).

---

38  Es sei nochmals darauf hingewiesen, daß „monitoring" im Modell als Symbol für viele Arten der
    Informationsbeschaffung in der Realität stehen kann; die realtypische Vielfalt der Maßnahmen
    zur Informationsbeschaffung wird schon dadurch plausibel, daß es in der Realität eine Vielfalt
    von Informationsasymmetrien zu berücksichtigen gibt; die Beschränkung auf die „ex-post-
    Informationsasymmetrie" im Modell erleichtert dessen Mechanik jedoch in vieler Hinsicht; so
    kann das Investitionsprogramm des Unternehmers als gegeben angenommen werden, weil man
    moral hazard beim Investitionsprogramm ausschließt.

- Sei $z$ die aufsummierte Zahlung eines Unternehmers an $m$ Kreditgeber. Der Unternehmer behält die Differenz $n - z$ für sich. Damit die $i = 1, (1) \dots N$ Unternehmer Zahlungen leisten, müssen ihnen Anreize gegeben werden. Diese bestehen darin, daß im Falle nicht ausreichender Zahlung dem Unternehmer nichtpekuniäre[39] **Konkursstrafen** $\phi$ auferlegt werden. Hierbei handelt es sich beispielsweise um die Zeit, die der Unternehmer für das Konkursverfahren aufwenden muß, um den Verlust an Reputation als Geschäftsführer, den er durch den Konkurs erleidet oder gar um körperliche Bestrafungen. Nur wenn der Unternehmer indifferent zwischen verschiedenen Werten von $z$ ist, wählt er annahmegemäß den Wert, der von den Kreditgebern präferiert wird. Es wird sowohl von den greifbaren Vermögenskomponenten als auch von den nicht greifbaren Vermögenskomponenten als auch von den anderen Modellgrößen angenommen, daß sie sich in Einheiten des Numérairegutes umrechnen lassen.

## 3.2 Mechanik des Grundmodells

Die $i = N+1, (1) \dots U$ alten Unternehmer können sich aufgrund des hohen Informationsstandes leicht mit Zahlungen mit einer erwarteten Bruttoertragsrate $R$ nötige Finanzierungsmittel beschaffen. Eingehender zu betrachten sind im Rahmen des statischen Modells nur die $i = 1, (1) \dots N$ jungen Unternehmer. Wir betrachten zunächst einen von ihnen und verzichten auf eine Indexierung. Gesucht wird ein aus der Sicht der Unternehmer optimaler Finanzierungsvertrag. Zu maximieren ist deshalb der erwartete Überschuß des Unternehmers in $t = 1$ unter der Nebenbedingung, daß die Kreditgeber im Erwartungswert mindestens $R$ erhalten. Der optimale Vertrag mit Strafen $\phi^*(\cdot) \geq 0$ löst das folgende Maximierungsproblem:

(1a)
$$\max_{\phi(\cdot)} E_{\widetilde{n}} \left[ \max_{z \in [0, \widetilde{n}]} \widetilde{n} - z - \phi(z) \right]$$

(Mit Hilfe der Konkursstrafe soll der erwartete Überschuß des Unternehmers, also die erwartete Differenz zwischen output und den von ihm geleisteten Zahlungen und Konkursstrafen, maximiert werden.)

s.t.

---

39  Es drängt sich die Frage auf, warum es keine pekuniären Konkursstrafen gibt. Dies wohl deshalb, weil die Unternehmer annahmegemäß kein Vermögen haben. Wären sie nämlich vermögend, so würde sich prompt die Frage stellen, warum sie es nicht zur Finanzierung ihres Investitionsprojektes heranziehen. Das Modell müßte dann eine optimale Finanzierungsmischung aus dem Optimierungskalkül eines Unternehmers schlüssig herleiten und würde sehr viel komplizierter, ohne vermutlich für die betrachtete Fragestellung an Erklärungsgehalt zu gewinnen.

(1b)    $z \in \underset{z \in [0,n]}{\arg\max} \; n - z - \phi(z)$

(Die gewählte Konkursstrafe soll „anreizverträglich" sein: Es wird davon ausgegangen, daß für eine gegebene Funktion $\phi$ das $z$ so gewählt wird, daß der
erwartete Überschuß $n - z - \phi(z)$ maximal wird. Es wird also die normale
Verhaltensweise des Unternehmers unterstellt; er braucht nicht zu optimalem
Verhalten gezwungen zu werden.)

(1c)    $E_{\tilde{n}} \left[ \underset{z \in [0,\tilde{n}]}{\arg\max} \; \tilde{n} - z - \phi(z) \right] \geq R$

(Die vom Unternehmer aus Eigenüberlegungen geleisteten Zahlungen haben
einen Erwartungswert, der die Alternativanlage am Markt für Finanzierungstitel mindestens erreicht. Ein Vorschuß an den Unternehmer kann aus Sicht
potentieller Financiers also mit der Alternativanlage konkurrieren.)

Es gilt nun der folgende Satz:

---

**Satz 1**

Der optimale Finanzierungsvertrag, der das Maximierungsproblem (1) löst, ist
gegeben durch die Konkursstrafe

$$\phi^*(z) = \max(h - z, 0),$$

wobei $h$ die kleinste Lösung von

(2)    $\left[ P(\tilde{n} < h) \cdot E_{\tilde{n}}[\tilde{n} \,|\, n < h] \right] + [P(\tilde{n} \geq h) \cdot h] = R$

ist.

---

Der Erwartungswert der Zahlungen, die entweder dem vertraglich vereinbarten Rückzahlungsbetrag $h$ entsprechen (zweiter Summand) oder hinter ihm zurückbleiben
(erster Summand), ist also genau die alternativ am Markt für Finanzierungstitel zu
erreichende Bruttoertragsrate. Der senkrechte Strich im Erwartungswertterm soll einen
bedingten Erwartungswert signalisieren.

Der optimale Finanzierungsvertrag beinhaltet also im Konkursfall Eingriffe in das
nichtpekuniäre Privatvermögen des Unternehmers. Der vertraglich vereinbarte Rückzahlungsbetrag $h$ ist fest. Die Mitwirkungs- und Kontrollrechte verbleiben voll beim

Unternehmer (wenn es auch außer bei der Frage, ob der realisierte output verschleiert werden soll, praktisch keinen unternehmenspolitischen Spielraum gibt). Der Unternehmer muß für die in $t = 0$ erhaltenen Vorschüsse in $t = 1$ eine feste Bruttoertragsrate $R$ des eingesetzten Betrages versprechen. Es handelt sich somit um einen idealtypischen Schuldvertrag. Dabei ist $h$ der kleinste vertraglich vereinbarte Rückzahlungsbetrag, der die Kreditgeber gerade noch mit einer erwarteten Bruttoertragsrate von $R$ ausstattet.

**Beweis:**

Für gegebenes $\phi^*(z)$ gilt:

$$\underset{z\in[0,n]}{\arg\max}\ n-z-\phi^*(z) = \begin{cases} \begin{array}{l} \underset{z\in[0,h]}{\arg\max}\ n-z-\max(h-z,0) \quad ,\text{wenn}\quad n\geq h \\[4pt] \text{(Der Unternehmer wird niemals mehr als } h \\ \text{bezahlen, da er dadurch seinen Überschuß senkt,} \\ \text{ohne daß die Konkursstrafe weiter sinken würde.)} \\[8pt] \underset{z\in[0,n]}{\arg\max}\ n-z-\max(h-z,0) \quad ,\text{wenn}\quad n < h \end{array} \end{cases}$$

$$= \begin{cases} \underset{z\in[0,h]}{\arg\max}\begin{bmatrix} n-z-h+z & ,\text{wenn}\quad h>z \\[4pt] n-z & ,\text{wenn}\quad h\leq z \end{bmatrix} & ,\text{wenn}\quad n\geq h \\[16pt] \underset{z\in[0,n]}{\arg\max}\begin{bmatrix} n-z-h+z \\ \text{(der zweite Fall scheidet hier aus:} \\ n<h\ \Rightarrow\ z<h) \end{bmatrix} & ,\text{wenn}\quad n<h \end{cases}$$

$$= \begin{cases} \underset{z\in[0,h]}{\arg\max}\begin{bmatrix} n-h & ,\text{wenn}\quad h>z \\[4pt] n-z & ,\text{wenn}\quad h\leq z \end{bmatrix} & ,\text{wenn}\quad n\geq h \\[16pt] \underset{z\in[0,n]}{\arg\max}\ n-h & ,\text{wenn}\quad n<h \end{cases}$$

$$
= \left[ \begin{array}{l} \underset{z \in [0,h]}{\arg\max} \quad n - h \quad , \text{wenn} \quad n \geq h \\[1em] \text{Denn: Wählt der Unternehmer } z \geq h, \text{ so erzielt er } n - z \leq n - h; \\ \text{wählt er aber } z < h, \text{ so erzielt er } n - h < n - z \\ \Rightarrow \text{optimal ist } z = h \\[0.5em] \underset{z \in [0,n]}{\arg\max} \quad n - h \quad , \text{wenn} \quad n < h \end{array} \right.
$$

$$
= \left[ \begin{array}{ll} h & , \text{wenn} \quad n \geq h \\[1em] n & , \text{wenn} \quad n < h \end{array} \right. .
$$

Da $n - h$ völlig unabhängig von $z$ ist, wählt der Unternehmer annahmegemäß das $z$, das den Kreditgebern am liebsten ist, also maximales $z$. Wenn der Unternehmer weniger als den vertraglich vereinbarten Rückzahlungsbetrag erwirtschaftet, führt der Schuldvertrag mit Konkursstrafe nach Satz 2 zur Enthüllung der Wahrheit über seinen output. Der Schuldvertrag ist „**truth-revealing**". Für den Erwartungswert der nach Satz 2 im Schuldvertrag vereinbarten Zahlungen soll gelten:

$$
E_{\widetilde{n}} \left[ \underset{z \in [0,\widetilde{n}]}{\arg\max} \quad \widetilde{n} - z - \phi^*(z) \right]
$$

$$
= h \cdot P(\widetilde{n} \geq h) + E_{\widetilde{n}} [\widetilde{n} \mid n < h] \cdot P(\widetilde{n} < h) \overset{!}{=} R .
$$

Nach Gleichung (2) wird $h$ gerade so gewählt, daß dieser Erwartungswert der alternativen Bruttoertragsrate für Finanzierungstitel entspricht. Restriktion (1c) ist bei dieser Wahl von $\phi^*(z)$ also mit strenger Gleichheit erfüllt. Da wir ferner von Zahlungen $z$ ausgegangen sind, die für gegebene Realisationen von $\widetilde{n}$ gewinnmaximierend für den Unternehmer sind, ist auch die Restriktion (1b) erfüllt. Es bleibt also nur noch zu zeigen, daß $\phi^*(z) = \max(h - z, 0)$ den erwarteten Überschuß des Unternehmers, wie er durch (1a) gegeben ist, tatsächlich maximiert. Da aber der Unternehmer für jede Konkursstrafe seinen Gewinn maximiert und sein Gewinn in der Konkursstrafe monoton fallend ist, genügt es zu zeigen, daß $\phi^*(z) = \max(h - z, 0)$ die minimale Konkursstrafe ist. Man erkennt nun aber, daß $\phi^*(z)$ für $z \geq h$ gleich Null ist und gar nicht mehr weiter verringert werden kann (Subventionen sind als Konkursstrafen ausgeschlossen). Es muß also nur noch gezeigt werden, daß $\phi^*(z)$ auch für $z < h$ die geringstmögliche Konkursstrafe darstellt.

Die Konkursstrafe hängt wiederum nur von den vertraglich vereinbarten Rückzahlungsbeträgen $h$ ab. Da der Ertrag des Kreditgebers eine monotone Funktion des Rückzahlungsbetrages ist, sind kleinere Rückzahlungsbeträge als $h$ ausgeschlossen, wenn $R$ nicht unterschritten werden soll. Wie aber stünde es mit größeren Rückzahlungsbeträgen $h^+ > h$? Solche Rückzahlungsbeträge müßten zunächst wieder die Restriktionen (1b) und (1c) erfüllen. Wenn aber (1b) erfüllt ist, dann gibt es auch eine Zahlung $z = h^+ > h$, die anreizverträglich ist, d.h.

$$z \;=\; h^+ \;\in\; \arg\max_{z \in [0,n]} \; n - z - \phi(z) \,.$$

Aus dieser Anreizverträglichkeit folgt:

$$n - h^+ - \phi(h^+) \;\geq\; \max_{z' \in [0,h^+]} \; n - z' - \phi(z')$$

oder erst recht für ein beliebiges $z' \in \left[0, h^+\right]$

$$n - h^+ - \phi(h^+) \;\geq\; n - z' - \phi(z') \quad \Leftrightarrow \quad \phi(z') \;\geq\; h^+ + \phi(h^+) - z'\,.$$

Da es keine Belohnungen, sondern nur Konkursstrafen gibt, ist $\phi(h^+) \geq 0$. Deshalb gilt:

$$\phi(z') \;\geq\; h^+ - z' \quad \text{(Verkleinerung der kleinen Seite)}\,.$$

Nach Konstruktion ist aber $h^+ > h$, weshalb gilt:

$$\phi(z') \;>\; h - z' \;\equiv\; \phi^*(z')\,.$$

Wenn also auch Rückzahlungsbeträge oberhalb von $h$ die Restriktionen (1b) und (1c) erfüllen, so können sie keinesfalls zu einer geringeren Konkursstrafe im Bereich $z < h$ führen. $\phi^*(z)$ ist deshalb die minimale Konkursstrafe und maximiert den erwarteten Gewinn des Unternehmers. $\square$

Die mit positiver Wahrscheinlichkeit anfallenden Konkursstrafen führen dazu, daß selbst der nach Satz 1 optimale **Finanzierungsvertrag** dem Unternehmer Kosten verursacht. Wäre $n$ dagegen beobachtbar, so könnte man die Unternehmer besser stellen, ohne die Kreditgeber schlechter zu stellen. In einer Finanzierungsbeziehung, in der $n$ unter Kosten überwacht werden könnte, würde so lange überwacht, wie die Kosten der Überwachung geringer wären als die ansonsten zu erwartende Konkursstrafe. Wir betrachten nun die Wirkung einer Informationstechnologie, die es dem einzelnen Kreditgeber erlaubt, die exakte Realisierung des outputs $n$ festzustellen, wenn er dazu

$K$ Einheiten an Ressourcen am Anfang der Finanzierungsbeziehung aufwendet. Die $m$ Kreditgeber werden eine solche direkte Form der Überwachung gegenüber dem Unternehmer nur durchsetzen können, wenn die kumulierten Überwachungskosten geringer sind als die zu erwartenden Konkursstrafen:

$$m \cdot K \ \leq \ E_{\widetilde{n}}\left[\phi^*(\widetilde{n})\right] \ .$$

Die Wahrscheinlichkeit, daß diese Bedingung erfüllt ist, wird mit steigender Zahl der Kreditgeber $m$ immer geringer. Und selbst wenn die Ungleichung erfüllt ist, müssen hohe Beträge für die Überwachung des Unternehmers aufgewendet werden. Wir wollen deshalb nun die Delegation der Überwachung an eine **Institution** betrachten, die im Namen der Kreditgeber die tatsächliche Realisation des outputs eines Unternehmers feststellt. Gehen wir davon aus, daß eine solche Institution neben den Überwachungskosten $K$ auch noch zusätzliche Kosten in Höhe von $D$ [40] verursacht, so ist delegierte Überwachung sinnvoll, wenn die folgenden beiden Bedingungen gelten:

($\alpha$2)    $K + D \ \leq \ m \cdot K$

Die Kontrolle eines Unternehmers kann bei Delegation günstiger betrieben werden als direkt durch alle Kreditgeber. Da die durch monitoring erzielte Information nicht öffentlich zugänglich ist, muß jeder Kreditgeber aufs Neue diese Informationen beschaffen.

($\alpha$3)    $K + D \ \leq \ E_{\widetilde{n}}\left[\phi^*(\widetilde{n})\right]$

Die delegierte Überwachung ist für den Unternehmer gegenüber der Situation ohne Überwachung, aber mit Konkursstrafen, vorteilhaft.

Unabhängig vom Größenverhältnis zwischen $m \cdot K$ und $E_{\widetilde{n}}\left[\phi^*(\widetilde{n})\right]$ können diese beiden Ungleichungen zusammengefaßt werden zu der Bedingung:

($\alpha$4)    $K + D \ \leq \ \min\left[E_{\widetilde{n}}\left[\phi^*(\widetilde{n})\right], (m \cdot K)\right].$

Wir wollen nun der Frage nachgehen, wann die Institution des Finanzintermediärs die Bedingungen für delegierte Überwachung erfüllen kann. Dabei wird insbesondere auf die Frage einzugehen sein, welche Kosten $D$ für die Tätigkeit des Finanzintermediärs anfallen. Ein Finanzintermediär, der $N$ Unternehmer finanzieren will, braucht hierzu $m \cdot N$ Einleger. Sei $g_i(\cdot)$ eine nichtnegative, reellwertige Funktion. Sie beschreibt die Zahlungen des $i$-ten Unternehmers an den Finanzintermediär in Abhängigkeit von den

---

40   Eine inhaltliche Erläuterung dieser Kosten erfolgt unmittelbar im Anschluß.

Ergebnissen $n_i$, die der Finanzintermediär beobachtet hat. Für diese Funktion ist eine Vielzahl von Verläufen denkbar, jedoch gilt allgemein:

(α5)    $g_i(n_i) \leq n_i$ .

Die Gesamtzahlung, die der Finanzintermediär von $N$ Unternehmern erhält, ist dann:

(α6)    $G_N = \sum_{i=1}^{N} g_i(n_i)$ .

Die Untergrenze von $G_N$ ist Null, die Obergrenze gegeben durch:

(α7)    $G'_N = \sum_{i=1}^{N} g_i(n'_i)$ .

Seinen $m \cdot N$ Einlegern, die alle einen Kontostand von $\frac{1}{m}$ haben, muß der Finanzintermediär erwartete Zahlungen von $N \cdot R$ glaubhaft versprechen können, um konkurrenzfähig zu sein. Entsprechend dem Argument von Satz 1 sehen wir, daß zwischen Finanzintermediär und Einlegern wiederum ein idealtypischer Schuldvertrag die optimale Finanzierungsform ist. Auch dieser Schuldvertrag braucht eine Konkursstrafe $\Phi$ als ökonomische Drohung, wenn die tatsächlichen Zahlungen $Z_N$ des Finanzintermediärs an $N$ Einleger hinter dem mit allen Einlegern insgesamt ausgehandelten Rückzahlungsbetrag $H_N$ zurückbleiben.

(α8)    $\Phi(Z_N) = \max(H_N - Z_N, 0)$ .

Der Finanzintermediär erzielt einen erwarteten Überschuß von

$$E_{\widetilde{G}_N}[\widetilde{G}_N] - H_N ,$$

von dem wir vermuten wollen, daß er streng positiv ist. Der Intermediär greift nun zum Instrument der Überwachung, um den ersten Summanden des erwarteten Überschusses zu maximieren. Zu Finanzierungsverträgen zwischen Finanzintermediär und Unternehmern wird es nur kommen, wenn die Überwachungskosten $K$ und die Delegationskosten $D_N$ geringer sind als der Wert der Überwachung (das sind genau die durch den Finanzintermediär eingesparten Konkurskosten) und wenn ferner $K + D_N$ kleiner ist als die direkten Überwachungskosten von $m$ Einlegern:

(α9)    $K + D_N \leq \min\left[E[\Phi(Z_N)], (m \cdot K)\right]$ .

Damit ein Finanzintermediär lebensfähig ist, müssen ferner drei weitere Bedingungen erfüllt sein:

---

(1) Die Einleger müssen einen erwarteten Bruttoertrag von mindestens $R$ erhalten.

(2) Der Finanzintermediär muß nach Überwachungskosten und ihm selbst auferlegten Konkursstrafen (= Delegationskosten) einen erwarteten Ertrag von mindestens Null erwirtschaften.

(3) Jeder Unternehmer muß einen erwarteten Überschuß erzielen, der mindestens so hoch ist wie der, den er erzielen würde, wenn er direkt mit den Einlegern Finanzierungsverträge abschließen würde (seien diese nun direkt von den „Einlegern" überwacht oder mit Konkursstrafen versehen).

---

Wenn ein Finanzintermediär mit nur einem Unternehmer Finanzierungsverträge abschließt ($N = 1$), so ist er mit Sicherheit nicht lebensfähig. Dies zeigt die folgende Kette von Überlegungen:

(i)      $g_1(n_1) \leq n_1$

Ein Unternehmer kann nie mehr zahlen, als er erwirtschaftet.

(ii)     $n_1 \leq h$

Ein Unternehmer zahlt überhaupt nur dann Strafe, wenn der vertraglich vereinbarte Rückzahlungsbetrag höher ist als der output, der erwirtschaftet wird.

(iii)    $h \leq H_1$

Wenn es einen kleineren möglichen Rückzahlungsbetrag als $h$ gäbe, hätte man ihn gemäß Satz 1 auch in der intermediärlosen Finanzierungsbeziehung gewählt.

(iv)     $Z_1 \leq g_1$

Der Finanzintermediär kann nicht mehr zahlen, als er vom Unternehmer erhält.

Zusammengefaßt gilt also:

(α10)    $Z_1 \leq g_1 \leq n_1 \leq h \leq H_1$ ,

woraus folgt:

(α11)    $H_1 - Z_1 \geq h - n_1$ .

Die Konkursstrafe für den Finanzintermediär ist also in diesem Fall niemals kleiner als die Konkursstrafe für den einzelnen Unternehmer. Der Finanzintermediär ist nicht lebensfähig, weil ihm eine mindestens genau so hohe Konkursstrafe wie dem Unternehmer auferlegt wird *und* er zusätzlich Ressourcen als Überwachungskosten aufwenden muß. Die Delegationskosten $D_N$, *also die erwartete Konkursstrafe, die der Finanzintermediär pro Unternehmer zahlen muß*, werden nun aber reduziert, wenn der Intermediär mit mehreren Unternehmern Finanzierungsverträge abschließt. Dies ist ökonomisch intuitiv plausibel: Überschüsse und Defizite kompensieren sich bei den stochastisch nicht vollständig positiv korrelierten outputs der einzelnen Unternehmer in einer Vielzahl der Fälle, so daß bei Zusammenfassung keine Konkursstrafe zu zahlen ist, obwohl sie bei isoliert agierenden Unternehmern ohne zwischengeschalteten Intermediär mit Sicherheit angefallen wäre. Diese Plausibilität kann man formal durch das folgende Argument stützen:

$$N = 1 \qquad D_1 \;=\; E_{\widetilde{g}_1}\!\left[ H_1 - \widetilde{g}_1 \,\middle|\, g_1 \le H_1 \right]$$

(Erwartungswert des Ereignisses, daß die Zahlung des einen Unternehmers an den Finanzintermediär hinter dem Rückzahlungsbetrag zurückbleibt, der zwischen Finanzintermediär und Einlegern vertraglich vereinbart wurde. Wenn $\widetilde{g}_1$ geringer als $H_1$ ausfällt, dann wird der gesamte Betrag zur Deckung der Verbindlichkeit der Bank gegenüber den Einlegern eingesetzt.)

$$N = 2 \qquad D_2 \;=\; \tfrac{1}{2} E_{\widetilde{g}_1\,\widetilde{g}_2}\!\left[ H_2 - \widetilde{g}_1 - \widetilde{g}_2 \,\middle|\, g_1 + g_2 \le H_2 \right]$$

(Erwartungswert des Ereignisses, daß die Zahlungen beider Unternehmer an den Finanzintermediär hinter dem Rückzahlungsbetrag zurückbleiben, der zwischen Finanzintermediär und Einlegern vertraglich vereinbart wurde.)

1. **Teilargument (endogener vertraglich vereinbarter Rückzahlungsbetrag $H_N$):**

$H_N$ ist der kleinste vertraglich vereinbarte Rückzahlungsbetrag derart, daß die Einleger eine erwartete Bruttoertragsrate von $R$ erzielen. $N$ steige nun von 1 auf 2. Eine Verdopplung identisch verteilter Zufallsvariablen führt dazu, daß sich der Erwartungswert der summierten Zufallsvariable verdoppelt. Die Standardabweichung $\sigma$ der summierten Zufallsvariable wird sich aber je nach Korrelation $\rho$ der beiden Zufallsvariablen *höchstens* verdoppeln:

$$\sigma_{\widetilde{G}_2} = \left(2\sigma_{\widetilde{g}_1}^2 + 2\rho\sigma_{\widetilde{g}_1}^2\right)^{\frac{1}{2}} = \begin{bmatrix} 2\sigma_{\widetilde{g}_1} & \wedge & \rho=1 \\[2mm] 2^{\frac{1}{2}}\sigma_{\widetilde{g}_1} & \wedge & \rho=0 \\[2mm] \sigma_{\widetilde{g}_1} & \wedge & \rho=-\frac{1}{2} \\[2mm] 0 & \wedge & \rho=-1 \end{bmatrix}.$$

Abstrahiert man von dem Effekt, daß sich auch für $\rho = 1$ die Streuung verdoppeln müßte, so kann man dies wie folgt veranschaulichen:

$$\boxed{H_1 = E(\widetilde{G}_1) - \sigma_{\widetilde{G}_1}}$$

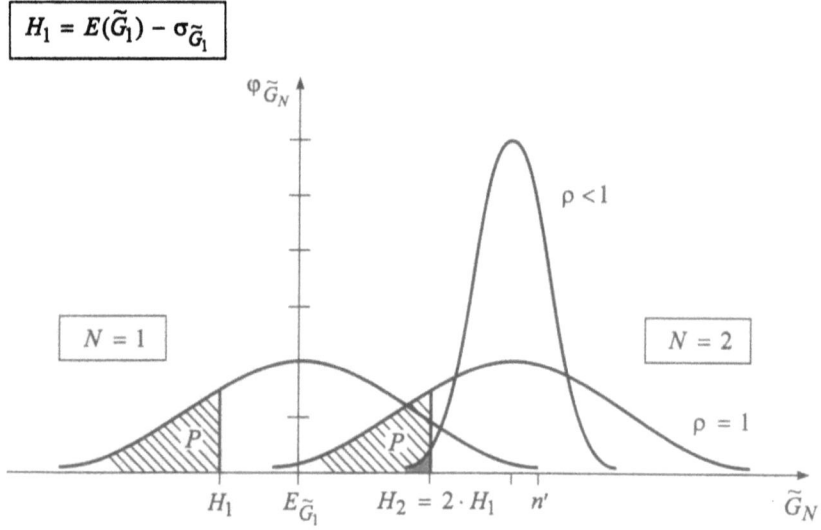

Abbildung 3:   Graphische Veranschaulichung des ersten Teilargumentes für den Beweis von Satz 2 im Diamond-Modell

Bei vollständig positiver Korrelation führt eine Verdopplung von $H_1$ dazu, daß $P$ (die Wahrscheinlichkeit eines Konkurses des Finanzintermediärs) unverändert bleibt. Der erwartete Ertrag des Einlegers verdoppelt sich. Bei nicht vollständig positiver Korrelation führt eine Verdopplung von $H_1$ dazu, daß $P$ kleiner wird und $(1 - P)$ größer. Der erwartete Ertrag des Einlegers wird mehr als verdoppelt. Wird dagegen eine konstante erwartete Bruttoertragsrate $R$ angestrebt, so kann der vertraglich vereinbarte Rückzahlungsbetrag $H_2$ unter $2 \cdot H_1$ gesenkt werden.

**2. Teilargument (fester vertraglich vereinbarter Rückzahlungsbetrag $H_N$):**

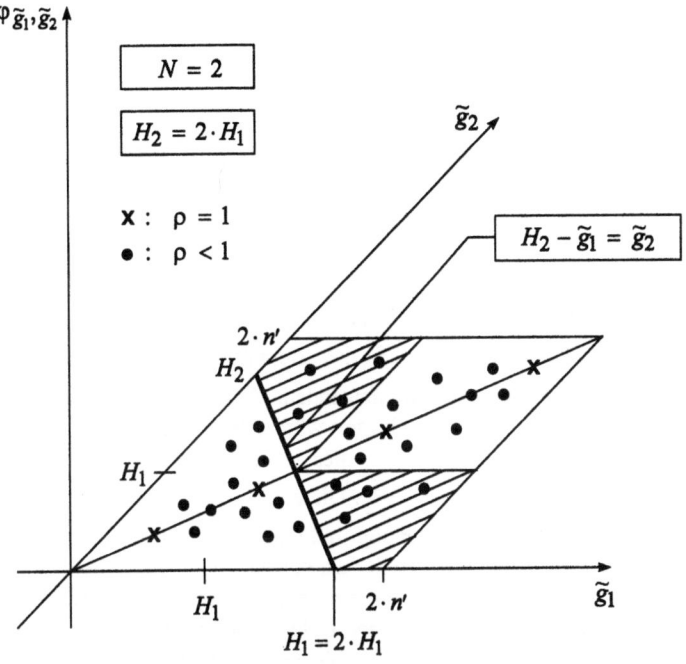

Abbildung 4: Graphische Veranschaulichung des zweiten Teilargumentes für den Beweis von Satz 2 im Diamond-Modell

Für $\rho < 1$ ist eine ganze Punktwolke und nicht nur die Winkelhalbierende mit positiven Dichten ausgestattet. Fallen solche Punkte in eines der schraffierten Felder, so kommt es zu **Kompensationseffekten:** Nicht immer, wenn $g_1 < H_1$ oder $g_2 < H_1$ ist, bezahlt ein Finanzintermediär eine Konkursstrafe, da es bisweilen beim anderen Projekt zu einem ausreichend hohen Überschuß kommt, um das Zurückbleiben des einen Projektes zu decken.

$$2 \cdot D_1 = 2 \cdot E_{\tilde{g}_1}\left[H_1 - \tilde{g}_1 \mid g_1 \leq H_1\right]$$

$$= E_{\tilde{g}_1}\left[H_1 - \tilde{g}_1 \mid g_1 \leq H_1\right] + E_{\tilde{g}_2}\left[H_1 - \tilde{g}_2 \mid g_2 \leq H_1\right]$$

$$= E_{\tilde{g}_1} E_{\tilde{g}_2}\left[H_2 - \tilde{g}_1 - \tilde{g}_2 \mid g_1 + g_2 \leq H_2\right] + P(\Omega) \cdot E\left[H_2 - \tilde{g}_1 - \tilde{g}_2 \mid \Omega\right]$$

wobei $\Omega$: $\left\{g_1 + g_2 \geq 2 \cdot H_1 \wedge [g_1 \leq H_1 \vee g_2 \leq H_1]\right\}$

$$= 2 \cdot D_2 + C$$

($2 \cdot D_2$ steht für den ersten Summanden, $C$ für den zweiten.)

$$\Rightarrow \quad D_1 = D_2 + \frac{C}{2}$$

$$\Rightarrow \quad D_2 = D_1 - \frac{C}{2} \cdot {}^{41}$$

Für nicht vollständig positiv korrelierte Zahlungen der Unternehmer an den Finanzintermediär gilt also wegen der beiden obigen Teilargumente 1 und 2: Für konstanten vertraglich vereinbarten Rückzahlungsbetrag $H_1$ ist $D_2 = D_1 - \frac{C}{2}$. Der vertraglich vereinbarte Rückzahlungsbetrag kann aber mit steigendem $N$ sogar gesenkt werden, ohne daß der kritische Einlagenzins $R$ unterschritten würde. Wie man der Definition der Delegationskosten entnehmen kann, wirkt dies zusätzlich senkend auf die Delegationskosten $D_N$. Es gilt also: $D_2 \leq D_1 - \frac{C}{2}$. Diese Argumentation kann für beliebiges $N$ und $N+1$ (quasi durch „vollständige Induktion") erweitert werden. Sie zeigt, daß für alle Investitionsprojekte, die weniger als vollständig positiv miteinander korreliert sind, die Delegationskosten für $N$ von einem einzelnen Intermediär überwachte Projekte geringer sind als die Summe der Delegationskosten für die Überwachung echter Teilmengen von ihnen durch verschiedene Finanzintermediäre. Dies könnte man auch als **„zunehmende Skalenerträge"** bezeichnen.

Für stochastisch unabhängige Projekte ist sogar die weitergehende Aussage des Satzes 2 möglich:

---

**Satz 2**

Die Delegationskosten pro überwachtem Unternehmer $D_N$ konvergieren gegen Null für $N \to \infty$, wenn die Unternehmer Investitionsprojekte haben, deren outputs beschränkt sind und die unabhängig voneinander verteilt sind.

---

41 Bei Diamond heißt es $D_2 = D_1 - C$; vor dem Hintergrund der obigen Erläuterungen scheint mir dies ein Redaktionsversehen zu sein; DK.

**Beweis:**

Wir gehen von Finanzierungsverträgen zwischen Unternehmer $i$ und dem Finanzintermediär mit Zahlungen $g_i = g_i(n_i)$, $i = 1, (1) \dots N$ aus, für die gilt:

$$E_{\widetilde{g}_i}[\widetilde{g}_i] = R + K + D_N .$$

$D_N$ ist eine reellwertige Zahl. Zugrunde liegt die Vorstellung, daß die Kosten $K + D_N$ überwälzt werden können. Weil er die Überschüsse des Unternehmers überwacht, ist der Finanzintermediär zu einer solch genauen Festlegung der Zahlungen in der Lage. Wir wählen nun als Konkursstrafe für den Finanzintermediär (wobei $Z_N$ für die Zahlungen an $m \cdot N$ Einleger steht):

$$\Phi_N(Z_N) = \max(H_N - Z_N, 0) \quad \text{mit } H_N = N \cdot \left(R + \tfrac{1}{2} D_N\right) .$$

Das ist nicht zwingend die „kleinste Lösung" nach Satz 1. Es wird lediglich eine bestimmte Lösung mit Finanzintermediär konstruiert, die die Lösung ohne Finanzintermediär bereits dominieren kann. (Es kann durchaus noch bessere Lösungen geben, etwa über weiter reduzierte Nominalwerte $H_N$.) Der erwartete Überschuß des Finanzintermediärs ist im konkreten Fall dann:

$$E_{\widetilde{G}_N}[\widetilde{G}_N] - H_N - N \cdot K = \left[N \cdot (R + K + D_N)\right] - \left[N \cdot \left(R + \tfrac{1}{2} D_N\right)\right] - N \cdot K$$

$$= N \cdot \tfrac{1}{2} D_N > 0 .\,[42]$$

$N \cdot K$ sind die Überwachungskosten für $N$ Unternehmer. Die Delegationskosten werden nicht nochmals abgezogen, da sie durch den vertraglich vereinbarten Rückzahlungsbetrag $H_N$ bereits abgedeckt sind. Der erwartete Überschuß der Einleger ist

$$P_N \cdot E_{\widetilde{G}_N}[\widetilde{G}_N \mid G_N \leq H_N] + (1 - P_N) \cdot H_N \quad \text{mit } P_N = P(\widetilde{G}_N \leq H_N)$$

Die Delegationskosten $D_N$ werden aus dem nichtpekuniären Vermögen des Finanzintermediärs bezahlt und hier deshalb nicht abgezogen. Während man sich bei natürlichen Personen nichtpekuniäres Vermögen noch relativ einfach vorstellen kann, so fällt dies bei der Institution des Finanzintermediärs doch deutlich schwerer. Weiterhin liegt die Vorstellung zugrunde, daß nicht ausreichende Zahlungen $G_N$ vollständig, also

---

42  Für die weitere Forschung äußerst interessant wäre eine Grenzwertuntersuchung für diesen Überschuß des Finanzintermediärs. Vom Verhalten dieses Ausdrucks für wachsendes $N$ hängt es ab, ob es ein „natürliches Oligopol" von Finanzintermediären oder sogar einen Finanzintermediär als „natürlichen Monopolisten" gibt. Eine solche Untersuchung dürfte aber ohne konkrete Verteilungsannahme für $\widetilde{n}$ nicht möglich sein.

ohne Abzug der Delegationskosten $K$, an die Einleger weitergeleitet werden. Auch der Finanzintermediär wählt annahmegemäß bei Indifferenz zwischen verschiedenen Konstellationen die, die aus Sicht des Financiers bevorzugt wird. Der Intermediär ist indifferent zwischen höherer Konkursstrafe und höherem pekuniären Verlust.

Da die Dichtefunktion von $\tilde{n}$ annahmegemäß negatives $\tilde{n}$ ausschließt, kann der Erwartungswert im erwarteten Überschuß der Sparer nie negativ werden. Damit erzielen die Sparer also mindestens einen Überschuß von

$$(1 - P_N) \cdot H_N \ = \ (1 - P_N) \cdot N \cdot \left(R + \tfrac{1}{2} D_N\right).$$

Ein vollständiges Absinken der Konkurswahrscheinlichkeit $P_N$ auf Null ist zwar nicht möglich. Eine Grenzwertuntersuchung für Konkurswahrscheinlichkeiten nahe an Null ergibt jedoch:

$$\lim_{P_N \to 0} \left\{ N \cdot R + N \cdot \tfrac{1}{2} D_N - P_N \cdot N \cdot R - P_N \cdot N \cdot \tfrac{1}{2} D_N \right\}$$

$$= \ N \cdot R + N \cdot \tfrac{1}{2} D_N \ > \ N \cdot R.$$

Für ausreichend kleines $P_N$ ist der erwartete Überschuß der Sparer also größer als $N \cdot R$. Da $P_N$ nie kleiner als 0 ist, kann für den zulässigen Bereich von $P_N$ geschlossen werden:

$$N \cdot R + N \cdot \tfrac{1}{2} D_N - P_N \cdot N \cdot R - P_N \cdot N \cdot \tfrac{1}{2} D_N \ \overset{!}{>} \ N \cdot R$$

$$\Leftrightarrow \quad P_N \ \in \ \left[0, \frac{\tfrac{1}{2} D_N}{R + \tfrac{1}{2} D_N}\right].$$

Wir wollen nun das **schwache Gesetz der großen Zahlen** einführen.[43]

---

43   Sei $\overline{X}_N \ = \ \dfrac{1}{N} \sum\limits_{i=1}^{N} \tilde{x}_i$

das arithmetische Mittel von *unabhängigen* Zufallsvariablen, wobei die Verteilung des einzelnen $\tilde{x}_1$ einen Erwartungswert von $\mu = E(\tilde{x}_i)$ und eine Varianz von $\sigma^2 = \text{var}(\tilde{x}_i)$ hat. Das „**schwache Gesetz der großen Zahlen (WLLN)**" besagt dann, daß die Wahrscheinlichkeit, mit der das arithmetische Mittel in ein vorgegebenes, beliebig kleines Intervall $[\mu - c, \mu + c]$ fällt, durch hinreichend großes $N$ dem Wert 1 beliebig nahe gebracht werden kann:

$$\lim_{N \to \infty} P\left(\left|\overline{X}_N - \mu\right| \geq c\right) = 0 \quad \text{oder} \quad \lim_{N \to \infty} P\left(\left|\overline{X}_N - \mu\right| \leq c\right) = 1 \quad \forall\, c > 0\,;$$

$$\lim_{N \to \infty} P\left( \left| \frac{1}{N} \tilde{G}_N - E_{\tilde{g}_i}(\tilde{g}_i) \right| \geq c \right) =$$

$$\lim_{N \to \infty} P\left( \left| \frac{1}{N} \tilde{G}_N - \frac{1}{N} E_{\tilde{G}_N}(\tilde{G}_N) \right| \geq c \right) = 0.$$

Die Wahrscheinlichkeitsmasse zieht sich also auf

$$\frac{1}{N} E_{\tilde{G}_N}(\tilde{G}_N)$$

zusammen.

Sei $c = \left( \frac{1}{N} \right) \cdot H_N$. Da nach Konstruktion

$$E_{\tilde{G}_N}(\tilde{G}_N) > H_N \quad {}^{44}$$

ist, bleibt immer weniger Wahrscheinlichkeitsmasse für

$$\left| \frac{1}{N} \tilde{G}_N - \frac{1}{N} E_{\tilde{G}_N}(\tilde{G}_N) \right| \geq c$$

übrig. Aufgrund des vor Satz 2 schon für nicht vollständig positiv korrelierte outputs hergeleiteten Arguments wissen wir bereits, daß die Delegationskosten $D_N$ mit steigendem $N$ fallen. Da Konkursstrafen und damit die Delegationskosten niemals negativ sein können, müssen die $D_N$ gegen eine positive reelle Zahl konvergieren. Deshalb wissen wir, daß

---

vgl. hierzu und zur Abgrenzung zum „starken Gesetz der großen Zahlen" Spanos (1986), S. 168 – 171). Man setze im folgenden:

$$\tilde{x}_i \equiv g_i(\tilde{n})$$

Dann ist:

$$\tilde{G}_N = \sum_{i=1}^{N} \tilde{x}_i = \sum_{i=1}^{N} g_i(\tilde{n}); \quad \mu = E(\tilde{x}_i) = E_{\tilde{g}_i}(\tilde{g}_i) = R + K + D_N > 0.$$

44  $E_{\tilde{g}_i}(\tilde{g}_i) = R + K + D_N$ ,

daraus folgt:

$$E_{\tilde{G}_N}(\tilde{G}_N) = N \cdot (R + K + D_N) = N \cdot R + N \cdot K + N \cdot D_N = H_N + N \cdot \frac{1}{2} D_N + N \cdot K ,$$

wobei $\frac{1}{2} D_N$ und $K$ echt positiv sind.

$$c = \frac{1}{N} \cdot H_N = \frac{1}{N} \cdot N \cdot \left(R + \tfrac{1}{2}D_N\right) = R + \tfrac{1}{2}D_N$$

*asymptotisch konstant* ist und damit die Voraussetzungen des schwachen Gesetzes der großen Zahlen erfüllt. Deshalb gilt:

$$\lim_{N \to \infty} P\left(\left| \widetilde{G}_N - E_{\widetilde{G}_N}\left(\widetilde{G}_N\right)\right| > c \cdot N = H_N \right) = 0 \ .$$

Wenn sich aber die Wahrscheinlichkeitsmasse derart zusammenzieht, wird

$$P_N \equiv P\left(\widetilde{G}_N \leq H_N\right)$$

immer kleiner und geht gegen Null. Es existiert deshalb ein

$$N^* < \infty, \quad \text{so daß} \quad P_N < \delta \ \forall \ \delta > 0 \ .$$

Ein aus der Sicht der Einleger ausreichend niedriges $P_N$ kann über einen entsprechend breit diversifizierten Finanzintermediär deshalb stets angesteuert werden. Betrachten wir nun die Delegationskosten:

$$\lim_{N \to \infty} D_N = \lim_{N \to \infty} \left\{\frac{1}{N} E_{\widetilde{G}_N}\left[H_N - \widetilde{G}_N \,\big|\, G_N \leq H_N\right]\right\}$$

$$= \lim_{N \to \infty} \left\{E_{\widetilde{G}_N}\left[\frac{1}{N} \cdot H_N - \frac{1}{N} \cdot \widetilde{G}_N \,\big|\, G_N \leq H_N\right]\right\}$$

$$= 0 \ . \qquad\qquad\qquad\qquad\qquad\qquad\qquad\quad \Box$$

Satz 2 dokumentiert die Schlüsselrolle, die die Diversifizierung bei der Bereitstellung „delegierter Überwachung" („delegated monitoring") spielt. Ein ausreichend großer Finanzintermediär braucht von seinen Einlegern nicht mehr überwacht zu werden, weil er für die Finanzierungsverträge mit seinen Einlegern die volle Verantwortung übernimmt und alle Konkursstrafen für Zahlungsausfälle bei den Einlegern auf sich nimmt. Die Diversifikation des Portfolios des Finanzintermediärs macht die Wahrscheinlichkeit für das Anfallen dieser Konkursstrafe und damit der Delegationskosten $D_N$ sehr gering. Satz 2 zeigt, daß asymptotisch Finanzintermediation der optimale anreizverträgliche Mechanismus für die Finanzierung der Projekte der Unternehmer ist. Die folgende Übersicht faßt die erwirtschafteten Überschüsse der Beteiligten zusammen.

Tabelle 2: Erwirtschaftete Ergebnisse der Beteiligten im Diamond-Modell

| | Unternehmer | Finanz-intermediär | Kreditgeber |
|---|---|---|---|
| ohne „Überwachung" | $E_{\tilde{n}}(\tilde{n}) - E_{\tilde{n}}(\phi(\tilde{n})) - R$ $= E_{\tilde{n}}(\tilde{n}) - h$ | 0 | $R$ |
| mit Überwachung durch einen Finanzintermediär | $E_{\tilde{n}}(\tilde{n}) - R - K - D_N$ | $N \cdot \frac{1}{2} D_N$ | mehr als $R$ [45] |

Es ist offensichtlich, daß sich Finanzintermediär und Kreditgeber durch die delegierte Überwachung verbessern. Der Unternehmer wird sich verbessern, wenn

$$(\alpha 12) \quad K + D_N < E_{\tilde{n}}\left(\phi^*(\tilde{n})\right)$$

ist.

Wenn Überwachung überhaupt Konkursstrafen dominieren kann, dann wird sich aus der Sicht des Unternehmers das System mit Finanzintermediation durchsetzen, da $D_N$ gegen Null geht. In diesem Fall ist Finanzintermediation *kein Nullsummenspiel* mehr. Sie bringt für alle Beteiligten Vorteile, da asymptotisch der „tote Verlust" durch Konkursstrafen wegfällt.

---

45  siehe oben:

$$R + \frac{D_N}{2} - P_N \cdot R - P_N \cdot \frac{D_N}{2}$$

soll größer als der kritische Zinssatz $R$ sein; deshalb ist $P_N \in \left[ 0, \left( \dfrac{\frac{D_N}{2}}{R + \frac{D_N}{2}} \right) \right]$ zu wählen.

## 3.3 Kernaussagen und Interpretation des Grundmodells

- Unter bestimmten, nicht unrealistisch anmutenden Parameterkonstellationen könnten Finanzintermediäre trotz allgemeiner Risikoneutralität als Institution eine Existenzberechtigung haben, da es steigende Skalenerträge bei der delegierten Überwachung von Unternehmern gibt und dies auch die Erwartungswerte der Zahlungen, die Einleger von der Institution des Finanzintermediärs erhalten, erhöht. Asymptotisch liegen jedoch konstante Skalenerträge vor, weil die Delegationskosten pro Unternehmer nach unten durch Null beschränkt sind.

- Institutionen dominieren in diesem Fall den Handel von Finanzierungstiteln an Märkten, weil die Risikodiversifikation innerhalb der Institution des Finanzintermediärs nicht durch Diversifikation auf seiten der Kreditgeber ersetzt werden kann. Der Finanzintermediär ermöglicht eine Verbesserung im Sinne des Paretokriteriums.

- Wenn das Modell von Diamond (1984) Erklärungsgehalt für die Realität hat, dann wäre eine weitere Implikation des Modells, *daß die Aktiva real existierender Finanzintermediäre illiquide sein müßten.* Dem Finanzintermediär wird die Aufgabe der Überwachung übertragen, wodurch er Informationen erhält, die außer ihm und dem Unternehmer niemand haben wird. Wenn der Intermediär seine Kredite (aus Gründen, die das Modell nicht zu erklären vermag) verkaufen wollte, so müßte der Käufer die Überwachungskosten abermals aufwenden, so daß der Kauf mit Transaktionskosten behaftet wäre. Unternehmer, die bei einer Bank Kredit aufnehmen, wären damit langfristig an ihren Finanzintermediär **gebunden.** Da nur der Finanzintermediär die spezifischen Informationen aus der Finanzierungsbeziehung besitzt, wäre es sinnvoll, bei diesem Finanzintermediär alle Bankgeschäfte zu konzentrieren.[46] Mit dieser „Langfristigkeit" und „Konzentration" sind die Definitionsmerkmale der **Hausbankbeziehung** angesprochen.

- Das Modell von Diamond (1984) wird in seinem Erklärungsgehalt für die Realität jedoch durch die stark vereinfachende Struktur der Informationsasymmetrie, die unterstellt wird, noch stark eingeschränkt. Wesentlich leistungsfähigere Ansätze dürften sich in der Zukunft mit Modellen finden lassen, in denen die Existenz von Finanzintermediären durch Spezialisierungsvorteile bei der Diagnose, Gestaltung, Selektion und Diversifikation von Risiken sowie Möglichkeiten der Fristentransformation begründet wird.

---

46 Bei der im Modell betrachteten „Information" handelt es sich offensichtlich nie um „schlechte" Information, die Unternehmer bewußt bestimmten Finanzintermediären vorenthalten wollen.

## 3.4    Modellerweiterung

An der für den Beweis von Satz 2 konstruierten Einzellösung soll festgehalten werden. Bisher wurde aber davon ausgegangen, daß der Finanzintermediär nur mit jungen Unternehmern Finanzierungsverträge abschließt. Wir wollen nun eine einfache **dynamische** Erweiterung des Modells vornehmen. Es sei $N = U - N$. Wie bisher fällt die Entscheidung zur Finanzierung in $t = 0$. Ein in $t = 0$ „junger" Unternehmer wird jetzt in $t = 1$ ein „alter" Unternehmer sein. Es gibt also in $t = 1$ genauso viele alte Unternehmer $U - N$, wie es in $t = 0$ junge Unternehmer $N$ gegeben hat. Bei einer abermaligen Finanzierung besteht nur noch eine vernachlässigbar geringe Informationsasymmetrie hinsichtlich der Rückzahlungen $\theta$ in $t = 2$. Deshalb besteht für eine Überwachung der in $t = 1$ ausgehandelten „kurzfristigen" (also einperiodigen) Finanzierungsverträge zunächst kein Bedarf und erst recht nicht für einen Finanzintermediär.

Wenn es dem Finanzintermediär in $t = 0$ jedoch gelingen würde, in die Finanzierungsverträge mit den jungen Unternehmern eine **Klausel** derart aufzunehmen, daß sie später als alte Unternehmer ihren Finanzbedarf auch indirekt über den Finanzintermediär abdecken, so würde ein junger Unternehmer hierzu so lange bereit sein, wie die vertraglich vereinbarten Mehrzahlungen an den Finanzintermediär $(\theta - R)$ in $t = 2$ den Nutzen aus der delegierten Überwachung durch den Finanzintermediär nicht überkompensieren. Ein junger Unternehmer wird zur Entscheidung über eine solche „langfristige" Finanzierung durch einen Finanzintermediär in $t = 0$ das Kapitalwertkriterium anwenden und dem Finanzintermediär höchstens Zahlungen $h$ bewilligen, die dem Kriterium genügen, daß der Gegenwartswert der Verbesserung durch den Finanzintermediär in $t = 1$ größer ist als der Gegenwartswert der Verschlechterung durch den Finanzintermediär in $t = 2$:

$$(\alpha 13) \quad \frac{1}{R}\left\{ E_{\widetilde{n}}(\widetilde{n}) - R - K - D_N - E_{\widetilde{n}}(\widetilde{n}) + h \right\} \; > \; \frac{1}{R^2}\left\{ E_{\widetilde{n}}(\widetilde{n}) - R - E_{\widetilde{n}}(\widetilde{n}) + \theta \right\} .$$

Für gegebene vertraglich vereinbarte Rückzahlungsbeträge $h$ kann der Finanzintermediär also in $t = 0$ stets solche Zahlungen $\theta$ für $t = 2$ in den Finanzierungsvertrag aufnehmen, die der Restriktion

$$(\alpha 14) \quad \theta - R \; < \; R \cdot \left\{ h - R - K - D_N \right\}$$

genügen. Wenn Überwachung im statischen Modell Konkursstrafen dominieren kann, dann ist im dynamischen Modell die Grundlage dafür gelegt, daß der Finanzintermediär in späteren Perioden eventuell die Intermediationsrente abschöpfen kann. Die Verteilung der Intermediationsrente zwischen Intermediär und Kreditnehmer wird im Einzelfall von der Marktmacht des Intermediärs abhängen (vgl. Fn. 42 dieses Paragraphen).

## 3.5    Kernaussagen und Interpretation des erweiterten Modells

• Wenn das erweiterte Modell Erklärungsgehalt für in der Realität zu beobachtende Phänomene hat, dann könnte die Interpretation angebracht sein, daß die bereits von Riesser und Jeidels beobachteten Instrumente zur Etablierung von Hausbankbeziehungen ein Mittel zum **Abschöpfen der Intermediationsrente** bei Unternehmen sind, die Finanzintermediation nicht mehr in dem Maße brauchen wie „junge" Unternehmen, bei denen die Informationsasymmetrie in der Finanzierungsbeziehung hoch ist. Der Intermediär bindet hierzu mit Vertragsklauseln den Unternehmer langfristig an sich.

• Wenn dem Intermediär solche Vertragsklauseln verboten sind oder wenn seine Marktmacht zur Durchsetzung solcher Klauseln nicht ausreicht, sollte man dann beobachten können, daß „alte" Unternehmen, die hohe Informationsbedürfnisse in Finanzierungsbeziehungen erfüllen können, sich nötige Finanzierungsmittel weniger bei der Institution des Finanzintermediärs als an Märkten beschaffen. Dies deckt sich gerade mit der Beobachtung, daß im Bankensystem der USA solche Bindungsklauseln in vieler Hinsicht rechtlich eingeschränkt sind und gleichzeitig Schuldner hoher Bonität durch eine „Wertpapierisierung" ihrer Finanztitel in Form von commercial paper große Bereiche ihrer Finanztransaktionen von der Institution der commercial banks abkoppeln konnten.[47]

• Institutionen dominieren Märkte nur bei „jungen" Unternehmen mit ausgeprägter Informationsasymmetrie in der Finanzierungsbeziehung. Wenn die Institution des Finanzintermediärs Bindungsinstrumente vergleichsweise frei einsetzen kann wie im deutschen Universalbankensystem, so hat die entstehende **„Hausbankbeziehung" im Zeitablauf zwei Qualitäten:** In einer frühen Phase ist sie das Resultat der Illiquidität der Finanztitel der Unternehmen, die sich an den Intermediär zur Finanzierung ihrer Investitionsprojekte gewandt haben. In einer späteren Phase ist sie dagegen das Resultat einer aus Vertragsklauseln resultierenden Bindung. Dies deckt sich mit den Beobachtungen der Monopolkommission: „Indessen haben die angehörten Vertreter der Verbände ausgeführt, daß Nichtbankenbeteiligungen ein geeignetes Mittel darstellen, *um Hausbankbeziehungen zu eröffnen und zu sichern* und damit an dem mit diesen Unternehmen abzuwickelnden ... Konsortial- ... geschäft bevorzugt teilzunehmen."[48]

---

47    vgl. hierzu Gliederungspunkt 5.1 in § 9 dieser Arbeit; ähnlich Deutsche Bundesbank (1993b), S. 59 und 64.

48    Monopolkommission (1976), Tz. 563; *Kursivdruck von mir; DK.*

- Die in der Realität anzutreffende *Vielfalt* der Bindungsklauseln einschließlich der in dieser Arbeit hervorgehobenen Ausschließkeitsklauseln, der über Depotstimmrechte verstärkten Beteiligungen und der Aufsichtsratsmandate vermag auch das erweiterte Modell nicht zu erklären. Eventuell sind jedoch die Lebenszyklen der Unternehmen sehr viel unregelmäßiger als im Modell unterstellt. Will sich der Finanzintermediär flexibel auf die Situation einstellen, wenn die Unternehmen eine Finanzierungsbeziehung über ihn eigentlich nicht mehr wünschen, so sind diese vertraglichen Nebenabsprachen ohne explizite zeitliche Begrenzung sehr viel besser dazu geeignet als explizit in den Finanzierungsverträgen vereinbarte Laufzeiten.

# § 8   Finanzintermediation in realtypischer Betrachtung: Das bundesdeutsche Universalbankensystem

## 1   Zur Abgrenzung von Trennbankensystem und Universalbankensystem

Bei säkulärer Betrachtung gehören parallele Entwicklungen unabhängiger Rechtssysteme zu den herausragenden Auffälligkeiten.[1] So war etwa das bereits in § 3 dieser Arbeit angeführte Modigliani-Miller-Theorem von der „Irrelevanz" der Anteile von Eigenfinanzierungstiteln und Fremdfinanzierungstiteln an der Finanzierung eines Unternehmens[2] unmittelbar auch für europäische Ökonomen insofern „relevant", als auch hier Eigen- und Fremdfinanzierungstitel die zentralen Pfeiler der Unternehmensfinanzierung darstellen.

Als demgegenüber überraschend muß in einer Welt zusammenwachsender Finanzmärkte die Tatsache gewertet werden, daß sich bei einer anderen institutionellen Grundsatzentscheidung – der über die Ausgestaltung der Finanzintermediäre – ein Graben zwischen dem US-amerikanischen Trennbankensystem und dem bundesdeutschen Universalbankensystem aufgetan hat und sich dieser Gegensatz ganz *beharrlich* hält.

---

**Definition 10**

Unter einer **Universalbank** versteht man einen Finanzintermediär, der sowohl Einlagenannahme und Kreditvergabe als auch das Wertpapiergeschäft auf eigene und auf fremde Rechnung betreibt.[3] [4]

---

1   Als Beispiele könnte man auch aus dem Bereich des Privatrechts die Entstehung von auf Dauer angelegten Aktiengesellschaften in England und Frankreich im 17. Jahrhundert (vgl. Kindleberger (1984), S. 196 und 206) oder für den Bereich des öffentlichen Rechts die Einführung der ersten beiden Demokratien der Neuzeit in den USA 1776 und in Frankreich 1789 anführen.

2   Vgl. Modigliani/Miller (1958).

3   „In weitester Definition könnte als ‚Universalbank' ein Bankbetrieb verstanden werden, der sich in seinem Aktionsradius weder quantitative noch qualitativ-sachliche Beschränkungen, weder regional-lokale noch Kundengruppen- oder branchenmäßige Restriktionen auferlegt. Eine solche Definition ist jedoch nicht operabel, da bereits das Fehlen nur eines der genannten Kriterien das Vorliegen eines Spezialbankenbetriebes vermuten ließe. Daher sollten im Hinblick auf ordnungspolitische Fragestellungen diejenigen bankgeschäftlichen Sparten als Orientierungsmaßstab herangezogen werden, deren Vereinigung bzw. Isolation wesensbestimmend für die Konstitution eines Universal- bzw. Spezialbankbetriebes ist. Demnach werden als Universalbanken jene Bankbetriebe bezeichnet, die mindestens das Depositen- und Kreditgeschäft auf der einen Seite verbunden mit dem Effektenemissions-, -kommissions- und -depotgeschäft auf der anderen Seite durchführen." (Büschgen (1979), S. 33; praktisch unverändert gegenüber Büschgen (1971), S. 1)

In einem Universalbanken*system* gibt es Universalbanken. Universalbanken nehmen in der marktwirtschaftlichen Ordnung der Bundesrepublik Deutschland eine dominierende Stellung ein.[5] Universalbanken repräsentieren mindestens seit dem 19. Jahrhundert auf deutschem Gebiet einen wichtigen Realtypus des idealtypisch in § 7 dieser Arbeit definierten und analysierten „Finanzintermediärs".[6] Schon bald stellten sie die herausragende Ausprägung des Finanzintermediärs dar.

Anders verhält es sich in einem Trennbankensystem.

---

**Definition 11**

In einem **Trennbankensystem** gibt es keine Universalbanken. Vielmehr ist das Effektengeschäft institutionell vom Einlagen- und Kreditgeschäft abgetrennt.[7]

---

Zu realtypischen Ausprägungen von Finanzintermediären in einem Trennbankensystem wird auf § 9 dieser Arbeit verwiesen.

---

Mit der vorliegenden Definition sind wenigstens vier der in § 1 KWG konstitutiv genannten Bankgeschäfte angesprochen. Zum Begriff der Ordnungspolitik vgl. Starbatty (1983), S. 567 – 573.

4    Restriktionen der zulässigen geschäftlichen Aktivitäten von Finanzintermediären könnten auch als „präventive Maßnahmen" der Bankenaufsicht bezeichnet werden. Nach Rudolph dienen sie dazu, die Wahrscheinlichkeit von Bankenzusammenbrüchen zu verringern. Demgegenüber dienen „protektive Maßnahmen" dann dazu, die Finanzintermediäre im Falle einer aktuell drohenden Insolvenz zu erhalten bzw. Einleger vor möglichen Vermögensverlusten zu schützen. Typischer Vertreter einer protektiven Maßnahme ist die Einlagenversicherung (vgl. Rudolph (1991), S. 598); vgl. für eine theoretische Analyse Bitz (1988b).

5    Vgl. Bitz (1989), S. 431.

6    Vgl. Gille (1976), S. 176/177.

7    Vgl. Hein (1988), S. 252.

# 2　Geschichte des deutschen Universalbankensystems seit 1830

## 2.1　Universalbanken und der Industrialisierungsprozeß

Die heute in einem der Brennpunkte der wirtschaftswissenschaftlichen Forschung stehende Theorie der Finanzintermediation, insbesondere die Theorie der Hausbankbeziehung, scheint ihren impetus gar nicht von der „reinen" Theorie, sondern von Wirtschaftshistorikern erhalten zu haben. Zu der Zeit, als die deutsche „Nationalökonomie" an den staatswissenschaftlichen Fakultäten ganz im Geiste der zweiten „historischen Schule" versuchte, aus dem Zusammentragen historischer Fakten induktiv den Schluß auf grundlegendere und allgemeinere Strukturen zu ziehen[8], gingen zwei ihrer späteren Vertreter, Riesser und Jeidels mit Namen, daran, sehr intensiv und auf reiches Datenmaterial gestützt die Rolle der Banken im Kaiserreich zum Ende des 19. Jahrhunderts zu studieren. Eine exzellent recherierte Quelle hat damit jahrelang brach gelegen. Sie untersucht den Sonderstatus von Finanzintermediären in der take-off-Phase sozusagen „live" und ist von theoretischen Erklärungsmustern der Gegenwart unbelastet. Beiden Autoren ist es wohl auch zu verdanken, daß sich Wirtschaftshistoriker seit einigen Jahren fundiert mit der Hausbankbeziehung auseinandergesetzt haben.

Das deutsche Reich hatte seine wirtschaftliche „take-off"-Phase in der Industrialisierung im Vergleich zu England verspätet und sehr abrupt erlebt.[9] Riesser und Jeidels stellten fest: **Großprojekte** wurden zu dieser Zeit bevorzugt vorangetrieben.[10] Präferierte Branchen für solche Großvorhaben waren zunächst vor allem die Montanindustrie, der Maschinenbau[11] und der Eisenbahnbau.[12] Träger der take-off-Phase waren überwiegend **Aktiengesellschaften**.[13]

Während sich realwirtschaftlich Westfalen mit seinen Rohstoffreservoiren als Kristallisationspunkt entpuppte, fehlte dort ein einigermaßen ausgebautes Bankensystem. So kam es, daß sich neben Frankfurt Köln als bedeutendster deutscher Bankenplatz

---

8　Vgl. Landes (1969), S. 219; bekannte Vertreter sind Wissenschaftler wie List, Roscher, Bücher, Sombart, Brentano, Schmoller und Knapp; Ursprünge liegen aber vermutlich auch bei Marx und damit bei Hegel, die auf der Suche nach Gesetzmäßigkeiten im Geschichtsablauf waren; man denke nur an Marx' „historischen Materialismus"; auch das Denken des weiter unten beschriebenen Rudolf Hilferding scheint mir stark „historisch" und um „Gesetzmäßigkeiten" ringend zu sein; entsprechend auch Riessers „Naturgesetz" von der zunehmenden Konzentration im Bankwesen ((1910), S. 567).

9　Vgl. Riesser (1912), S. 46; Tilly (1966), S. 9 sowie Sandweg/Stürmer (1979), S. 7.

10　Vgl. Riesser (1910), S. 68; ders. (1912), S. 45; sowie ergänzend Wellhöner (1989), S. 16.

11　Vgl. Riesser (1910), S. 39.

12　Vgl. ders., S. 68; ergänzend Feldenkirchen (1982), S. 86.

13　Vgl. Riesser (1912), S. 62.

gesellte[14] [15] und von 1830 bis 1870 das finanzwirtschaftliche Gravitationszentrum für die industriellen Prozesse in der Rheinprovinz wurde.[16] Erst als den Kölner Privatbankiers, deren Ursprung wie der der englischen „merchant banks"[17] fast immer in einem Handelsgeschäft und keineswegs in der Tätigkeit als Finanzintermediär lag[18], aus ihrer Rechtsform Refinanzierungsprobleme erwuchsen, lösten die Berliner Aktienbanken ab 1870 Köln als Bankplatz von herausragender Bedeutung ab.[19] An der Wiege der Aktienbanken standen aber oftmals wieder die Privatbankiers selbst.[20] Schon die Kölner Privatbankiers um 1830 und nicht erst die Berliner Aktienbanken betrieben sowohl das Kredit- und Einlagengeschäft (commercial banking) als auch das Wertpapiergeschäft auf eigene Rechnung (investment banking)[21] [22]. Erstere können

---

14  Vgl. Jeidels (1905), S. 99, Riesser (1910), S. 559; Krüger (1925), S. 17; ergänzend Tilly (1966), S. 47; Feldenkirchen (1979), S. 27 sowie Feldenkirchen (1982), S. 81.

15  Die vier Kölner Privatbankiers Herstatt, Schaffhausen, Stein und Oppenheim werden als „beträchtliche Ausnahmen" von der allgemeinen Rückständigkeit im deutschen Bankensystem zu dieser Zeit betrachtet; vgl. Pohl (1983), S. 13; an der Spitze dieser Entwicklung stand das Bankhaus Oppenheim; so jedenfalls Feldenkirchen (1982), S. 85 und 89.

16  Die durch den Wiener Kongreß 1815 entstandene Rheinprovinz umfaßte *sowohl* das heutige Rheinland als auch Westfalen. Weite Teile hatten vorher zeitweilig zu Frankreich gehört, weshalb der Geist der französischen Revolution nicht unbeteiligt an der Blüte der Region im 19. Jahrhundert gewesen sein dürfte: Feudale Relikte wurden abgeschafft, der Kirchenbesitz wurde säkularisiert. Städtische Zünfte wurden vielfach zerschlagen und das französische Handelsrecht eingeführt (vgl. Krüger (1925), S. 9 sowie Tilly (1966), S. 13). Der „Code de Commerce" hatte in der Rheinprovinz bis in die 1880er Jahre Gültigkeit (vgl. Tilly (1966), S. 86). Schon weit im Vorfeld hatte sich für die Region die Verbindung mit der ökonomischen Expansion Hollands im 16. und 17. Jahrhundert günstig ausgewirkt (vgl. ders. (1980), S. 23). Neben diesen exogenen und für die Region spezifischen Faktoren wirkte es sich ferner günstig aus, daß die preußischen Junker nach 1848 ihre Einstellung zum Bürgertum der Rheinprovinz grundlegend überdachten und es als natürlichen Verbündeten gegen liberale und sozialdemokratische Kräfte zu begreifen lernten. So ist es wohl zu verstehen, daß ab 1848 die Haltung bei der Zulassung von Aktiengesellschaften sich grundlegend änderte (vgl. Pohl (1983), S. 16). Die Verkündung der allgemeinen Gewerbefreiheit mit der Gewerbeordnung von 1869 und der Prozeß der Währungsvereinheitlichung erscheinen als logisches Glied in der Kette der Ereignisse (vgl. Landes (1969), S. 190 und 192). Tilly (1989) schließlich hält auch die Rolle der 1870 gegründeten Reichsbank im internationalen Vergleich für günstig. Während sie durch eine verläßliche Rediskontpolitik den Banken die „Angst vor der Illiquidität" nehmen konnte (S. 195/6), war die Bank of England bis 1944 eine private und damit gewinnmaximierende Institution, die nicht sehr stark auf das Wohlergehen der anderen Banken erpicht war (S. 197). Die USA schließlich hatten im 19. Jahrhundert lange Zeit gar keine Zentralbank (S. 200).

17  Vgl. hierzu Gliederungspunkt 1 in § 9 dieser Arbeit.

18  Vgl. Krüger (1925), S. 65 sowie Tilly (1966), S. 49–93.

19  Vgl. Feldenkirchen (1982), S. 99 und 102; Tilly (1989) bezeichnet vor allem die 1830er und 1840er Jahre als Ära der Privatbankiers.

20  „Es ist hierbei vor allem an die Beteiligung der Oppenheim an der Gründung des Crédit Mobilier in Paris und der Bank für Handel und Industrie in Darmstadt gedacht" (Krüger (1925), S. 68/9; vgl. auch S. 31).

21  Vgl. auch zu diesen Begriffen § 9 dieser Arbeit, insbesondere Gliederungspunkt 3.

deshalb mit Fug und Recht als „**Universalbanken**" bezeichnet werden. Die recht häufig zu findende Behauptung, das deutsche Universalbankensystem ginge auf das französische Vorbild des **Crédit Mobilier** zurück[23] , scheint deshalb nicht haltbar. Da das Bankhaus Oppenheim beispielsweise auch federführend bei der Gründung des „Phoenix, anonyme Gesellschaft für Bergbau und Hüttenbetrieb" 1852 war[24] , kann man ferner nicht feststellen, daß Privatbankiers nicht als „Investitionsbanken" im Gründungsgeschäft tätig gewesen seien. Nicht das Universalbankprinzip, sondern die Rechtsform der Aktiengesellschaft für ein Kreditinstitut dürften auf das Vorbild des Crédit Mobilier zurückgehen.[25] [26] Das Verhältnis zwischen den Banken und der Industrie im Deutschen Reich ist von Jeidels (1905) als ein besonders enges charakterisiert worden. Gerschenkron wird 1962 seine berühmte Formulierung rezipieren, eine deutsche Hausbank begleite ihre Industrieunternehmen „von ihrer Geburt bis zum Tod".[27] „Intime Beziehungen"[28] bestanden zwischen Industrie und Banken, so daß beide „auf Gedeih und Verderb"[29] miteinander verbunden waren. Ungefähr zur gleichen Zeit schon entwickelten englische Banken beispielsweise kaum einmal eine enge Kundenbeziehung und versuchten, das einzelne Geschäft bis zur Grenze zu „melken".[30] Besonders prägnante Beispiele für eine besonders „enge" Beziehung von Banken und Industrie im Sinne eines Einflusses der Banken auf die Unternehmen sind **Krupp,** wo 1874 eine großdimensionierte Anleihe den Einfluß der Banken signifikant erhöhte[31] , **Siemens & Halske,** wo die Deutsche Bank 1897 zur weiteren finanziellen Zusammenarbeit nur unter der Bedingung bereit war, daß das Unternehmen sich in eine AG umwandelt und seinen Aufsichtsrat personell nach den Vorstellungen der

---

22  Vgl. Krüger (1925), S. 69; Tilly (1966), S. 110; Feldenkirchen (1982), S. 85; Tilly (1986), S. 118/9 sowie Tilly (1989), S. 191.

23  So jedenfalls Gerschenkron (1962), S. 13 und Wellhöner (1989), S. 67.

24  Vgl. Wellhöner (1989), S. 76; vgl. auch Krüger (1925), S. 127 für viele Kölner Privatbankiers.

25  Vgl. hierzu Tilly (1966), S. 11 und Landes (1969/73), S. 198; zum dogmengeschichtlichen Ursprung des crédit mobilier in den frühsozialistischen Werken von Claude Henri Saint-Simon 1829 vgl. Wellhöner (1989), S. 11.

26  Konnten die Banken eine Zulassung als Aktiengesellschaft vom preußischen Staate nicht erlangen (vgl. Fn. 16 dieses Paragraphen), so wichen sie bisweilen in andere Staaten des deutschen Bundes oder in die Rechtsform der KGaA aus (vgl. Gehr (1959), S. 5 und 6).

27  Jeidels (1905), S. 50; die Hausbank etabliert eine dauernde und regelmäßige Kreditbeziehung mit ihren Unternehmen (S. 34 und 47); das Industrieunternehmen schließt praktisch alle seine Bankgeschäfte nur mit seiner Hausbank ab (S. 128); vgl. ergänzend Gerschenkron (1962), S. 14; Krüger (1925) sieht die Ursprünge der „intimate ties" bereits im späten 18. Jahrhundert (S. 12).

28  Riesser (1910), S. 554; dies dürfte Kindleberger (1984) im gleichen Zusammenhang zur Formulierung von den „intimate ties" inspiriert haben (S. 128).

29  Riesser (1912), S. 69.

30  Tilly (1989), S. 196.

31  Vgl. Pohl (1983), S. 17; anderer Meinung: Wellhöner (1989), S. 147 – 168.

Deutschen Bank besetzt[32], sowie **Mannesmann,** wo die Erfinder der nahtlosen Röhre, die Gebrüder Mannesmann, sich unternehmerisch als wenig weitsichtig erwiesen und das Unternehmen sehr schnell von der Deutschen Bank unter ihre Fittiche genommen wurde.[33]

## 2.2 Einige Instrumente der bankbetrieblichen Geschäftspolitik in historischer Betrachtung

Mit welchen Instrumenten entwickelten nun die deutschen Banken um diese Zeit „Hausbankbeziehungen" zur Industrie? Recht einig sind sich Riesser und Jeidels hinsichtlich der Bedeutung des **Kreditgeschäfts,** zumal des Kontokorrentkredits, für die Etablierung einer dauerhaften und mehr oder weniger ausschließlichen Beziehung zwischen Bank und Industrieunternehmen.[34] Der Kredit als ein Finanzierungstitel des atypischen Marktes für Unternehmenskontrolle gehört zu den Bankgeschäften, die auch ohne Aktienmehrheit Einfluß auf die Geschäftspolitik ermöglichen.[35] So kann es der Bank gelingen, eine **Ausschließlichkeitsklausel** durchzusetzen, die das Zahlungsmittel empfangende Industrieunternehmen mit allen seinen tatsächlichen und potentiellen Bankgeschäften – man denke nur an das Emissionsgeschäft – auf die Hausbank festlegt. Alleine die Betrachtung der **Mitwirkungs- und Kontrollrechte,** die sich aus solchen Klauseln in Kreditverträgen jener Zeit ergaben, scheint die Hypothese zu stützen, daß die Verhandlungssituation der Banken im Kreditgeschäft oftmals sehr stark war und das Industrieunternehmen derart auf Anschubfinanzierung durch die Hausbank angewiesen war, daß es *dafür auch eine Belastung der Geschäftspolitik späterer Perioden mit solchen Klauseln in Kauf nahm.*

Dies entspricht minutiös dem Gedanken des erweiterten Modells in § 7 dieser Arbeit, demzufolge Finanzintermediäre bei reifen Unternehmen versuchen, ihre Marktmacht zur Abschöpfung der Intermediationsrente über Vertragsklauseln einzusetzen. Die Verhandlungsposition der Hausbank scheint häufig nicht nur durch den *momentanen* Finanzierungsbedarf der Industrieunternehmen gefestigt worden zu sein, sondern auch durch den Finanzierungsbedarf *späterer* Perioden: So wurde von Riesser und Jeidels

---

32 Vgl. Pohl (1983), S. 20; Kindleberger (1984), S. 128 und wohl auch Wellhöner (1989), S. 212 – 235, der allerdings auch hier von geringerem Bankeneinfluß ausgehen dürfte als Pohl und Kindleberger.

33 Vgl. Wellhöner (1989), S. 125 – 146.

34 Vgl. Jeidels (1905), S. 107 und 109; Riesser (1910), S. 550; Krüger (1925), S. 13, 22/3, 107/8; ergänzend Tilly (1966), S. 81, für den der schlechthin wichtigste Finanzierungsvertrag zwischen Bank und Industrieunternehmen in jener Zeit der Kontokorrentkredit war; Wellhöner (1989) hält – unter Bezugnahme auf Neuburger – den Kontokorrentkredit für den „basis nexus between Bank and industrial firm" (S. 69).

35 Vgl. Jeidels (1905), S. 146.

übereinstimmend dem bankseitigen **Kündigungsrecht** eines Kreditvertrages ein beachtliches Drohpotential beigemessen.[36]

Insbesondere bei reiferen Industrieunternehmen, die sich bereits über verbriefte Finanzierungstitel die erforderlichen Zahlungsmittel beschafften, dürfte der **Beteiligungsbesitz** der Banken an den Unternehmen ein weiteres wichtiges Instrument zur Festigung der Hausbankbeziehungen gewesen sein.[37] Bei diesen reifen Unternehmen wurde dann auch der typische Markt für Unternehmenskontrolle relevant. Es soll jedoch nicht unerwähnt bleiben, daß solcher Beteiligungsbesitz der Banken natürlich *auch* aus unfreiwilligem Wertpapiergeschäft resultieren konnte, etwa wenn Wertpapieremissionen nicht vollständig abgesetzt werden konnten.[38] Bei reifen Unternehmen, die bereits den Schritt in die Rechtsform der Aktiengesellschaft gewagt und vollzogen hatten, eröffnete auch der **Aufsichtrat** den Banken Möglichkeiten der Einflußnahme und der Festigung der Hausbankbeziehung.[39] Dies konnte einmal daraus resultieren, daß der Beteiligungsbesitz oder die Depotstimmrechte den Banken solche Aufsichtsratsmandate automatisch zusicherten. Der Aufsichtsrat wurde aber auch als das Gesellschaftsorgan erkannt, auf das auch ohne Transaktionen am typischen Markt für Unternehmenskontrolle Einfluß gewonnen werden konnte. Sei es, daß bei der

---

36  Vgl. Jeidels (1905), S. 121; Riesser (1912), S. 46; heutzutage fast schon kurios und mit der Zeit immer anschaulicher der Brief, den die Dresdner Bank am 19. November 1901 an den Vorstand des Nordwestmitteldeutschen Zementsyndikats schrieb: „Nach der im Reichsanzeiger vom 18. cr. veröffentlichten Bekanntmachung Ihrer Gesellschaft müssen wir mit der Möglichkeit rechnen, daß in der am 30. des Monats stattfindenden Generalversammlung Beschlüsse gefaßt werden, die geeignet sein können, Veränderungen uns nicht genehmer Art in Ihrem Geschäftsbetrieb herbeizuführen. Aus diesem Grunde müssen wir zu unserem lebhaften Bedauern den Ihnen eingeräumten Kredit hiermit zurückziehen, bitten demgemäß, Dispositionen auf uns zu unterlassen und ersuchen Sie gleichzeitig höflichst, unser Guthaben spätestens bis Ende dieses Monats zurückzuzahlen. Wenn indes in der angegebenen Generalversammlung nichts beschlossen wird, was uns nicht genehm ist, und wir in dieser Beziehung durch uns konvenierende Garantien auch für die Zukunft geschützt sind, so erklären wir uns sehr gern bereit, wegen Gewährung eines neuen Kredits mit Ihnen in Verbindung zu treten" (Brief zitiert nach Jeidels (1905), S. 129).

37  Vgl. Jeidels (1905), S. 109; Riesser (1910), S. 54 am Beispiel der Darmstädter Bank sowie Gehr (1959), S. 11.

38  Vgl. Riesser (1912), S. 77 sowie Krüger (1925), S. 128; vgl. auch Gliederungspunkt 4.1.2 dieses Paragraphen.

39  Vielleicht auch das ein weiteres Argument für die herausragende Bedeutung der Aktiengesellschaft für den Industrialisierungsprozeß jener Zeit. Erst sie erlaubte laut Jeidels (1905) die Möglichkeit eines wirklich „engen Bandes" zwischen Industrie und Bankwelt (S. 45); Riesser (1910) bezeichnet die Aktiengesellschaft neben der Maschine als das zweite wesentliche „Werkzeug der modernen kapitalistischen Wirtschaftsordnung" (S. 567); vgl. auch Gehr (1959), S. 12 und 41 – 43. Der Aufsichtsrat war mit der **Aktienrechtsnovelle von 1870** obligatorisch geworden (vgl. Schreyögg (1983), S. 276). Die **Aktienrechtsnovelle von 1884** hatte dann den Aufsichtsrat zu einem noch effektiveren Überwachungsorgan gemacht, so daß die Banken noch stärkeren Wert darauf legten, in diesem Gremium vertreten zu sein (vgl. Feldenkirchen (1979), S. 32 sowie Tilly (1986), S. 125). In den Jahren nach der Jahrhundertwende waren die Banken in den Aufsichtsräten aller Unternehmen in stärkerem Maße vertreten (vgl. ders., S. 34).

Gründung der Gesellschaft als AG oder bei ihrer Umwandlung in eine AG von der Hausbank solche Mandate ausbedungen wurden oder sei es nur, daß dies aus dem engen Kontokorrentverkehr resultierte.[40]

Eine besondere Situation im Lebenszyklus der Unternehmen, die den Banken häufig den Zugriff auf Mandate im Aufsichtsrat ermöglichte, stellte schließlich *auch* die Krise des Unternehmens dar: Kreditinstitute übernahmen Sonderverantwortung bei der **Sanierung** von in Schwierigkeiten geratenen Unternehmen häufig nur gegen das Recht, eigene Vertreter in den Aufsichtsrat des Unternehmens entsenden zu können.[41]

Der Einfluß der Banken im Aufsichtsrat eines Industrieunternehmens konnte durch markante Charaktere als Bankenvertreter noch akzentuiert werden.[42] Es dürfte nicht von ungefähr kommen, daß Marx seine Kritik der kapitalistischen Ordnung seiner Zeit oftmals an Gustav Mevissen als Vorbild für viele bedeutende Bankenvertreter in den Aufsichtsräten der Industrieunternehmen festmachte.[43] Mevissen saß im Aufsichtrat von sechs Bergwerksunternehmen, der Rheinischen Eisenbahngesellschaft, zwei Industrieunternehmen (wo er auch Aufsichtsratsvorsitzender war), war gleichzeitig Präsident der Darmstädter Bank und der Luxemburger Internationalen Bank und war in den Aufsichtsräten der Schaffhausenschen Bank, der Bank für Süddeutschland, der Kölner Privatbank und der Berliner Handelsgesellschaft vertreten.[44]

Es ist einigermaßen erstaunlich, daß die zeitgenössischen Autoren wie Riesser und Jeidels ein Instrument zur Festigung einer Hausbankbeziehung nicht in Betracht gezogen haben, das zu ihrer Zeit aufgrund seiner institutionellen Ausgestaltung größere Einflußpotentiale versprach als jemals zu einem späteren Zeitpunkt. Die Rede ist vom **Depotstimmrecht,** das bisweilen auch als Vollmachtstimmrecht oder Bankenstimmrecht bezeichnet wird. Die Aktionäre hatten ursprünglich vielfach überhaupt kein Stimmrecht.[45] Erst unter dem Einfluß des französischen Code de Commerce wurde jedem Aktionär ein Stimmrecht aus seiner Aktie gewährt, womit die Grundlage für das Depotstimmrecht der Banken geschaffen war.[46] Die Banken hatten gegen 1870 bemerkt, daß für einen Großteil der bei ihnen deponierten Aktien das Stimmrecht regel-

---

40   Vgl. Jeidels (1905), S. 146.

41   Vgl. Jeidels (1905), S. 48.

42   Vgl. Feldenkirchen (1979), S. 39.

43   Vgl. Kindleberger (1984), S. 128.

44   Vgl. Kindleberger (1984), S. 128/9; zur Person von Mevissen vgl. dort auch S. 122/3 und 211. Mevissen hatte 1838 als Bankier in Paris den Saint-Simonismus kennengelernt (S. 122); vgl. hierzu Fn. 25 dieses Paragraphen.

45   Vgl. Schaad (1972), S. 14.

46   Vgl. ebda.

mäßig nicht ausgeübt wurde.[47] Sie gingen deshalb dazu über, die bei ihnen verwahrten Aktien auf Hauptversammlungen wie eigene Aktien zu vertreten, gewöhnlich ohne daß die betroffenen Aktionäre dies wußten, geschweige denn um ihr Einverständnis gebeten worden waren.[48] Der Gesetzgeber sah sich zwar aufgrund des schnell gewachsenen Bankeneinflusses veranlaßt, mit der Aktienrechtsnovelle von 1884 die Stimmrechtsvertretung ohne Einwilligung der Depotkunden unter Strafe zu stellen.[49] Mit einer häufig praktizierten Stimmrechtsklausel in ihren Allgemeinen Geschäftsbedingungen fanden die Banken jedoch einen einfachen Weg, ihren gewonnenen Einfluß zu verteidigen. Schon zum Zeitpunkt der Depoteröffnung erklärte der Wertpapierkunde seine Einwilligung in die Ausübung seiner Stimmrechte durch die Depotbank.[50] Das Depotstimmrecht ermöglicht es den Banken, ihre Mitwirkungs- und Kontrollrechte aus Finanzierungstiteln wie dem Kredit oder dem Beteiligungsbesitz über das Maß zu steigern, wie es sich alleine aus diesen Finanzierungstiteln ergeben würde.

Um es deutlich zu sagen: Im 19. Jahrhundert ragen in Deutschland vier Arten von bankpolitischen Instrumenten heraus. Es sind dies die Kreditverträge mit all ihren Nebenabsprachen, der Beteiligungsbesitz, die Aufsichtsratsmandate und das Depotstimmrecht. Mit diesen vier Instrumenten der bankbetrieblichen Geschäftspolitik wurden die Banken zu Akteuren am **Markt für Unternehmenskontrolle.** Mit dem um Depotstimmrechte verstärkten Beteiligungsbesitz konnten sie über den typischen Markt für Unternehmenskontrolle entscheidend Mitwirkungs- und Kontrollrechte ausüben. *Vorher* hatten sie jedoch über um Mitwirkungs- und Kontrollrechte erweiterte Kreditverträge am atypischen Markt für Unternehmenskontrolle bereits den Fuß in die Tür der Unternehmen gesetzt.

Daß die Banken *gleichzeitig* den Kreditvertrag als ein für das commercial banking charakteristisches Instrument *und* den Wertpapierkauf auf eigene Rechnung als eines, das für das investment banking konstitutiv ist, praktizieren konnten, belegt nun aber auch, daß die ordnungspolitische Grundentscheidung dieser Zeit bereits das **Universalbankensystem** beinhaltete. Auch ist zu dieser Zeit in Deutschland ähnlich wie heute **niemals** ernsthaft in Erwägung gezogen worden, den Universalbanken **Beschränkungen** hinsichtlich ihrer geographischen Ausdehnung aufzuerlegen.

---

47  Vgl. Wenger (1992), S. 76, der sich auf eine Schrift von Seidel aus dem Jahre 1961 beruft.

48  Vgl. Schaad (1972), S. 14 sowie Wenger (1992), S. 77.

49  Vgl. Wenger (1992), S. 77.

50  Vgl. Schaad (1972), S. 15 sowie Wenger (1992), S. 77. Erst mit dem **Aktiengesetz von 1937** hat das Depotstimmrecht der Banken eine ausdrückliche gesetzliche Grundlage erhalten (vgl. Schaad (1972), S. 17). Es verbot die erwähnte Ermächtigung im Rahmen der Allgemeinen Geschäftsbedingungen (vgl. Wenger (1992), S. 78).

## 2.3    Vorschlag für eine Interpretation der Hausbankbeziehung nach Riesser und Jeidels

Die Ausübung der Instrumente zur Etablierung und Festigung der Hausbankbeziehung scheint implizit von Jeidels und Riesser weiter *interpretiert* worden zu sein, wobei drei besondere Problemkreise eine Sonderrolle einnehmen:

1.  Die Banken scheinen ganz allgemein mit der engen Beziehung **ihre Informations-basis verbessert** zu haben und eine „genügende Kenntnis der Industrie" erlangt zu haben.[51] Das Informationspotential der Hausbankbeziehung, ausgehend vom Kontokorrentkredit und über Beteiligungsbesitz und Aufsichtsratsmandate gestützt, ermöglichte es, „das Industrieunternehmen zu beurteilen und zu kontrollieren".[52] Historische Beispiele scheinen die Annahme zu belegen, daß die Festlegung der Finanzierungspolitik, also auch die Bestimmung der Hausbankbeziehung selbst, Gegenstand dieser Kontrolle sein konnten.[53]

2.  Die Industrieunternehmen scheinen sehr oft ähnliche **Lebenszyklen** durchgemacht zu haben und im Laufe der Lebenszyklen unterschiedlichen Finanzbedarf entwickelt zu haben, auf die deren Hausbanken mit bestimmten Bankgeschäften reagiert haben. So steht gewöhnlich am Anfang der Finanzierung eines Unternehmens durch Hausbanken der Kredit.[54] Der Bedarf an einer Finanzierung durch Wertpapiere, insbesondere an einer Finanzierung durch die Aktie, scheint sich erst später bei den Unternehmen ergeben zu haben. „Von dem Abschluß eines regelmäßigen Kontokorrentverhältnisses geht ein ... direkter Weg ... zu den ... Emissionen ... und zu dauernder Beteiligung an dem industriellen Unternehmen durch Aktienbesitz oder zu Aufsichtsratsdelegationen oder zu beidem ...".[55] Mit dem Eintritt in das Wertpapiergeschäft scheinen die **Finanzierungstitel** der Unternehmen **liquider** und die Hausbankbeziehung lockerer geworden zu sein: „Hier reißen

---

51   Jeidels (1905), S. 59; Riesser (1910) spricht von „genauer Übersicht" und „Kenntnis" (S. 570).

52   Jeidels (1905), S. 33; Riesser (1912) spricht davon, daß die Banken danach strebten, „den nötigen Einfluß auf das industrielle Unternehmen dauernd zu erhalten" und „die Geschäftsführung jenes Unternehmens dauernd zu überwachen" (S. 63/4); Krüger (1925): „An Stelle rein kapitalistischer Beteiligung verfolgte man mit ihm mehr und mehr eine ... Einflußnahme auf gewisse Unternehmungen vor allem industrieller Art ..." (S. 127).

53   1837 etwa streckte Oppenheim einem Konsortium von Aachener Geschäftsleuten mehr als 250.000 Taler vor, damit dieses Anteile der Rheinischen Eisenbahngesellschaft kaufen konnte. Es sollte eine Mehrheit auf der nächsten Hauptversammlung abgesichert werden, da hier unter anderem über grundlegende Fragen der Finanzierungspolitik zu entscheiden war (vgl. Tilly (1966), S. 107).

54   Vgl. Jeidels (1905), S. 36; Riesser (1910), S. 550 sowie ders. (1912), S. 46; ergänzend Gehr (1959), S. 33 und Pohl (1983), S. 18, demzufolge die Banken zu der Gewährung von kurzfristigen Krediten bereit waren, da sich daraus langfristig ein Anleihe- oder Emissionsgeschäft entwickeln konnte.

55   Riesser (1912), S. 46.

sich die Banken ... förmlich um das Geschäft ... In diesem Fall kann sich die
Verbindung des bisherigen Emissionshauses mit der Industrieunternehmung
möglicherweise lockern, der Einfluß des neuen schwach bleiben ...".[56] Das
Umschalten („**switching**") in der Finanzierung des Industrieunternehmens von der
reinen Kreditfinanzierung durch Banken zu einer Finanzierung, die auch verbriefte
Finanzierungstitel umfaßt, scheint aber auch die Unabhängigkeit der Unternehmen
von den Hausbanken erhöht zu haben[57], wenn es den Hausbanken nicht gelang,
die neue Stärke der Industrieunternehmen durch neue Instrumente der Bindung an
das eigene Kreditinstitut zu dekontaminieren.

3.  In Phasen des Lebenszyklusses, in denen nicht zuletzt der Eintritt in die Wert-
    papierfinanzierung die Liquidität der Finanzierungstitel der Unternehmen erhöht
    und die relative Konkurrenzposition der Hausbanken verschlechtert hat, konnten
    die Hausbanken mit einer Verbreiterung der Palette ihrer Instrumente die Unter-
    nehmen bisweilen so an sich **binden,** daß die gewachsene Hausbankbeziehung
    auch nach dem „switching" erhalten blieb: „Die universelle Natur des industriellen
    Bankgeschäfts, ... die Möglichkeit und Notwendigkeit für eine Großbank, regu-
    lären Geschäftsverkehr, gewerbliche Kreditgewährung, Emissionen, Besetzung
    von Aufsichtsratsstellen systematisch als Werkzeuge für enge dauernde Bezie-
    hungen zu industriellen Unternehmungen zu benutzen: das alles zieht ein so tief-
    maschiges Netz um die Bank und die industrielle Unternehmung, daß der Konkur-
    renzkampf um das einzelne Geschäft mit dieser häufig, bei manchen Gesell-
    schaften dauernd ausgeschaltet wird. Er entsteht so ein fester, durch Unterbietung
    bei einer Emission, Kreditgewährung usw. nicht zu durchbrechender Kundenkreis
    der einzelnen Großbanken."[58]

Diese drei aufbereiteten Hypothesen schaffen den Bezug zwischen realtypischer Betrachtung und deren idealtypischer Vorbereitung in § 7 dieser Arbeit. Der hohe Informationsstand des Intermediärs entspricht der Rolle, die der „monitoring"-Ansatz allgemein und speziell das Modell von Diamond (1984) dieser Institution zuweisen. Der
Gedanke eines Unternehmenslebenszykluses mit synchron verlaufender Abnahme der
Liquidität der Finanzierungstitel der Unternehmen steht an der Schnittstelle zwischen
Grundmodell und erweitertem Modell. Die intensive Bindung von Unternehmen an die

---

56  Jeidels (1905), S. 130.

57  Nachdem sich zum Beispiel Siemens & Halske in den frühen 1890er Jahren in eine Aktiengesell-
    schaft umgewandelt hatte, konstatiert Wellhöner (1989) für die Entwicklung der späten 1890er
    Jahre die „Erlangung eines punktuellen Übergewichtes" (S. 234). Feldenkirchen (1979) sieht
    ganz allgemein für die Zeit nach 1895 das Phänomen, daß sich die Unternehmen dem Einfluß der
    Banken zu entziehen begannen, sieht dies aber wie manch anderer Autor „nicht zuletzt aufgrund
    der Konzentrationsbewegung" bei den Industrieunternehmen geschehen.

58  Jeidels (1905), S. 163.

Finanzintermediäre nach dem „switching" im Unternehmenslebenszyklus über eine breite Palette von Instrumenten korrespondiert dann gerade mit einer der Kernaussagen des erweiterten Modells.

## 3    Instrumente zur Etablierung der Hausbankbeziehung im Wandel der Zeit

Seit der „take-off"-Phase im deutschen Industrialisierungsprozeß haben sich die Instrumente zur Etablierung der Hausbankbeziehung als erstaunlich stabil in ihrer Anwendung herausgestellt, wie in diesem Gliederungspunkt gezeigt werden soll.

Da in der wirtschaftspolitischen Diskussion in der Bundesrepublik Deutschland mit einer gewissen Regelmäßigkeit über die „**Macht der Banken**" diskutiert wird[59] , kann die Benutzung der seit 1830 angewendeten Instrumente zur Etablierung der Hausbankbeziehung auch für die Gegenwart durch umfangreiches Zahlenmaterial illustriert werden.[60] In dieser Debatte wird mit großer Einmütigkeit auf vier herausragende Instrumente Bezug genommen: Es sind dies **Kreditverträge,** die Banken an Industrieunternehmen vergeben, der **Beteiligungsbesitz** der Banken an Industrieunternehmen, das **Depotstimmrecht** und **personelle Verflechtungen** zwischen Banken und Industrieunternehmen.[61] Mit anderen Worten: Die vom Autorenkreis um Riesser und Jeidels um die Jahrhundertwende aus der Sicht der bankbetrieblichen Geschäftspolitik betrachteten Instrumente zur Etablierung einer dauerhaften Beziehung zwischen Bank und Industrieunternehmen am Markt für Unternehmenskontrolle sind – erweitert um das Depotstimmrecht – heute Gegenstand wirtschaftspolitischer Diskussion. Das Datenmaterial des Bundesamtes für gewerbliche Wirtschaft (1964) liefert dabei erste interessante Einblicke, dürfte aber aus heutiger Sicht veraltet sein. Den gleichen Einwand könnte man dem Datenmaterial der Monopolkommission aus den Jahren 1976 und 1978 entgegenhalten.[62] Andererseits liegt die jüngste umfassende empirische Erhebung der Studienkommission „Grundsatzfragen der Kreditwirtschaft" mit ihrem Erscheinungsjahr (1979) ebenfalls in den siebziger Jahren. Gegen das Datenmaterial

---

59  Vgl. exemplarisch Bundesamt für gewerbliche Wirtschaft (1964), Büschgen (1971), Monopol-
    kommission (1976), Monopolkommission (1978), Schreyögg/Steinmann (1981), Büschgen
    (1981), Steinmann/Schreyögg/Dütthorn (1983), Pfeiffer (1986), Arndt (1986), BdB (1987), Cam-
    mann/Arnold (1987), Arndt (1987), Lambsdorff (1988), Herrhausen (1988), BdB (1989), Röller
    (1989), Wissmann (1990), Lambsdorff (1990), Kartte (1990), Röller (1990), Neuber (1990)
    sowie Wenger (1992).

60  Die umfassendsten Datenmaterialien lieferten bis heute Bundesamt für gewerbliche Wirtschaft
    (1964), Monopolkommission (1976), Monopolkommission (1978) und Studienkommission
    „Grundsatzfragen der Kreditwirtschaft" (1979). Bisweilen veröffentlicht auch der Bundes-
    verband deutscher Banken Ergebnisse empirischer Erhebungen (so z. B. BdB (1987), Cammann/
    Arnold (1987), BdB (1989)), doch ist hier nicht zweifelsfrei der Weg vom Datenmaterial bis zur
    statistischen Auswertung nachvollziehbar.

61  Vgl. Bundesamt für gewerbliche Wirtschaft (1964), S. 36; Monopolkommission (1978), Tz. 497
    sowie Herrhausen (1988), S. 125.

62  Die Daten der Monopolkommission (1976) basierten auf einer Fragebogenaktion, die wegen der
    geringen Mitwirkung der Kreditinstitute auch von ihr selbst als „unbefriedigend" bezeichnet
    wurde (Tz. 359).

der Studienkommission ist ferner der Einwand erhoben worden, daß fünf der zwölf Kommissionsmitglieder der Kreditwirtschaft zuzurechnen waren.[63] Weiterhin wird in der wirtschaftspolitischen Debatte um die Macht der Banken bis in die jüngste Zeit das Erhebungsjahr 1976 für das Datenmaterial von Monopolkommission (1978) als „Fixpunkt" von praktisch allen Seiten akzeptiert.[64]

Wegen dieser Sonderstellung der Daten der Monopolkommission (1978) soll diese Untersuchung deshalb kurz skizziert werden: Die Monopolkommission untersuchte die 100 größten in der Rechtsform der AG (oder KGaA) betriebenen Unternehmen in der Bundesrepublik Deutschland. Den Teilnehmerverzeichnissen der Hauptversammlungen dieser Gesellschaften nach § 129 AktG wurden Angaben zum Eigenbesitz der Kreditinstitute und zu den von ihnen ausgeübten Depotstimmrechten entnommen. Für die Feststellung der von Vertretern der Kreditwirtschaft wahrgenommenen Aufsichtsratsmandate bildeten im wesentlichen die Ergebnisse von Monopolkommission (1976) die Grundlage.[65]

## 3.1 Kreditverträge

Wie die meisten empirischen Untersuchungen enthält Monopolkommission (1978) praktisch keinerlei Quantifizierungen zum Bereich der – ebenfalls als wirtschaftspolitisch bedenklich eingestuften – **Kreditverträge**. Auch eine Auflistung der in solchen Verträgen vorzufindenden Klauseln, mit denen Banken Einfluß auf Industrieunternehmen suchen könnten, fehlt; man denke nur an die bei Riesser und Jeidels angesprochenen Ausschließlichkeitsklauseln.[66] Dies könnte damit zusammenhängen, daß sich solche Kreditverträge jeglicher Publizität entziehen lassen. Große Teile des atypischen Marktes für Unternehmenskontrolle sind öffentlicher Inspektion nicht zugänglich.

---

63 Vgl. Kartte (1990), S. 15 sowie Wenger (1992), S. 73.

64 So vergleicht etwa BdB (1987) die Situation zwischen 1976 und 1986, um einen Rückgang der Beteiligungen nachzuweisen (S. 22); ähnlich Cammann/Arnold (1987), S. 121; auch Arndt (1986) spricht den Daten der Monopolkommission sein Vertrauen aus (S. 641/2); ähnlich BdB (1989), wo ein Vergleich zwischen den Beteiligungssituationen 1976 und Ende August 1989 angestellt wird und wiederum von einem Rückgang des Beteiligungsbesitzes ausgegangen wird (S. 558/9).

65 Vgl. Monopolkommission (1978), Tz. 499 i.V.m. Tz. 506 und 513.

66 Vgl. hierzu Büschgen (1971), S. 112.

## 3.2 Stimmrechte aus Beteiligungsbesitz und Depotstimmrecht

Auf den Hauptversammlungen von 41 der 100 größten Aktiengesellschaften haben die Kreditinstitute **Stimmrechte** aus mehr als 25% des anwesenden stimmberechtigten Kapitals wahrgenommen. Nur rund 7% der auf Kreditinstitute entfallenden Stimmen resultieren hierbei aus **Eigenbesitz**, der maßgebliche Anteil entspringt vielmehr aus dem **Depotstimmrecht**. Bei 30 Hauptversammlungen wurden mehr als 50% des anwesenden stimmberechtigten Kapitals von Banken wahrgenommen und bei 18 Hauptversammlungen mehr als 75% des anwesenden stimmberechtigten Kapitals.[67] Die für das indirekte Verfügungsrecht über die Unternehmenspolitik gewöhnlich ausschlaggebende 50%-Stimmrechtsschwelle wurde also bei knapp einem Drittel der 100 größten deutschen Aktiengesellschaften von den Banken überschritten.

## 3.3 Aufsichtsratsmandate

Von 1203 überhaupt vorhandenen **Aufsichtsratsmandaten** bei den 100 größten Aktiengesellschaften wurden 179 (oder 15%) von Vertretern der Kreditwirtschaft eingenommen. In 75 Aufsichtsräte der betrachteten 100 Aktiengesellschaften hatte wenigstens ein Kreditinstitut einen oder mehrere Vertreter entsandt. In 31 Fällen führten Vertreter von Kreditinstituten in den Aufsichtsräten der 100 größten Aktiengesellschaften den Vorsitz. Bei den stellvertretenden Aufsichtsratsvorsitzenden zeigte sich ein ähnliches Bild. 35 solcher Positionen wurden von Vertretern der Kreditwirtschaft eingenommen. Dabei lag bei jeder zweiten Gesellschaft aus der Gruppe der 100 größten Aktiengesellschaften eine Kombination von Stimmrechtsvertretung mit der Wahrnehmung von wenigstens einem Aufsichtsratsmandat durch Kreditinstitute vor. Die Wahrnehmung von Stimmrechtsanteilen oberhalb von 25% durch Kreditinstitute fiel ausnahmslos mit wenigstens einem Aufsichtsratsmandat zusammen. Verfügten die Kreditinstitute über Eigenbesitz von mehr als 25%, so besetzten sie in jedem Fall die Position des Aufsichtsratsvorsitzenden oder einer seiner Stellvertreter. Dies war in 21 Fällen von Bankenbeteiligung gegeben.[68] [69]

---

67  Vgl. Monopolkommission (1978), Tz. 522 und 524. Vorliegende Schätzungen über den Anteil aus Depotbesitz, der zur Stimmrechtsausübung ausgenutzt wird, schwanken zwischen unter 28% (Bundesamt für gewerbliche Wirtschaft (1964), S. 40) und 2% (Wenger (1992), S. 78).

68  Vgl. Monopolkommission (1978), Tz. 529, 532, 539, 540, 548 und 549; man ist geneigt zu sagen, der „Preis" für ein Bankenaufsichtsratsmandat am **typischen Markt für Unternehmenskontrolle** liege in einem Paket von mehr als 25% der Stimmrechte aus Aktien; der „Preis" für den Aufsichtsratsvorsitz oder seine Stellvertretung erfordere zusätzlich den Eigenbesitz dieser Stimmrechte.

69  Aufsichtsratsmandate, die nicht von Vertretern der Anteilseigner, sondern von Bankenvertretern, Mitgliedern anderer Unternehmen (insbesondere von Zulieferern und Abnehmern), Vertretern des öffentlichen Lebens und Experten unterschiedlicher Art besetzt werden, stehen in jüngerer

## 3.4    Bewertung

Die Monopolkommission schließt aus diesem Datenmaterial auf einen „erheblichen Einfluß" der Kreditwirtschaft und empfiehlt erweiterte Publizitätspflichten[70] für Eigenbesitz und Depotstimmrecht oberhalb von 5% sowie für die Wahrnehmung von Aufsichtsratsmandaten.[71] Sie hatte zuvor auch eine Beschränkung des Anteilbesitzes auf 5% gefordert.[72]

In der sich an die Ausführungen der Monopolkommission anschließenden wirtschaftspolitischen Debatte um die Macht der Banken wurde ein sehr bankenkritischer Standpunkt insbesondere von Pfeiffer (1986) eingenommen. Für eine Reduzierung des Anteilbesitzes auf 15% plädiert Lambsdorff (1988) und (1990). Eine Beseitigung des Depotstimmrechts soll nach Wenger (1992) die Kontrolle des Managements verbessern können. Für verbesserte Publizität plädiert neben der Monopolkommission auch Neuber (1990), S. 21. Weniger bankenkritisch oder im Sinne der praktizierten Geschäftspolitik der betroffenen Institute argumentieren Arndt (1986), Cammann/Arnold (1987), Herrhausen (1988), Röller (1989) und Röller (1990). Die wirtschaftspolitische Diskussion mit ihren Empfehlungen für die rechtliche Ausgestaltung (von Teilsegmenten) des Marktes für Unternehmenskontrolle soll hier jedoch nicht Gegenstand der Betrachtung sein. Es sollte vielmehr empirisch die Hypothese gestützt werden, daß deutschen Universalbanken am typischen und am atypischen Markt für Unternehmenskontrolle aus den Instrumenten Kreditvertrag, Beteiligungsbesitz, personelle Verflechtung und Depotstimmrecht auch heute erhebliche Einflußpotentiale auf die Geschäftspolitik von Industrieunternehmen erwachsen; „... daß Banken sie haben, kann man nicht bestreiten".[73]

---

Zeit im Zentrum einer Betrachtung, die solche Mandate als „Steuerungsinstrument des Vorstandes" begreift. Um die **Unsicherheit über die Ressourcen** in der Unternehmensumwelt zu **reduzieren,** werden Aufsichtsratsmandate mit Vertretern anderer großer Organisationen besetzt (vgl. Schreyögg (1983), S. 278 – 281). Die unlängst am Fachbereich Wirtschaftswissenschaft der FernUniversität vorgelegte Dissertation von Papenheim-Tockhorn (1992) steht im Lichte dieser Sichtweise der neueren Managementlehre. Sie liefert ferner weiteres, gut recherchiertes Datenmaterial zur Besetzung von Aufsichtsräten mit Nichtanteilseignern. Nach Durchsicht der Geschäftsberichte von 56 Unternehmen konnten für den Zeitraum 1969 bis 1988 insgesamt 1453 Mandatsträger festgestellt werden. 582 von ihnen stellten dabei eine personelle Verbindung zu anderen Unternehmen her. 40% der Aufsichtsratsmandate dienen also zur Herstellung von Unternehmensverbindungen (vgl. Papenheim-Tockhorn (1992), S. 113). 214 Mandate stellten dabei Bankverflechtungen dar (vgl. dies., S. 135).

70   Vgl. zu solchen erweiterten Publizitätspflichten Gliederungspunkt 3.1 in § 11 dieser Arbeit.

71   Vgl. Monopolkommission (1978), Tz. 599 und 609.

72   Vgl. Monopolkommission (1976), Tz. 567.

73   Herrhausen (1988), S. 125.

# 4 Institutioneller Rahmen für die Etablierung von Hausbankbeziehungen im bundesdeutschen Universalbankensystem der Gegenwart

## 4.1 Institutioneller Rahmen für die vier klassischen Instrumente zur Etablierung der Hausbankbeziehung

Fassen wir noch einmal kurz zusammen, welche Instrumente aus dem Arsenal bankbetrieblicher Geschäftspolitik deutsche Finanzintermediäre seit der eindrucksvollen „take-off"-Phase in der zweiten Hälfte des 19. Jahrhunderts einsetzten, um Industrieunternehmen mit sich zu verbinden. Hier standen zunächst die Kreditverträge, die später um die Wertpapierfinanzierung ergänzt werden konnten. Notwendige Bedingung für ein solches Bankgeschäft aus einer Hand war das Universalbankprinzip, das den Finanzintermediären sowohl das commercial banking als auch das investment banking[74] erlaubte. Auch räumlich konnten diese Finanzintermediäre durch ein weites Zweigstellennetz gewöhnlich leicht die geographische Expansion der Industrieunternehmen begleiten. Durch das Halten von Beteiligungsbesitz, dessen Mitwirkungs- und Kontrollrechte häufig noch durch das Depotstimmrecht verstärkt wurden, sowie durch die Besetzung von Aufsichtsratsmandaten mit Bankenvertretern könnte es den Banken gelungen sein, die Industrieunternehmen auch nach dem „Umschalten" zur Wertpapierfinanzierung an sich zu binden. Im folgenden soll nun untersucht werden, welche institutionellen Rahmenbedingungen für den Einsatz dieser Instrumente im bundesdeutschen Universalbankensystem der Gegenwart herrschen.

### 4.1.1 Kreditverträge

Nebenabsprachen in **Kreditverträgen** wie die bereits erwähnten Ausschließlichkeitsklauseln sind wegen des Grundsatzes der Vertragsfreiheit im Schuldrecht prinzipiell frei vereinbar.[75] Der Grundsatz findet seine Grenzen vor allem in den allgemeinen Verboten der Gesetzeswidrigkeit[76] und der Sittenwidrigkeit[77].

---

74 Vgl. zu diesen Begriffen § 9 der vorliegenden Arbeit, insbesondere Gliederungspunkt 3.

75 Vgl. hierzu auch Gliederungspunkt 3 in § 3 dieser Arbeit.

76 § 134 BGB.

77 § 138 BGB.

### 4.1.2 Beteiligungsbesitz

Auch der Besitz von **Beteiligungen** an Industrieunternehmen ist Banken grundsätzlich möglich.[78] Alle Banken haben beim Erwerb von Beteiligungen die allgemeinen Vorschriften zu beachten. Die kartellrechtlichen Vorschriften werden zwar generell durch die „**Bereichsausnahme**" des § 102 GWB insofern relativiert, als das allgemeine Kartellverbot für die Kreditwirtschaft nicht gilt und stattdessen Kartellverträge der Mißbrauchsaufsicht durch das Bundeskartellamt unterstellt werden. Die Vorschriften der Zusammenschlußkontrolle finden dagegen auch auf die Kreditwirtschaft ihre Anwendung.[79] Ein Zusammenschluß im Sinne des GWB liegt allerdings nicht vor, wenn ein Kreditinstitut bei der Gründung oder Kapitalerhöhung eines Unternehmens oder sonst im Rahmen seines Geschäftsbetriebes Anteile an einem anderen Unternehmen zum Zwecke der Veräußerung auf dem Markt erwirbt, solange es das Stimmrecht aus diesen Anteilen nicht ausübt und die Veräußerung innerhalb eines Jahres erfolgt[80] („**mergers-and-acquisitions-Ausnahme**"). Vorübergehende Beteiligungen von Kreditinstituten erfüllen aber auch in der **Fusionskontrollverordnung** der EWG nicht die Voraussetzungen des Zusammenschlußtatbestandes.[81]

Im Bereich des **Bankenaufsichtsrechtes** haben sich für Bankbeteiligungen in jüngster Zeit entscheidende Änderungen ergeben.[82] Schon bisher durften die Anlagen eines Kreditinstitutes in Grundstücken, Gebäuden, Betriebs- und Geschäftsausstattung, *Anteilen* an Kreditinstituten *und an sonstigen Unternehmen* sowie in Forderungen aus Vermögenseinlagen als stiller Gesellschafter und aus Genußrechten nach den Buchwerten berechnet zusammen das sogenannte „haftende Eigenkapital" nach § 10 (2) KWG nicht übersteigen.[83] Hierzu gesellt sich der Regelungkomplex, der durch die Umsetzung der **zweiten Bankrechtskoordinierungsrichtlinie** in deutsches Recht

---

78  Bei Sparkassen und Genossenschaften ist er allerdings durch für diese Institutsgruppen geltende, spezifische Vorschriften eingeschränkt. Sparkassen ist der Erwerb von Nichtbankenbeteiligungen auf Grund von satzungsmäßigen Bestimmungen untersagt; Kreditgenossenschaften hingegen dürfen keine Beteiligungen übernehmen, wenn diese erwerbswirtschaftlichen Zwecken dienen sollen (vgl. Büschgen (1981), S. 52, Fn. 1 sowie Lambsdorff (1988), S. 58).

79  Vgl. Büschgen (1981), S. 72 sowie Herrhausen (1988), S. 122.

80  § 23 (3) S. 2, 1. Halbsatz GWB.

81  Art. 3 (5) EWG-FKVO.

82  Vgl. zum Hintergrund der Harmonisierungsbestrebungen der Europäischen Gemeinschaften für diese Änderungen Gliederungspunkt 3.3 in § 11 dieser Arbeit.

83  § 12 (1) KWG; die Vorschrift gilt allerdings nicht für Anteilsbesitz an sonstigen Unternehmen, wenn er zehn vom Hundert des Kapitals des Unternehmens nicht übersteigt (§ 12 (2) Nr. 1 KWG), für zum Eigenhandel und zur Kurspflege bestimmte Wertpapiere bis zur Höhe von fünf vom Hundert des Kapitals eines Unternehmens, wenn sie an einer gebietsansässigen oder gebietsfremden Börse zum Handel zugelassen sind (§ 12 (2) Nr. 2 KWG) sowie für Anteile an Unternehmen, die das Kreditinstitut im eigenen Namen für Rechnung eines Dritten erworben hat, solange das Kreditinstitut sie nicht länger als zwei Jahre behält (§ 12 (2) Nr. 3 KWG).

entstanden ist. Künftig darf die einzelne „bedeutende Beteiligung" eines Kredit-institutes an einer Nichtbank 15 Prozent des haftenden Eigenkapitals und die Summe aller bedeutenden Beteiligungen 60 Prozent des „haftenden Eigenkapitals" zunächst nicht übersteigen. Wenn diese Grenzen doch überschritten werden, hat das Kredit-institut den übersteigenden Betrag mit freiem, also nicht durch andere Risiken beleg-tem „haftendem Eigenkapital" abzudecken.[84] Eine „**bedeutende Beteiligung**" be-steht, wenn ein Kreditinstitut unmittelbar oder mittelbar über Tochterunternehmen mindestens 10 Prozent des Kapitals oder der Stimmrechte eines Unternehmens hält oder wenn auf die Geschäftsführung des Unternehmens, an dem eine Beteiligung besteht, ein „maßgeblicher Einfluß" genommen werden kann.[85] Der Begriff der bedeutenden Beteiligung hat auch für die ebenfalls neu eingeführte Anteilseignerüber-wachung und die damit verbundenen Anzeigepflichten von Kreditinstituten Bedeu-tung: Kreditinstitute sind verpflichtet, die Übernahme oder die Aufgabe einer unmittel-baren Beteiligung an anderen Unternehmen in Höhe von mindestens 10 Prozent oder Veränderungen dieser Beteiligung, soweit sie über 10 Prozent des Kapitals oder der Stimmrechte hinausgehen, dem Bundesaufsichtsamt für das Kreditwesen und der Deutschen Bundesbank anzuzeigen.[86] Aufgrund der **Solvabilitätsrichtlinie** der EG wurde aber auch der Kreis der für den Grundsatz I des Bundesaufsichtsamtes für das Kreditwesen anrechnungspflichtigen Geschäfte wesentlich erweitert. Künftig werden *Wertpapierkäufe ebenso wie Pensionsgeschäfte mit Wertpapieren vom Grundsatz I er-faßt* und den Risikoaktiva zugeschlagen, so daß ihrer Ausweitung Grenzen gesetzt sind.[87]

Freiwilliger und unfreiwilliger Beteiligungsbesitz kann auch aus einer Mitwirkung am **Emissionsgeschäft** resultieren. Bundesdeutsche Universalbanken können an diesem Geschäft ungehindert partizipieren; die Legaldefinition des Kreditinstitutes sieht das Effektengeschäft als ein Bankgeschäft für Kreditinstitute sogar ausdrücklich vor.[88] Beim Emissionsgeschäft können die Kreditinstitute Wertpapiere für eigene Rechnung als Selbstkäufer übernehmen. Sie werden dann Eigentümer der Wertpapiere und tragen das Absatzrisiko.[89] Übernehmen sie die Wertpapiere dagegen für Rechnung des Emit-

---

84  § 12 (5) KWG; vgl. Arnold/Boos (1993), S. 277 und Beiträge von Boos (1992) und Deutsche Bundesbank (1993a); der Bundesverband deutscher Banken ließ 1989 verlauten, die Umsetzung der zweiten Bankrechtskoordinierungsrichtlinie stelle die deutschen Banken nicht vor Anpassungsprobleme, da ihr Anteilsbesitz unterhalb der geforderten EG-Normen liege (vgl. BdB (1989), S. 559).

85  § 1 (9) KWG; vgl. Arnold/Boos (1993), S. 275.

86  § 2b KWG; vgl. Arnold/Boos (1993), S. 277.

87  Vgl. Boos/Schulte-Mattler (1992), S. 639, 641 und 642.

88  § 1 (1) Nr. 4 KWG.

89  Vgl. Grill/Perczynski (1989), S. 202.

tenten, so kann dies sowohl im Namen des Kreditinstituts erfolgen, das dann Kommissionär ist, als auch im Namen des Emittenten. In dem letzten Fall ist das Kreditinstitut dann ein Geschäftsbesorger.[90] Bei der **Selbstemission** erledigt ein Kreditinstitut die Emission „selbst". Den Regelfall stellt es jedoch dar, daß sich verschiedene Kreditinstitute zu einer Gesellschaft bürgerlichen Rechts, dem Konsortium, zusammenschließen. Man spricht dann von **Fremdemission**.[91] Das Konsortium wird meist von der Hausbank des Wertpapiere emittierenden Unternehmens geführt. Wenn das Konsortium die Wertpapiere für eigene Rechnung übernimmt, so spricht man von einem **Übernahmekonsortium**. Das Absatzrisiko geht dann auf die Mitglieder des Konsortiums entsprechend ihrer Konsortialquoten über.[92] Hier kann es dann zu dem Effekt kommen, daß die Kreditinstitute nicht alle Titel der Emission absetzen können und es zu unfreiwilligem Beteiligungsbesitz kommt. Dies ist hingegen ausgeschlossen, wenn das Konsortium als Kommissionär oder als Geschäftsbesorger die Wertpapiere für fremde Rechnung übernimmt. In diesem Fall spricht man von einem **Begebungskonsortium**. Hierbei bleibt das Absatzrisiko beim Emittenten, das Konsortium übernimmt lediglich den Vertrieb der Wertpapiere.[93]

### 4.1.3 Depotstimmrecht

Aktionäre können verschiedene Personengruppen bevollmächtigen, ihr Stimmrecht in der Hauptversammlung auszuüben. Mit dem Grundgedanken des Aktiengesetzes unvereinbar ist jedoch eine Bevollmächtigung der Gesellschaft selbst, des Vorstandes, des Aufsichtsrates oder beider Gremien zusammen.[94] Beim **Depotstimmrecht** gelten nämlich nunmehr die Bestimmungen **des Aktiengesetzes von 1965**. Als Depotstimmrecht bezeichnet man die stellvertretende Ausübung des Stimmrechts durch Banken auf Hauptversammlungen für die Inhaber der Aktien.[95] Das Aktiengesetz von 1965 hat die rechtliche Stellung des Aktionärs gegenüber früheren Regelungen insofern verbessert, als nach § 135 (1) AktG die Bank das Stimmrecht *nur aufgrund einer schriftlichen Vollmacht* der Eigentümer ausüben darf. Die Vollmachterteilung darf deshalb nicht Gegenstand allgemeiner Geschäftsbedingungen sein.[96] Die Vollmacht darf nur auf ein bestimmtes Kreditinstitut ausgestellt werden und hat eine maximale Gültigkeitsdauer von 15 Monaten. Das Kreditinstitut ist verpflichtet, Mitteilungen der

---

90  Vgl. ebda.

91  Vgl. Breuer (1988), S. 470/1.

92  Vgl. Breuer (1988), S. 471 und Grill/Perczynski (1989), S. 201.

93  Vgl. Breuer (1988), S. 471 und 466 sowie Grill/Perczynski (1989), S. 201.

94  Vgl. Zöllner (1985), § 134, Rn. 79.

95  Vgl. Köpf (1986), S. 583.

96  Vgl. Eisenhardt (1992), Rn. 199.

Aktiengesellschaft an den Aktionär zu übermitteln. Das Kreditinstitut kann das Stimmrecht des Aktionärs in der Hauptversammlung nur noch dann ausüben, wenn sie ihn unter Übermittlung eigener Abstimmungsvorschläge um Weisungen für die Stimmausübung zu den einzelnen Punkten der Tagesordnung gebeten hat. In der jeweiligen Hauptversammlung muß die Bank entsprechend den Weisungen der Depotkunden abstimmen. Hat der Depotkunde keine Weisung erteilt, so muß sie nach ihren eigenen Vorschlägen abstimmen.[97] Dem Kreditinstitut verbleibt damit der Handlungsspielraum aus den Stimmrechten derjenigen Aktionäre, die dem Kreditinstitut keine Weisung hinsichtlich der Ausübung des Stimmrechts erteilt haben.[98]

### 4.1.4 Aufsichtsratsmandate

Die Belegung von **Aufsichtsratsmandaten** mit Bankenvertretern kann grundsätzlich aus Bankenstimmrechten in Hauptversammlungen (Vollmachtsbesitz, Eigenbesitz, Fremdbesitz) und vertraglichen Nebenabsprachen in anderen Verträgen, beispielsweise Kreditverträgen, resultieren. Der letztere Fall stellt ein Beispiel für **Entsendungsrechte** dar. Ein solches Recht, Mitglieder in den Aufsichtsrat zu entsenden, muß aber in der Satzung der Aktiengesellschaft vorgesehen sein und kann nur für bestimmte Aktionäre oder für die jeweiligen Inhaber bestimmter Aktien begründet werden.[99] Die Entsendungsrechte können insgesamt höchstens für ein Drittel der sich aus dem Gesetz oder der Satzung ergebenden Zahl der Aufsichtsratsmitglieder der Aktionäre eingeräumt werden.[100] Ein solches Aufsichtsratsmitglied, das aufgrund der Satzung in den Aufsichtsrat entsandt ist, kann von dem Entsendungsberechtigten jederzeit abberufen und durch ein anderes ersetzt werden.[101] Mitglied eines Aufsichtsrates kann allerdings nicht sein, wer bereits in zehn Handelsgesellschaften oder bergrechtlichen Gewerkschaften, die gesetzlich einen Aufsichtsrat zu bilden haben, Aufsichtsratsmitglied ist.[102]

---

97 §§ 135 (1), (2), 128 (1), (2) AktG; vgl. Köpf (1986), S. 583.

98 Vgl. Büschgen (1981), S. 87.

99 § 101 (2) S. 1 und 2 AktG.

100 § 101 (2) S. 4 AktG.

101 § 102 (2) S. 1 AktG; vgl. Mertens (1985), § 102, Rn. 14.

102 § 100 (2) S. 1 Nr. 1 AktG; sogenannte „lex abs"; Mitglied eines Aufsichtsrates kann ferner nicht sein, wer gesetzlicher Vertreter eines von der Gesellschaft abhängigen Unternehmens ist, oder wer gesetzlicher Vertreter einer anderen Kapitalgesellschaft oder bergrechtlichen Gewerkschaft ist, deren Aufsichtsrat ein Vorstandsmitglied der Gesellschaft angehört; § 100 (2) S. 1 Nr. 2 und 3 AktG; auf die Höchstzahl der nach S. 1 Nr. 1 möglichen Aufsichtsratsmandate sind bis zu fünf Aufsichtsratssitze nicht anzurechnen, die ein gesetzlicher Vertreter (beim Einzelkaufmann der Inhaber) des herrschenden Unternehmens eines Konzerns in zum Konzern

## 4.2 Weitere institutionelle Aspekte zur Vorbereitung des Vergleichs mit der US-amerikanischen Regelung

Die Etablierung von Hausbankbeziehungen in der deutschen Rechtsordnung beruht nicht nur auf der konkreten Umsetzung der vier genannten „klassischen" Instrumente. Sie setzt auch weitere Rahmenbedingungen voraus, die US-amerikanische Banken in ihrer Rechtsordnung so nicht antreffen.

### 4.2.1 Universalbankensystem

Sucht man in der einschlägigen Literatur nach Fundstellen, die sich für eine Vereinigung der Geschäfte des „commercial banking" und des „investment banking" bei einem Finanzintermediär aussprechen, so wird man kaum fündig; das **Universalbankensystem** wird in Deutschland faktisch als Selbstverständlichkeit vorausgesetzt.[103] Im Gesetz über das Kreditwesen sind keine Restriktionen vorgesehen, die das simultane Betreiben von commercial banking und investment banking grundsätzlich verbieten.[104] Es kann einem Kreditinstitut die „**Vollbankkonzession**" zum Betreiben sämtlicher Bankgeschäfte, die in § 1 (1) KWG genannt werden, erteilt werden.[105] Das Bundesaufsichtsamt für das Kreditwesen kann zwar die Erlaubnis zum Geschäftsbetrieb auf einzelne Bankgeschäfte beschränken[106]; es besteht jedoch ein Rechtsanspruch auf Erteilung einer Vollbankkonzession, wenn die Auflagen des KWG über die erforderlichen Eigenmittel erfüllt sind und die fachliche Qualifikation und die persönliche Zuverlässigkeit der Bankgeschäftsleitung, die aus mindestens zwei Personen bestehen muß, sichergestellt sind.[107] Die bis 1958 für die Gründung eines Kreditinstitutes und selbst für die Errichtung von Zweigstellen vorgeschriebene Bedürfnisprüfung ist weggefallen.

---

gehörenden Handelsgesellschaften und bergrechtlichen Gewerkschaften, die gesetzlich einen Aufsichtsrat zu bilden haben, inne hat; vgl. § 100 (1) S. 2 AktG.

103  Man betrachte etwa den einschlägigen Kommentar von Szagunn und Wohlschieß (1992); das Wort „Universalbankensystem" findet man schwerlich; es wird stillschweigend davon ausgegangen, daß ein Kreditinstitut mehrere der in § 1 (1) KWG genannten Bankgeschäfte ausüben kann. Da dies insbesondere für dessen Ziffern 1 und 2 (typisches „commercial banking") und 4 und 5 (typisches „investment banking") gilt, wird also implizit ganz selbstverständlich die Existenz eines Universalbankensystems unterstellt.

104  Vgl. Büschgen (1981), S. 26.

105  Vgl. Büschgen (1981), S. 13.

106  § 32 (2) KWG.

107  Vgl. Büschgen (1981), S. 26.

## 4.2.2 Freiheit der geographischen Ausweitung

Aus dem soeben erwähnten Wegfall der Bedürfnisprüfung folgt bereits, daß deutsche Universalbanken hinsichtlich ihrer **geographischen Ausbreitung keinerlei Beschränkungen** unterliegen. Auch Gesetzestexte und ähnliche Quellen geben keinerlei Hinweis darauf, daß deutsche Banken ihre Zweigstellen nicht frei aus geschäftspolitischen Erwägungen über ihren Wirtschaftsraum verteilen könnten.[108]

## 4.2.3 Keine Beschränkungen von Einlagen- und Kreditzinsen

Die Möglichkeiten zur Implementierung der Instrumente, mit denen Hausbankbeziehungen schon im 19. Jahrhundert von den deutschen Banken etabliert wurden, sind also auch heute in der bundesdeutschen Rechtsordnung ausgeprägt vorhanden. Gegenüber der take-off-Phase dürften deutsche Universalbanken ferner davon profitieren, daß sie heutzutage praktisch völlig frei Zinssätze als Elemente von Finanzierungsverträgen aushandeln können.

**Gesetzliche Beschränkungen der Einlagen- und Kreditzinsen** sind im 19. Jahrhundert zwar auf deutschem Boden bekannt gewesen, sie wurden aber – im internationalen Vergleich – recht früh abgeschafft. Im 19. Jahrhundert schwankten die Zinsen wegen gesetzlicher Bindung sehr wenig.[109] 1894 entstand dann mit der Berliner Stempelvereinigung das erste regionale Zinskartell.[110] Im Gefolge der Bankenkrise von 1931 glaubte der Staat – wie übrigens auch in den USA, derartige Krisen verhindern zu können, wenn er die Rentabilität der Banken sichere, indem er ihnen durch ein Kartell hohe Verdienstspannen verschafft.[111] 1932 wurde der sogenannte Mantelvertrag zwischen den Spitzenverbänden des Kreditgewerbes abgeschlossen, dessen Inhalt im Prinzip bis 1967 galt. Er umfaßte ein Sollzinsabkommen, ein Habenzinsabkommen und ein Wettbewerbsabkommen.[112] Diese drei Abkommen hatten auch unter dem Kreditwesengesetz von 1961 weiterhin Gültigkeit.[113] Sollzinsabkommen und Habenzinsabkommen wurden 1965 durch eine Zinsverordnung des Bundesaufsichtsamtes für

---

108 Dies gilt jedenfalls für die in dieser Arbeit betrachteten privaten Geschäftsbanken in der Rechtsform der Aktiengesellschaft. Anders verhält es sich bei den öffentlich-rechtlichen Sparkassen und den genossenschaftlichen Volks- und Raiffeisenbanken.

109 Tilly (1966), S. 88; der Quelle ist nicht eindeutig zu entnehmen, ob die Einlagen-, die Kreditzinsen oder beide festgelegt waren; der Begriff „usury law" deutet jedoch darauf hin, daß es die Kreditzinsen waren.

110 Vgl. Bitz/Welcker/Weidekind (1987), S. 16.

111 Dies brachte später § 36 KWG von 1939 zum Ausdruck, der Vorläufer des § 102 GWB; vgl. hierzu Lambsdorff (1988), S. 58.

112 Vgl. Bitz/Welcker/Weidekind (1987), S. 14.

113 § 23 (1) KWG alter Fassung; vgl. hierzu Büschgen (1981), S. 46.

das Kreditwesen abgelöst. Da sich aber allmählich die Auffassung durchsetzte, daß auch für das Kreditgewerbe Wettbewerb die zweckmäßigste Ordnungsform sei, können seit der Aufhebung der Zinsverordnung 1967 die Zinsen in Bankfinanzierungsverträgen frei ausgehandelt werden.[114] Auf dem Verordnungswege hätte aber mit dem § 23 (1) KWG immer wieder eine Zinsbindung eingeführt werden können. Durch die Novelle des Kreditwesengesetzes vom 20. Dezember 1984 wurde § 23 (1) KWG jedoch ersatzlos gestrichen. Die Befugnis zum Erlaß einer Zinsbindung ist damit aufgehoben.[115]

**4.2.4  Homogene bankaufsichtsrechtliche Steuerung der laufenden Geschäftstätigkeit von Universalbanken**

Sowohl das sogenannte commercial banking, also speziell das Einlagen- und Kreditgeschäft, als auch das investment banking, also speziell das Wertpapiergeschäft auf eigene Rechnung, unterliegen bei bundesdeutschen Universalbanken einer umfassenden bankaufsichtsrechtlichen Steuerung, die meist commercial banking und investment banking zu einer homogenen Geschäftstätigkeit zusammenfaßt und auf diese Geschäftstätigkeit umfassend Einfluß nimmt, indem sie den Spielraum zur Ausdehnung dieser Geschäftstätigkeit einengt.[116]

- Eine Grundkategorie dieser bankaufsichtsrechtlichen Steuerung bilden die **Vorschriften zur Begrenzung der Fristentransformation** nach § 11 KWG i.V.m. den Grundsätzen II und III. § 11 KWG schreibt den Kreditinstituten eine Anlage ihrer Mittel in der Form vor, daß jederzeit eine ausreichende Zahlungsbereitschaft gewährleistet ist. Zu diesem Zweck wird in Grundsatz II präzisiert, daß bestimmte langfristige Anlagen die Summe aus bestimmten langfristigen Finanzierungsmitteln nicht übersteigen sollen. Unter die genannten Anlagen fallen dabei sowohl unverbriefte Forderungen an Kreditinstitute und Kunden mit vereinbarter Laufzeit oder Kündigungsfrist von vier Jahren oder länger als auch nicht börsengängige Wertpapiere. Sowohl für Repräsentanten des commercial banking als auch für Repräsentanten des investment banking wird hier also eine konkrete Beschränkung für die Ausweitung der laufenden Geschäftstätigkeit oktroyiert. Ähnliches findet man im Grundsatz III. Dort sollen bestimmte mittelfristige Anlagen die Summe

---

114  Zu diesem Zeitpunkt beginnt in den USA das Netz der Zinsreglementierungen überhaupt erst, Probleme zu bereiten; die Einlagenzinsen sollen bis in die achtziger Jahre reglementiert bleiben, die Kreditzinsen sind es in einigen Bundesstaaten heute noch; vgl. hierzu Gliederungspunkt 4.1.2.4 in § 9 der vorliegenden Arbeit.

115  Vgl. Bitz/Welcker/Weidekind (1987), S. 14.

116  Vgl. zu den Begriffen des commercial banking und des investment banking auch § 9 dieser Arbeit.

aus bestimmten mittelfristigen Finanzierungsmitteln nicht übersteigen. Unter die für den Grundsatz III relevanten Anlagen fallen dabei sowohl Forderungen an Kreditinstitute mit vereinbarter Laufzeit oder Kündigungsfrist zwischen drei Monaten und vier Jahren und Forderungen an Kunden mit vereinbarter Laufzeit oder Kündigungsfrist von weniger als vier Jahren als auch börsengängige Anteile und Investmentanteile. Auch hier beobachtet man also die umfassende bankaufsichtsrechtliche Steuerung von commercial banking *und* investment banking.

• Die zweite Grundkategorie bilden **Normen zur Begrenzung der laufenden Geschäftstätigkeit und zur Durchführung eines Mindestmaßes an Risikodiversifikation**. Relevant sind der Regelungskomplex aus § 10 KWG in Verbindung mit den Grundsätzen I und Ia sowie die §§ 12, 13, 14, 15 und 16 KWG. §10 KWG schreibt vor, daß die Kreditinstitute zum Zwecke des Gläubigerschutzes ein angemessenes „haftendes Eigenkapital" haben müssen. Während schon für die äußerst komplexe Definition des haftenden Eigenkapitals Kategorien des commercial bankings und investment bankings relevant sind,[117] wird erst recht bei der Definition der mit Ausfallrisiken behafteten Risikoaktiva in Grundsatz I klar, daß der bundesdeutsche Regelansatz beide Kategorien erfaßt. Als Risikoaktiva gelten etwa sowohl Forderungen an Kreditinstitute und an Kunden als auch Aktien und andere Wertpapiere. Das Verhältnis zwischen „haftendem Eigenkapital" und den gewichteten Risikoaktiva darf 8% nicht unterschreiten.

Während Grundsatz I die Begrenzung von **Ausfallrisiken** zum Ziel hat, sollen mit Grundsatz Ia die **Preisänderungsrisiken** bestimmter Risikopositionen begrenzt werden. Diese Risikopositionen sollen 42% des haftenden Eigenkapitals nicht übersteigen. Zu diesen Risikopositionen gehören wiederum mit Forderungen an Kreditinstitute oder an Kunden ebenso Repräsentanten des commercial banking als auch mit bestimmten Wertpapieren Repräsentanten des investment banking.

In Gliederungspunkt 4.1.2 dieses Paragraphen ist bereits beschrieben worden, wie § 12 KWG den Beteiligungsbesitz eines Kreditinstituts in Abhängigkeit von seinem haftenden Eigenkapital beschränkt. Neben verbrieften Wertpapieren fallen unter die Anlagen im Sinne des § 12 KWG aber auch bestimmte Forderungen aus dem Bereich des commercial banking.

Demgegenüber bilden die §§ 13, 14 und 15 KWG einen Regelungskomplex, der sich nur auf das commercial banking bezieht. Nach § 13 (3) KWG dürfen alle Großkredite zusammen das Achtfache des „haftenden Eigenkapitals" des Kreditinstitutes nicht übersteigen. Gemäß § 13 (4) KWG darf der einzelne Großkredit 50% des haftenden Eigenkapitals des Kreditinstituts nicht übersteigen. Aus § 14 (1) KWG ergibt sich, daß Kreditinstitute diejenigen Kreditnehmer anzuzeigen

---

117  §10 KWG spricht in den verschiedenen Absätzen „Aktien", „Forderungen", „Verbindlichkeiten", „Beteiligungen", „Vorzugsaktien" und vieles andere mehr an.

haben, deren Verschuldung mehr als drei Millionen deutsche Mark betragen hat. § 15 (1) KWG schließlich schreibt vor, daß Kredite an bestimmte Organe des Kreditinstituts, etwa an deren Geschäftsleiter, nur auf Grund eines einstimmigen Beschlusses sämtlicher Geschäftleiter des Kreditinstituts und nur mit ausdrücklicher Zustimmung des Aufsichtsrates gewährt werden dürfen. Zudem sind solche Organkredite nach § 16 KWG der Bankenaufsicht unverzüglich anzuzeigen.

Ungeachtet dieser Regelungen aus den §§ 13, 14, 15 und 16 KWG kann festgehalten werden, daß es mit den §§ 10 und 12 KWG und den Grundsätzen I und Ia bankaufsichtsrechtliche Vorgaben gibt, die *sowohl* die Spielräume im investment banking *als auch* die im commercial banking eingrenzen.

# § 9 Finanzintermediation in realtypischer Betrachtung: Das US-amerikanische Trennbankensystem

## 1 Das britische Bankensystem als Wurzel des US-amerikanischen Trennbankensystems

Das Bankensystem Großbritanniens gilt als Prototyp des Trennbankensystems.[1] Seine Struktur war historisch gewachsen. Die Trennung verschiedener Bankgeschäfte ging damit nicht – wie in den USA – auf die Initiative des Gesetzgebers zurück.[2] Die bis vor nicht allzu langer Zeit anzutreffende Arbeitsteilung im britischen Bankenwesen könnte man deshalb eher als „freiwillig" bezeichnen. Die „**retail banks**" hatten sich auf das Einlagengeschäft und das Kreditgeschäft mit der breiten Bevölkerung spezialisiert.[3] Aufgrund ihres dichten Filialnetzes[4] waren sie hierzu besonders gut in der Lage. Solche retail banks, die über ihre Konten bei der Bank of England den Zahlungsverkehr mit anderen Institutsgruppen abwickeln, bezeichnet man auch heute noch als „**clearing banks**".[5] Die größten Londoner clearing banks („The Big Four") sind Barclays Bank, National Westminster Bank, Midland Bank und Lloyds Bank.[6] Zu den retail banks zählen auch die „**savings banks**".[7] Sie beziehen ihre Mittel primär aus den Spareinlagen kleiner Anleger und hatten für die savings banks in den USA eine Vorbildfunktion.[8] Sie sind nicht primär auf die Erzielung von Gewinn ausgerichtet. Sie zerfallen in verschiedene trustee savings banks und die National Savings Bank. Bei letzterer handelt es sich faktisch um eine Postsparkasse.[9]

Die „**merchant banks**" betrieben demgegenüber Bankgeschäfte, die nicht in den Massenbetrieb der Großbank paßten.[10] Einen inneren Kreis der merchant banks, die sogenannten „accepting houses", umgibt auch heute noch eine noch distinguiertere

---

1 Vgl. Hein (1988), S. 253.

2 Vgl. Hayes/Hubbard (1990), S. 211.

3 Vgl. Hein (1988), S. 255.

4 Vgl. Pawley/Winstone/Bentley (1991), S. 35.

5 Pawley/Winstone/Bentley (1991), S. 32.

6 Vgl. von Stechow (1973), S. 20; diese ältere Arbeit stellt eine der grundlegenden Arbeiten über das englische Bankensystem dar und ist deshalb für die folgende Darstellung unverzichtbar; Änderungen des Faktischen wurden jedoch bis zum Redaktionsschluß dieser Arbeit berücksichtigt.

7 Hein (1988), S. 255.

8 Vgl. Pawley/Winstone/Bentley (1991), S. 130; vgl. Fn. 47 dieses Paragraphen.

9 Vgl. Holden (1991), S. 2 – 4.

10 Vgl. Hayes/Hubbard (1990), S. 211.

Aura der Exklusivität.[11] Während die „issuing houses" hauptsächlich das Emissionsgeschäft betrieben, war das Haupttätigkeitsgebiet dieser sogenannten „accepting houses" der Akzeptkredit. Die größten accepting houses sind Hambros Bank, Hill, Samuel & Co., Schröder Wagg, Kleinwort Benson, N.M. Rothschild & Sons, S.G. Warburg und Baring Brothers, die auch heute noch zusammen mit einigen anderen im „accepting houses committee" zusammengeschlossen sind.[12]

Wie der Name „merchant bank" vermuten läßt, handelte es sich ursprünglich um Kaufleute, die erzielte Handelsüberschüsse an ihre Kollegen verliehen. Nur allmählich wurden diese Finanzierungsleistungen zum Hauptgeschäft. Merchant banks betrieben und betreiben den Akzeptkredit, nehmen Großeinlagen an (in Sterling und in Fremdwährung – die merchant banks gelten als Erfinder des Eurodollarmarktes), sind im nationalen und internationalen Emissionsgeschäft und in gleichem Maße am Sekundärmarkt für Wertpapiere tätig und beraten Unternehmen beim Kauf und beim Verkauf von Unternehmen und bedeutenden Unternehmensteilen durch Pakete von Eigenfinanzierungstiteln am typischen Markt für Unternehmenskontrolle (**„mergers & acquisitions"**).[13] Es war stets und ist in Großbritannien in abnehmendem Maße Gewohnheitsrecht, daß die merchant bank, die bisher mit dem Unternehmen bereits Bankgeschäfte betrieben hat, auch bei Übernahmegeschäften den Zuschlag erhält.[14]

Beaufsichtigt werden sowohl die retail banks als auch die merchant banks von der Bank of England, einem ehemals privaten Institut.[15] Ihr alleiniger Eigner ist seit ihrer Verstaatlichung im Jahre 1946 das Schatzamt („Treasury"), das ihr gegenüber ein Weisungsrecht besitzt, von dem es bisher jedoch höchst selten Gebrauch gemacht hat.[16] Die Bank of England ist nach dem **Banking Act von 1987** verantwortlich für die Aufsicht über alle Banken.[17]

---

11 Dieser Nimbus der Exklusivität ist für einzelne (ehemalige) deutsche Privatbankiers Grund genug, als „merchant bank" zu firmieren (BHF (1989), S.3); auch für industrieeigene Bankhäuser („corporate banks") scheint das „merchant banking" zum strategischen Geschäftsfeld zu werden (Ulrich (1991), S. 156).

12 Vgl. Hein (1988), S. 254; interessant auch die Geschichte dieser Bankhäuser: Rothschilds kamen aus Frankfurt, Schröders aus Hamburg, Hambros aus Kopenhagen, Kleinworts aus Schleswig-Holstein und die Barings aus Bremen (vgl. von Stechow (1973), S. 28).

13 Vgl. von Stechow (1973), S. 25; Burgess (1985), Tz. 1-53; Hein (1988), S. 256; Hayes/Hubbard (1990), S. 211 und 229 sowie Pawley/Winstone/Bentley (1991), S. 39/40; vgl. zum Begriff des Euromarktes Fn. 259 dieses Paragraphen.

14 Vgl. Cooke (1986), S. 221.

15 Vgl. von Stechow (1973), S. 3.

16 Vgl. Hein (1988), S. 254.

17 BA 1987 s. 1 (1); die Bank of England unterteilte die Banken nach 1987 zunächst in „recognised banks" (breite Palette von Bankgeschäften und ein Eigenkapital nicht unter £ 5 Millionen) und

Im Sinne der Definition war das englische Bankensystem insofern ein Trennbankensystem, als nur die merchant banks das Wertpapiergeschäft betrieben. Andererseits
betrieben aber sowohl die retail banks als auch die merchant banks das Einlagen- und
Kreditgeschäft. Innerhalb des Einlagen- und Kreditgeschäftes nahmen die merchant
banks jedoch Einlagen nur von großen Einlegern entgegen und vergaben auch Kredit
nur an Großkunden. Man könnte das frühere englische Bankensystem deshalb als ein
Bankensystem bezeichnen, in dem die „Schwerpunkte" der Tätigkeit unterschiedlich
ausgestaltet waren, in dem aber abgesehen vom Wertpapiergeschäft eine „wirklich
klare Arbeitsteilung" nie bestanden hat.[18] An „jungen" Märkten wie etwa dem Euro-
markt hat sich von Anfang an überhaupt keine Arbeitsteilung zwischen den retail
banks und den merchant banks entwickelt.[19]

Die **Auflösung der „Schwerpunktbildung"** im englischen Bankensystem hat schon
sehr früh begonnen. So stellt von Stechow fest: „1940 bereits kann Ellinger in einer
Untersuchung die von Burkart festgestellte Arbeitsteilung nicht mehr erkennen, wenn
er schrieb, daß es nicht möglich sei, eine genaue Trennungslinie zwischen den Instituten ... zu ziehen."[20] Diese Auflösungstendenzen haben sich bis in die Gegenwart
fortgesetzt und in den achtziger Jahren einen Höhepunkt erreicht. So legte die Westminster Bank im Herbst 1965 eine Anleihe auf, um derart den ersten Schritt zur selb-
ständigen Betreuung von Emissionen zu machen.[21] Die Mindestgrenzen der von
merchant banks hereingenommenen Einlagen verschoben sich immer mehr nach
unten.[22] In der Mitte der siebziger Jahre drangen die „Big Four" der retail banks allmählich in das Wertpapiergeschäft am Sekundärmarkt durch Konzerntöchter vor.[23]

Mit dem **Financial Services Act von 1986** wurde versucht, die Finanzmärkte weiter
zu liberalisieren. Die Finanzintermediäre wurden durch ihn ermutigt, in neue
Geschäftsfelder vorzudringen.[24] Der Financial Services Act sieht ausdrücklich vor,
daß auch eine Bank, also eine Einlagen annehmende Institution, „financial services"
im Wertpapiergeschäft anbieten kann, dann aber auch unter die Vorschriften des Acts

---

„licensed deposit takers" (Insitute, die mindestens eines der vorgenannten Kriterien nicht
erfüllen). Diese Unterteilung wurde aufgegeben; Pawley/Winstone/Bentley (1991), S. 145; ähnlich: Mayer (1990), S. 42/3 und Holden (1991), S. 9

18   Von Stechow (1973), S. 177; es drängt sich der Gedanke auf, daß eine „wirklich klare Arbeits-
     teilung" gesetzlicher Vorgaben bedarf.

19   Vgl. von Stechow (1973), S. 116.

20   Ders. (1973), S. 37.

21   Vgl. von Stechow (1973), S. 73.

22   Vgl. ders., S. 107.

23   Vgl. Hayes/Hubbard (1990), S. 211.

24   Vgl. Pawley/Winstone/Bentley (1991), S. 240.

fällt. Seit Mitte der achtziger Jahre wird vom englischen Bankensystem deshalb wie von einem „wahren Universalbankensystem" gesprochen.[25]

Auch im Wertpapierbereich ergab sich in den achtziger Jahren eine ausgeprägte Deregulierung. Hervorzuheben ist hier das Datum des 27. Oktobers 1986, der sogenannte **„big bang"**. An diesem Tag wurden an der bedeutendsten englischen Börse, der London International Stock Exchange (ISE), die Gebühren bei Wertpapiergeschäften der Preisbildung am Markt übergeben. Börsenmitglieder müssen seitdem nicht mehr zu einer Bank gehören, vielmehr können beliebige Unternehmen Börsenmitglieder stellen. Ein solches Börsenmitglied kann seitdem stets für eigene *und* für fremde Rechnung handeln.[26] In der Mitte der achtziger Jahre wurde unter dem Namen „**The Stock Exchange Automated Quotation (SEAQ)**" auch der „Computerhandel" eingeführt; gehandelt wird dort zwar per Telefon, die laufenden Kurse können jedoch einem Computerkommunikationssystem entnommen werden; eine körperliche Anwesenheit an der Börse ist nicht mehr erforderlich.[27]

Die **London International Stock Exchange** ist eine vom „**Securities and Investments Board (SIB)**" zugelassene Börse für den Handel von Wertpapieren.[28] Der Securities and Investments Board wird durch den Financial Services Act von 1986 ermächtigt, den Wertpapierbereich zu regulieren.[29] Ihm **stehen „Self Regulating Organizations (SRO's)"** zur Seite, die vom SIB autorisiert werden.[30] Der Financial Services Act schreibt vor, daß eine Zulassung zum Wertpapiergeschäft, beispielsweise als Börsenhändler, bis auf wenige, genau eingegrenzte Ausnahmen nur vom SIB, den vier zur Zeit bestehenden SRO's und den berufsständischen Vereinigungen der Anwälte und Wirtschaftsprüfer („Recognized Professional Bodies" (RPB's)) vorgenommen werden darf.[31] Die im Rahmen dieser Arbeit wichtigste SRO stellt „The Securities and Futures Authority Limited (SFA)" dar, deren Mitglieder in Wertpapieren handeln, also speziell die merchant banks. Relevant ist aber auch die „Financial Intermediaries, Managers and Brokers Regulatory Association (FIMBRA)", deren Mitglieder in Wert-

---

25  Macey/Miller (1992), S. 742; ergänzend auch die Beschreibung von Holden (1991): retail banks betreiben heute zunehmend das Wertpapiergeschäft, merchant banks zunehmend das Einlagengeschäft (S. 4 – 7).

26  Zuvor konnten nur die „jobber" auf eigene Rechnung zwischen den „brokers" vermitteln, die die Aufträge des Publikums an die Börse weitergaben. Jobber handelten nie direkt mit dem allgemeinen Publikum; vgl. Pawley/Winstone/Bentley (1991), S. 207; ähnlich Hayes/Hubbard (1990), S. 211.

27  Vgl. Hayes/Hubbard (1990), S. 225.

28  Vgl. Pawley/Winstone/Bentley (1991), S. 226.

29  FSA 1986 s. 114 (2), (4) und (11) sowie s. 25.

30  FSA 1986 s. 7; vgl. Securities and Investments Board (1992), S. 4/5.

31  Vgl. Holden (1991), S. 36/7.

papierfragen beraten.[32] Dieser Regelungsansatz des Financial Services Acts von 1986 ist Ausdruck des bereits erwähnten, ausgeprägten und traditionsreichen Zusammenwirkens von staatlichem Recht und privaten Selbstverwaltungsvorschriften in Großbritannien.[33]

Die Ausführungen zum britischen Bankensystem zeigen zunächst, daß das britische Bankensystem in seiner Arbeitsteiligkeit als Muttersystem des US-amerikanischen Bankensystems angesehen werden kann. Ähnliche Philosophien der Angelsachsen im Geschäft mit Finanzierungen gehen vermutlich sehr weitgehend auf dieses gemeinsame historische Erbe zurück. Im Kontext dieser Arbeit mit ihrer dritten Explorationsfrage sollte aber auch noch einmal deutlich betont werden, daß sich in beiden Systemen Auflösungstendenzen in der Arbeitsteilung zeigten. Während jedoch diesen Tendenzen in Großbritannien vergleichsweise freier Lauf gelassen wurde, wurde in den USA demgegenüber der Weg einer gesetzlichen Fixierung der Arbeitsteilung gewählt.

---

32  Vgl. Holden (1991), S. 38 – 49 sowie Securities and Investments Board (1992), S. 8 – 12.
33  Vgl. Knoll (1992), S. 114; ergänzend Hein (1988), S. 253.

## 2    Historische Entwicklung des US-amerikanischen Trennbankensystems

Die historisch gewachsene Arbeitsteilung zwischen merchant banks und retail banks in Großbritannien kann als Ursprung der Arbeitsteilung im amerikanischen Bankensystem angesehen werden.[34] Dies ist sicherlich auf die Kolonialisierung Nordamerikas durch Großbritannien zurückzuführen. Die Arbeitsteilung zwischen den Finanzintermediären war auch hier anfänglich das Ergebnis autonomer geschäftspolitischer Entscheidungen und nicht gesetzlicher Vorgaben.[35] [36]

Schon sehr früh – früher als in Großbritannien, wo solche Tendenzen frühestens in den vierziger Jahren, massiv aber erst in den siebziger und achtziger Jahren festgestellt werden konnten – zeigten sich in den Vereinigten Staaten **Auflösungstendenzen** in der freiwillig gewählten Arbeitsteilung. Schon vor dem ersten Weltkrieg waren erste commercial banks im Wertpapiergeschäft engagiert. Der enorme staatliche Finanzbedarf der Bundesregierung im ersten Weltkrieg erforderte den Vertrieb von Staatsanleihen nicht nur über investment banks, sondern auch über commercial banks.[37] Dieses Kriegsfinanzierungsprogramm hatte zwei bedeutende Effekte: Es befähigte die commercial banks, ihr bereits bestehendes Zweigstellennetz zu einem effizienten Medium der Distribution von verbrieften Finanzierungstiteln auszubauen und es sensibilisierte breite Kreise der sparenden Bevölkerung für die Anlage in solche Titel.[38] Die Auflösung der Arbeitsteilung zwischen commercial banks und investment banks setzte sich in den zwanziger Jahren fort.[39] Am Ende der zwanziger Jahre setzte jedoch der Kurssturz an der New York Stock Exchange das Fanal für die große Weltwirt-

---

34  Vgl. Möschel (1978), S. 33; Morschbach (1981), S. 18 nennt den Privatbankier als gemeinsame Wurzel von „merchant banks" in England und „investment banks" in den USA. Interessant ist in diesem Zusammenhang die Geschichte der heutigen commercial bank J.P. Morgan & Co.: Ihre Ursprünge datieren auf das Jahr 1838, als sie als merchant bank in London gegründet wurde. Nach 1933 mußte sie in eine commercial bank und eine investment bank aufgespalten werden. Die commercial bank ist offensichtlich sehr bemüht, im eigentlich den investment banks vorbehaltenen Wertpapiergeschäft für eigene Rechnung durch Ausnutzen von Gesetzeslücken aktiv zu sein und ist eher eine Bank für den anspruchsvollen Privatkunden und institutionellen Kunden als eine retail bank im englischen Sinne, die sich mit den Finanzierungswünschen von Kleinanlegern befassen würde (vgl. J.P. Morgan (1992), S. 3, 84, 88).

35  Vgl. Morschbach (1981), S. 21; die Gerichte hatten im 19. Jahrhundert den National Banking Act von 1863 (novelliert 1864) sehr liberal interpretiert und den Banken alle Aktivitäten erlaubt, die nicht ausdrücklich gesetzlich verboten waren (vgl. White (1986), S. 34).

36  „By the beginning of the First World War there were no effective market barriers in law ..." (Sametz/Keenan/Bloch/Goldberg (1979), S. 158).

37  Vgl. White (1986), S. 34/5.

38  Vgl. Kelly (1985), S. 42/3 sowie Hayes/Hubbard (1990), S. 24.

39  Vgl. Morschbach (1981), S. 19; „in the boom decade of the 1920s, national banks' securities business grew rapidly" (White (1986), S. 35).

schaftskrise.[40] Mit den überwältigenden Kursverlusten an der Wall Street und an den anderen Börsen der Welt entstand in den Vereinigten Staaten das Diktum, die Beteiligung der commercial banks mit Krediten an spekulativen Wertpapierkäufen habe entscheidenden Anteil am großen „crash" gehabt.[41] Auf dem Höhepunkt der Bankenkrise 1933 verkündete der neue Präsident Franklin D. Roosevelt als eine seiner ersten Amtshandlungen am 6. März allgemeine „Bankferien", also eine vorübergehende Schließung der Banklokale für die Öffentlichkeit.[42] Es folgte ein „Ausbruch" an gesetzgeberischer Aktivität, dessen wichtigste Elemente im Jahre 1933 der Glass-Steagall Act und der Securities Act waren.[43] Wie an anderer Stelle noch zu zeigen sein wird, versuchte der **Glass-Steagall Act,** das englische System der Arbeitsteilung im Bankenwesen legislativ zu fixieren – in einer Zeit, in der die Macht des Faktischen das Bankensystem bereits in die Richtung des deutschen Modells der Universalbank trieb.[44] Seitdem – und auch hierauf wird im folgenden einzugehen sein – hat es regelmäßig massive gesetzgeberische Eingriffe in das amerikanische Bankensystem gegeben, sei es durch die **Regulation Q,** sei es durch den **Bank Holding Company Act** von 1956 (novelliert 1970), sei es durch andere Bestimmungen. Und seitdem haben die amerikanischen commercial banks einen atemberaubenden Niedergang erlebt: Waren gegen 1970 noch acht amerikanische commercial banks unter den 25 größten Banken der Welt, so war es 1991 keine einzige mehr.[45] Seit Mitte der achtziger Jahre können hinsichtlich der Strenge der gesetzgeberischen Vorgaben für das amerikanische Bankensystem Liberalisierungstendenzen festgestellt werden.[46]

---

40  Vgl. Kindleberger (1984), S. 363 – 400; noch detaillierter und dabei die wichtigsten Weltwirtschaftskrisen miteinander vergleichend: Kindleberger (1989).

41  Vgl. Kelly (1985), S. 44 und 52; berühmt-berüchtigt sind die sogenannten „**Pecora Hearings**" vor dem amerikanischen Kongreß geworden: „The hearings revealed ... that National City Bank and its affiliate repeatedly had failed to disclose material facts to investors; the affiliate had engaged in high-pressure sale tactics; the affiliate had traded in the stock of the bank and in a range of manipulative activities; the bank had provided the affiliate with customers; and the bank had used the affiliate to relieve the bank of bad loans to the detriment of shareholders" (ebda.). Angesichts solcher Fakten war es schwer, den Postulaten des Glass-Steagall Acts kritisch entgegenzutreten: „The legislative history of the Glass-Steagall Act is the story of a theory carried along by events" (ders., S. 54). Eines der überzeugendsten Argumente dafür, daß die Verbindung von commercial banking und investment banking weniger Gefahren für die Finanzwelt beinhaltete als in den hearings unterstellt, scheint mir der empirische Befund darzustellen, daß commercial banks mit Wertpapiergeschäften statistisch eine signifikant höhere Überlebensrate in den Jahren 1930 – 1933 hatten als solche ohne (vgl. White (1986), S. 40).

42  Vgl. Hall (1974), S. 1101.

43  Sametz/Keenan/Bloch/Goldberg (1979), S. 159.

44  Vgl. dies., S. 157.

45  Zahlen entnommen aus: Department of the Treasury (1991), S. x.

46  Vgl. auch hierzu die folgenden Ausführungen.

# 3 Amerikanische Finanzintermediäre der Gegenwart und ihre Bankgeschäfte

Zunächst historisch gewachsen, dann aber durch das massive Eingreifen des Gesetzgebers fixiert, hat sich in den Vereinigten Staaten eine dem Universalbankensystem Deutschlands nur selten vergleichbare Struktur der Finanzintermediation[47] entwickelt. Ähnliches gilt für die von diesen Finanzintermediären ausgeübten Bankgeschäfte. Hierin soll der folgende Gliederungspunkt einen Teilaspekte erfassenden Einblick geben.

## 3.1 Commercial Banks

Commercial banks sind Finanzintermediäre, die vor allem das Einlagengeschäft, das Kreditgeschäft, das Treuhandgeschäft und die Abwicklung des Zahlungsverkehrs betreiben.[48] Beim Kreditgeschäft definierten commercial banks ihre Geschäftsphilosophie lange Zeit derart, vor allem den Bedürfnissen der Gewerbetreibenden entgegenzukommen.[49] Aufgrund der weiter unten beschriebenen geographischen Beschränkungen ist die Zahl der commercial banks sehr hoch.[50] Die größten von ihnen (Institute mit einer Bilanzsumme von mehr als $ 30 Mrd.) werden als **money center banks** bezeichnet, wenn sie ihren Sitz an den Bankplätzen New York oder Chicago haben.[51]

Die Treuhandabteilungen der commercial banks **(trust departments)** können sowohl die Anlageberatung für Wertpapiere als auch die Ausübung von Stimmrechten aus Wertpapieren betreiben.[52] Dies geschieht stets auf Rechnung des Kunden. Wertpapiergeschäfte auf eigene Rechnung sind den commercial banks „prinzipiell" untersagt (s.u.). Im **Einlagengeschäft** ähneln die Grundtypen der von commercial banks

---

47  Es würde den Rahmen dieser Arbeit sprengen, auf alle realtypischen Finanzintermediäre in den USA einzugehen. Auf die sogenannten **„thrift institutions"** (savings & loans, savings banks und credit unions), Versicherungen und viele andere muß zugunsten der commercial banks und investment banks verzichtet werden. Commercial banks und investment banks entsprechen als auf Gewinnerzielung ausgerichtete Banken am ehesten den in § 8 dieser Arbeit untersuchten bundesdeutschen Universalbanken.

48  Vgl. Morschbach (1981), S. 21.

49  Vgl. Macey/Miller (1992), S. 15; die Kreditbedürfnisse der Privaten befriedigten vor allem die thrift institutions, speziell in der Form des Hypothekarkredits. Der gewerbliche Kredit war den thrift institutions hingegen lange Zeit verboten (vgl. Fn. 47 dieses Paragraphen sowie Macey/Miller a.a.O.).

50  Vgl. Hütz (1990), S. 258.

51  Vgl. Morschbach (1981), S. 87.

52  Vgl. Möschel (1978), S. 22 i.V.m. Morschbach (1981), S. 260.

angebotenen Finanzierungstitel sehr denen des deutschen Bankgeschäfts: Es sind dies Girokonten („demand deposits" oder „checking accounts"), Termineinlagen („time deposits") und Spareinlagen („savings deposits" oder „passbook savings").[53] Neben diesen Grundtypen hat die Praxis weitere Formen der Einlage bei commercial banks entwickelt.

(1) Zu nennen sind hier beispielsweise die **negotiable orders of withdrawal (NOWs)**. Dies sind Konten, die faktisch wie gewöhnliche scheckfähige Sichteinlagen funktionieren, bei denen jedoch kein *rechtlicher* Anspruch auf einen Abzug auf Sicht besteht. Neben der Möglichkeit, mit ihnen geographische Beschränkungen der Geschäftstätigkeit zu umgehen (s.u.), dürfte für ihre rasche Entwicklung die Tatsache ausschlaggebend gewesen sein, daß sie im Zusammenhang mit einem Girokonto (NOW account) eine Möglichkeit zur Umgehung des Zinsverbotes auf Sichteinlagen darstellen. Faktisch ist die negotiable order of withdrawal ein dem Scheck vergleichbares Instrument; gleichwohl dürfen NOW accounts verzinst werden.[54]

(2) Ähnlich wie mit den negotiable orders of withdrawal verhält es sich mit den **certificates of deposit (CDs)**. Auch sie sind eine Sonderform der Einlage – der Termineinlage nämlich, deren Verbreitung durch institutionelle Faktoren maßgeblich begünstigt wurde. Ein certificate of deposit ist die schriftliche Bestätigung einer Bank, daß ein bestimmter Geldbetrag erhalten wurde, die mit der Verpflichtung verbunden ist, diesen Geldbetrag mit Zinsen an einem vorher festgelegten Termin zurückzuzahlen. Es gibt CDs in fungibler[55] und nichtfungibler Form.[56] Auch CDs ermöglichten es, geographische Beschränkungen zu umgehen (s.u.). Sie ermöglichten aber auch die Zahlung höherer Zinsen, da Regulation Q (s.u.) für sie höhere Zinsobergrenzen als bei gewöhnlichen Termineinlagen festsetzte[57] und sie oberhalb von $ 100.000 völlig von den interest rate ceilings ausnahm. CDs erfordern ein gewisses Mindesteinlagevolumen, das heute gewöhnlich $ 500 beträgt.[58] Trotz Wegfalls des Zinsvorteils durch den Competitive Equality Banking Act von 1987 sind CDs ein fester Bestandteil des Bankgeschäfts geblieben. Vermutlich

---

53   Vgl. Edmister (1986), S. 152 – 156.

54   Vgl. Morschbach (1981), S. 24, der auch darauf hinweist, daß die thrift institutions von maßgebender Bedeutung bei der Entwicklung dieser Einlagenform waren; New York Stock Exchange (1990), S. 38.

55   Fungible CDs lauten auf ein Einlagenvolumen von mindestens $ 100.000. Aktive Sekundärmärkte findet man aber erst für CDs, die auf ein Einlagenvolumen von mehr als $ 1 Mio. lauten (vgl. Edmister (1986), S. 155).

56   Vgl. Treumann/Peltzer/Kuehn (1990), S. 481; ähnlich Pawley/Winstone/Bentley (1991), S. 162.

57   Vgl. Edmister (1986), S. 155.

58   Vgl. Citibank (1992a), S. 17; ähnlich New York Stock Exchange (1990), S. 39.

weil sich das Einlegerpublikum an sie gewöhnt hat, firmieren gewöhnliche Termineinlagen mit einer Laufzeit zwischen 3 Monaten und 5 Jahren auch heute noch als certificates of deposit.[59]

(3) Eine bemerkenswerte Besonderheit gegenüber den Einlagenformen deutscher Banken stellen schließlich die sogenannten „Geldmarktkonten" (**money market accounts**) dar. Auch sie waren zunächst Einlagen, die von den Zinsobergrenzen der Regulation Q ausgenommen waren, sofern ein Einlagevolumen von mindestens $ 1000 gehalten wurde.[60] Auch nach Wegfall dieser institutionellen Bevorzugung sind Geldmarktkonten ein aus dem Geschäft der commercial banks nicht mehr wegzudenkendes Element. Sie sind in Abhängigkeit von den Geldmarktzinsen variabel verzinsliche Einlagen, die gegenüber einer gewöhnlichen Anlage am Geldmarkt den Vorteil haben, daß sie bei der FDIC versichert sind.[61] Man kann jederzeit von ihnen Geld abheben und in einigen Fällen sogar Schecks auf diese Konten ziehen. Beim Mindesteinlagevolumen von $ 1.000 ist es gewöhnlich geblieben.[62] [63]

Im **Kreditgeschäft** der commercial banks findet sich heute neben dem gewerblichen Kredit („commercial credit") ein breites Spektrum weiterer Ausleihungen. Zu nennen ist hier zunächst der gewöhnliche Konsumentenkredit („consumer loans").[64] Aber auch der durch Grundpfandrechte gesicherte Kredit („mortgage loans") findet sich unter den Aktiva von commercial banks.[65] Ähnliches gilt für den Akzeptkredit.[66]

---

59  Vgl. z.B. Citibank (1992a), S. 15.

60  Vgl. Edmister (1986), S. 155.

61  Vgl. z.B. Citibank (1992a), S. 13; ähnlich New York Stock Exchange (1990), S. 38.

62  Vgl. dies.

63  Die Vielfalt der Sonderformen von Bankeinlagen hat auch dazu geführt, daß die **Geldmengendefinition der FED** eine Vielzahl von Komponenten enthält, darunter eben auch NOW accounts, CDs und money market accounts (vgl. Edmister (1986), S. 436 mit genauer Zuordnung zu den Geldmengendefinitionen M1, M2 und M3).

64  Vgl. Edmister (1986), S. 162.

65  Vgl. Edmister (1986), S. 166; eine Beschränkung des grundpfandrechtlich gesicherten Kredits auf Spezialkreditinstitute wie in Deutschland gemäß § 5 HypBG gibt es in den USA nicht.

66  Vgl. Edmister (1986), S. 168.

## 3.2    Investment Banks

Investment banks stellen neben den commercial banks die zweite Gruppe von wirkli-
chen Protagonisten in der US-Finanzwelt dar. Eine investment bank hat gewöhnlich
ein Zentralbüro („headquarter") und bundesweit diverse Zweigstellen („branches").[67]
Geographische Beschränkungen wie bei den commercial banks gibt es nicht. Zu den
traditionellen Aktivitäten der investment banks gehört das Verteilen („flotation") neuer
Wertpapiere im Emissionsgeschäft, wobei man sie auch als **„underwriter"** bezeichnet.[68] Investment banks sind aber nicht nur am Primärmarkt für verbriefte Finanzierungstitel, sondern auch an deren Sekundärmarkt tätig.[69] Je nach Art ihrer Geschäftstätigkeit bezeichnet man sie dort als „broker" oder „dealer". Einige größere investment
banks sind gleichzeitig am Primärmarkt und am Sekundärmarkt tätig (z.B. Merrill
Lynch oder Salomon Brothers). Andere kleinere investment banks spezialisieren sich
dagegen entweder auf das Geschäft am Primärmarkt oder am Sekundärmarkt.[70]
Weiterhin bieten investment banks umfassende Beratungsleistungen auf dem Gebiet
der gewerblichen Finanzierung (**„corporate finance"**) an. Hierzu gehört auch ihre
Rolle als Berater beim Handel von Unternehmen und bedeutenden Unternehmensteilen
über Pakete von Eigenfinanzierungstiteln auf dem typischen Markt für Unternehmenskontrolle (**„mergers & acquisitions"**)[71] [72], was auch die Rolle des Beraters
im Laufe eines öffentlichen Übernahmeangebotes (**„tender offer"**) erfaßt.[73] Schließlich wirken investment banks in der Vermögensverwaltung und -beratung bei gewerblichen und privaten Anlegern („asset management"). Die Tradition des asset managements hat bei den investment banks zu sehr stark ausgebauten Abteilungen geführt, die
Wertpapiere analysieren. Die dort tätigen „analysts" sind meist Mitglieder der berufs-
ständigen Selbstorganisation der Finanzanalysten („Financial Analysts Federation")
und führen nach entsprechenden Prüfungen einen Titel („Chartered Financial Analyst"
(CFA)).[74] Zum Zwecke der Vorbereitung einer Anlage in Wertpapieren können Investoren auch bei investment banks Konten („accounts") unterhalten.[75] Im einfachsten

---

67    Frank (1988), S. 403.

68    Scott-Quinn (1990), S. 36.

69    Vgl. ebda.

70    Vgl. Edmister (1986), S. 250.

71    Scott-Quinn (1990), S. 36.

72    Beim „merger" verliert mindestens eines der beteiligten Unternehmen seine rechtliche Selbstän-
      digkeit, bei der „acquisition" ist das nicht der Fall (Reicheneder (1992), S. 14); es ist in Gliede-
      rungspunkt 3.3 von § 6 dieser Arbeit klar geworden, daß man rechtlich präzise eigentlich von
      „mergers, consolidations & acquisitions" sprechen müßte.

73    Vgl. Hayes/Taussig (1967), S. 141.

74    Vgl. Amling (1989), S. 325/6.

75    Amling (1989), S. 334.

Fall hat der Anleger dabei mindestens so viel Geld auf dem Konto zu deponieren, wie er Wertpapiere zu kaufen beabsichtigt („cash account"). Das investment banking kennt aber auch den Fall des „margin account", auf dem der Investor sich zum Zwecke des Wertpapierkaufes verschulden kann.[76] [77] Schließlich kann sich der Kunde einer investment bank bei entsprechender vertraglicher Vereinbarung auch in Wertpapieren verschulden, um diese „kurz" zu verkaufen („short sale").[78] Die grundsätzliche Trennung von investment banking und commercial banking, von der weiter unten noch ausführlich die Rede sein wird, scheint gerade an dieser Stelle nicht konsequent ausgeführt worden zu sein. Dies wird besonders deutlich, wenn man sich vor Augen hält, daß die Konten bei investment banks als cash management accounts zu sehr engen Substituten für Einlagen bei commercial banks geworden sind.[79]

Als **underwriter** werden die investment banks in verschiedener Form am Primärmarkt für in Wertpapierform verbriefte Finanzierungstitel tätig. Gewöhnlich benutzen die investment banks ihr eigenes Vermögen, um neue Wertpapiere von einem Unternehmen mit Finanzbedarf zu kaufen. Gewinn entsteht den investment banks dann, wenn sie diese Wertpapiere zu einem höheren Kurs weiterverkaufen können. Sie tragen aber auch das Risiko, diese Wertpapiere nicht oder nur zu einem geringeren als dem kritischen Preis absetzen zu können („firm commitment underwriting").[80] Bisweilen jedoch kaufen die investment banks die jungen Wertpapiere nicht, sondern übernehmen sie nur und versuchen „nach bestem Vermögen" diese Wertpapiere im Namen der Unternehmung mit Finanzbedarf zum vereinbarten Preis beim Publikum mit Finanzierungsüberschüssen abzusetzen. Was dann nicht absetzbar ist, geht zurück an das Unternehmen. Wenn sogar noch nicht einmal eine vertraglich vereinbarte Mindestzahl von Wertpapieren untergebracht werden kann, wird die gesamte Emission storniert; die Investoren, die bereits junge Wertpapiere gekauft haben, erhalten ihr Geld zurück („best efforts underwriting").[81] Eine selten anzutreffende dritte Form des underwritings stellt das „all or none underwriting" dar. Letztlich handelt es sich hierbei um eine Sonderform des best efforts underwriting, bei der die kritische Untergrenze für die Durchführung der Emission zwischen der Gesamtzahl der zur Emission stehenden Wertpapiere und dieser Gesamtzahl vermindert um eins verläuft; entweder gelingt es der investment bank, alle zur Emission anstehenden Wertpapiere unterzubringen oder

---

76 Ebda.

77 Die FED hat in Regulation T den Kreditbetrag, den ein Finanzintermediär auf einem margin account gewähren kann, der bundesstaatlichen Kontrolle unterworfen (vgl. Macey/Miller (1992), S. 515).

78 Ebda.

79 Vgl. Cartellieri (1990), S. 10.

80 Macey/Miller (1992), S. 492; vgl. Logue (1988), S. 128.

81 Ebda.

die Emission wird vollständig storniert.[82] Bei großen Plazierungsvolumina teilen sich mehrere investment banks als Syndikat die Emission, wobei gewöhnlich die investment bank die Syndikatsführung übernimmt, die den größten Anteil am Plazierungsvolumen hat.[83]

Am Sekundärmarkt für Wertpapiere ist die wichtigste Rolle der investment banks die des brokers. Ein **broker** kauft und verkauft Wertpapiere für Rechnung des Kunden gegen Gebühr (commission) und versucht dabei, für seinen Kunden den bestmöglichen Preis zu erzielen.[84] [85] Ein **dealer** hingegen kauft und verkauft Wertpapiere für eigene Rechnung, wobei er einen Gewinn in Höhe der Spanne zwischen Ankaufs- und Verkaufspreis macht.[86] [87] Wenn sich ein broker mit einem Kaufauftrag und ein solcher mit einem geeigneten Verkaufsauftrag an der Börse gegenüberstehen, so bedürfen sie stets eines dealers (der dann auch als „**market maker**" oder „**specialist**"[88] bezeichnet wird), der zwischen ihnen vermittelt.[89] Die specialists haben die orders der broker in den ihnen anvertrauten Titeln auszuführen und laufend Geld- und Briefkurse in diesen Titeln zu stellen. Diese Kurse sollen im Tagesablauf möglichst geringe Schwankungen aufweisen, weshalb man auch sagt, die specialists hätten „ordentliche Märkte" („orderly markets") aufrechtzuerhalten.[90] Obwohl auch die dealer Angehörige von investment banks sind, schließen sich die Rolle eines brokers und die Rolle des dealers bei derselben Transaktion aus.[91]

---

82   Vgl. Logue (1988), S. 128.

83   Vgl. Hansen (1991), S. 57.

84   Vgl. Amling (1989), S. 322 sowie Teweles/Bradley (1987), S. 170.

85   15 U.S.C. § 78c (a) (4).

86   Vgl. Frank (1988), S. 402.

87   15 U.S.C. § 78c (a) (5).

88   15 U.S.C. § 78c (a) (38).

89   Amtliche Makler nach deutschem Muster gibt es in den USA nämlich nicht (vgl. Morschbach (1981), S. 182).

90   New York Stock Exchange (1990), S. 14; vgl. ergänzend Teweles/Bradley (1987), S. 171.

91   Vgl. Amling (1989), S. 322.

# 4 Die US-amerikanische Bankenaufsicht

## 4.1 Commercial Banks

### 4.1.1 Institutionelle Struktur der Aufsicht und Zulassung zur Geschäftstätigkeit

Die Organisation der Aufsicht über commercial banks in den Vereinigten Staaten ist ausgesprochen komplex. Viele Institutionen sind beteiligt und das „Labyrinth" der Arbeitsteilung zwischen ihnen ist nur historisch zu erklären.[92] Neben den einzelstaatlichen State Banking Departments mit ihren Superintendents of Banks an der Spitze befassen sich der Comptroller of the Currency (CC), die Federal Deposit Insurance Corporation (FDIC) und der Board of Governors of the Federal Reserve System (FED) auf Bundesebene mit der Aufsicht über commercial banks. So kommt man auf über 50 Institutionen mit sich überlappenden Aufgabenbereichen, die das „komplexeste" Bankaufsichtssystem der Welt darstellen.[93]

Ihre Zulassung zum Bankgeschäft erhalten commercial banks vom Comptroller of the Currency, wenn sie eine nationale Zulassung (**national charter**) beantragt haben. Commercial banks mit national charter (national banks) sind immer Mitglieder des bundesstaatlichen Zentralbanksystems. Eine einzelstaatliche Zulassung (**state charter**) wird dagegen von den Superintendents of Banks der einzelstaatlichen State Banking Departments erteilt. Man spricht dann von state banks.[94] Dieses System der doppelten Zulassung bezeichnet man im Schrifttum auch als „dual banking".[95] Im Gegensatz zur aktuellen deutschen Regelung hat ein Antragsteller in den USA selbst bei Vorliegen aller gesetzlichen Voraussetzungen keinen Rechtsanspruch auf Erteilung einer charter, es gibt eine Bedürfnisprüfung.[96]

Während die Aufsichtsmöglichkeiten über die laufende Geschäftstätigkeit sehr viel größer sind, kann für die tatsächlich ausgeübte Aufsicht das folgende Schema der Aufsicht skizziert werden. Der **Comptroller of the Currency** beaufsichtigt alle commercial banks mit national charter. Der **Board of Governors of the Federal Reserve System** beaufsichtigt commercial banks mit einzelstaatlicher Zulassung, die freiwillig Mitglieder des bundesstaatlichen Zentralbanksystems geworden sind (**state member**

---

92  Hütz (1990), S. 69.

93  Vgl. Macey/Miller (1992), S. 741; sehr kritisch setzt sich mit den sich überlappenden Kompetenzen auseinander: Department of the Treasury (1991), S. x.

94  Vgl. Schnetzer (1983), S. 85.

95  Morschbach (1981), S. 20; relevant für die Entscheidung zwischen national charter und state charter ist eine Vielzahl von Kosten und Gebühren, wie mir Mister Jesse Stiller vom Office of the Comptroller of the Currency mitteilte.

96  12 U.S.C. § 1816 (6) i.V.m. 12 U.S.C. § 1814 (b); vgl. Hütz (1990), S. 137.

**banks)** sowie Bankkonzerne **(bank holding companies).** National banks und state member banks sind obligatorisch Mitglieder der bundesstaatlichen Einlagenversicherung der Federal Deposit Insurance Corporation. Die **Federal Deposit Insurance Corporation** beaufsichtigt die commercial banks mit einzelstaatlicher Zulassung, die zwar nicht Mitglieder des Federal Reserve Systems sind, sich aber freiwillig der bundesstaatlichen Einlagenversicherung angeschlossen haben. Die **State Banking Departments** schließlich überwachen die state banks, die nicht Mitglieder der FDIC sind.[97] Abbildung 3 verdeutlicht noch einmal überblickartig die Verteilung der Kompetenzen bei Zulassung und laufender Beaufsichtigung.

Die **Federal Reserve (FED)** wurde im Jahre 1913 durch den Federal Reserve Act[98] gegründet. Alle national banks müssen seitdem Mitglieder der FED sein.[99] Die FED ist die Zentralbank des Bundes und stellt den Mitgliedsbanken (member banks) Refinanzierungsmöglichkeiten zur Verfügung, insbesondere durch den Rediskontkredit.[100] Den Zahlungsausgleich zwischen den Institutsgruppen (sog. „clearing") und bankstatistische Auswertungen stellt die FED aber auch den non-member banks zur Verfügung. Sie beaufsichtigt die laufende Geschäftstätigkeit der state member banks und der bank holding companies.[101]

Einlagenversicherungen bestanden in den Vereinigten Staaten in einigen Bundesstaaten ab 1908. Die „überwiegende Zahl der Bankeinlagen" blieb in den USA bis 1933 aber ungeschützt.[102] Nach der erwähnten krisenhaften Zuspitzung im Bankgewerbe nach 1929 wurde mit dem Banking Act von 1933 die **Federal Deposit Insurance Corporation (FDIC)** gegründet.[103] Sie beaufsichtigt die laufende Geschäftstätigkeit der insured non-member banks.[104]

---

97  Vgl. Macey/Miller (1992), S. 578 i.V.m. Edmister (1986), S. 173/4 und Schnetzer (1983), S. 96.

98  12 U.S.C. §§ 221 – 522; 12 C.F.R. §§ 210.1 – 204.9; vgl. hierzu Edmister (1986), S. 17.

99  Vgl. Treumann/Peltzer/Kuehn (1990), S. 465.

100 Vgl. Edmister (1986), S. 174; in Krisensituationen wird die Zentralbank zum **„lender of last resort";** vgl. Goodhart (1989), S. 181 und Kindleberger (1989), S. 178 – 231.

101 Vgl. Morschbach (1981), S. 48; vgl. Hütz (1990), S. 125; Treumann/Peltzer/Kuehn (1990), S. 465 und 469 sowie Hall (1974), S. 1102.

102 Schnetzer (1983), S. 81.

103 12 U.S.C. §§ 1811 – 1832; vgl. Edmister (1986), S. 17 und 421.

104 Vgl. Hütz (1990), S. 74.

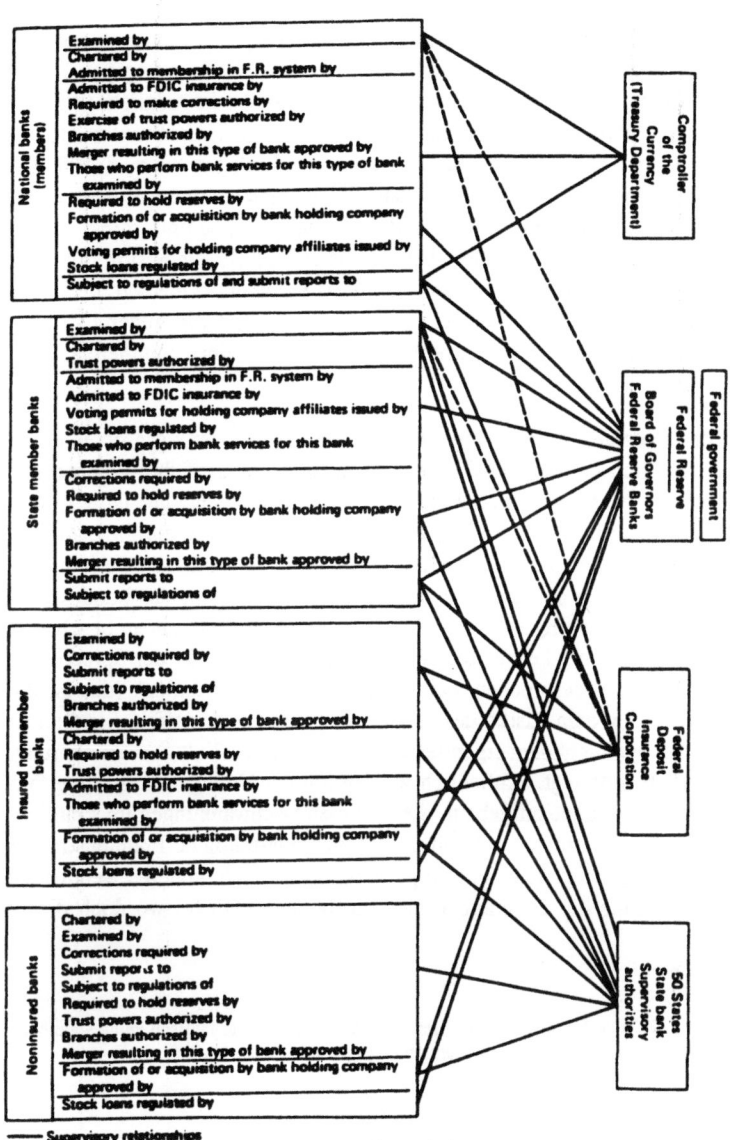

Abbildung 5:  „Supervision of the commercial banking system; principal relationships"[105]

---

105   Abbildung entnommen aus: Edmister (1986), S. 174.

Ihre Hauptaufgabe ist jedoch auch heute noch die Versicherung von Bankeinlagen. Dabei besteht für national banks und state member banks eine Versicherungspflicht.[106] Eine Einlagensicherung auf freiwilliger Basis ist für alle state banks möglich. [107] Versichert sind nur die *Einlagen* von commercial banks, einen *Institutsschutz* gibt es nicht.[108] Jeder Einleger genießt Versicherungsschutz für Einlagen bis zu $ 100.000, die er bei einem einzelnen Kreditinstitut unterhält.[109] Ist eine commercial bank insolvent geworden, so zahlt die FDIC entweder die Versicherungssumme direkt an die Einleger („deposit payoff method"), oder aber sie leistet Beihilfe zur Fusion mit einer gesunden, übernahmewilligen anderen Bank („deposit assumption method").[110] Die Einlagenversicherung der FDIC wird aus einer Umlage finanziert, die früher 10/120%, seit dem 1. Januar 1989 aber 15/100% des Einlagenvolumens einer commercial bank beträgt.[111]

Bis zu Beginn der achtziger Jahre kannte die FDIC keine Finanzierungsprobleme und kaum ein Autor, der sich mit der FDIC befaßte, versäumte es, „auf ihre Erfolge aufmerksam zu machen"[112]. Diese Situation hat sich während der achtziger Jahre grundlegend geändert. Durch eine Zunahme der Bankinsolvenzen konnte die Finanzierung der Einlagenversicherung kaum noch gesichert werden.[113] Seitdem hat eine intensive Auseinandersetzung mit den strukturellen Verzerrungen im System der bundesstaatlichen Einlagenversicherung eingesetzt, die Emerson bereits 1934 in einem beachtenswerten, tatsächlich aber wenig beachteten Aufsatz umrissen hatte: In der Sprache der Versicherungsbetriebslehre gesprochen sind die „Versicherungsprämien" (das ist die obige Umlage) nicht nach dem Risiko des versicherten Instituts gestaffelt. Sie werden der commercial bank und nicht dem eigentlichen Nutznießer der Einlagenversicherung, dem Einleger nämlich, auferlegt. Schließlich werden mit der Umlagefinanzierung faktisch keine Vermögensbestände aufgebaut, die eventuelle Schwankungen im Prämienaufkommen kompensieren könnten.[114] Ohne eine anreizverträgliche Prämienstruktur könnten Bankeinleger geneigt sein, einseitig Bankeinlagen mit höherer Rendite zu wählen, ohne die Riskanz der commercial bank zu berücksichtigen, wo doch dieses

---

106  Vgl. Hütz (1990), S. 73.

107  Vgl. Schnetzer (1983), S. 87; aus Gründen der Reputation kann heute faktisch keine state bank mehr auf die Mitgliedschaft in der FDIC verzichten (vgl. ebda).

108  Vgl. ders., S. 93 und 102.

109  Vgl. Kaufmann (1990), S. 3 sowie Edmister (1986), S. 174.

110  Vgl. Schnetzer (1983), S. 98/9 mit weiteren Einzelheiten zu den Verfahrensweisen auf S. 100 – 102; vgl. auch Edmister (1986), S. 174/5.

111  12 U.S.C. § 1817 (b) (1) (c).

112  Unbekannte Lobpreisende, zitiert nach Schnetzer (1983), S. 50.

113  Vgl. Department of the Treasury (1991), S. x.

114  Vgl. Emerson (1934), S. 9.

Risiko von der FDIC übernommen wird (sog. „moral-hazard-Problem").[115] Der amerikanische Gesetzgeber hat dem bis jetzt durch den 1991 verabschiedeten **Federal Deposit Insurance Corporation Improvement Act (FDICIA)** Rechnung getragen.[116]

Der **Comptroller of the Currency** wurde durch den National Banking Act 1863 geschaffen.[117] Er ist ein „bureau" innerhalb des Finanzministeriums („Department of the Treasury").[118] Jede Gründung einer national bank bedarf seiner Zulassung.[119] Ebenso beaufsichtigt er deren laufende Geschäftstätigkeit.[120] Entsprechend der deutschen Regelung, nach der nur das Bundesaufsichtsamt für das Kreditwesen den Konkursantrag über ein Kreditinstitut stellen kann, hat in den USA der Comptroller of the Currency das ausschließliche Konkursantragsrecht über national banks.[121] Im nächsten Gliederungspunkt sollen anhand des Beispiels der national banks bankaufsichtsrechtliche Vorgaben für die Struktur im commercial banking dargestellt werden.

### 4.1.2 Bankaufsichtsrechtliche Vorgaben für die Struktur der National Banks

#### 4.1.2.1 Trennbankensystem

Das im internationalen Vergleich wohl herausragende Strukturmerkmal des amerikanischen Bankensystems ist die Dichotomie der Finanzintermediäre in Institute, denen das Einlagen- und Kreditgeschäft vorbehalten sein soll, und in solche Institute, die alleine das Wertpapiergeschäft für eigene Rechnung betreiben dürfen. Sie geht auf den **Banking Act** aus dem Jahre 1933 zurück, innerhalb dessen der **Glass-Steagall-Act** einen Teil bildet. Betroffen sind innerhalb der commercial banks, denen das Einlagen- und Kreditgeschäft vorbehalten sein soll, *unmittelbar* vom größten Teil der Vorschriften nur die national banks. State member banks werden jedoch durch den Federal Reserve Act mittelbar den gleichen Vorschriften unterworfen.[122] Und auch insured

---

115  Department of the Treasury (1991), S. x; vgl. zum Begriff Gliederungspunkt 1.2.3 in § 3 dieser Arbeit.

116  FDICIA § 302 novelliert 12 U.S.C. § 1817 (b) (1) wie folgt: „(A) *Risk-based assessment system required.* – The Board of Directors shall by regulation establish a risk-based assessment system for insured depository institutions" (Kursivdruck im Original, DK; die Regelung gilt ab dem 1. Januar 1994).

117  Vgl. Hütz (1990), S. 69.

118  12 U.S.C. § 1.

119  Vgl. Hein (1988), S. 259; relevant für den Komplex „Comptroller" und „National Banking" sind 12 U.S.C. §§ 1 – 215b.

120  Vgl. Morschbach (1981), S. 46.

121  12 U.S.C. § 191; vgl. Hütz (1990), S. 262.

122  12 U.S.C. § 335; vgl. Möschel (1978), S. 40.

non-member banks haben sich dieser Regelung zu unterwerfen. Der weit überwiegende Teil des amerikanischen Bankensystems wird also von den Trennvorschriften des Banking Acts erfaßt.[123] § 16 des Banking Acts verbietet es national banks, die das Einlagen- und Kreditgeschäft betreiben[124], den Handel von Wertpapieren für eigene Rechnung und speziell das erwähnte „underwriting" zu betreiben[125]. Gemäß § 20 des Banking Acts soll auch keine member bank in irgendeiner Weise mit einer Gesellschaft verflochten sein, die sich mit dem Wertpapiergeschäft für eigene Rechnung befaßt.[126] Die umgekehrte Einschränkung der Geschäftspolitik gebietet § 21 des Banking Acts von 1933. Demnach ist es jeder Person oder Gesellschaft, die das Wertpapiergeschäft für eigene Rechnung betreibt, verboten, zur gleichen Zeit das Geschäft der Annahme von Einlagen auszuüben.[127] Schließlich verbietet § 32 des Banking Acts von 1933 beliebigen Angestellten von investment banks die gleichzeitige Beschäftigung bei einer member bank.[128]

---

123  Vgl. Link/Hartung (1991), S. 132/3; ähnlich Möschel (1978), S. 38 – 41.

124  Genau heißt es: „...discounting and negotiating promissory notes, drafts, bills of exchange, and other evidences of debt ... receiving deposits ... buying and selling exchange coin, and bullion ... loaning money on personal security ..." (12 U.S.C. § 24 (7)).

125  Genau heißt es: „The business of dealing in securities and stock by the association shall be limited to purchasing and selling such securities and stock ... upon the order, and for the account of, customers, and in no case for its own account." (12 U.S.C. § 24 (7); vgl. Macey/Miller (1992), S. 497; Jackson (1991), S. 2 sowie Sametz/Keenan/Bloch/Goldberg (1979), S. 160).

126  Genau heißt es: „... no member bank shall be affiliated in any manner ... with any corporation, association, business trust, or other similar organization engaged principally in the issue, flotation, underwriting, public sale or distribution at wholesale or retail ... of stocks, bonds, debentures, notes, or other securities ..." (12 U.S.C. § 377; vgl. Macey/Miller (1992), S. 497).

127  Genau heißt es: „For any person, firm, corporation, association, business trust, or other similar organization, engaged in the business of issuing, underwriting, selling, or distributing, at wholesale or retail ... of stocks, bonds, debentures, notes or other securities, to engage at the same time to any extent whatever in the business of receiving deposits subject to check or to repayment upon presentation of a passbook, certificate of deposit, or other evidence of debt, or upon request of the depositor ..." (12 U.S.C. § 378; vgl. Macey/Miller (1992), S. 497; Jackson (1991), S. 2 sowie Kelly (1985), S. 41.

128  Genau heißt es: „No officer, director, or employee of any corporation or unincorporated association, no partner or employee of any partnersip, and no individual, primarily engaged in the issue, flotation, underwriting, public sale, or distribution, at wholesale or retail ... of stocks, bonds, or other similar securities shall serve at the same time as an officer, director, or employee of any member bank ..." (12 U.S.C. § 78; vgl. Macey/Miller (1992), S. 497 sowie Jackson (1991), S. 2).

#### 4.1.2.2 Beschränkungen der Beteiligungspolitik zwischen National Banks und sonstigen Unternehmen

Das bereits angesprochene Verbot für Banken mit national charter, die im Kredit- und Einlagengeschäft engagiert sind, den Handel von Wertpapieren auf eigene Rechnung zu betreiben[129], hat für die Geschäftspolitik der national banks noch eine weitere gewichtige Implikation. National banks dürfen danach keine Eigentümer von Nichtbanken sein. Sie dürfen kein Eigentum an Handels- oder Industrieunternehmen halten oder aufbauen.[130] Ähnliches gilt für Bankkonzerne (bank holding companies[131]). Mit dem **Bank Holding Company Act von 1956**[132] wurde es jeder bank holding company *grundsätzlich verboten, nach dem 6. Mai 1956 die Kontrolle über oder das direkte oder indirekte Eigentum an einer anderen Gesellschaft zu erwerben.*[133] National banks steht *damit ein wichtiges Instrument zur Etablierung fester Geschäftsbeziehungen mit ihren Kunden nicht zur Verfügung.*[134] Die Untersagung der Verflechtung von national banks mit sonstigen Unternehmen gilt auch in der umgekehrten Richtung. Sonstigen Unternehmen ist es verboten, commercial banks zu erwerben.[135]

#### 4.1.2.3 Geographische Beschränkungen

*Beschränkungen der räumlichen Ausdehnung* von Finanzintermediären haben in den USA *eine über hundertjährige Tradition.* Das Verbot der Geschäftstätigkeit von Banken außerhalb ihres Sitzstaates (**interstate banking**) hat seine Wurzeln im **National Banking Act von 1863** (novelliert bereits 1864). Dieses Verbot wurde bestätigt und präzisiert durch den **McFadden Act von 1927**.[136] Die entscheidende Vorschrift des McFadden Acts besagt, daß eine national bank innerhalb der Grenzen ihrer *Sitz-*

---

129   12 U.S.C. § 24 (7).

130   Vgl. Brüggemann (1991), S. 55.

131   Eine bank holding company ist nach 12 U.S.C. § 1841 (a) (1) eine Gesellschaft, die Kontrolle über eine bank hat oder über eine Gesellschaft, die ihrerseits eine bank holding company ist (die Definition der „Kontrolle" erfolgt in 12 U.S.C. § 1841 (a) (2); vgl. Gruson/Heirndl (1990), S. 11).

132   12 U.S.C. §§ 1841 – 1850.

133   12 U.S.C. § 1843 (a) (1); vgl. Gruson/Heirndl (1990), S. 12.

134   Vgl. Department of the Treasury (1991), S. 46.

135   Für die Aufsicht über bank holding companies ist wie erwähnt die FED federführend. Sie hat in Regulation Y verfügt, daß jede Aktion, durch die eine Bank oder ein sonstiges Unternehmen zu einer bank holding company wird, ihrer Erlaubnis bedarf (12 C.F.R. § 225.11; dort ist statt von „sonstigen Unternehmen" nur von „sonstigen Gesellschaften" die Rede; „Gesellschaft" ist hier gleichwohl nur eine Begriffshülse, die die verschiedensten gesellschaftsrechtlichen Organisationsformen erfaßt; 12 C.F.R. § 225.2 (d) (1); vgl. auch Link/Hartung (1991), S. 133).

136   Vgl. Link/Hartung (1991), S. 133 sowie Macey/Miller (1992), S. 11 und 13.

*stadt* Zweigstellen eröffnen kann, wenn dies zur gleichen Zeit state banks durch das Recht des entsprechenden Bundesstaates erlaubt wird. Erlaubt der Sitzstaat seinen state banks sogar die Ausdehnung innerhalb des gesamten Bundesstaates (**intrastate banking**), so soll auch dies den national banks erlaubt sein. Eine Ausdehnung durch Zweigstellen über den eigenen Bundesstaat **hinaus (interstate branching)** wird national banks vom McFadden Act nicht erlaubt und ist deshalb verboten.[137] [138]

Wenn nun eine national bank vom McFadden Act und den bundesstaatlichen Gesetzen daran gehindert wird, Zweigstellen in anderen Bundesstaaten zu etablieren, so wird sie versuchen, einen Bankkonzern (**bank holding company**) zu gründen, der in mehreren Bundesstaaten rechtlich selbständige Tochtergesellschaften besitzt.[139] Tatsächlich waren diese Konzernkonstruktionen nach 1926 sehr beliebt.[140] Bank holding companies wurden erstmals mit dem **Banking Act von 1933** Gegenstand bundesrechtlicher Gesetzgebung.[141] Das Ziel war es dabei aber lediglich, das investment banking aus den Bankkonzernen zu verbannen.[142] Dagegen blieb der Erwerb weiterer commercial banks durch Bankkonzerne völlig unkontrolliert.[143] Zur Aufrechterhaltung der Teleologie des McFadden Acts war aber die Erfassung von bank holding companies nötig, wie sie 1956 mit dem **Bank Holding Company Act (BHCA)**[144] auch erfolgte. Er unterstellte bank holding companies der Bundesaufsicht durch die FED.[145] Als bank holding company wurde damals jede Gesellschaft angesehen, welche mindestens 25% der Anteile an mindestens zwei commercial banks kontrollierte.[146] Außer mit Erlaubnis der FED ist es bank holding companies grundsätzlich untersagt, direkt oder indirekt das Eigentum an oder die Kontrolle über die stimmberechtigten Aktien einer commercial bank zu erwerben, wenn sie dadurch nach dem Erwerb mehr als 5% der stimmberechtigten Aktien dieser Banken halten würde.[147] Direkt oder indirekt darf eine bank holding company grundsätzlich weder das Eigen-

---

137 12 U.S.C. § 36 (c).

138 Nach den jüngsten mir vorliegenden Informationen haben aber mittlerweile alle Bundesstaaten außer Hawaii Gesetze in Kraft gesetzt, die in irgendeiner Form die Bildung von „interstate bank holding companies" erlauben (s.u.); vgl. Savage (1993), S. 1075.

139 Vgl. Macey/Miller (1992), S. 413.

140 Vgl. dies., S. 295.

141 Vgl. Möschel (1978), S. 111 mit Verweis auf § 2 des Banking Acts sowie Macey/Miller (1981), S. 23.

142 Vgl. Morschbach (1981), S. 23.

143 Vgl. Möschel (1978), S. 112.

144 12 U.S.C. §§ 1841 – 1850; vgl. Hütz (1990), S. 36.

145 Vgl. Santomero (1990), S. 439; Morschbach (1981), S. 23 sowie Möschel (1978), S. 123.

146 Vgl. Möschel (1978), S. 115; vermutlich handelt es sich um 12 U.S.C. § 1841 alter Fassung.

147 12 U.S.C. § 1842 (a), präzisiert durch 12 C.F.R. § 225.11; vgl. auch Morschbach (1981), S. 35.

tum an noch die Kontrolle über das geringste stimmberechtigte Aktienkapital einer Gesellschaft erwerben, die weder eine commercial bank noch eine bank holding company ist (sog. „nonbanking organizations").[148] Kraft der ihr zustehenden Kompetenz zum Erlaß von Verwaltungsanweisungen hat die FED jedoch verfügt, daß das Eigentum an oder die Kontrolle über weniger als 5% des stimmberechtigten Kapitals einer nonbanking organization als unbedenklich anzusehen sind.[149] Vorhandene Beteiligungsverhältnisse, die nach dem BHCA von 1956 unzulässig wurden, mußten entflochten werden[150], einen Bestandsschutz gab es nicht.

Verschärft wurde die Beschränkung des Bank Holding Company Acts 1966 noch durch das sogenannte **Douglas Amendment** of the Bank Holding Company Act. Danach bedarf eine bank holding company, die direkt oder indirekt stimmberechtigte Aktien einer weiteren commercial bank außerhalb des Staates, wo die Banktöchter der bank holding company hauptsächlich geschäftstätig sind, erwerben will, der speziellen Genehmigung des Rechts des Bundesstaates, in dem die zu akquirierende Bank ihren Sitz hat.[151] Somit ist die Expansion einer bank holding company über Staatengrenzen hinweg in erster Linie Angelegenheit der Bundesstaaten.[152] Während die Bundesstaaten in ihren Gesetzen zunächst den Zuzug von bank holding companies aus anderen Bundesstaaten sehr restriktiv handhaben, sind mittlerweile Liberalisierungstendenzen erkennbar. Maine war 1975 der erste Staat, der den Zuzug aus allen Bundesstaaten zuließ.[153]

Um die Restriktionen, die **multibank holding companies** (also bank holding companies mit mindestens zwei commercial banks) durch den Bank Holding Company Act von 1956 auferlegt wurden, zumindest teilweise zu umgehen, hatten viele Bankkonzerne das Schlupfloch der Definition eines Bankkonzerns über zwei commercial banks ausgenutzt. Sie hatten Konzerne mit nur einer commercial bank (sogenannte **one-bank holding companies**) gebildet, die sich mit ihren zulässigen Nichtbankenaktivitäten weit ausbreiteten.[154] Um auch solche Konzernstrukturen zu erfassen, reagierte der Gesetzgeber **1970** mit einem **Amendment** des Bank Holding Company Acts. Es brachte auch die one-bank holding companies unter die Kontrolle der FED,

---

148   12 U.S.C. § 1843

149   12 C.F.R. § 225.22 (a) (5)

150   Vgl. Möschel (1978), S. 115.

151   12 U.S.C. § 1842 (d); vgl. Notger (1985), S. 4; Hütz (1990), S. 36; Möschel (1978), S. 115; Macey/Miller (1992), S. 26.

152   Vgl. Macey/Miller (1992), S. 309.

153   Vgl. Santomero (1990), S. 443; vgl. auch Fn. 138 dieses Paragraphen.

154   Vgl. Santomero (1990), S. 439; Chase/Mingo (1975), S. 282.

indem die Definition einer bank holding company abgeändert wurde.[155] Andererseits wurde ein Katalog zulässiger nonbanking activities eingeführt, der nicht der erwähnten 5%-Beschränkung unterliegt. Solche Aktivitäten müssen

(1) mit dem Bankgeschäft eng verbunden („closely related") sein[156] und

(2) einen öffentlichen Nutzen stiften, der die erwarteten negativen Effekte über- wiegt.[157]

Die zahlreichen one-bank holding companies, die durch die Novelle von 1970 unter den Bank Holding Company Act fielen, konnten keinen Bestandsschutz geltend machen und mußten sich bis zum 31. Dezember 1980 von ihren unzulässigen Aktivi- täten im Nichtbankenbereich trennen.[158] Die Kreativität jedoch, mit der bank holding companies die Beschränkungen der geographischen Ausweitung durch den Bank Holding Company Act umschifften, scheint auch durch die Novelle von 1970 nicht gebrochen worden zu sein. Dies belegt das starke Anwachsen der Zahl der sogenann- ten „nonbank banks".[159]

Eine **nonbank bank** ist eine commercial bank mit national charter oder state charter, die sogar bei der FDIC ihre Einlagen versichern kann, im Sinne des Bank Holding Company Acts jedoch keine „bank" ist.[160] Dies wurde erst durch ein Schlupfloch möglich, das die Novelle von 1970 in den Bank Holding Company Act gerissen hatte. Eine „bank" wurde definiert als eine Institution, die (1) Sichtdepositen annimmt, für die der Einleger ein Einlösungsrecht hat, und die (2) im gewerblichen Kreditgeschäft engagiert ist.[161] Dies bot zwei Umgehungsmöglichkeiten: Einerseits konnte eine commercial bank durch Beschränkung auf eine der beiden Geschäftssparten dem BHCA entgehen.[162]

---

155   12 U.S.C. § 1841 (a) (1); genau heißt es „...bank holding company means any company which has control over any bank or over any company that is or becomes a bank holding company by virtue of this chapter"; vgl. ergänzend Chase/Mingo (1975), S. 282; Notger (1985), S. 12; Macey/Miller (1992), S. 27 und 293.

156   12 U.S.C. § 1843 (c) (8); vgl. Macey/Miller (1992), S. 27 i.V.m. 12 C.F.R. § 225.21 (a) (2).

157   12 U.S.C. § 1843 (c) (8); vgl. auch hier Macey/Miller (1992), S. 27 und 293 sowie Notger (1985), S. 12.

158   12 U.S.C. § 1843 (a) (2); vgl. Möschel (1978), S. 125 sowie Macey/Miller (1992), S. 302.

159   Vgl. Hütz (1990), S. 37.

160   Gregorash (1986), S.19.

161   12 U.S.C. § 1841 (c) alter Fassung, zitiert nach Macey/Miller (1992), S. 296.

162   Vgl. Hütz (1990), S. 37; von ihm stammt auch der Hinweis, daß American Express durch die Beschränkung auf das Kreditgeschäft erhebliche Marktanteile erobern konnte, ohne den Beschränkungen durch den BHCA zu unterliegen (S. 38).

Andererseits entging man dem BHCA aber auch, indem man faktisch beide Bankgeschäfte anbot, dabei jedoch auf hybride Finanzierungstitel zurückgriff, die juristisch
nicht in eine der beiden Kategorien fielen. So boten viele nonbank banks ihren Kunden
NOW accounts an. Dies sind Konten, die faktisch wie gewöhnliche scheckfähige
Sichteinlagen funktionieren, bei denen jedoch kein rechtlicher Anspruch auf einen
Abzug auf Sicht besteht.[163] Andere nonbank banks vermieden die Klassifizierung als
„bank" im Sinne des BHCA, indem sie keinen unverbrieften gewerblichen Kredit ver-
gaben, sondern nur in Wertpapierform verbriefte Finanzierungstitel wie commercial
paper oder certificates of deposit ankauften.[164] [165] Auf beide Ausprägungen der
Umgehungspolitik reagierte der Gesetzgeber **1987** mit dem **Competitive Equality
Banking Act.**

Er schloß das Schlupfloch, indem er einerseits die bisherige Definition einer „bank"
erweiterte[166] und andererseits jede Bank, die ihre Einlagen bei der FDIC versichert,
auch als „bank" im Sinne des BHCA auffaßte.[167]

**Zusammengefaßt** läßt sich für die geographischen Beschränkungen einer national
bank folgendes festhalten:

(1) Eine Ausdehnung durch Zweigstellen über den eigenen Bundesstaat hinaus ist
einer national bank verboten.

(2) Eine Ausdehnung durch Tochterbanken ist ihr grundsätzlich verboten, sofern sie
mehr als 5% des stimmberechtigten Kapitals an einer Tochtergesellschaft halten
will.

(3) Eine Ausdehnung durch Tochtergesellschaften, die „nonbanking activities" betreiben, ist ihr grundsätzlich verboten, sofern sie mehr als 5% des stimmberechtigten

---

163  Vgl. Macey/Miller (1992), S. 297.

164  Vgl. ebda.; zu den Begrifflichkeiten s.u.; die Ford Motor Company konnte deshalb eine
commercial bank kaufen, alle ihre Sichteinlagen in NOW accounts umwandeln und so den
Beschränkungen des interstate banking durch den BHCA entgehen (ders.; S. 301).

165  Die FED versuchte qua Verwaltungsanweisung auch diese hybriden Finanzierungstitel einzu-
beziehen (Regulation Y). In „Board of Governors of the Federal Reserve System v. Dimension
Financial Corporation" entschied der Supreme Court jedoch, daß ihr solche Maßnahmen nicht
zuständen und es sich vielmehr um eine Angelegenheit für den Gesetzgeber handle; 474 U.S.
361 (1986); vgl. Gregorash (1986), S. 19 und Macey/Miller (1992), S. 297 – 300.

166  12 U.S.C. § 1841 (c) (1) (B); genau heißt es jetzt: „... the term ‚bank' means the following: (...)
(B) An institution organized under the laws of the United States, any State of the United States,
the District of Columbia ... which both (i) accepts demand deposits *or* deposits that the
depositor may withdraw by check *or similar means* for payment to third parties or others; and
(ii) is engaged *in the business* of making commercial loans"; (Kursivdruck von mir, DK).

167  12 U.S.C. § 1841 (c) (1) (A).

Kapitals an dieser Tochtergesellschaft halten will und die Tochtergesellschaft keine Aktivitäten entfaltet, die die FED als „closely related" einstuft.

### 4.1.2.4 Beschränkungen der Einlagen- und Kreditzinsen

Für die Zinsen auf **Einlagen,** die das Publikum bei national banks unterhielt, gab es von 1933 bis 1986 einschneidende Obergrenzen (**„interest rate ceilings"**). § 11 des **Banking Acts von 1933** verbot explizit die Zahlung von Zinsen auf Sichteinlagen und forderte von der FED, Verwaltungsanweisungen zu erlassen, die die interest rate ceilings für Spar- und Termineinlagen regeln (sog. **Regulation Q**).[168] [169] Mit dem **Depository Institutions Deregulation and Monetary Control Act** beschloß der Kongreß 1980, Regulation Q und damit die interest rate ceilings für Spar- und Termineinlagen bis 1986 abzuschaffen.[170]

Immer noch praktiziert werden dagegen die sogenannten „Wuchergesetze" (**„usury laws"**[171]), die Zinsobergrenzen bei **Bankkrediten** setzen. Diese fallen in die Regelungszuständigkeit der Einzelstaaten, was das Bundesrecht seit dem **National Banking Act** in der Version von 1864[172] bis heute anerkennt.[173] Nur drei Bundesstaaten

---

168   12 U.S.C. § 371a alter Fassung; 12 C.F.R. § 217.7 i.V.m. 12 U.S.C. § 371b jeweils alter Fassung; am 1. November 1933 beispielsweise betrug die Zinsobergrenze sowohl für Spar- als auch für Termineinlagen beliebiger Laufzeit 3%. Über die Zeit sind die Zinsobergrenzen fast durchweg – wenn auch unterschiedlich stark – gestiegen (Board of Governors of the Federal Reserve Board (1981), S. 270/1; vgl. auch Maier (1981), S. 542; Morschbach (1981), S. 29; Hütz (1990), S. 35, 99 (insb. Fn. 31) und 180 (insb. Fn. 112); Macey/Miller (1992), S. 22).

169   Die „thrift institutions" (vgl. Fn. 47 dieses Paragraphen) verdanken einen großen Teil ihres Wachstums diesen interest rate ceilings, da für sie meist nicht so strenge Beschränkungen galten wie für national banks.

170   Vgl. Morschbach (1981), S. 24 und 66; gemäß Hütz (1990), S. 99 ist auch das Verbot der Zahlung von Zinsen auf Sichteinlagen abgeschafft worden; hierfür habe ich keine Bestätigung finden können; eine solche Regelung würde auch dem Wortlaut von 12 U.S.C. § 371a in aktueller Fassung widersprechen.

171   Die historischen Wurzeln des Wucherverbots gehen sehr weit zurück; schon der Kodex des Hammurabi vor über 3750 Jahren verbot es, Zinsen zu nehmen. Das gleiche gilt für das Buch Deuteronomium der Bibel, so daß das Dogma es auch den Christen lange Zeit verbot, Zinsen zu nehmen (vgl. Macey/Miller (1992), S. 187/8).

172   Diesen Hinweis verdanke ich Mister Jesse Stiller vom Office of the Comptroller of the Currency, DK. Relevant ist heute der Banking Act von 1933, der in § 21 die Einzelstaaten abermals zum Setzen von Obergrenzen für Kreditzinsen ermächtigt.

173   12 U.S.C. § 85; gefordert werden kann das Maximum aus einzelstaatlich erlaubtem Zins, einzelstaatlichem Rediskontsatz plus 1% und 7%; vgl. Macey/Miller (1992), S. 189/90 und auch Hütz (1990), S. 180 sowie Morschbach (1981), S. 30.

hatten 1986 in ihren einzelstaatlichen Gesetzen keine feste Obergrenze für die Kreditzinsen vorgesehen.[174]

### 4.1.3 Bankaufsichtsrechtliche Steuerung der laufenden Geschäftstätigkeit von National Banks

Die Komplexität der institutionellen Struktur der Bankenaufsicht in den USA wirft die
Frage auf, ob innerhalb einer solchen Struktur die Aufsicht über die laufende
Geschäftstätigkeit der commercial banks nach einigermaßen einheitlichen Prinzipien
ablaufen kann. Der Gesetzgeber hat jedenfalls mit der Schaffung des Federal Financial
Examination Council (FFIEC) eine Institution geschaffen, die tatsächlich eine einheitliche Beaufsichtigung durch alle Behörden gewährleisten soll.[175] Das Hauptaugen-
merk der Aufsicht über die laufende Geschäftstätigkeit von commercial banks liegt auf
der Ausstattung mit Eigenkapital und der Begrenzung von Risiken aus dem Kreditgeschäft.[176] Hier kommt es zu aufsichtsrechtlichen Regelungen, die den bundesdeutschen recht ähnlich sind, wie das Beispiel der national banks zeigt.

- Anforderungen an die **Eigenkapitalausstattung:** Seit der Verabschiedung des
International Lending Supervision Acts 1983 hat jede Aufsichtsbehörde des
Bundes das Recht und die Pflicht, jeder der von ihr beaufsichtigten commercial
banks ein Mindesteigenkapital vorzuschreiben.[177] Die drei Aufsichtsbehörden des
Bundes haben demgemäß Richtlinien für die Regulierung der Eigenkapitalausstattung erlassen, die in neuerer Fassung die Empfehlungen des Baseler Cooke-
Comitées berücksichtigen und untereinander angeglichen worden sind.[178] [179] Die
Aktiva einer national bank werden in vier verschiedene Risikoklassen abgeschich-
tet, die jeweils mit unterschiedlichen Gewichtungsfaktoren bewertet werden und
deshalb unterschiedliche Höchstrelationen zum Eigenkapital nicht übersteigen
dürfen.[180] [181]

---

174 Vgl. Edmister (1986), S. 421; es handelt sich um die Bundesstaaten New York, Massachusetts und New Hampshire (vgl. ebda.).

175 Vgl. Schnetzer (1983), S. 96.

176 Vgl. Hütz (1990), S. 167.

177 12 U.S.C. § 3907 (a) (1) und (2); vgl. Hütz (1990), S. 169.

178 12 C.F.R. § 3 (Comptroller of the Currency); 12 C.F.R. § 225, Appendix A (FED); 12 C.F.R. § 325 (FDIC); vgl. Hütz (1990), S. 170/1.

179 Zuvor hatte es in Ansätzen schon Mindesteigenkapitalvorschriften gegeben, der Risikogehalt der zugeordneten Aktiva blieb jedoch unberücksichtigt; zu denken ist hier an die von CC, FDIC und FED mit nur geringen Variationen angewandten „net capital ratios" (Edmister (1986), S. 374).

180 Vgl. Macey/Miller (1992), S. 285.

• **Risikozerfällungsvorschriften:** Bereits seit Einführung des National Banking Acts im Jahre 1863 kennt das amerikanische Bankaufsichtsrecht Vorschriften zur Begrenzung von Großkrediten. Die gesetzliche Formulierung wurde 1982 mit dem Garn St. Germain Depository Institutions Act novelliert.[182] Demnach dürfen die Ausleihungen einer national bank an eine einzelne Person, wenn sie nicht „vollkommen besichert" sind, 15% des Eigenkapitals dieser Bank nicht übersteigen.[183]

• Vorschriften zur Begrenzung der **Fristentransformation:** Den deutschen Regelungen[184] vergleichbare gesetzliche Vorschriften oder Richtlinien der Aufsichtsbehörden, deren Verletzung Eingriffsbefugnisse bewirken würde, existieren in den USA nicht.[185] Zur Beurteilung („rating") von commercial banks haben die Aufsichtsbehörden allerdings ein System entwickelt, daß neben Eigenkapital, Aktiva, Qualität des Managements und Ertragslage auch die Liquidität eines Instituts berücksichtigt (sog. „CAMEL"-System).[186]

## 4.2     Investment Banks

### 4.2.1   Institutionelle Struktur der Aufsicht und Zulassung zur Geschäftstätigkeit

Neben den commercial banks übernehmen in den USA auch investment banks Aufgaben, die in Deutschland von einer Universalbank übernommen werden könnten. Eine deutsche Universalbank fällt – wenn auch je nach Geschäftszweig unterschiedlich – mit ihrer gesamten Geschäftstätigkeit unter die Aufsicht von Bundesbank und Bundesaufsichtsamt für das Kreditwesen. Naheliegend ist es deshalb zu fragen, wie investment banks in den USA aufsichtsrechtlich behandelt werden.

Investment banks sind am Primärmarkt und am Sekundärmarkt für Wertpapiere tätig. Die bundesstaatliche Aufsichtsbehörde für den börslichen und außerbörslichen Wertpapierhandel am Primärmarkt und am Sekundärmarkt ist die **Securities and Exchange Commission (SEC).** Sie wacht vor allem über die Gleichbehandlung der Teilnehmer am Wertpapiermarkt.[187] Eine vergleichbare eigenständige Institution gibt es in der

---

181   Diese Eigenkapitalvorschriften korrespondieren mit dem Regelungskomplex der §§ 10, 10a KWG i.V.m. den Grundsätzen I und Ia des Bundesaufsichtsamtes für das Kreditwesen.

182   Vgl. Hütz (1990), S. 172/3.

183   12 U.S.C. § 84 (a) (1).

184   Vgl. Bitz/Matzke/Kaiser/Wiechers/Weidekind/Erdland (1991), S. 78 – 86 sowie Gliederungspunkt 4.2.4 in § 7 dieser Arbeit.

185   Vgl. Hütz (1990), S. 171.

186   Macey/Miller (1992), S. 276.

187   Vgl. Caytas/Mahari (1988), S. 89.

Bundesrepublik nicht. Die gesetzlichen Grundlagen der SEC liegen im **Securities Act von 1933** und im **Securities Exchange Act von 1934.** Der Securities Act regelt schwerpunktmäßig das Geschäft mit Wertpapieren am Primärmarkt und fordert die Hinterlegung von Registrierungsunterlagen („registration statement") bei der SEC.[188] Demgegenüber behandelt der Securities Exchange Act schwerpunktmäßig den Handel von Wertpapieren am Sekundärmarkt und fordert hier insbesondere laufende Informationen für die Anleger.[189] Beide Gesetze ermächtigen die SEC zum Erlaß von rules und regulations.[190] Der SEC obliegt auch die Genehmigung von Stimmrechtsvollmachten („proxies").[191] Während das Leitmotiv der verschiedenen Aufsichtsbehörden der commercial banks die Sicherheit des Bankwesens und die Solvenz der einzelnen Bank ist, stellt die Aufsicht der SEC auf eine ganz andere Zielvariable ab: Investoren sollen *ausreichende Informationen* zur Verfügung gestellt werden, um auf dieser Basis individuelle Entscheidungen frei treffen zu können.[192] Zulassungsvoraussetzungen im Sinne einer national charter oder state charter wie für commercial banks gibt es deshalb für investment banks nicht.

Bevor **Wertpapiere** über die Grenzen eines Bundesstaates hinweg am **Primärmarkt** emittiert werden können, ist die Einreichung eines registration statement bei der SEC erforderlich.[193] Von dieser Registrierungspflicht kann nur in bestimmten, von der SEC genau definierten Fällen abgesehen werden: Nach Regulation C der SEC kann jeder Emittent innerhalb eines Jahres bis zu $ 1.5 Mio. emittieren, ohne daß eine Registrierung erforderlich wäre.[194] Erfolgt die Plazierung nur bei einer eng begrenzten Anzahl von Personen und Institutionen, so kann unter den Bedingungen der Regulation D ebenfalls auf eine Registrierung verzichtet werden.[195] Werden emittierte Wertpapiere nur an „qualifizierte institutionelle Käufer" („qualified institutional buyers" („qib's")) weiterveräußert, so ist eine Registrierung wegen rule 144A der SEC nicht erforderlich. Qib's sind Finanzintermediäre und andere Gesellschaften, die Wertpapierbestände von mindestens $ 100 Millionen halten. Bei broker und dealer reduziert sich diese Untergrenze auf $ 10 Millionen.[196] Große Unternehmen schließlich, die immer wieder an den Primärmarkt treten, können Blöcke von Wertpapieren über $ 150

---

188 Treumann/Peltzer/Kuehn (1990), S. 263; ähnlich Morschbach (1981), S. 42.

189 15 U.S.C. § 78m; vgl. Morschbach (1981), S. 43.

190 Vgl. Morschbach (1981), S. 42.

191 Morschbach (1981), S. 58 und 181; vgl. hierzu Gliederungspunkt 3.1 in § 6 dieser Arbeit.

192 Vgl. Sametz/Keenan/Bloch/Goldberg (1979), S. 180.

193 SA § 5 (a) (1); vgl. Amling (1989), S. 331.

194 Vgl. Giersch/Schmidt (1986), S. 26.

195 Vgl. Giersch/Schmidt (1986), S. 28 sowie Treumann/Peltzer/Kuehn (1990), S. 257.

196 Vgl. Carey/Prowse/Rea/Udell (1993), S. 88/9.

Mio. registrieren lassen und diese nach Bedarf an den Primärmarkt bringen, ohne diese jeweils neu registrieren lassen zu müssen. Dies bezeichnet man als „shelf registration" nach rule 415b der SEC.[197]

Wenn eine **investment bank** am **Sekundärmarkt** als broker oder dealer tätig werden will, so muß sie sich bei der SEC registrieren lassen.[198] Im Wege der Selbstregulierung erheben die Börsen weitere Anforderungen an ihre Börsenmitglieder. Wer etwa an der größten amerikanischen Börse, der New York Stock Exchange (NYSE) Mitglied werden will, muß in einer Prüfung nachweisen, daß er die Usancen der NYSE kennt und für seine Mitgliedschaft teuer bezahlen.[199] Ganz in der angelsächsischen Tradition der Selbstkontrolle erhebt schließlich auch die **National Association of Securities Dealers (NASD)** Anforderungen an ihre Mitglieder.[200]

Die Zulassung von *Wertpapieren* zum Sekundärmarkt ist durch gesetzliche Vorschriften und Maßnahmen der Selbstregulierung sehr intensiv geregelt. Vor ihrer Zulassung zum Handel an einer nationalen Börse („national exchange"; das ist eine Börse, an der Wertpapiere einzelstaatenübergreifend gehandelt werden; eine national exchange wird stets von der SEC zugelassen und kontrolliert[201]) müssen Wertpapiere stets bei der SEC registriert werden.[202] Dabei muß das antragstellende Unternehmen sehr detaillierte Informationen über sich und seine Wertpapiere zur Verfügung stellen.[203] Seit 1964 mit dem Maloney Act der Securities Exchange Act novelliert wurde, müssen selbst Wertpapiere, die im Freiverkehr („**over-the-counter market; OTC** market") notiert werden sollen, zunächst bei der SEC registriert werden.[204] [205] Zusätzlich zu

---

197   Hayes/Spence/Marks (1989), S. 33; ähnlich Pugel/White (1985), S. 98 sowie Giersch/Schmidt (1986), S. 30.

198   15 U.S.C. § 78o (a) und (b).

199   Vgl. New York Stock Exchange (1990), S. 12; im Rezessionsjahr 1977 wurden nicht mehr als $ 35.000 verlangt, in der Mitte der achtziger Jahre dagegen mehr als $ 1 Mio. (ebda.)

200   Vgl. Morschbach (1981), S. 42 und 59 sowie Giersch/Schmidt (1986), S. 32; die NASD wird ihrerseits von der SEC überwacht (vgl. Morschbach a.a.O.).

201   Vgl. Wiethölter (1961), S. 250, Fn. 70.

202   15 U.S.C. § 78l; vgl. Morschbach (1981), S. 43.

203   15 U.S.C. § 78l (b) Nr. (1) – (3).

204   15 U.S.C. § 78l (f); „**registered companies**" sind also Gesellschaften, deren Wertpapiere an einer national exchange notiert werden („**listed**") oder aber im over-the-counter market gehandelt werden, sofern diese Gesellschaften Aktiva über $ 3 Mio. und mehr als 500 Aktionäre haben; solche Gesellschaften müssen laufend der SEC und bei Börsennotierung der jeweiligen Börse Bericht erstatten, um die Informationen der Registrierung zu aktualisieren. All diese Informationen sind öffentlich zugänglich; 15 U.S.C. § 78m; vgl. Treumann/Peltzer/Kuehn (1990), S. 267.

205   Der **Sekundärmarkt für Wertpapiere** hat in den USA 4 Segmente: (1) Den Handel an den Wertpapierbörsen (national exchanges und regional exchanges); (2) den over-the-counter market, der von den securities dealers betrieben und von der NASD koordiniert wird; (3) den

den Anforderungen der SEC an ein Wertpapier im Sekundärmarkt sind auch noch die Anforderungen der jeweiligen Börse an ein Wertpapier zu beachten. Um etwa an der NYSE für ein listing in Frage zu kommen, muß eine Gesellschaft bei Umsatz, Bilanzsumme und Ertragslage bestimmte Mindestanforderungen erfüllen. Zusätzlich müssen diese Wertpapiere sich in Streubesitz befinden. Schließlich muß sich die Gesellschaft bereit erklären, die hohen Schutzvorschriften der NYSE für Investoren zu beachten. Dies impliziert insbesondere die Erstellung von Jahresabschlüssen, die Verbreitung dieser Abschlüsse unter den Aktionären und das Abhalten jährlicher Hauptversammlungen.[206] Es fällt auf, daß im Wertpapierbereich die *Bereitstellung ausreichender Information* nicht nur das Aufsichtsziel der SEC, sondern offensichtlich wohl auch der Selbstregulierungsinstanzen ist.[207]

Einen wichtigen institutionellen Sachverhalt gilt es im Zusammenhang mit den **Gebühren** (commissions) zu nennen, die broker für ihre Transaktionen für fremde Rechnung verlangen konnten. Bis zur Novellierung des Securities Exchange Act im Jahre 1975, die die festen Gebührensätze für den Handel von Wertpapieren für fremde Rechnung abschaffte, konnte jede nationale Börse die Gebühren für Transaktionen auf ihrem Parkett selbst setzen.[208] Broker verdienten bis dahin attraktive Gebührensätze bei Aktien, die im Rahmen von öffentlichen Übernahmeangeboten (tender offers) abgetreten wurden. So verlangte die New York Stock Exchange, daß ihre brokers hierbei für jede abgetretene Aktie im Vergleich zum gewöhnlichen Börsengeschäft den doppel-

---

sogenannten „third market", an dem securities dealers vor allem zusätzlich solche Wertpapiere handeln, die auch an der NYSE zugelassen sind; (4) den sogenannten „fourth market", an dem institutionelle Anleger ohne die Vermittlung der dealers miteinander handeln (vgl. Edmister (1986), S. 255). – Im over-the-counter market werden Geschäfte per Telefon oder Telefax über einen market maker gemacht, der in bestimmten, ihm zugeordneten Titeln Geld- und Briefkurse stellt. Broker und dealer, die sich an diesem „Telefonhandel" beteiligen, sind zum überwiegenden Teil auch Mitglieder der NASD (vgl. Lamprecht (1973), S. 192). Dies dürfte damit zusammenhängen, daß seit 1913 die Liste der am OTC gehandelten Titel von der NASD veröffentlicht wird (sog. **„pink sheets"**), und diese pink sheets nur an broker vertrieben werden, die Mitglieder der NASD sind (vgl. Giersch/Schmidt (1986), S. 40). Mittlerweile wird ein großer Teil der Kursstellungen am OTC von einem Zentralcomputer erfaßt. Dieses System, ein Teilsegment des over-the-counter markets, heißt **National Association of Securities Dealers Automated Quotation (NASDAQ);** siehe Giersch/Schmidt (1986), S. 34 sowie Treumann/ Peltzer/Kuehn (1990), S. 261).

206 Vgl. New York Stock Exchange (1990), S. 10.

207 Vielleicht mit Ausnahme der sogenannten **„Securities Investor Protection Corporation (SIPC)".** Dies ist eine privatrechtliche Gesellschaft, die von allen registrierten brokers getragen wird und die Konten, die Investoren bei investment banks unterhalten, bis zu einem Betrag von $ 50.000 pro Konto im Stile einer Einlagensicherung schützt; vgl. Lamprecht (1973), S. 195; Morschbach (1981), S. 43 sowie New York Stock Exchange (1990), S. 35; hier scheint die Sicherheit der Einlage eigenständiges Ziel zu sein; andererseits handelt es sich hier natürlich auch um einen Finanzierungstitel, der in den Bereich des commercial banking fällt, wenn man „puristisch" denkt.

208 Vgl. Edmister (1986), S. 413.

ten Gebührensatz erhielten. Wenn der seine Aktien abtretende Aktionär schließlich noch eine eventuelle Bargeldzahlung in Wertpapiere reinvestierte, so verdienten die brokers noch ein drittes Mal Gebühren.[209] Mit der Novellierung des SEA gaben die amerikanischen Börsen am 1. Mai 1975 (sogenannter „**may day**") die Gebühren der broker frei, so daß diese sie jetzt individuell aushandeln können und müssen.[210] Seitdem sind die Gebühren der broker nicht mehr öffentlich bekannt.[211] Die alte Gebührenregelung scheint jedenfalls auch heute noch Nachwirkungen zu haben, da die Gebühren immer noch bei tender offers substantiell höher liegen sollen als im gewöhnlichen Wertpapiergeschäft.[212]

### 4.2.2 Bankaufsichtsrechtliche Vorgaben für die Struktur und die Steuerung der laufenden Geschäftstätigkeit von Investment Banks

Informationen über die Geschäftstätigkeit der Unternehmen, deren Wertpapiere am Primärmarkt und am Sekundärmarkt gehandelt werden, stellen die zentrale Führvariable der Aufsicht über das laufende Wertpapiergeschäft in den USA dar. Wirkliche Einschränkungen der Geschäftstätigkeit von investment banks selbst sind nicht bekannt geworden. Investment banks benötigen kein vorgegebenes Eigenkapital. Ihre Aktiva brauchen sich bezüglich ihres Risikogehaltes an keine gesetzlichen Vorgaben zu halten. Für das Verhältnis der Fristigkeiten bei Aktiva und Passiva gibt es keine Vorgaben. Investment banks unterliegen auch keinerlei geographischen Beschränkungen. Sie können als dealer Wertpapiere für eigene Rechnung erwerben und so eine Beteiligungspolitik betreiben. Beschränkungen von Wertpapierrenditen im Sinne der Einlagen- und Kreditzinsbeschränkungen bei commercial banks hat es im investment banking noch nie gegeben.

---

209    Vgl. Hayes/Taussig (1967), S. 141; bestätigend: Breiding (1974), S. 142/3.

210    Vgl. Behrens (1990), S. 15; ähnlich Morschbach (1981), S. 186.

211    Die Abschaffung fester Gebührensätze hat zur Entstehung einer Subspecies innerhalb der broker geführt: **discount broker** bieten den Investoren sehr geringe Gebührensätze für Geschäfte an der Börse, verzichten dabei aber auch auf jede Form von Börseninformation („research reports"), wie sie bei gewöhnlichen brokers die Regel ist (vgl. Amling (1989), S. 339).

212    Dies wurde mir jedenfalls persönlich an der NYSE versichert; DK.

# 5 Praktiken zur Umgehung aufsichtsrechtlicher Maßnahmen und Liberalisierungstendenzen

## 5.1 Trennbankensystem

Umgehungen der Trennung des Bankgeschäfts in commercial banking und investment banking sind grundsätzlich denkbar als Annäherung des Bankgeschäfts der investment banks an das der commercial banks und umgekehrt. Tatsächlich konnten in den vergangenen Jahren beide Arten der Annäherung beobachtet werden.

Die **investment banks** haben in verschiedenen Formen enge Substitute für Produkte entwickelt, die commercial banks vorbehalten sind. Die Rede war bereits von den **cash management accounts,** die ursprünglich bei den investment banks nur als Puffer für Anlagen in Wertpapiere gedacht waren, mittlerweile aber dem Anleger die Möglichkeit geben, alle Mittel verzinslich anzulegen, die für Wertpapieranlagen nicht unmittelbar gebraucht werden.[213] Einen verzinslichen Finanzierungstitel mit geringem Zinsänderungsrisiko und hoher Liquidität im Angebot von investment banks stellen aber auch die „Geldmarktfonds" **(money market mutual funds)** dar.[214] Geldmarktfonds sind Investmentfonds, die in Wertpapiere mit kurzen Restlaufzeiten investieren, um das Zinsänderungsrisiko möglichst gering zu halten. Sie bieten im Bedarfsfall unmittelbaren Zugang zum angelegten Geld. Das Mindestanlagevolumen beträgt gewöhnlich $ 1.000.[215] Im Gegensatz zu einer gewöhnlichen Einlage bei einer commercial bank sind Geldmarktfonds jedoch nicht bei der FDIC versichert. Vor diesem Hintergrund ist wohl die Entwicklung der sogenannten **„brokered deposits"** zu sehen. Hierbei übernehmen broker – meist handelt es sich um angesehene Häuser von der Wall Street – Geldbeträge, um sie in großen Bündeln bei einlagenversicherten Finanzintermediären wie den commercial banks einzulegen. Der Name des einzelnen Investors hängt dabei jedem Paket von $ 100.000 beim einzelnen Finanzintermediär an.[216] Eine solche Anlageform ermöglicht es den investment banks, durch Vermittlung von Finanzierungsüberschüssen die Vorteile der Einlagensicherung auszunutzen. Dem einzelnen Sparer ermöglicht sie es, ohne größere Transaktionskosten auch Ersparnisse oberhalb von $ 100.000 versichert einzulegen.[217] Cash management accounts, money

---

213  Vgl. Maier (1981), S. 542; Cartellieri (1990), S. 10 sowie Santomero (1990), S. 440.

214  Vgl. Santomero (1990), S. 440 sowie Maier (1981), S. 542; insbesondere die investment bank Merrill Lynch hat den Absatz von Geldmarktfonds engagiert betrieben (vgl. Hein (1988), S. 262).

215  Vgl. Citibank (1992b).

216  Vgl. White (1991), S. 126.

217  Die staatliche Einlagenversicherung der commercial banks, die FDIC, stand solchen Inanspruchnahmen ihrer Versicherungsleistung stets skeptisch gegenüber. 1983 versuchte sie, brokered deposits über eine regulation einzugrenzen (vgl. Macey/Miller (1992), S. 263). Diese Verwaltungsanweisung wurde jedoch qua Gerichtsbeschluß verworfen (768 F. 2d 352). Der

market mutual funds und brokered deposits sind Beispiele für spezielle Finanzierungstitel, mit denen investment banks den commercial banks Konkurrenz machen. Einzugehen ist aber auch noch auf die allgemeine Tendenz an den amerikanischen Märkten für Finanzierungstitel, den strengen geschäftspolitischen Auflagen für commercial banks durch eine „Wertpapierisierung" (**securitization**) der Finanzierungstitel zu begegnen, um sie aus dem Geschäftsbereich der commercial banks in den der investment banks zu verlagern. Als Beispiel sei hier nur das **commercial paper** genannt, das insbesondere am Finanzplatz New York eine wichtige Rolle spielt.[218] Es handelt sich hierbei um Inhaberschuldverschreibungen mit einer Laufzeit bis zu 270 Tagen.[219] Bei bestimmten Typen des gewerblichen Kredits hat die Entwicklung eines Marktes für commercial paper die Marktstellung der commercial banks entscheidend geschwächt.[220]

**Commercial banks** haben demgegenüber versucht, in das Geschäftsfeld der investment banks vorzudringen. Drei Ansätze sind in diesem Zusammenhang beachtenswert.

(1) Commercial banks war es nie verboten, neben dem angestammten Kredit- und Einlagengeschäft auch das Wertpapiergeschäft für fremde Rechnung zu betreiben.[221] Sie haben völlig eigene Formen der Aktivität als broker entwickelt.[222]

---

Gesetzgeber hat 1989 die Möglichkeit solcher Einlagenvermittlung Instituten ohne eine angemessene Eigenkapitalausstattung verboten (12 U.S.C. § 1831f (a)).

218 Bestätigend für die These, daß die Entstehung des commercial-paper-Marktes in den USA auf Zinsregulierungen und Beschränkungen der Geschäftstätigkeit der amerikanischen Finanzintermediäre zurückgeht: Deutsche Bundesbank (1993b), S. 61.

219 Vgl. Glogowski/Münch (1990), S. 21/2 sowie Santomero (1990), S. 448; Norton (1987), S. 343 nennt 90 Tage Laufzeit als kritische Obergrenze und verweist darauf, daß nur Schuldner bester Bonität für commercial paper in Frage kommen; der intensive Gebrauch des Fremdfinanzierungstitels commercial paper entspricht nicht der ansonsten anzutreffenden Präferenz für Eigenfinanzierungstitel in den USA; vgl. hierzu Francfort/Rudolph (1992) mit umfangreichem Zahlenmaterial für einen Vergleich der Finanzierungsgewohnheiten in den USA und der Bundesrepublik Deutschland.

220 Vgl. Department of the Treasury (1991), S. 6.

221 Das ergibt sich zunächst durch Umkehrschluß aus dem Wortlaut von 12 U.S.C. § 24 (7). Mr. Joseph R. Coyne von der FED hat es mir darüber hinaus persönlich bestätigt. Er hat mich auch darauf aufmerksam gemacht, daß commercial banks bei ihren „brokerage activities" diverse Informationspflichten zu erfüllen haben. Sie müssen den Kunden darauf hinweisen, daß die verkauften Wertpapiere keine Verbindlichkeit der Bank darstellen und sie deshalb auch nicht bei der FDIC versichert sind; vgl. auch Macey/Miller (1992), S. 514 – 517 sowie Treumann/Peltzer/Kuehn (1990), S. 463.

222 Vgl. Sametz/Keenan/Bloch/Goldberg (1979), S. 166 – 171; als eine Form der brokerage activities nennen die Autoren zum Beispiel den **automatic investment service**, bei dem die commercial bank einen vorbestimmten Betrag vom checking account des Kunden monatlich abhebt und für die Anlage in vom Kunden bestimmten Wertpapieren benutzt (S. 170).

(2) Die Gerichte kamen den bank holding companies zu Hilfe. Sie bestätigten, daß solche Bankkonzerne und ihre Tochtergesellschaften beim Kauf von Wertpapieren den Kunden beratend zur Seite stehen dürfen (sog. **„investment advisory services"**).[223]

(3) Selbst in den vom Gesetz ausdrücklich verbotenen Bereich des **underwriting** sind die commercial banks in den vergangenen Jahren in gewissem Umfang eingedrungen.

Zu Hilfe gekommen ist den national banks in der dritten Kategorie zunächst der Comptroller of the Currency. Per Verwaltungsanweisung hat er eine Aufstellung von Wertpapiertypen publik gemacht, die trotz des gesetzlichen Verbots von national banks erworben werden können. Es sind dies eng abgegrenzte Schuldtitel – vorwiegend von der öffentlichen Hand, die sogenannten **„Type I"** und **„Type II Securities"**.[224] Type I Securities sind Inhaberschuldverschreibungen, die durch die volle Kreditwürdigkeit der USA oder ihrer Bundesstaaten gedeckt sind. Solche Wertpapiere darf eine national bank auf eigene Rechnung kaufen und verkaufen und auch im Emissionsgeschäft auf eigene Rechnung einem breiten Publikum zukommen lassen (underwriting).[225] Type II securities sind Inhaberschuldverschreibungen von Sonderkreditinstituten oder aber der Vereinigten Staaten und ihren Einzelstaaten, sofern sie für bestimmte Sonderzwecke emittiert werden. Diese darf eine national bank für eigene Rechnung auch im Emissionsgeschäft erwerben, wenn der Gesamtwert der Wertpapiere 10% des Eigenkapitals der national banks nicht übersteigt.[226] Unterstützt hat die bank holding companies aber auch die FED, um in Wertpapieren, die keine Type I oder Type II securities sind, das underwriting betreiben zu können. So kann eine nicht das Bankgeschäft betreibende Tochtergesellschaft einer bank holding company (sog. „nonbank affiliate") das underwriting in **commercial paper** betreiben, wenn es sich um Schuldner erster Bonität handelt. Die Titel müssen einen Nennwert von mindestens $ 250.000 haben. Die Erlöse aus den commercial paper Aktivitäten dürfen 5% des Gesamterlöses der Tochtergesellschaft nicht übersteigen.[227] Im Januar 1989 gab die FED 5 bank

---

223 Board of Governors of the Federal Reserve System v. Investment Company Institute; 450 U.S. 46 (1981); vgl. ergänzend Macey/Miller (1992), S. 512/3.

224 12 U.S.C. § 24 (7); 12 C.F.R. § 1.3; vgl. Macey/Miller (1992), S. 175/6; Pugel/White (1985), S. 112 sowie Treumann/Peltzer/Kuehn (1990), S. 463.

225 12 C.F.R. § 1.3 (c).

226 12 C.F.R § 1.3 (d); ein solches Sonderkreditinstitut ist etwa die International Bank for Reconstruction and Development („Weltbank"), als Sonderzweck kommt beispielsweise die Finanzierung von Universitäten in Frage.

227 Vgl. Macey/Miller (1992), S. 542; dieser Verwaltungsanweisung war ein langer Rechtsstreit vorausgegangen. Die investment banks hatten sich gegen den Versuch der FED gewährt, commercial banks den Einstieg in das underwriting zu erlauben; vgl. Securities Industry Association v. Board of Governors of the Federal Reserve System; 468 U.S. 137 (1984);

holding companies die bedingte Erlaubnis, das underwriting in beliebigen Inhaberschuldverschreibungen mit fest vereinbartem Zins (sog. „fixed debt securities") auszuüben, sofern diese Aktivitäten nicht mehr als 5% der Gesamterlöse der entsprechenden
Tochtergesellschaft ausmachen. Zusätzlich haben solche bank holding companies
nachzuweisen, daß sie über ein angemessenes Eigenkapital verfügen, die entsprechende Expertise zur Durchführung solcher Geschäfte haben und daß angemessene interne
Kontrollen durchgeführt werden.[228] Gegen Ende des Jahres 1989 wurde die kritische
Erlösschwelle von 5 auf 10% angehoben.[229] Gegen Ende des Jahres 1990 erhielt J.P.
Morgan als erste commercial bank die Erlaubnis, das underwriting in als Wertpapier
verbrieften Eigenfinanzierungstiteln zu betreiben, wenn die obengenannten Bedingungen eingehalten werden.[230]

Die Bush-Administration hat vergeblich versucht, in ihrer Amtszeit eine umfassende
Reform des Bankenwesens durchzuführen, die die faktischen Aufweichungstendenzen
im amerikanischen Trennbankensystem durch ein reformiertes Regelwerk ersetzt
**(Financial Institutions Safety and Consumer Choice Act (FISCCA) von 1991).**
Eine Financial Services Holding Company sollte eingeführt werden, deren verschiedene Tochtergesellschaften jeweils in einem der Bereiche commercial banking,
investment banking, Versicherungsgeschäft und Investmentfondsgeschäft tätig
gewesen wären.[231] Man braucht kein Prophet für die Vorhersage zu sein, daß dies
nicht der letzte Versuch für eine umfassende Reform des amerikanischen Trennbankensystems gewesen sein wird.

---

Securities Industry Association v. Board of Governors of the Federal Reserve System; 483 U.S.
1005 (1987); vgl. auch Santomero (1990), S. 441 und Norton (1987), S. 343.

228   Vgl. Macey/Miller (1992), S. 555.

229   Vgl. Macey/Miller (1992), S. 556 sowie Cartellieri (1990), S. 15.

230   Vgl. Macey/Miller (1992), S. 556/7 und auch J.P. Morgan (1992), S. 88.

231   Vgl. Link/Hartung (1991), S. 134; die verschiedenen Tochtergesellschaften sollten haftungs-
      rechtlich strikt voneinander getrennt bleiben (sog. „firewalls"), um die Einlagenversicherung
      vor Risiken aus den anderen Geschäftsbereichen zu schützen (vgl. ebda.).

## 5.2 Beschränkungen der Beteiligungspolitik zwischen Commercial Banks und sonstigen Unternehmen

Das Verbot für national banks, Wertpapiere für eigene Rechnung zu erwerben[232], wird neben der erwähnten „closely-related"-Ausnahme[233] durch eine weitere Vorschrift relativiert. Eine bank holding company darf bis zu 5% der ausstehenden stimmberechtigten Aktien von Industrie- und Gewerbeunternehmen kaufen.[234] Ein solcher Erwerb darf aber ausschließlich Anlagezwecken dienen und keine Einflußnahme auf die Geschäftspolitik bewirken, die über das Recht eines Aktionärs hinausgeht, der eine 5%-Beteiligung hält.[235] Ein derartiger verbotener Einfluß kann durch einen Sitz im board, durch vertragliche Absprachen oder durch einen Kredit an das in 5%-Besitz stehende Unternehmen begründet werden.[236] Bank holding companies ist mithin ein geringes Beteiligungspotential an Wertpapieren nicht mehr verboten. Es ist aber quantitativ stark eingeschränkt und darf durch Instrumente wie **Vorstandsmandate, Vertragsabsprachen oder Kombinationen von Eigen- und Fremdfinanzierung** nicht flankiert werden. Solche Instrumente stehen mithin ergänzend zur Etablierung einer festen Geschäftsverbindung zwischen national bank und sonstigen Unternehmen nicht zur Verfügung. Mit dem **Financial Institutions Safety and Consumer Choice Act (FISCCA) von 1991** schienen in zweierlei Hinsicht die Beteiligungsmöglichkeiten zwischen commercial banks und sonstigen Unternehmen erweitert zu werden. Einer für das investment banking zuständigen Tochter einer Financial Services Holding Company wäre es bei Umsetzung dieser Gesetzesvorlage möglich geworden, als Tochtergesellschaft innerhalb eines Bankkonzerns in beliebigem Umfang Wertpapiere für eigene Rechnung zu erwerben.[237] In umgekehrter Richtung war als Instrument der Beteiligungspolik zwischen commercial banks und sonstigen Unternehmen vorgesehen, daß Financial Services Holding Companies nunmehr auch von Nichtbanken gehalten werden dürfen.[238]

---

232  12 U.S.C. § 24 (7).

233  12 U.S.C. § 1843 (8).

234  12 U.S.C. § 1843 (c) (6); vgl. Gruson/Heirndl (1990), S.12, insb. Fn. 71.

235  Vgl. Gruson/Heirndl (1990), S. 12; zu denken wäre in meinen Augen auch an eine geringe Präsenz in der Hauptversammlung, die bisweilen eine Minderheitsbeteiligung zu einer faktischen Mehrheit machen kann; DK; vgl. hierzu Gliederungspunkt 1.2.1.2 in § 5 dieser Arbeit.

236  Vgl. Gruson/Heirndl (1990), S. 12, insb. Fn. 74.

237  Vgl. Link/Hartung (1991), S. 134 sowie Link (1991), S. 300.

238  Vgl. ebda.

## 5.3    Geographische Beschränkungen

Zur Aufweichung der Beschränkung geographischer Ausweitung von national banks
hatten viele Bundesstaaten eine Vorschrift des Bank Holding Company Acts ausgenutzt, die es den Einzelstaaten erlaubt, in ihrem Gesetzessystem bank holding
companies mit Sitz außerhalb des Bundesstaates den Kauf von Banken innerhalb des
Bundesstaates zu erlauben.[239] 1982 erfanden die Staaten der „Neu-England" genannten Staatengemeinschaft den **regional banking compact**, eine Übereinkunft zwischen
diesen Bundesstaaten, ihre Bankenmärkte für bank holding companies aus den anderen
Bundesstaaten des Zusammenschlußgebietes zu öffnen, nicht jedoch für bank holding
companies außerhalb des Zusammenschlußgebietes.[240] Maine war 1975 der erste
Bundesstaat, der auswärtigen bank holding companies den allgemeinen Zutritt in das
Staatsgebiet erlaubte.[241] Als Möglichkeit weiterer geographischer Ausdehnung ist
schließlich auch noch auf den Garn St. Germain Depository Institutions Act von 1982
hinzuweisen, der die Bankaufsichtsbehörden ermächtigte, den Aufkauf insolventer
commercial banks über Staatengrenzen hinweg zuzulassen.[242] Die Einlagenversicherung der national banks, die FDIC, unterstützt Zusammenschlüsse insolventer und
gesunder commercial banks sehr häufig, indem sie die Versicherungssumme für die
Einlagen der gescheiterten Bank nicht direkt auszahlt, sondern als Beihilfe zum
Zusammenschluß leistet (deposit assumption method).[243] Mit dem **Financial
Institutions Safety and Consumer Choice Act (FISCCA)** von 1991 sollte es bank
holding companies erlaubt werden, nach einer Übergangsfrist von drei Jahren
bundesweit zu operieren.[244]

---

239   12 U.S.C. § 1842 (d); sogenanntes „Douglas Amendment of the Bank Holding Company Act".

240   Vgl. Macey/Miller (1992), S. 32 und 430.

241   Vgl. Santomero (1990), S. 443.

242   Vgl. Edmister (1986), S. 430 sowie Santomero (1990), S. 442.

243   Vgl. Schnetzer (1983), S. 98/9.

244   Vgl. Link/Hartung (1991), S. 134.

## 5.4    Beschränkungen der Einlagen- und Kreditzinsen

Die verschiedenen Verfahren zur Umgehung aufsichtsrechtlicher Beschränkungen weisen in vielen Fällen ein gemeinsames Charakteristikum auf: Es werden Produkte geschaffen, die nicht in die bisherigen Definitionen des Aufsichtsrechts passen und dementsprechend auch nicht von den aufsichtsrechtlichen Beschränkungen erfaßt werden. Ist durch solche **Finanzinnovation** erst der Sprung aus der aufsichtsrechtlichen Erfassung gelungen, so können solche Finanzinnovationen gleich zur Umschiffung mehrerer aufsichtsrechtlicher Restriktionen dienen. Im folgenden wird auf mehrere Maßnahmen zur Umgehung der Beschränkung der Einlagen- und Kreditzinsen eingegangen. Anhand der NOW accounts läßt sich diese These leicht nachvollziehen: Sie dienten bekanntlich als Instrument zur Umgehung regionaler Beschränkungen; einmal aus den aufsichtsrechtlichen Definitionen des Bankgeschäfts herausgenommen, konnten sie aber auch zur Vermeidung aufsichtsrechtlicher Beschränkungen bei den Einlagenzinsen eingesetzt werden.

• Ein **NOW account** ist ein Konto bei einer Bank, über das die Kunden mit einem scheckähnlichen Instrument, der negotiable order of withdrawal, verfügen können, ohne daß allerdings ein Rechtsanspruch auf Einlösung der negotiable order bestünde. Es handelt sich faktisch um eine verzinsliche Sichteinlage.[245] NOW accounts wurden durch den Depository Institutions Deregulation and Monetary Control Act (DIDMCA) von 1980 erst möglich gemacht.[246] Sie ermöglichten die Umgehung des auf den Banking Act von 1933 zurückgehenden Verbotes, auf Sichteinlagen Zinsen zu zahlen.

• **ATS accounts** (Automatic Transfer Service accounts), sind Konten, bei denen zwischen Bank und Einleger die zusätzliche Vereinbarung besteht, immer dann, wenn die Sichteinlagen einen bestimmten, ex ante festgelegten Betrag unterschritten haben, Beträge von verzinslichen Konten auf das unverzinsliche Girokonto zu überweisen. Nun kann dieser Betrag sehr niedrig angesetzt werden. Dann führt jede Belastung des auf Sicht fälligen Kontos automatisch zu einer Reaktion bei den verzinslichen Einlagen. ATS accounts verbinden somit die Liquidität der auf Sicht fälligen Einlage mit dem Vorteil der Verzinslichkeit.[247]

• **money market mutual funds**: Die ursprünglich von investment banks zur Umgehung des Trennbankensystems erfundenen und eingesetzten Geldmarktfonds[248] finden sich mittlerweile auch im Angebot von commercial banks, denen

245   Vgl. Maier (1981), S. 542 sowie Macey/Miller (1992), S. 31.
246   Vgl. Baas/Bolck (1991), S. 422.
247   Vgl. Maier (1981), S. 542/3.
248   Vgl. ders., S. 542.

bekanntlich das Geschäft mit Wertpapieren für fremde Rechnung nie verboten war.[249] Diese Geldmarktfonds bieten variable und im Vergleich zu Termineinlagen relativ hohe Ertragsraten bei hoher Liquidität, wobei allerdings eine Mindestinvestition von gewöhnlich $ 1.000 erorderlich ist.[250] Bisweilen können sogar Schecks auf solche Geldmarktfonds gezogen werden.[251] So ermöglichen Geldmarktfonds eine Umgehung des gesetzlichen Verbots der Zahlung von Zinsen auf Sichteinlagen. Lagen die Geldmarktsätze gar über den interest rate ceilings der Regulation Q, so stellten sie last not least auch ein interessantes Substitut für Spar- und Termineinlagen dar.

- **implicit interest:** Im Gegensatz zur Zahlung „expliziter Zinsen" (explicit interest) in Form von Bargeld sind in Anbetracht der gesetzlichen Beschränkungen viele Kreditinstitute zur Zahlung „impliziter Zinsen" (implicit interest) übergegangen.[252] Impliziter Zins kann die Form von Gütern (beispielsweise Taschenrechner) oder von Dienstleistungen (beispielsweise kostenlose Anlageberatung, kostenlose Kontoführung oder kostenlose Benutzung des Geldautomaten) annehmen.[253]

- **certificates of deposit** waren von den interest rate ceilings der Regulation Q ausgenommen, wenn sie über mehr als $ 100.000 lauteten.[254] Dies ermöglichte es den national banks, wenigstens Großeinlegern eine konkurrenzfähige, weil marktgerecht verzinste Form der Sichteinlage bereitzustellen.[255]

- **Euromärkte** sind Märkte für Finanzierungstitel in Währungen[256], die am Ort des Marktgeschehens fremde Währungen sind.[257] Als einer der „Geburtshelfer" für das Entstehen der Euromärkte wird allgemein die Regulation Q angesehen.[258] [259]

---

249  Vgl. exemplarisch Citibank (1992b).

250  Vgl. Citibank (1992b).

251  Vgl. Macey/Miller (1992), S. 31.

252  Edmister (1986), S. 153.

253  Vgl. ebda.; der Vergleich mit den „fringe benefits" oder „perquisites" bei Jensen/Meckling (1976) drängt sich auf; siehe hierzu Fn. 21 in § 3 der vorliegenden Arbeit.

254  Vgl. Morschbach (1981), S. 29; dies bestätigte mir auch Mr. Jesse Stiller vom Office of the Comptroller of the Currency; DK.

255  Vgl. Macey/Miller (1992), S. 31.

256  Vgl. zur Bedeutung des Geldes als standardisiertem Tauschobjekt in Finanzierungsverträgen Gliederungspunkt 2 in § 3 dieser Arbeit.

257  Definition angelehnt an Duwendag/Ketterer/Kösters/Pohl/Simmert (1993), S. 183 – 190.

258  Ehrlicher (1985), S. 397; siehe hierzu aber auch Pawley/Winstone/Bentley (1991), S. 194 und 196.

259  Die Bezeichnung „Euro" könnte von dem Namen der Bank herrühren, die die von den Ostblockländern aus den USA abgezogenen Dollareinlagen aufgenommen hat, als man eine

Als nämlich die interest rate ceilings der Regulation Q ab Mitte der sechziger Jahre unterhalb der an unregulierten Märkten sich einpendelnden Zinsen lagen, wanderten Dollareinlagen aus den Vereinigten Staaten ab, hin zu unregulierten Einlagemöglichkeiten.[260]

Die bisher genannten Maßnahmen zielten auf die Umgehung der Beschränkungen auf *Einlagen*zinsen ab. Während Regulation Q und damit das Verbot der Zahlung von Zinsen auf Termin- und Spareinlagen mittlerweile aufgehoben wurden, bestehen die diversen einzelstaatlichen Beschränkungen für die Zinszahlungen auf Bank*kredite* weiter fort.

- Zur Umgehung dieser Beschränkung haben die national banks das Konzept der **compensating balances** entwickelt. Dies sind Sichteinlagen, die bei der kreditgebenden Bank gehalten werden müssen, und zwar unabhängig davon, ob solche Einlagen für die laufenden Transaktionen tatsächlich benötigt werden.[261] Dies stellt eine interessante Konstruktion dar: Die Beschränkungen der Zinszahlungen auf Bankkredite werden mit Hilfe des nach wie vor aktuellen Zinsverbotes auf Sichteinlagen ausgehebelt.

Der **Depository Institutions Deregulation und Monetary Control Act von 1980** hat die Zinsobergrenzen auf Termin- und Spareinlagen bis 1986 abgeschafft.[262] **Der Garn St. Germain Depository Institutions Act von 1982** beseitigte auch das sogenannte „thrift differential" – leicht höhere Zinsobergrenzen bei Termin- und Spareinlagen für thrift institutions.[263] Geblieben sind aber das Zinsverbot auf Sichteinlagen und die einzelstaatlichen Beschränkungen auf Kreditzinsen. *Zinspolitische Eingriffe in das Bankgeschäft stellen deshalb auch heute noch keineswegs eine quantité négligeable für amerikanische commercial banks dar.*

---

Beschlagnahme durch die USA befürchtete. Hierbei handelte es sich um die der Staatsbank der Sowjetunion gehörende „Banque Commerciale pour l'Europe du Nord". Die telegrafische Abkürzung für dieses Institut lautete schlicht „EUROBANK" (vgl. von Stechow (1973), S. 118).

260  Vgl. Pawley/Winstone/Bentley (1991), S. 196 sowie Edmister (1986), S. 161.

261  Vgl. Edmister (1986), S. 94.

262  Vgl. Baas/Bolck (1991), S. 422.

263  Vgl. Macey/Miller (1992), S. 31.

6    **Bundesdeutsches Universalbankensystem
     und US-amerikanisches Trennbankensystem
     im Vergleich: Eine Synopsis**

Nachdem in § 8 der Arbeit das bundesdeutsche Universalbankensystem und in § 9 das
US-amerikanische Tennbankensystem vorgestellt wurden, sollen zur Vorbereitung
einer Schlußbetrachtung die Fäden zusammengeführt und zentrale institutionelle
Unterschiede in einer Synopsis präsentiert werden.

Tabelle 3:    Zentrale institutionelle Unterschiede zwischen bundesdeutschem Univer-
              salbankensystem und angloamerikanischem Trennbankensystem

|  | Bundesdeutsches Universalbankensystem | US-amerikanisches Trennbankensystem |
|---|---|---|
| Nebenabsprachen in Kreditverträgen | Allen Universalbanken grudsätzlich möglich | Grundsätzlich nur den commercial banks möglich |
| Beteiligungsbesitz | Allen Universalbanken grundsätzlich möglich | Grundsätzlich nur den investment banks möglich |
| Aufsichtsratsmandate | Allen Universalbanken grundsätzlich möglich | Grundsätzlich nur den investment banks möglich |
| Bankensystem | Universalbankensystem | Trennung von commercial und investment banking |
| Geographische Freiheit | Grundsätzlich für alle Universalbanken | Grundsätzlich nur für investment banks |
| Aufsichtsrechtliche Steuerung der laufenden Geschäftstätigkeit | Begrenzung der geschäfts-politischen Möglichkeiten sowohl im commerical „banking" als auch im „investment banking" | Begrenzung der geschäfts-politischen Möglichkeiten im „commerical banking", nicht jedoch im „invest-ment banking" |
| Einlagen- und Kreditzinsen | Grundsätzlich frei auszuhandeln | Begrenzt durch interest rate ceilings und usury laws |

## C. Schlußteil

## § 10  Zusammenfassung:
## Finanzintermediäre am Markt für Unternehmens-
## kontrolle bei unterschiedlichen institutionellen
## Rahmenbedingungen

Die vorliegende Arbeit hatte es sich zum Ziel gesetzt, Vorschläge für die Beantwortung dreier grundlegender Fragestellungen zu unterbreiten. Zunächst sollte ein opera-
bles Definitionskonzept für den sogenannten **Markt für Unternehmenskontrolle**
erarbeitet werden. Dieser wurde daraufhin als ein Teilsegment des Marktes für Finanzierungstitel identifiziert. Bei einer realtypischen Analyse des Marktes für Unternehmenskontrolle stellte sich dann heraus, daß die bundesdeutsche Rechtsordnung
primär an Eigenfinanzierungstiteln und hier wiederum schwerpunktmäßig dauerhaft an
bestehenden Unternehmenszusammenschlüssen ansetzt. Die US-amerikanische
Rechtsordnung setzt nun primär auch an Eigenfinanzierungstiteln an, bundeseinheit-
liche Vorschriften findet man aber fast nur im Bereich des Entstehens von Zusammen-
schlüssen von Unternehmen. Es ist nicht klar geworden, ob zwischen dem empirischen
Befund, daß in den USA signifikant mehr Unternehmen und bedeutende Unternehmensteile gehandelt werden, und den unterschiedlichen Regelungsansätzen für
diesen „typischen" Markt für Unternehmenskontrolle überhaupt eine Kausalitäts-
beziehung besteht. Erst recht konnte nicht klar werden, in welche Richtung eine solche
Kausalität eventuell verlaufen könnte. Wenn eine isolierte Betrachtung des Marktes für
Unternehmenskontrolle angestrebt wird, besteht hier weiterer Forschungsbedarf.

Integriert man jedoch die Institution des **Finanzintermediärs** als Handelnden auf dem
Markt für Unternehmenskontrolle, so könnte auch die vorliegende Arbeit Plausibili-
tätsargumente für den genannten empirischen Befund liefern. Eingehend auf die zweite
Ausgangsfrage wurde ein Finanzintermediär als eine Institution definiert, die sich mit
Verträgen Geld beschafft, um es umgehend über andere Finanzierungsverträge wieder
abzugeben. Die originäre Leistung des Intermediärs schien dabei darin zu bestehen,
daß sich diese beiden Kategorien von Finanzierungsverträgen systematisch hinsichtlich
der vereinbarten Fristen und Beträge und der resultierenden Risiken unterschieden.
Modelltheoretisch konnte innerhalb eines Prämissenkranzes, der sich am Forschungs-

leitbild der Neueren Finanzierungstheorie orientierte, die Tendenzaussage gestützt werden, daß die Institution des Finanzintermediärs auch bei Risikoneutralität der Beteiligten die Risikotransformation effizienter durchführen kann als Individuen durch die Diversifizierung ihres Bestandes an Finanzierungstiteln. Innerhalb einer verfeinerten Struktur der Zeit im Modell hatte der Finanzintermediär jedoch nur noch eine befristete Existenzberechtigung. Modelltheoretische Überlegungen sprachen hier dafür, daß der Intermediär bei entsprechender Marktmacht mit vertraglichen Nebenabsprachen Finanzbedarf entwickelnde Unternehmen über den Zeitpunkt hinaus an sich bindet, wo die Unternehmen zwingend Finanzierungsbeziehungen mit Institutionen wünschen.

Realtypische Vertreter des idealtypischen „Finanzintermediärs" wurden sodann bundesdeutsche Universalbanken und US-amerikanische commercial banks und investment banks. **Der bundesdeutsche und der US-amerikanische Regelungsansatz** zeigten auch hier **signifikante Unterschiede:**

**1. Gesellschaftsrechtliche Unterschiede mit Auswirkungen auf die Finanzintermediation**

(1) Die amerikanische corporation kennt kein dem deutschen Aufsichtsrat vergleichbares Organ. Auf eine Einflußnahme auf ein Unternehmensorgan, das nicht direkt das Verfügungsrecht über die Unternehmenspolitik hat, kann eine Finanzierung durch commercial banks und investment banks in den USA im Gegensatz zur Bundesrepublik Deutschland niemals abzielen.

(2) Das Depotstimmrecht wird durch diverse institutionelle Regelungen als Instrument der Bindung zwischen Finanzintermediär und Unternehmen in den USA relativiert. Es kann in den USA von zwei grundlegend unterschiedlichen Finanzintermediären ausgeübt werden, den commercial banks und den investment banks. Im Gegensatz zum Vorstand einer deutschen Aktiengesellschaft kann der board einer amerikanischen corporation aktiv für sich Stimmrechtsvollmachten einwerben. Dabei hilft ihm der Umstand, daß in den USA Namensaktien den Regelfall darstellen und ihm mit dem stock record book ein Verzeichnis der anzusprechenden Aktionäre zur Verfügung steht. Schließlich kann der board oder jede Person oder Personenmehrheit, die sich so erfolgreich um Stimmrechtsvollmachten beworben hat, daß sie den board bestimmen kann, die Kosten dieses „proxy contests" vom steuerlichen Gewinn absetzen. Dies stellt einen fiskalpolitischen Anreiz für proxy contests und indirekt auch für Übernahmeversuche dar.

## 2. Bankaufsichtsrechtliche Unterschiede

(1) Im US-amerikanischen Bankensystem ist das Kredit- und Einlagengeschäft im Gegensatz zum bundesdeutschen institutionell vom Wertpapiergeschäft für eigene Rechnung getrennt: Wenn ein Finanzbedarf entwickelndes Unternehmen zunächst von einem Finanzintermediär nur Kredit bekommen kann und erst mit fortschreitender Unternehmensentwicklung für die Finanzierung über als Wertpapier verbriefte Finanzierungstitel reif wird, dann wird es in der Finanzierungsbeziehung dieses Unternehmens ein „switching" von der Beziehung zu mehreren commercial banks, vermutlich aber nur einer commercial bank, zu einer Beziehung mit mindestens einer investment bank geben.

(2) Finanzierungstitel von commercial banks wurden gegenüber vielen anderen Finanzierungstiteln, insbesondere gegenüber marktgängigen Wertpapieren, durch Zinsobergrenzen deutlich benachteiligt, was am Beispiel der national banks gezeigt werden konnte. Diese Benachteiligung ist auch heute noch nicht völlig beseitigt. Dies deutet darauf hin, daß das Umschalten in der Unternehmensfinanzierung hin zu den investment banks durch Verzerrungen in den relativen Ertragsraten zwischen Finanzierungstiteln noch beschleunigt wird.

(3) Beim switching in der Finanzierungsbeziehung kommt es zum Eintritt in völlig unterschiedliche Grundprinzipien des Aufsichtsrechts. Während die Aufsicht über eine national bank zum Zwecke der Sicherheit der Einlagen die geschäftspolitischen Möglichkeiten einer national bank entscheidend einschränkt, gilt für die Aufsicht über Finanzierungstitel in der Form von Wertpapieren und die hier operierenden investment banks, daß annähernd alles erlaubt ist, worüber der Anleger sich in bestimmter Weise informieren kann.

(4) Am Beispiel der national banks konnte ferner gezeigt werden, daß eine commercial bank einem Unternehmen mit Finanzbedarf sehr oft aufgrund geographischer Beschränkungen nicht folgen kann, wenn es über die Grenzen von Bundesstaaten hinauswächst. Diese Beschränkung verhindert auch eine risikopolitische Ausdiversifizierung des Kreditportefeuilles einer solchen national bank nach geographischen Gesichtspunkten.

(5) Eine Festigung der Kreditfinanzierungsbeziehung zwischen einer national bank und einem Unternehmen mit Finanzbedarf mit Hilfe von Beteiligungsbesitz ist in den Vereinigten Staaten unmöglich, da einer national bank der Erwerb von Wertpapieren für eigene Rechnung bis auf geringfügige Quoten vollständig verboten ist und Handels- und Industrieunternehmen ihrerseits auch nicht an national banks beteiligt sein dürfen.

(6) Aber auch eine Festigung der Finanzierungsbeziehung über geringfügigen Beteiligungsbesitz, kombiniert mit personellen Verflechtungen und Sonderabsprachen in Kreditfinanzierungsverträgen ist national banks institutionell verwehrt.

An dieser Stelle wird klar, daß den amerikanischen commercial banks ein wirklich freier Zugang aber auch zu jedem der Instrumente, mit denen deutsche Universalbanken seit mehr als einem Jahrhundert Unternehmen an sich binden, nicht möglich ist. Beteiligungsbesitz, Verstärkung des Beteiligungsbesitzes um Depotstimmrechte, Aufsichtsratsmandate und Nebenabsprachen in Kreditfinanzierungsverträgen sind in der Intensität der bundesdeutschen Rechtsordnung in den USA auch heute noch unmöglich. Dies deutet darauf hin, daß amerikanische Unternehmen früher auf alternative Finanzierungsformen umschalten.

(7) Hat ein Unternehmen mit Finanzbedarf das switching zum investment banking vollzogen, so könnte sich jedoch immerhin noch eine langfristige Beziehung zwischen einer investment bank und diesem Unternehmen entwickeln. Die tendenziell höhere Liquidität von Finanzierungstiteln in Wertpapierform erhöht jedoch die Wahrscheinlichkeit, daß das Unternehmen bei anschließendem Finanzierungsbedarf eine beliebige investment bank mit günstigen Konditionen wählt, und wenn das auch den Wechsel der investment bank bedeutet. Auch einer investment bank stehen ferner diverse Maßnahmen zur Festigung der Finanzierungsbeziehung zum Unternehmen mit Finanzbedarf wie etwa Sonderabsprachen in Kreditfinanzierungsverträgen nicht zur Verfügung. Da die Gebühren bei öffentlichen Übernahmeangeboten immer noch signifikant höher als bei gewöhnlichen Geschäften liegen, könnte eine investment bank auch deshalb recht kurzsichtig vor allem auf den Gewinn an einem laufenden Geschäft am typischen Markt für Unternehmenskontrolle und weniger auf zukünftige Gewinne blicken.

Eingehend auf die dritte eingangs gestellte Frage ist deshalb festzustellen: Die höhere Intensität, mit der in den USA Unternehmen und bedeutende Unternehmensteile gehandelt werden, könnte ganz entscheidend **mit der Rolle realtypischer Finanzintermediäre am Markt für Unternehmenskontrolle in den USA** zusammenhängen. Die Unternehmen dürften in ihrer Entwicklung den Finanzintermediär wechseln, da dieser eine dauerhafte Hausbankbeziehung mit ihnen nicht etablieren kann. Wenn der Finanzintermediär aber in seinen Entscheidungen den Gegenwartswert zukünftiger Gewinnmöglichkeiten mit *einem* Unternehmen kaum berücksichtigt, dann ist es nur konsequent, wenn er versucht, Gewinne durch den laufenden Handel bedeutender Teile *vieler* Unternehmen zu erzielen.

# § 11 Ausblick auf die Entwicklung des bundesdeutschen Regelungsansatzes für den Markt für Unternehmenskontrolle und für die Finanzintermediation durch Initiativen der Europäischen Gemeinschaften

Die zurückliegenden Paragraphen der vorliegenden Arbeit haben gezeigt, daß im Bereich der gesellschaftsrechtlichen Organisation des Marktes für Unternehmenskontrolle und der rechtlichen Vorgaben für die Finanzintermediation zwischen der Bundesrepublik Deutschland und den USA als Repräsentanten des angelsächsischen Konzeptes grundlegende Unterschiede bestehen. Das ist nicht nur als vergangenheitsbezogene Feststellung bedeutsam, sondern auch als Grundlage einer Evaluierung zukünftiger Entwicklungspotentiale des Marktes für Unternehmenskontrolle und der Finanzintermediation. Voraussichtlich wird sich der institutionelle Rahmen auf beiden Gebieten durch Initiativen der Europäischen Gemeinschaften verändern. Soweit es gegenwärtig ersichtlich ist, wird es dabei oftmals zu einem Transfer angelsächsischer Regelungselemente in die bundesdeutsche Rechtsordnung kommen.

## 1 Regelungsbefugnis und Instrumente der Europäischen Gemeinschaften

Sowohl das Gesellschaftsrecht[1] als auch das Bankrecht[2] der Bundesrepublik Deutschland sind heutzutage markant von laufenden oder sogar bereits abgeschlossenen Harmonisierungsbestrebungen der Europäischen Gemeinschaften geprägt. Die Europäischen Gemeinschaften vereinigen die Europäische Gemeinschaft für Kohle und Stahl (EGKS) – basierend auf dem Vertrag von Paris von 1952 – und die Europäische Atomgemeinschaft (Euratom) sowie die Europäische Wirtschaftsgemeinschaft (EWG), beide basierend auf den Verträgen von Rom von 1958. Die Hohe Behörde der EGKS und die Kommissionen der EWG und von Euratom wurden in den sechziger Jahren ebenso wie deren Ministerräte verschmolzen, so daß heute oft auch von einer einzigen Europäischen Gemeinschaft gesprochen wird.[3] Für das Recht der Europäischen Gemeinschaften sind drei unterschiedliche Gruppen von Normen identifiziert worden:

---

1 Vgl. exemplarisch Wiesner (1990), S. 342 – 346.

2 Vgl. Boos (1992), Schulte-Mattler (1992), Deutsche Bundesbank (1993a), Arnold/Boos (1993) sowie Gröschel (1993).

3 Vgl. Lenz (1991), S. 10; Europäisches Parlament und Europäischer Gerichtshof waren dagegen stets für alle Gemeinschaften gemeinsam zuständig (vgl. Borkmann (1988), S. 1137).

(1) Die erste Gruppe wendet sich an **Organe** oder Einrichtungen der Europäischen Gemeinschaften oder an deren Bedienstete.[4] Rechtsquellen dieser Normengruppe sind insbesondere die genannten Gründungsverträge und Verordnungen, nicht aber Richtlinien im Sinne von Art. 189 EWGV.

(2) Die zweite Normengruppe wendet sich an die **Mitgliedstaaten.** Hierunter fallen neben den **Richtlinien** die im EWG-Vertrag genannten Grundfreiheiten, die gem. Art. 189 (3) EWGV nur für die Mitgliedstaaten, nicht aber für deren Bürger verbindlich sind.

(3) Die dritte Normengruppe schließlich wendet sich an **Adressaten in den Mitglied-staaten,** also an Gemeinschaftsbürger, Unternehmen oder staatliche Stellen. Normen dieser Art findet man in den Gründungsverträgen selten, eine der wenigen Ausnahmen bildet das Kartellverbot des Art. 85f. EWGV. Als Rechtsquelle sind vielmehr regelmäßig die Verordnungen anzusehen, die gem. Art. 189 (3) S. 2 EWGV „unmittelbar in jedem Mitgliedstaat" gelten.[5]

Bei Rückblick auf die bisherige Praxis kann die **Richtlinie** als „klassisches" Instrument der Rechtsangleichung bezeichnet werden.[6] Ihr folgt stets ein innerstaatliches Umsetzungsgesetz nach. Die Richtlinie ist hinsichtlich des Zieles für jeden Mitgliedstaat, an den sie gerichtet ist, verbindlich, überläßt jedoch den innerstaatlichen Stellen die Wahl der Mittel. Die **Verordnung** dagegen hat bereits nach dem Wortlaut des Art. 189 EWGV unmittelbare Geltung in allen Teilen und jedem Mitgliedstaat der EG.[7]

1986 wurden durch die Einheitliche Europäische Akte zur Erreichung des gemeinsamen Binnenmarktes wichtige Passagen in den EWG-Vertrag eingefügt. Auf dieses Leitbild des Europäischen Binnenmarktes rekurrieren auch die unten dargestellten Harmonisierungsbemühungen im Bereich des Marktes für Unternehmenskontrolle und der Finanzintermediation. Neu eingefügt wurde der Art. 100a EWGV, wonach der Rat die Maßnahmen zur Angleichung der Rechts- und Verwaltungsvorschriften erläßt, die im Sinne der obigen Definition „die Schaffung und das Funktionieren des Binnenmarktes" zum Gegenstand haben.[8]

Eine weitere – keineswegs unbedeutende – Quelle des Gemeinschaftsrechts bilden schließlich die vom Europäischen Gerichtshof festgestellten allgemeinen Rechtsgrundsätze, die den Rechtsordnungen der Mitgliedstaaten gemeinsam sind.

---

4   Vgl. Jarass (1990), S. 2420.

5   Jarass (1990), S. 2420.

6   Hauschka (1989), S. 3049.

7   Vgl. Hauschka (1989), S. 3049.

8   Hauschka (1989), S. 3048.

# 2 Organe der Europäischen Gemeinschaften

## 2.1 Die Kommission

Die Kommission besteht aus 17 von den Regierungen der Mitgliedstaaten einvernehmlich ernannten Mitgliedern. Die auf 4 Jahre gewählten Kommissare genießen volle Unabhängigkeit gegenüber den Regierungen und dem Rat. Alleine das Europäische Parlament kann durch ein Mißtrauensvotum den Rücktritt der Kommission erzwingen.[9] Die Kommission ist Hüterin der Verträge, Exekutivorgan mit legislativen Befugnissen, Initiatorin der Gemeinschaftspolitik und vertritt das Gemeinschaftsinteresse im Europäischen Rat.[10] Sie kann Verfahren wegen des Verdachts auf Vertragsverletzung gegen die Mitgliedstaaten vor dem Europäischen Gerichtshof einleiten und Initiativen für den Ministerrat anfertigen. Ihr stehen Ermittlungsbefugnisse zu, etwa um verbotene Kartellabsprachen aufzudecken.[11] Ihr Präsident wird von den Mitgliedstaaten einvernehmlich für jeweils zwei Jahre bestimmt.[12]

## 2.2 Der Ministerrat

Der Ministerrat ist Legislativorgan mit exekutiven Befugnissen. Er vereinigt die Vertreter der Regierungen der Mitgliedstaaten. Jede Regierung entsendet ein Mitglied, die Zusammensetzung des Rates ändert sich aber je nach Sachgebiet und dem für dieses Sachgebiet zuständigen Ressortleiter der Regierungen. Der Außenminister wird als „Hauptvertreter" seines Landes im Rat angesehen.[13]

---

9   Vgl. Noel (1988), S. 6 sowie Denzer/Niehoff (1993), S. 208.

10   Vgl. Noel (1988), S. 13 sowie Denzer/Niehoff (1993), S. 205.

11   Vgl. Kirchhoff (1989), S. 2262

12   Vgl. Schemmel (1989), S.196.

13   Noel (1988), S. 5; vgl. ergänzend Denzer/Niehoff (1993), S. 205; vom Ministerrat streng unterschieden werden muß der „Europäische Rat". Er besteht aus den Staats- und Regierungschefs sowie den Außenministern der Mitgliedstaaten und dem Präsidenten der Kommission. Er ist *kein* Organ der Europäischen Gemeinschaften, vielmehr die höchste politische Instanz der Mitgliedstaaten. Er trifft politische Grundsatzentscheidungen, die auch, aber nicht nur die Europäischen Gemeinschaften zum Gegenstand haben können. Um die Konfusion zu vervollständigen, gibt es schließlich noch den „Europarat", der ebenfalls kein Organ der Europäischen Gemeinschaften ist. Er ist eine eigenständige Organisation von 21 west- und südeuropäischen Staaten; das wichtigste Ergebnis ihrer Zusammenarbeit ist die Konvention zum Schutz der Menschenrechte und Grundfreiheiten (vgl. Schemmel (1989), S. 195).

## 2.3   Das Europäische Parlament

Das Europäische Parlament hat vor allem beratende Aufgaben[14], dagegen praktisch nicht die dem Verständnis der Gewaltenteilung entsprechende Aufgabe der Gesetzgebung, weshalb „der Gemeinschaft ... oft ein Defizit an Demokratie vorgeworfen" wird.[15] Es kennt keine nationalen Gruppierungen, nur auf Gemeinschaftsebene zusammengeschlossene Fraktionen. Die Kommission ist dem Europäischen Parlament, „und nur ihm" verantwortlich.[16] Das Parlament kann jederzeit die Kommission zur Ordnung rufen, wenn es der Ansicht ist, daß sie dem Drängen einer oder mehrerer Regierungen nachgibt.[17]

## 2.4   Der Europäische Gerichtshof

Der Europäische Gerichtshof (EuGH) schließlich besteht aus dreizehn Richtern, die von den Regierungen „in gegenseitigem Einvernehmen" für sechs Jahre ernannt werden.[18] Er sichert die Wahrung des Rechts bei der Anwendung der Verträge. Er ist die höchste richterliche Gewalt der Europäischen Gemeinschaften in allen die Gemeinschaft betreffenden Fragen.[19] Von allen nationalen Gerichten können Auslegungsfragen des Gemeinschaftsrechts dem Europäischen Gerichtshof vorgelegt werden; sind die Entscheidungen dieser nationalen Gerichte nicht mehr anfechtbar, so sind sie dazu sogar verpflichtet. Andererseits können die Parteien eines deutschen Gerichtsverfahrens eine Vorlage beim Europäischen Gerichtshof nicht erzwingen. Sie müssen die Gerichte vielmehr von der „Notwendigkeit oder zumindest Zweckmäßigkeit" einer Vorabentscheidung des Europäischen Gerichtshofes überzeugen.[20] Der Europäische Gerichtshof hat nie einen Zweifel daran gelassen, daß dem Europarecht keinerlei nationale Vorschriften vorgehen können. Im Extremfall hat deshalb eine Durchführungsverordnung des EG-Ministerrates selbst vor dem Verfassungsrecht der Mitgliedstaaten Vorrang; „Gemeinschaftsrecht bricht nationales Recht".[21]

---

14   Vgl. Schemmel (1989), S. 196.

15   Niessen (1991), S. 194.

16   Noel (1988), S. 33; vgl. ergänzend Denzer/Niehoff (1993), S. 208.

17   Vgl. Niessen (1991), S. 194; ein Mißtrauensvotum des Europäischen Parlamentes kann die Kommission ihres Amtes entheben.

18   Noel (1988), S. 33.

19   Vgl. Schemmel (1988), S. 197; der Europäische Gerichtshof ist nur einer von drei in Europa ansässigen multinationalen Gerichtshöfen. Die beiden anderen sind der Europäische Gerichtshof für Menschenrechte in Straßburg, der zum Bereich des Europarates (vgl. Fn. 13 dieses Paragraphen) gehört, und der Internationale Gerichtshof in Den Haag, der zum Bereich der Vereinten Nationen gehört (vgl. Lenz (1990), S. 10).

20   Kirchhoff (1989), S. 2263.

21   Kirchhoff (1989), S. 2261.

# 3 Initiativen der Europäischen Gemeinschaften

## 3.1 Initiativen im Bereich des Marktes für Unternehmenskontrolle

### 3.1.1 Die „Publizitätsrichtlinie"

Die Publizität des Handels von Paketen von als Wertpapier verbrieften Eigenfinanzierungstiteln, die bisher praktisch nur von den §§ 20 und 21 AktG angesprochen wurde, wird durch die „Richtlinie des Rates vom 12. Dezember 1988 über die bei Erwerb und Veräußerung einer bedeutenden Beteiligung an einer börsennotierten Gesellschaft zu veröffentlichenden Informationen (88/627/EWG)"[22] betroffen.

Diese „Publizitätsrichtlinie" wird bei Umsetzung in bundesdeutsches Recht zu einer Publizität des Handels von **börsennotierten** Eigenfinanzierungstiteln führen, wie sie in ähnlicher Weise in den USA der Securities Exchange Act und in Großbritannien der Companies Act vorsehen, wenn sie auch über deren jeweiligen Gehalt teilweise weit hinausgeht. Sie unterwirft Aktiengesellschaften, die unmittelbar oder über eine zwischengeschaltete Person eine Beteiligung an einer anderen erwerben oder veräußern, bestimmten Informationspflichten, wenn dies zu einer Änderung in den Stimmrechtsverhältnissen einer Gesellschaft führt, die dem Recht eines Mitgliedstaates unterliegt und deren Aktien zur **amtlichen Notierung** an einer oder mehreren in einem oder mehreren Mitgliedstaaten ansässigen oder tätigen Wertpapierbörsen zugelassen sind.[23] Ein solcher Erwerb oder eine solche Veräußerung führen dazu, daß die erwerbende oder veräußernde Gesellschaft der gehandelten Gesellschaft und den zuständigen **Behörden** im Sinne der Richtlinie innerhalb von sieben Kalendertagen mitteilen muß, welchen Stimmrechtsanteil sie neuerdings hält, sofern Beteiligungsquoten von **10%, 20%, 33 1/3%, 50% und 66 2/3%** erreicht oder über- oder unterschritten werden. Auf Initiative der deutschen Seite wurde die Bestimmung eingefügt, daß die Mitgliedstaaten davon absehen können, die Schwellen von 20% und 33 1/3% anzuwenden, wenn sie eine einzige Schwelle von 25% anwenden und davon, die Schwelle von 66 2/3% anzuwenden, wenn sie eine Schwelle von 75% anwenden.[24] Für die Beurteilung, ob eine erwerbende oder veräußernde Aktiengesellschaft zur Erklärung verpflichtet ist, sind u.a. die nachstehenden Stimmrechte den von ihr gehaltenen Stimmrechten gleichzustellen:

---

22  ABlEG, Nr. L 348 / 62 – 65 vom 17.12.1988.

23  Art. 1 (1) Publizitätsrichtlinie; der Erwerb oder die Veräußerung stimmrechtsloser Vorzugsaktien ist also nicht betroffen.

24  Art. 4 (1) Publizitätsrichtlinie; die Bedeutung der 75%-Schwelle innerhalb der bundesdeutschen Rechtsordnung wurde in § 5 dieser Arbeit erörtert.

- Stimmrechte, die von anderen Personen in ihrem eigenen Namen und für Rechnung der betreffenden Person gehalten werden;

- Stimmrechte, die von Unternehmen gehalten werden, die die betreffende Aktiengesellschaft kontrolliert:

- Stimmrechte, die von einem Dritten gehalten werden, mit dem die betreffende Aktiengesellschaft eine schriftliche Vereinbarung getroffen hat, die beide verpflichtet, langfristig eine gemeinsame Politik bezüglich der Geschäftsführung der betreffenden Gesellschaft zu verfolgen, indem sie die von ihnen gehaltenen Stimmrechte einvernehmlich ausüben.[25]

Die Gesellschaft, die die in Art. 4 (1) genannte Erklärung erhalten hat, muß ihrerseits so bald wie möglich, spätestens jedoch neun Kalendertage nach Erhalt dieser Erklärung das Publikum in den Mitgliedstaaten, in denen ihre Wertpapiere zur amtlichen Notierung an einer Wertpapierbörse zugelassen sind, hierüber unterrichten.[26] Die Informationsrichtlinie hätte bis zum 1. Januar 1991 in deutsches Recht transformiert werden müssen. Dies ist zwar noch nicht geschehen, soll aber in der laufenden Legislaturperiode des Bundestages im Rahmen einer allgemeinen Börsengesetzgebung erfolgen.[27] Nach erfolgter Umsetzung ist mit der sukzessiven Offenlegung von Beteiligungen in Höhe von **10%, 25%, 50% und 75%** an amtlich notierten Aktiengesellschaften in der Bundesrepublik zu rechnen. Dies wird für börsennotierte Aktiengesellschaften eine wesentlich breitere Informationspflicht bedeuten als die aktienrechtliche Mitteilungspflicht der §§ 20, 21 AktG. Sollte als „Behörde im Sinne dieser Richtlinie" eine selbständige Wertpapieraufsichtsbehörde wie die Securities and Exchange Commission in den USA aufgebaut werden, so würde auch hier eine spezifisch US-amerikanische Regelungskomponente Einzug in die bundesdeutsche Rechtsordnung finden.

### 3.1.2  Die 13. EG-Richtlinie

Bisher kennt die bundesdeutsche Rechtsordnung das öffentliche Übernahmeangebot als eigenständiges Rechtsinstitut nicht. Eine Verabschiedung und Umsetzung des „Richtlinienentwurfs der Kommission der Europäischen Gemeinschaften für einen geänderten Vorschlag für eine dreizehnte Richtlinie des Rates auf dem Gebiete des Gesellschaftsrechts der Übernahmeangebote (90/C 240/09)"[28] würde dies ändern.

---

25  Art. 7 Publizitätsrichtlinie.

26  Art. 10 (1) Publizitätsrichtlinie.

27  Vgl. Nick (1991), S. 866.

28  ABlEG, Nr. C 240/7–30 vom 26.9.1990.

Sie definiert ein „Übernahmeangebot" als „ein dem Wertpapierinhaber einer Gesellschaft gemachtes Angebot zum Erwerb eines Teils oder aller Wertpapiere gegen Bezahlung in bar (**„Barangebot"**) oder gegen Austausch mit anderen Wertpapieren (**„Umtauschangebot"**)."[29]

Wer Wertpapiere im Sinne der Richtlinie hält, die ihm einen Vomhundertsatz der Stimmrechte an einer Gesellschaft verschaffen, der auf höchstens 33 1/3% der zum Zeitpunkt des Erwerbes bestehenden Stimmrechte festgelegt werden darf, ist zur Abgabe eines Angebotes verpflichtet, das sich auf alle Wertpapiere dieser Gesellschaft erstreckt.[30] Die Mitgliedstaaten können von dieser Verpflichtung abweichen, etwa wenn der Erwerber sich verpflichtet hat, mit der Gesellschaft, deren Wertpapiere erworben wurden, eine Fusion vorzunehmen oder wenn der Erwerber über den bezeichneten Schwellenwert hinaus nur einen Vomhundertsatz erwirbt, der 3% der Gesamtheit der Stimmrechte nicht überschreitet, und er sich schriftlich verpflichtet, die zur Überschreitung des Schwellenwertes erforderliche Anzahl von Wertpapieren in einem Zeitraum von längstens einem Jahr wieder zu veräußern.[31]

Die Pflicht zur Abgabe eines Übernahmeangebotes greift ferner nur, wenn die Wertpapiere der Zielgesellschaft zur **amtlichen Notierung an einer Wertpapierbörse** zugelassen sind und die Zielgesellschaft „groß" im Sinne des § 267 (3) HGB ist.[32] Zur Kontrolle der Erstellung und Offenlegung der Angebotsunterlage haben die Mitgliedstaaten eine oder mehrere **Behörden** zu benennen.[33] Eine solche Behörde würde wie die in der Publizitätsrichtlinie genannte Behörde und ebenso wie das Rechtsinstitut des öffentlichen Übernahmeangebotes eine Integration eines spezifisch US-amerikanischen Regelungselementes in die bundesdeutsche Rechtsordnung bedeuten.

Ökonomisch interessant ist die Beschränkung der Befugnisse der Verwaltung der Zielgesellschaft für die Dauer des Angebotes.[34] Sie darf nach Erhalt der Mitteilung durch den Bieter, daß ein Angebot abgegeben wird und bis zur Offenlegung des Ergebnisses

---

29  Art. 2, erster Spiegelstrich, 13. EG-Richtlinie; Fettdruck von mir; DK; „Wertpapiere" im Sinne der Richtlinie sind nur solche, die mit einem Stimmrecht verbunden sind oder die den Erwerb von Wertpapieren mit einem Stimmrecht ermöglichen; Art. 2, vierter Spiegelstrich, 13. EG-Richtlinie.

30  Art. 4 (1), 13. EG-Richtlinie. Eine *markante Unklarheit* ergibt sich, weil Art 10 (1) lit. d1 ausdrücklich zuläßt, daß der Bieter in der Angebotsunterlage eine Höchstzahl und eine Mindestzahl der Wertpapiere angibt, die zu erwerben er sich verpflichtet.

31  Art. 4 (2c) lit. b und d, 13. EG-Richtlinie; lit. d ermöglicht wohl insbesondere **Kreditinstituten** einen transitorischen Besitz von Anteilswerten oberhalb des kritischen Wertes (**„mergers & acquisitions" Ausnahme**).

32  Art. 5, 13. EG-Richtlinie.

33  Art. 6 (1) und (3), 13. EG-Richtlinie.

34  Art. 8 (1), 13. EG-Richtlinie.

des Angebotes – sofern nicht die Hauptversammlung ihre Zustimmung erteilt, keine Wertpapiere im Sinne der Richtlinie ausgeben und auch sonst keine Rechtsgeschäfte durchführen, die zu einer bedeutenden Änderung des Aktiv- und Passivbestandes der Gesellschaft führen würden. Insbesondere der Erwerb eigener Aktien ist unzulässig. Dieses konkrete Verbot von **„Abwehrmaßnahmen"** für die Dauer des Übernahmeangebotes dient dem Schutz der Aktionäre der Zielgesellschaft vor Maßnahmen, die die Verwaltung der Zielgesellschaft zur Erhaltung ihres Arbeitsplatzes auf Kosten der Aktionäre vornimmt. Es ist daher nur konsequent, daß das Verwaltungs- oder Leitungsorgan der Zielgesellschaft vor Ablauf des Annahmezeitraumes eine Hauptversammlung einberufen kann[35], um sich die Zustimmung zu einer solchen Maßnahme geben zu lassen.

Nach Art. 9 wird der *Bieter* entweder durch eine für die Durchführung von Geschäften auf dem Kapitalmarkt der Gemeinschaft befugte und befähigte Person oder durch ein in der Gemeinschaft zugelassenes **Kreditinstitut** vertreten. Für die Beratung des *Ziel*unternehmens sieht die 13. EG-Richtlinie keine Regelungen vor. Der City Code, in dessen Tradition die 13. EG-Richtlinie steht, „sieht dagegen nur vor, daß die *Ziel*gesellschaft sich unabhängigen finanziellen Rat einzuholen hat, während dies für die Verwaltung des *Bieters* nur vorgesehen ist, ... wenn die Verwaltungsmitglieder Interessenkonflikte haben."[36] Die Beratungspflicht durch Kreditinstitute würde jedenfalls bei Umsetzung britische Regelungselemente in die deutsche Rechtsordnung integrieren. In diesem Bereich waren in der Bundesrepublik Deutschland bisher, wie in § 5 dieser Arbeit gezeigt wurde, vor allem öffentlich rechtlich bestellte Wirtschaftsprüfer zur externen Prüfung von Informationen vorgesehen. Soweit ersichtlich ist, braucht im Gegensatz zum City Code den Aktionären nach der 13. EG-Richtlinie die Stellungnahme der Kreditinstitute aber nicht mitgeteilt zu werden.

Die **Angebotsunterlage**, mit der der Bieter denjenigen Personen, an die sich das Angebot richtet, die notwendigen Informationen zur Verfügung stellen soll, hat gemäß Art. 10 der Richtlinie umfangreichen Vorschriften bezüglich ihres Inhalts zu genügen. Von herausragender Bedeutung sind die Nennung von Firma und Sitz von Bieter, Zielunternehmen und Vertreter des Bieters, der Höchstzahl und der Mindestzahl der Wertpapiere, die der Bieter zu erwerben sich verpflichtet, des Wertpapierbesitzes des Bieterunternehmens, der für jedes Wertpapier gebotenen Gegenleistung sowie der bei

---

35  Art. **8** (2), 13. EG-Richtlinie.

36  Peltzer (1991), S. 490; in Deutschland haben sich die Banken in ihren „Allgemeinen Geschäftsbedingungen" aus eigener Initiative wenigstens darauf einigen können, daß bei Übernahmeangeboten die Bank den Kunden benachrichtigt, wenn in den „Wertpapier-Mitteilungen" ein Übernahmeangebot bekanntgemacht wurde; Abschnitt 39 (1) der Allgemeinen Geschäftsbedingungen der Banken, Fassung vom Januar 1988; *Verpflichtungen* zur Einschaltung von Finanzintermediären bei Übernahmeangeboten gibt es dagegen zur Zeit nicht in Deutschland.

der Bestimmung der Gegenleistung angewandten Bewertungsmethoden, der mit Rücksicht auf die Finanzierung des Angebotes wahrscheinlich eintretenden künftigen Verschuldung des Bieters und der Zielgesellschaft („**LBO-Klausel**") und der Angebotsfrist.[37] Schließlich hat der Bieter auch die mit seinem Angebot verfolgten Ziele in bezug auf die Zielgesellschaft und die Beibehaltung der Mitglieder ihres Verwaltungs- oder Leitungsorganes offenzulegen.[38] Die Angebotsunterlage wird über die Presse oder durch persönliche Mitteilung an alle Empfänger des Angebots publik gemacht.[39]

Neben der Angebotsunterlage durch die Bietergesellschaft fällt aufgrund der 13. EG-Richtlinie noch eine weitere, offenzulegende Unterlage an: Das Verwaltungs- oder Leitungsorgan der Zielgesellschaft muß angeben, ob es sich mit dem Bieter über das Angebot verständigt hat und ob Mitglieder des Verwaltungs- oder Leitungsorgans der Zielgesellschaft, die Inhaber von Wertpapieren sind, beabsichtigen, das Angebot anzunehmen.[40]

Dem Bieter wird aufgrund der 13. EG-Richtlinie ein Anreiz geschaffen, während der Angebotsfrist seine Beteiligungsquote nicht zu erhöhen: Erwirbt er nämlich bis zum Ende des Annahmezeitraums Wertpapiere, die Gegenstand des Angebots sind, zu günstigeren Bedingungen als denen, die sich aus der Angebotsunterlage ergeben, so sorgen die Mitgliedstaaten dafür, daß die Empfänger des Angebotes von diesen günstigeren Bedingungen profitieren können.[41] Ebenso sollen Empfänger eines konkurrierenden Angebotes, die bereits ein früheres Angebot angenommen haben, von dem konkurrierenden Angebot profitieren können.[42] Die Richtlinie sieht eine Umsetzung ihrer Vorschriften bis zum 1. Januar 1993 vor.

Der Versuch der Kommission, für das gesamte Gebiet der Europäischen Gemeinschaften das Übernahmeangebot zu institutionalisieren, hat ein lebhaftes Echo gefunden. Positiv wurde aufgenommen, daß der EG-Vorschlag eine Gleichbehandlung für die Dauer des Angebots zwingend vorsieht, „da nach derzeitigem Stand ein abwärts gestaffeltes Angebot zulässig ist, auch wenn es gegen die Leitsätze der Börsensachverständigenkommission verstößt."[43] Auch Bogenschütz ist in der Grundtendenz zu-

---

37  Art. 10 (1), lit. a, b, c, d1, g, j, 13. EG-Richtlinie.

38  Art. 10 (1), lit. l, 13. EG-Richtlinie; letztlich soll der Bieter also offenlegen, ob er einen „**hostile take over**" anstrebt; vgl. Gliederungspunkt 4.1 in § 6 dieser Arbeit.

39  Art. 11 (1), 13. EG-Richtlinie.

40  Art. 14 (1), 13. EG-Richtlinie.

41  Art. 16, 13. EG-Richtlinie.

42  Art. 20 (5), 13. EG-Richtlinie.

43  Hauschka/Roth (1988), S. 183.

stimmend zur Initiative der EG-Kommission, denn schließlich sei ein Zustand untragbar, bei dem sich beispielsweise deutsche Unternehmen im europäischen Ausland des Instruments von feindlichen Übernahmeangeboten bedienen könnten, während sie in ihrem Heimatstaat aus den unterschiedlichsten rechtlichen oder strukturellen Gründen nicht selbst Ziel eines öffentlichen Übernahmeangebotes werden könnten.[44]

Es überwog jedoch die ablehnende Rezeption. So hat Grunewald (1989) darauf hingewiesen, daß der Vergleich mit bestehenden deutschen Vorschriften einen gravierenden Mangel des Entwurfs offenlegt: „Nur wenn ein Kontrollverfahren für die Konditionen vorgesehen ist, zu denen ein Übernahmeangebot abgegeben werden muß, macht das ganze Angebot überhaupt Sinn. Daher enthalten die §§ 305ff. AktG genaue Vorschriften über die Fairneß eines Angebots."[45] Dies ist dahingehend zu ergänzen, daß in Abwesenheit konkreter Vorschriften über den Angebotspreis die Verpflichtung zur Abgabe eines Übernahmeangebotes ökonomisch entwertet werden kann. Die verbleibenden Informationseffekte werden auch schon durch die mittlerweile zwingend in deutsches Recht umzusetzende Publizitätsrichtlinie erreicht. Ferner bleibt völlig unklar, ob ein Bieterunternehmen, das sich durch „Mondpreise" faktisch dem Zwang zur Abgabe eines Angebotes entzogen hat, nach Verstreichen der Angebotsfrist ungestört zu dann eventuell günstigeren Bedingungen seine Beteiligungsquote erhöhen kann oder ob ihm ein solches Zeitspiel institutionell verwehrt sein soll. Als „völlig unverständlich" wurde auch die Ausnahme von der Verpflichtung zur Abgabe eines Übernahmeangebotes für nicht börsennotierte und kleine und mittelgroße Aktiengesellschaften bezeichnet.[46]

---

44   Vgl. Bogenschütz (1990), S. 1024; kritisch muß hierzu angemerkt werden, daß getreu des Grundsatzes „Was nicht verboten ist, ist erlaubt" auch in Deutschland schon Übernahmeangebote zulässig, wenn auch nicht rechtlich institutionalisiert sind und die genannten „rechtlichen oder strukturellen" Hindernisse von der 13. EG-Richtlinie eben *gerade nicht* abgeschafft werden.

45   Vgl. Grunewald (1989), S. 1237.

46   Grunewald (1989), S. 1237; so auch Eymann/Menichetti (1991) auf S. 1084: „Die Abhängigkeit von der Börsennotierung ... benachteiligt die Aktionäre nicht börsennotierter Unternehmen entscheidend." Die behauptete „Benachteiligung" impliziert in meinen Augen diverse Werturteile über die Situation des Aktionärs in einer börsennotierten und in einer nicht börsennotierten Aktiengesellschaft. Es ist doch gar nicht auszuschließen, daß es auch Aktionäre – wie vielleicht die Finanzintermediäre – gibt, die neben eventuellen gegenwärtigen Vermögenszuwächsen aus Übernahmeangeboten – die auch nicht zwingend anfallen müssen – einen langfristigen Planungshorizont haben, in dem das herrschende Management vielleicht sogar eine unverzichtbare Rolle spielt.

## 3.2    Initiativen im Bereich der Finanzintermediation

In ihrem Bemühen um Harmonisierung der bankaufsichtsrechtlichen Normen ist die
EG-Kommission vielfach von Vorstellungen eines Trennbankensystems ausgegangen.[47] Durch die Harmonisierungsbestrebungen der Europäischen Gemeinschaften
ergibt sich im bundesdeutschen Universalbankensystem auf zunächst unbestimmte Zeit
eine eigenwillige Situation, da einige ihrer Richtlinien im Bereich des Bankenrechts
bereits umgesetzt sind, andere nicht.

*   Die **zweite Bankrechtskoordinierungsrichtlinie** ist mit der vierten KWG-No-
    velle in deutsches Recht umgesetzt worden.[48] Eine der grundlegenden Änderun-
    gen besteht in der Unterscheidung von „Kreditinstituten" und „Finanzinstituten"
    gemäß § 1 KWG. Ein Kreditinstitut im Sinne des Kreditwesengesetzes wäre
    nunmehr auch eine US-amerikanische commercial bank, da es sich hierbei um
    Unternehmen handelt, die sowohl das Kredit- als auch das Einlagengeschäft betrei-
    ben und sie somit von der Definition des § 1 (1) KWG voll abgedeckt würden.[49]
    Eine US-amerikanische investment bank würde demgegenüber als Finanzinstitut
    erfaßt, da es sich hierbei um Unternehmen handelt, die keine Kreditinstitute sind
    und deren Haupttätigkeit darin besteht, Beteiligungen zu erwerben oder eines oder
    mehrere der in § 1 (1) Nr. 1 bis 11 KWG genannten Bankgeschäfte, also insbeson-
    dere das Wertpapiergeschäft auf eigene Rechnung zu betreiben.[50]

*   Die **Solvabilitäts-Richtlinie** ist zeitgleich mit der vierten KWG-Novelle mit der
    Neufassung des Grundsatzes I durch das Bundesaufsichtsamt für das Kreditwesen
    umgesetzt worden. Neben der Anhebung des sogenannten „Solvabilitätskoeffi-
    zienten", also des minimal zulässigen Verhältnisses zwischen sogenanntem
    „haftendem Eigenkapital" nach § 10 (2) KWG und „Risikoaktiva", gehört hier die
    Einbeziehung der Wertpapiere in die Risikoaktiva zu den markantesten Verände-
    rungen[51] ; denn nunmehr muß auch beim investment banking, also dem Wert-
    papiergeschäft auf eigene Rechnung, bei „Kreditinstituten" im Sinne des § 1
    KWG, nicht aber bei „Finanzinstituten" die Beschränkung des Grundsatzes 1
    beachtet werden.[52]

---

47   Vgl. Gröschel (1993), S. 225.
48   Vgl. Deutsche Bundesbank (1993a), S. 36 – 38.
49   Vgl. Arnold/Boos (1993), S. 274 und zur Definition der commercial bank Gliederungspunkt 4.1
     in § 9 dieser Arbeit.
50   Vgl. Arnold/Boos (1993), S. 274.
51   Grundsatz I, (3), Nr. 5 und 6.
52   Grundsatz I, (1), S. 1; vgl. Gröschel (1993), S. 225.

• Für reine Wertpapierhäuser wie die amerikanischen investment banks ist dagegen der gesamte Komplex der Risikoeinstufung des Geschäfts sowie seiner Beschränkung durch Maximalrelationen zum sogenannten „haftenden Eigenkapital" in der **Kapitaladäquanzrichtlinie** geregelt. Mit ihrer Umsetzung wird in der Literatur nicht vor 1996 gerechnet.[53] Sie erst wird auf Kreditinstitute und Wertpapierhäuser in gleicher Weise anzuwenden sein[54] und Eigenkapitalanforderungen an das Wertpapiergeschäft auf eigene Rechnung bei beiden Typen stellen.[55]

### 3.3    Beurteilung

Die rechtlichen Rahmenbedingungen **des Marktes für Unternehmenskontrolle** in der Bundesrepublik Deutschland würden sich nach Umsetzung von Publizitätsrichtlinie und 13. EG-Richtlinie in deutsches Recht in wesentlichen Punkten ändern und vielfach Regelungselemente aus dem angloamerikanischen Bereich übernehmen. Dies gilt einerseits für die Einführung des Rechtsinstituts des öffentlichen Übernahmeangebotes. Andererseits würde aber auch die Einführung einer Behörde, die relevante Informationen sammelt, mit Gütesiegel versieht und der Öffentlichkeit zur Verfügung stellt, deutlich dem Vorbild der Securities and Exchange Commission in den USA ähneln. In beiden Fällen würde das Augenmerk des Regelungsansatzes für den Markt für Unternehmenskontrolle markant auf den entstehenden Unternehmenszusammenschluß gerichtet.

Im Bereich der **Finanzintermediation** ergeben sich durch die Harmonisierungsbestrebungen der Europäischen Gemeinschaften zumindest zeitweise Verwerfungen zwischen Regelungen für Universalbanken nach bundesdeutschem Muster und Wertpapierhäuser im Stile amerikanischer investment banks. Solche Wertpapierhäuser werden für einige Zeit bevorzugt, da für sie keine entsprechende aufsichtsrechtliche Beschränkung des Wertpapiergeschäfts besteht wie für die Universalbanken. Es muß abgewartet werden, ob sich nach Umsetzung der Kapitaladäquanzrichtlinie eine Aufhebung dieser systematischen Verwerfung ergibt.

Die vorliegende Arbeit hatte die institutionellen Besonderheiten des US-amerikanischen Regelungsansatzes mit der höheren Umschlagsintensität des Handels von Unternehmen und bedeutenden Unternehmensteilen in den USA in Verbindung gebracht. Die Vermutung liegt nahe, daß die skizzierten Änderungen des bundesdeutschen Regelungsansatzes sich begünstigend auf die Umschlagsintensität dieses Handels in der

---

53   Vgl. Gröschel (1993), S. 227/8.

54   Vgl. Schulte-Mattler (1992), S. 460.

55   Vgl. ebda.

Bundesrepublik Deutschland auswirken werden. Empirisch wird dies in den nächsten Jahren zu überprüfen sein. Die Überprüfung leidet allerdings darunter, daß dann nicht bekannt sein wird, wie hoch diese Intensität ausgefallen wäre, wenn der alte institutionelle Rahmen in Kraft geblieben wäre.

# Rechtsquellenverzeichnis

| Kurzbezeichnung | offizielle Bezeichnung und Fundstelle |
|---|---|

## 1 Bundesrepublik Deutschland

AGB der Banken — Allgemeine Geschäftsbedingungen der Banken; Fassung Januar 1988.

AktG — Aktiengesetz, vom 06.09.1965 (BGBl. I S. 1089), zuletzt geändert am 30.11.1990 (BGBl. I S. 2570).

BetrVG — Betriebsverfassungsgesetz 1952 (BGBl. I S. 681), zuletzt geändert am 26.06.1990 (BGBl. I S. 1206).

BGB — Bürgerliches Gesetzbuch, vom 18.08.1896 (RGBl. S. 195), zuletzt geändert am 25.07.1991 (BGBl. I S. 1606).

BörsG — Börsengesetz, in der Fassung der Bekanntmachung vom 27.05.1908, zuletzt geändert am 11.07.1989 (BGBl. I S. 1412).

BörsO — Börsenordnung für die Frankfurter Wertpapierbörse, Stand Januar 1990, Hrsg.: Vorstand der Frankfurter Wertpapierbörse, Frankfurt (1990).

BörsZulVO — Verordnung über die Zulassung von Wertpapieren zur amtlichen Notierung an einer Wertpapierbörse (Börsenzulassungs-Verordnung), vom 15.04.1987 (BGBl. I S. 1234).

... — Grundsätze über das Eigenkapital und die Liquidität der Kreditinstitute, vom 20.12.1969, in der Fassung der Bekanntmachung vom 29.12.1992 (BAnz. Nr. 92).

GWB — Gesetz gegen Wettbewerbsbeschränkungen, in der Fassung der Bekanntmachung vom 20.02.1990 (BGBl. I S. 235), zuletzt geändert am 17.12.1990 (BGBl. I S. 2847).

HGB — Handelsgesetzbuch, vom 10.05.1887 (RGBl. S. 219), zuletzt geändert am 17.12.1990 (BGBl. I S. 2847).

HypBG — Hypothekenbankgesetz, in der Fassung der Bekanntmachung vom 19.12.1990 (BGBl. I S. 2898).

... — Insiderhandels-Richtlinien, Stand Juni 1988, Hrsg.: Vorstand der Frankfurter Wertpapierbörse, Frankfurt (1990).

KWG — Gesetz über das Kreditwesen, in der Fassung der Bekanntmachung vom 11.07.1985, zuletzt geändert am 29.12.1992 (BGBl. I S. 2211)

| | |
|---|---|
| KStG | Körperschaftsteuergesetz 1991, in der Fassung der Bekanntmachung vom 11.03.1991 (BGBl. I S. 638), zuletzt geändert am 25.02.1992 (BGBl. I S. 297). |
| KStR | Körperschaftsteuer-Richtlinien 1990, in der Fassung der Bekanntmachung vom 14. März 1991 (BStBl. I, Sondernummer 1). |
| MitbestErgG | Gesetz zur Ergänzung des Gesetzes über die Mitbestimmung der Arbeitnehmer in den Aufsichtsräten und Vorständen der Unternehmen des Bergbaus und der Eisen und Stahl erzeugenden Industrie (*Mitbestimmungsergänzungsgesetz*), vom 07.08.1956 (BGBl. I S. 707), zuletzt geändert am 20.12.1988 (BGBl. I S. 2312). |
| MitbestG | Gesetz über die Mitbestimmung der Arbeitnehmer (Mitbestimmungsgesetz) vom 04.05.1976 (BGBl. I S. 1153), zuletzt geändert am 31.08.1990 (BGBl. II S. 889, 1022). |
| MontanMitbestG | Gesetz über die Mitbestimmung der Arbeitnehmer in den Aufsichtsräten und Vorständen der Unternehmen des Bergbaus und der Eisen und Stahl erzeugenden Industrie (*Montan-Mitbestimmungsgesetz*), vom 21.05.1951 (BGBl. I S. 347), zuletzt geändert am 31.08.1990 (BGBl. II S. 889, 1022). |
| ... | Richtlinien für den Freiverkehr an der Frankfurter Wertpapierbörse, Stand April 1988, Hrsg.: Vorstand der Frankfurter Wertpapierbörse, Frankfurt (1990). |
| SchiffsBG | Gesetz über Schiffspfandbriefbanken (*Schiffsbankgesetz*), in der Fassung der Bekanntmachung vom 08.05.1963 (BGBl. I S. 302), zuletzt geändert am 30.11.1990 (BGBl. I S. 2570). |
| VAG | Gesetz über die Beaufsichtigung der Versicherungsunternehmen (Versicherungsaufsichtsgesetz), in der Fassung der Bekanntmachung vom 13.10.1983 (BGBl. I S. 1261/1262), zuletzt geändert am 17.12.1990 (BGBl. I S. 2864). |

## 2  Großbritannien

| | |
|---|---|
| BA | Banking Act 1987; abgedruckt bei McBain (1989); [18] bis [127]. |
| City Code | City Code on Take-overs and Mergers; abgedruckt bei: Panel on Take-overs and Mergers (1988). |
| CA | Companies Act 1985; abgedruckt bei: The Institute of Chartered Secretaries and Administrators (1985), [2]. |
| FSA | Financial Services Act 1986; abgedruckt bei: Rider / Abrams / Ferran (1989), S. 261 – 572. |

## 3  Europäische Gemeinschaften

| | |
|---|---|
| 13. EG-Richt-linie | Geänderter Vorschlag für eine dreizehnte Richtlinie des Rates auf dem Gebiet des Gesellschaftsrechts über Übernahmeangebote, vom 14.09.1990, ABlEG Nr. C 240/7 vom 26.09.1990. |
| EGKSV | Vertrag über die Gründung der Europäischen Gemeinschaft für Kohle und Stahl, vom 18.04.1951 (BGBl. 1952 II S. 445, 447). |
| EWG-FKVO | Verordnung (EWG) Nr. 4064/89 des Rates vom 21. Dezember 1989 über die Kontrolle von Unternehmenszusammenschlüssen, ABlEG Nr. L 395/1 vom 30.12.1989. |
| EWGV | Vertrag zur Gründung der Europäischen Wirtschaftsgemeinschaft, vom 25.03.1957 (BGBl. II S. 766), zuletzt geändert am 31.07.1987 (BGBl. II S. 451). |
| Publizitäts-richtlinie | Richtlinie des Rates vom 12.12.1988 über die bei Erwerb und Veräußerung einer bedeutenden Beteiligung an einer börsen-notierten Gesellschaft zu veröffentlichenden Informationen, ABlEG Nr. L 348/62 vom 17.12.1989. |
| Insiderrichtlinie | Richtlinie des Rates der Europäischen Gemeinschaften vom 13.11.1989 zur Koordinierung der Vorschriften betreffend Insider-geschäfte, ABlEG Nr. L 334/30 vom 18.11.1989. |
| ... | Stellungnahme zu dem Geänderten Vorschlag für eine 13. Richt-linie des Rates auf dem Gebiet des Gesellschaftsrechts über Über-nahmeangebote vom 28.02.1991, ABlEG Nr. C 102/49 vom 18.04.1991. |

## 4   Vereinigte Staaten

### 4.1 Acts

| | |
|---|---|
| ... | 1864 Amendment of the National Bank Act; abgedruckt bei Kroos / Samuelson (1969), Bd. II, S. 1383 – 1411. |
| ... | 1970 Amendment of the Bank Holding Company Act; siehe 12 U. S. C. § 1843. |
| BA | Banking Act of 1933; auszugsweise abgedruckt bei Kroos / Samuelson (1969), Bd. IV, S. 2725 – 2769. |
| BHCA | Bank Holding Company Act of 1956; siehe 12 U. S. C. §§ 1841 – 1850. |
| DIDMCA | Depository Institutions Deregulation and Monetary Control Act of 1989; siehe 12 U. S. C. §§ 3501 – 3509. |
| FDICIA | Federal Deposit Insurance Improvement Act of 1991; siehe 12 U. S. C. §§ 191, 203, 248, 330, 1818, 1828, 1831e, 1831f, 2906, 3412, 4003. |
| ... | Garn – St. Germain Depository Institutions Act of 1982; siehe 12 U. S. C. § 1701j – 3. |
| ... | International Lending Supervision Act of 1983; siehe 12 U. S. C. § 3907. |
| ... | Mc Fadden Act of 1927; abgedruckt bei Kroos / Samuelson (1969), Bd. IV, S. 2644 – 2657. |
| GSA | Glass-Steagall Act; siehe BA |
| NBA | National Bank Act of 1863; auszugsweise abgedruckt bei Kroos / Samuelson (1969), Bd. II, S. 1381 – 1382. |
| ... | Regulation Q; abgedruckt in Board of Governors of the Federal Reserve System (1933) und (1981), S. 270/1. |
| ... | Regulation Y; siehe 12 C. F. R. § 255–11. |
| SA | Securities Act of 1933; auszugsweise abgedruckt bei Breiding (1974), S. 283 – 291. |
| SEA | Securities Exchange Act of 1934; auszugsweise abgedruckt bei Breiding (1974), S. 304 – 314 und Kroos / Samuelson (1969), Bd. IV, S. 2836 – 2840. |
| WA | Willliams Act; siehe SEA |

## 4.2 Codes

| | |
|---|---|
| 12 U. S. C. | auszugsweise abgedruckt bei Symons / White (1991), S. 1–164 sowie Douglas / Parker (1990), Tz. 1–9 bis 1–36, 2–11 bis 2–46, 2–119 bis 2–132, 2–149 bis 2–168, 2–172 bis 2–190, 2–227 bis 2–238, 3–5 bis 3–11, 3–50 bis 3–80, 4–8 bis 4–188, 5–3 bis 5–33, 6–7 bis 6–12, 6–17 bis 6–30, 6–38 bis 6–59, 7–4 bis 7–26, 7–33 bis 7–37, 8–313 bis 8–339; aktualisiert durch Douglas/Binder-Arain (1992), Tz. S1–14, S2–3 bis S2–4, S2–15, S2–60 bis S2–64, S3–35 bis S3–48, S4–6 bis S4–85, S5–2 bis S5–3, S6–3 bis S6–7, S7–2 bis S7–13, S7–19 bis S7–22, S8–29 bis S8–30. |
| 15 U. S. C. | auszugsweise abgedruckt bei Douglas / Parker (1990), Tz. 8–17 bis 8–99, 8–158 bis 8–167, 8–209 bis 8–221, 8–263 bis 8–282, 9–10 bis 9–21, 9–29 bis 9–58, 9–60 bis 9–154; aktualisiert durch Douglas/Binder-Arain (1992), Tz. S8–4 bis S8–5, S8–7 bis S8–9, S8–28, S9–4 bis S9–44. |
| 12 C. F. R. | auszugsweise abgedruckt bei Symons / White (1991), S. 165–253 sowie Douglas / Parker (1990), Tz. 1–39 bis 1–83, 1–97, 2–47 bis 2–84, 2–132 bis 2–149, 2–169 bis 2–171, 2–191 bis 2–225, 3–23 bis 3–46, 5–40 bis 5–136, 6–60 bis 6–142, 7–27 bis 7–32, 8–99 bis 8–155, 8–167 bis 8–200, 8–258 bis 8–263, 8–282 bis 8–312; aktualisiert durch Douglas / Binder-Arain (1992), Tz. S1–2 bis S1–13, S2–5 bis S2–14, S3–3 bis S3–34, S5–5 bis S5–36, S6–7 bis S6–10, S7–14 bis S7–19, S8–6 bis S8–7. |

# Literaturverzeichnis

*Abbott, K.*, Company Law, 4. Auflage, London (1990).

*Akerlof, G. A.*, The Market for „Lemons": Quality Uncertainty and the Market Mechanism, QJoE 84 (1970), S. 488 – 500.

*Albach, H.*, Die Organisation des Entscheidungsprozesses nach dem Aktiengesetz, NB 19 (1966), S. 30 – 35.

*Alchian, H. H. / Demsetz, H.*, Production, Information Costs, and Economic Organisation, AER 62 (1972), S. 777 – 795.

*Amling, F.*, Investments: An Introduction to Analysis and Management, 6. Auflage, Englewood Cliffs NJ (1989).

*Apfelthaler, S.*, Das Risikoproblem im Bankbetrieb, Wien (1939).

*Arbeitsgemeinschaft der Deutschen Wertpapierbörsen* (Hrsg.), Jahresbericht 1988, Frankfurt/Main (1989).

*Arbeitsgemeinschaft der Deutschen Wertpapierbörsen* (Hrsg.), Jahresbericht 1990, Frankfurt/Main (1991).

*Arndt, F. J.*, „Macht der Banken" gegen Macht der Fakten – Anmerkungen zu einer DGB-Publikation –, Die Bank, o.J., Heft 12 (1986), S. 641 – 643.

*Arndt, F. J.*, Schlußwort, Die Bank, o.J., Heft 5 (1987), S. 275/6.

*Arnold, W. / Boos, K.-H.*, Die neuen Bestimmungen des Kreditwesengesetzes, Die Bank, o.J., Heft 5 (1993), S. 273 – 278.

*Arnold, H.*, Risikentransformation: Finanzierungsinstrumente und Finanzierungsinstitute als Institute zur Transformation von Unsicherheitsstrukturen, Dissertation, Saarbrücken, Universität des Saarlandes (1964).

*Arnold, H.*, Risikentransformation, in: *Büschgen, H.* (Hrsg.), Handwörterbuch der Finanzwirtschaft, Stuttgart (1976), Sp. 1506 – 1516.

*Assmann, H.-D. / Bozenhardt, F.*, Übernahmeangebote als Regelungsproblem zwischen gesellschaftsrechtlichen Normen und zivilrechtlich begründeten Verhaltensgeboten, unveröffentlichtes Manuskript, ohne Ort (1988).

*Baas, V. / Bolck, C.*, US-Bankenreform vor weiteren Hürden, Die Bank, o.J. (1991), S. 421 – 424.

*Bamberg, G. / Baur, F.*, Statistik, München und Wien (1984).

*Barnett G.*, The Panel on Takeovers and Mergers, in: *Westminster Management Consultants Limited* (Hrsg.), A Practitioner's Guide to the City Code on Takeovers and Mergers, 4. Auflage, Surrey (1992), S. 13 – 26.

*Baumann, J.*, Einführung in die Rechtswissenschaft, 6., überarbeitete Auflage, München (1980).

*Behrens, R.*, Mergers & Acquisitions: Das Milliardengeschäft im gemeinsamen europäischen Markt, Stuttgart (1990).

*Beiharz, O.*, Was muß ein Unternehmer von seiner Hausbank und der Kreditwirtschaft erwarten?, bank und markt 19, Heft 7 (1990), S. 12 – 14.

*Benston, G.J. / Smith, C.W.*, A Transactions Cost Approach to the Theory of Financial Intermediation, JoF 31 (1976), S. 215 – 231.

*Berger, K. P.*, Unternehmensübernahmen in Europa: Der geänderte Vorschlag für eine EG-Takeover-Richtlinie im Vergleich mit nationalen Übernahmeregelungen, ZIP Heft 23 – 24 (1991), S. 1644 – 1660.

*Berle, H. H. / Means, G. C.*, The Modern Corporation and Private Property, New York NY (1932), Nachdruck Buffalo NY (1982).

*Bester, H.*, Non-Cooperative Bargaining and Imperfect Competition: A Survey, ZWS 109 (1989), S. 265 – 286.

*BHF*, Das Portrait einer Bank: Beilage zum Bericht über das Geschäftsjahr 1988, Frankfurt/M. (1989).

*Bitz, M. / Hemmerde, W. / Rausch, W.*, Gesetzliche Regelungen und Reformvorschläge zum Gläubigerschutz: Eine ökonomische Analyse, Berlin et al. (1986).

*Bitz, M. / Welcker, J. / Weidekind, S.*, Struktur des deutschen Bankwesens II: Wettbewerb, Deutsche Bundesbank, Bankenaufsicht, Geldmarkt, Kurseinheit 2 des Kurses 0541 „Struktur und Leistungsangebot des Bankwesens" der Fern-Universität, Hagen (1987).

*Bitz, M. / Schulte, R. / Weidekind, S. / Peters, H.*, Fremdfinanzierung, Kurseinheit 3 des Kurses 0601 „Finanzwirtschaft I: Einzelwirtschaftliche Finanzierungstheorie" der FernUniversität, Hagen (1990).

*Bitz, M. / Wiechers, E. / Kaiser, D.*, Eigenfinanzierung, Kurseinheit 4 des Kurses 0601 „Finanzwirtschaft I: Einzelwirtschaftliche Finanzierungstheorie" der Fern-Universität, Hagen (1990).

*Bitz, M. / Matzke, D. / Kaiser, D. / Wiechers, E. / Weidekind, S. / Erdland, A.*, Bankbetriebliche Risiken und ihre Begrenzung, Kurseinheit 4 des Kurses 0542 „Bank- und Börsenwesen II" der FernUniversität, Hagen (1991).

*Bitz, M. / Kaiser, D. / Matzke, D.*, Finanzierung, Kurseinheit 3 des Kurses 0080 „Betriebswirtschaftstheorie I" der FernUniversität, Hagen (1992).

*Bitz, M.*, Kreditvergabe und Verschuldung bei Risikoscheu: Eine risikotheoretische Analyse der Beziehungen zwischen Bank und Kreditnehmer, in: *Rudolph, B. / Wilhelm, J.* (Hrsg.), Bankpolitik, finanzielle Unternehmensführung und die Theorie der Finanzmärkte: Festschrift für Hans-Jakob Krümmel zur Vollendung des 60. Lebensjahres, Berlin (1988a), S. 67 – 105.

*Bitz, M.*, Zur Begründung und Ausgestaltung bankaufsichtsrechtlicher Normen – eine risikotheoretische Analyse, in: *Gerke, W.* (Hrsg.), Bankrisiken und Bankrecht, Festschrift für F. Philipp, Wiesbaden (1988b), S. 13 – 42.

*Bitz, M.*, Erscheinungsformen und Funktionen von Finanzintermediären, WiSt 18 (1989a), S. 430 – 436.

*Bitz, M.*, Investitition, in: *Bitz, M. et al.* (Hrsg.), Vahlens Kompendium der Betriebswirtschaftslehre, Band 1, 2., überarbeitete und erweiterte Auflage, München (1989b).

*Bitz, M.*, Finanzdienstleistungen, München und Wien (1993).

*BMF*, Leitsätze für öffentliche freiwillige Kauf- und Umtauschangebote bzw. Aufforderungen zur Abgabe derartiger Angebote in geregelten Freiverkehr gehandelten Aktien bzw. Erwerbsrechten, Finanznachrichten, Heft 6 (1979), S.2 – 8.

*Board of Governors of the Federal Reserve System (Hrsg.)*, Annual Report (1980), Washington DC (1981).

*Bogenschütz, E.*, Abwehrmechanismen bei unfreundlichen Übernahmeversuchen, ZfgK 43 (1990), S. 1024 – 1026.

*Boos, K.-H. / Schulte-Mattler, H.*, Neuer Eigenkapitalgrundsatz I vorgelegt, Die Bank, o.J., Heft 11 (1992), S. 639 – 643.

*Boos, K.-H.*, Regierungsentwurf für eine vierte KWG-Novelle, Die Bank, o.J., Heft 9 (1992), S. 455 – 459.

*Bräuer, M.*, „Mergers & Acquisitions": Der Handel von Unternehmen und bedeutenden Unternehmensteilen in Deutschland und in den USA im Vergleich, Diplomarbeit, Hagen, FernUniversität (1993).

*Brainard, W. C. / Tobin, J.*, Financial Intermediaries and the Effectiveness of Montary Controls, in: *Hester, D. D. / Tobin, J.* (Hrsg.), Financial Markets and Economic Activity, Cowles Foundation Monograph 21, New York NY et al. (1967), S. 55 – 93.

*Breiding, P.*, Übernahmeangebote im amerikanischen Börsen- und Gesellschaftsrecht, Dissertation, Kiel, Christian-Albrechts-Universität (1974).

*Breuer, R.-E.*, Das Effektengeschäft, in: *Kloten, N. / von Stein, J. H.* (Hrsg.), Geld-, Bank- und Börsenwesen: ein Handbuch, 37. Auflage (1988), S. 464 – 509.

*Brüggemann, G.*, Bankenreform in den USA, BI/GF, o.J., Heft 3 (1991), S. 55.

*Büschgen, H. E.*, Das Universalbankensystem, Frankfurt/Main (1971).

*Büschgen, H. E.*, Bankbetriebslehre, Stuttgart und New York NY (1979).

*Büschgen, H. E.*, Probleme des Universalbankensystems, Kurseinheit 1 des Kurses 0547 „Ausgewählte Probleme des Bankwesens" der FernUniversität, Hagen (1981).

*Bundesamt für gewerbliche Wirtschaft* (Hrsg.), Bericht über das Ergebnis einer Untersuchung der Konzentration in der Wirtschaft vom 29. Februar 1964, Bundestagsdrucksache IV/2320.

*Bundesverband deutscher Banken* (Hrsg.), Jahresbericht 1985/87, Köln (1987).

*Bundesverband deutscher Banken* (Hrsg.), Zur Diskussion um die „Macht der Banken", Die Bank, o.J., Heft 10 (1989), S. 556 – 562.

*Burgess, R.*, Corporate Finance Law, London (1985).

*Cammann H. / Arnold, W.*, Anteilsbesitz der Banken: Die Fakten, Die Bank, o.J., Heft 3 (1987), S. 120 – 123.

*Campbell, T. S. / Kracaw, W.A.*, Information Production, Market Signalling, and the Theory of Financial Intermediation, JoF 35 (1980), S. 863 – 882.

*Carey, M. S. / Prowse, S. D. / Rea, J. D. / Udell, G. F.*, Recent Developments in the Market for Privately Placed Debt, FRB 79 (1993), S. 77 – 92.

*Cartellieri, U.*, Statement before the United States Senate Committee on Banking, Housing and Urban Affairs, unveröffentliches Manuskript, Frankfurt (1990).

*Caytas, I. G. / Mahari, J. I.*, Im Banne des Investment Banking: Fusionen und Übernahmen überleben den Crash '87, Stuttgart (1988).

*Chase, S. B. / Mingo, J. J.*, The Regulation of Bank Holding Companies, JoF 30 (1975), S. 281 – 292.

*Citibank* (Hrsg.), Citibank's Customer Manual: A guide to banking at Citibank: Information, rules and procedures, Melville NY (1992a).

*Citibank* (Hrsg.), Money Market Funds, Mutual Funds, Tax-Deferred Annuities, Zero Coupon Treasury Bonds, Unit Investment Trusts, Melville NY (1992b).

*Coase, R. H.*, The Nature of the Firm, Economica 4 (1937), S. 386 – 405.

*Coase, R. H.*, The Problem of Social Cost, JoLE 3 (1960), S. 1 – 44.

*Cohen, M. L. / Berring, R. C. / Olson, K. C.*, Finding the Law: An abridged Edition of „How to Find the Law, 9th ed.", St. Paul MN (1989).

*Cooke, T. E.*, Mergers & Acquisitions, Oxford und New York NY (1986).

*Cox, J. D.*, Sum & Substance of Corporations, 4. Auflage, Culver City CA (1984).

*Debreu, G.*, Theory of Value: An Axiomatic Analysis of General Equilibrium, New York NY (1959), unveränderter Nachdruck New Haven CO und London (1987).

*Demsetz, H.*, The Exchange and Enforcement of Property Rights, JoLE 7 (1964), S. 11 – 26.

*Demsetz, H.*, Toward a Theory of Property Rights, AER, Papers and Proceedings, 57 (1967), S. 347 – 359.

*Denzer, W. / Niehoff, H.*, Das Rechtsetzungsverfahren in der Europäischen Gemeinschaft, Sparkasse 110 (1993), S. 205 – 210.

*Department of the Treasury* (Hrsg.), Modernizing the Financial System: Recommendations for Safer, More Competitive Banks, Washington DC (1991).

*Deutsche Bundesbank* (Hrsg.), Die vierte Novelle des Kreditwesengesetzes – ein weiterer Schritt zum europäischen Bankenmarkt, Deutsche Bundesbank Monatsbericht 45, Heft 1 (1993a), S. 35 – 42.

*Deutsche Bundesbank* (Hrsg.), Der Markt für DM-Commercial-Paper, Deutsche Bundesbank Monatsbericht 45, Heft 5 (1993b), S. 59 – 69.

*Diamond, D. / Dybvig, P. H.*, Bank Runs, Deposit Insurance and Liquidity, JoPE 91 (1983), S. 401 – 419.

*Diamond, D.*, Financial Intermediation and Delegated Monitoring, REStud 51 (1984), S. 393 – 414.

*Douglas, J. A. / Parker, S.* (Hrsg.), Federal Banking Laws, 4., aktualisierte und erweiterte Auflage, Boston MA und New York NY (1990).

*Douglas, J. A. / Binder-Arain, L.* (Hrsg.), Federal Banking Laws Fourth Edition: 1992 Cumulative Supplement No. 1, Boston MA (1992).

*Duwendag, D. / Ketterer, K.-H. / Kösters, W. / Pohl, R. / Simmert, D. B.*, Geldtheorie und Geldpolitik, 4., überarbeitete und erweiterte Auflage, Köln (1993).

*Ebenroth, C. T. / Eyles, U.*, Die Beschränkung von Hostile Takeovers in Delaware, RIW 34 (1988), S. 413 – 427.

*Edmister, R. O.*, Financial Institutions: Markets and Management, 2. Auflage, New York NY et al. (1986).

*Eisenhardt, U.*, Gesellschaftsrecht, 5., überarbeitete Auflage, München (1992).

*Emerson, G.*, Guaranty of Deposits under the Banking Act of 1933, QJoE 48 (1934), S. 229 – 244, nachgedruckt in: *Kaufmann, G. G.* (Hrsg.), Restructuring the American Financial System, Norwell MA (1990), S. 9 – 22.

*Emmerich, V. / Sonnenschein, J.*, Konzernrecht: das Recht der verbundenen Unternehmen bei Aktiengesellschaft, GmbH, Personengesellschaften und Genossenschaft – ein Studienbuch, 4., völlig neubearbeitete Auflage, München (1992).

*Eymann, W. / Menichetti, M. J.*, Die Regulierung des Marktes für Übernahmen in den Europäischen Gemeinschaften, ZfbF 43 (1991), S. 1070 – 1086.

*Fama, E. F. / Miller, M. H.*, The Theory of Finance, Hinsdale IL (1972).

*Fama, E. F.*, Efficient Capital Markets: A Review of Theory and Empirical Work, JoF 25 (1970), S. 383 – 417.

*Feldenkirchen, W.*, Banken und Stahlindustrie im Ruhrgebiet: Zur Entwicklung ihrer Beziehungen 1873 – 1914, BhA 5, Heft 2 (1979), S. 26 – 52.

*Feldenkirchen, W.*, Kölner Banken und die Entwicklung des Ruhrgebiets, ZfU 27 (1982), S. 81 – 103.

*Felderer, B. / Homburg, St.*, Makroökonomik und neue Makroökonomik, Berlin et al., (1987).

*Fischer, K.*, Hausbankbeziehungen als Instrument der Bindung zwischen Banken und Unternehmen: Eine theoretische und empirische Analyse, Dissertation, Bonn, Rheinische Friedrich-Wilhelms-Universität (1990).

*Fischer, L.*, Problemfelder und Perspektiven der Finanzierung durch Venture Capital in der Bundesrepublik Deutschland, DBW 47 (1987), S. 8 – 32.

*Francfort, A. J. / Rudolph, B.*, Zur Entwicklung der Kapitalstrukturen in Deutschland und in den Vereinigten Staaten von Amerika: Eine vergleichende empirische Untersuchung, ZfbF 44 (1992), S. 1059 – 1079.

*Frank, P. E.*, The Economics of Brokerage, in: *Williamson, J.P.* (Hrsg.), The Investment Banking Handbook, New York NY et al. (1988), S. 401 – 412.

*Furubotn, E. G. / Pejovich, S.*, Property Rights and Economic Theory: A Survey of Recent Literature, JoEL 10 (1972), S. 1137 – 1162.

*Gäfgen, G.*, Entwicklung und Stand der Theorie der Property Rights: Eine kritische Bestandsaufnahme, Schriften des Vereins für Sozialpolitik, N.F., Bd. 140 (1983), S. 43 – 62.

*Gamm, O.-F. von*, Kartellrecht, 2. Auflage, Köln et al., (1990).

*Gehr, M.*, Das Verhältnis zwischen Banken und Industrie in Deutschland seit der Mitte des 19. Jahrhunderts bis zur Bankenkrise von 1931 unter besonderer Berücksichtigung des industriellen Großkredits, Dissertation, Tübingen, Eberhard-Karls-Universität (1959).

*Gerschenkron, H.*, Economic Backwardness in Historical Perspective, Cambridge MA (1962).

*Giersch, H. / Schmidt, H.*, Offene Märkte für Beteiligungskapital: USA – Großbritannien – Bundesrepublik Deutschland, Stuttgart (1986).

*Gille, B.*, Bankwesen und Industrialisierung in Europa 1730 – 1914, in: *Cipolla, C.M.* (Hrsg.), Europäische Wirtschaftsgeschichte, Bd. 3: Die Industrielle Revolution (1976), S. 165 – 194.

*Glogowski, E. / Münch, M.*, Neue Entwicklungen auf dem Euro-Geldmarkt, Kreditpraxis, o.J., Heft 4 (1990), S. 21/2.

*Gösche, A.*, Mergers & Acquisitions im Mittelstand: Unternehmen und Beteiligungen gezielt kaufen und verkaufen: Planung, Strategie, Durchführung, Integration, Wiesbaden (1991).

*Goldschmidt, L.*, Handbuch des Handelsrechts, Band I, Erlangen (1864).

*Goldsmith, R.W.*, Financial Structure and Development, New Haven CO und London (1969).

*Goodhart, C. H. E.*, Money, Information and Uncertainty, 2. Auflage, Basingstoke und London (1989).

*Gower, L. C. B.*, Gower's Principles of Modern Company Law, mit Beiträgen von *Prentice, D. D.* und *Pettet, B. G.*, 5. Auflage, London (1992).

*Gregorash, S. F.*, Interstate banking: The legal and economic framework, in: *Baer, H. / Gregorash, S. F.* (Hrsg.), Toward Nationwide Banking: A Guide to the Issues, Chicago IL (1986), S. 17 – 26.

*Grill, W. / Perczynski, H.*, Bank- und Sparkassenkaufleute: Bankwirtschaft und Recht in Frage und Antwort, 10., überarbeitete Auflage, Wiesbaden (1989).

*Gröschel, U.*, Von der 4. zur 7. KWG-Novelle, Sparkasse 110 (1993), S. 225 – 230.

*Grundmann, W.*, Neuregelung des Insiderhandels-Verbots in Deutschland, ZfgK 45 (1992), S. 12 – 15.

*Grunewald, B.*, Was bringt der Vorschlag einer 13. EG-Richtlinie über Übernahmeangebote für das deutsche Recht?, ZfWB 43 (1989), S. 1233 – 1239.

*Grunewald, B*, Neue Regeln im Insiderhandel, ZBB, o.J. Heft 3 (1990), S. 128 – 133.

*Gruson, M. / Heirndl, Th.*, Prinzipien des US-Bankrechts, ÖBA, o.J., Heft 1 (1990), S. 6 – 18.

*Gurley, J. / Shaw, E.*, Money in a Theory of Finance, Washington DC (1960).

*Gutenberg, E.*, Grundlagen der Betriebswirtschaftslehre, Erster Band: Die Produktion, 24., unveränderte Auflage, Berlin et al. (1983).

*Hahn, D.*, Die Regulierung von Übernahmen in der Europäischen Gemeinschaft: Eine ökonomische Analyse der vorgeschlagenen EG-Richtlinie zu Übernahmeangeboten und der bereits erlassenen Richtlinie über die Veröffentlichungspflichten beim Erwerb von Unternehmensanteilen, ZBB 2 (1990), S. 10 – 21.

*Hahn, H. J.*, Währungsrecht, München (1990).

*Hall, W.*, How the American system of bank regulation developed, The Banker 124 (1974), S. 1101 – 1108.

*Hamilton, R.W.*, The Law of Corporations in a Nutshell, 3. Auflage, St. Paul MN (1991).

*Hansen, L.*, Junk Bonds: Risiken und Chancen der Finanzierung von Unternehmensübernahmen durch Ramsch-Anleihen, Wiesbaden (1991).

*Hartmann, G.*, Über den rechtlichen Begriff des Geldes und den Inhalt von Geldschulden, Braunschweig (1868).

*Hauschka, C. E. / Roth, T.*, Übernahmeangebote und deren Abwehr im deutschen Recht: Zugleich ein Beitrag zur internationalen Standortbestimmung des deutschen Aktienrechts, AG 33 (1988), S. 181 – 196.

*Hauschka, C. E.*, Der Stand der gemeinschaftsrechtlichen Rechtsangleichung im Recht der privaten Wirtschaft drei Jahre vor Vollendung des Binnenmarktes 1992, NJW Heft 42 (1989), S. 3048 – 3058.

*Hax, H. / Hartmann-Wendels, T. / Hinten, P. von*, Moderne Entwicklung der Finanzierungstheorie, in: *Christians, F. W.* (Hrsg.), Finanzierungshandbuch, 2., völlig überarbeitete und erweiterte Auflage, Wiesbaden (1988).

*Hayes, S. L. / Hubbard, P. M.*, Investment Banking: A Tale of Three Cities, Boston MA (1990).

*Hayes, S. L. / Spence, A. M. / Marks, D. V. P.*, Investment Banking Competition: An Historical Sketch, in: *Williamson, J. P.* (Hrsg.), The Investment Banking Handbook, New York NY et al. (1988), S. 11 – 33.

*Hayes, S. L. / Taussig, R. A.*, Tactics of Cash Takeover Bids, HBR 45 (1967), S. 135 – 148.

*Heaton, F.*, Introduction, in: *Westminster Management Consultants Limited* (Hrsg.), A Practitioner's Guide to the City Code on Takeovers and Mergers, 4. Auflage, Surrey (1992), S. 11.

*Hein, M.*, Bankensysteme außerhalb der Bundesrepublik – Marktwirtschaftliche Bankensysteme, in: *Kloten, N. / von Stein, J. H.* (Hrsg.), Geld-, Bank- und Börsenwesen: ein Handbuch, 37. Auflage (1988), S. 251 – 269, 276/277.

*Heinrichs, A.*, Die Rolle von Finanzintermediären bei öffentlichen Übernahmeangeboten am Beispiel der englischen merchant banks: Institutionelle Regelungen und ökonomische Analyse, Diplomarbeit, Hagen, FernUniversität (1993).

*Heisenberg, W.*, Quantentheorie und Physik: Vorlesungen und Aufsätze, Stuttgart (1979).

*Hellwig, M.*, Geldwert und Geldneutralität: Indirekter Tausch und Geld in der temporären Gleichgewichtstheorie, WISU 14 (1985), S. 503 – 508.

*Hellwig, M.*, Banking, Financial Intermediation and Corporate Finance, Wirtschaftswissenschaftliches Zentrum der Universität Basel, Discussion Paper Nr. 9015, Basel (1990).

*Herdzina, K.*, Einhundert Jahre Antitrust in den USA – Grundzüge und Entwicklungstrends, WISU 19 (1990), S. 518 – 523.

*Herrhausen, A.*, Großbanken und Ordnungspolitik, Die Bank, o.J., Heft 3 (1988), S. 120 – 129.

*Herzig, N. / Hötzel, O.*, Steuerliche Gestaltungsinstrumente beim Unternehmenskauf, DBW 50 (1990), S. 513 – 522.

*Hildenbrand, W.*, Information und Ressourcenallokation: Ein Überblick, Schriften des Vereins für Socialpolitik, N.F., Bd. 126 (1982), S. 9 – 34.

*Hilferding, R.*, Das Finanzkapital: Eine Studie über die jüngste Entwicklung des Kapitalismus, Leipzig (1910), unveränderter Nachdruck Berlin (1947).

*Holden, J. M.*, The Law and Practice of Banking: Vol.1: Banker and Customer, 5. Auflage, London (1991).

*Hommelhoff, P.*, Praktische Erfahrungen mit dem Abhängigkeitsbericht, ZHR 156 (1992), S. 295 – 313.

*Horne, J. van*, Financial Management and Policy, 5. Auflage, Englewood Cliffs NJ.

*Hütz, G.*, Die Bankenaufsicht in der Bundesrepublik Deutschland und in den USA: Ein Rechtsvergleich, Berlin (1990), zugleich Dissertation, Hagen, FernUniversität (1990).

*Immenga, U. / Mestmäcker, G.*, Gesetz gegen Wettbewerbsbeschränkungen: Kommentar zum Kartellgesetz, München (1981).

*Institut der Wirtschaftsprüfer* (Hrsg.), Entwurf einer Verlautbarung: Zur Aufstellung und Prüfung des Berichts über Beziehungen zu verbundenen Unternehmen (Abhängigkeitsbericht nach § 312 AktG), Fachnachrichten, Heft 12 (1991), S. 305–307.

*International Monetary Fund* (Hrsg.), International Financial Statistics: Yearbook 1991, Washington DC (1991).

*Jackson, W. D.*, Glass-Steagall Act: Should Bankers Be Brokers?, Congressional Research Service Issue Brief IB 90068 (1991).

*Jarass, H.* Voraussetzung der innerstaatlichen Wirkung des EG-Rechts, NJW 43 (1990), S. 2420 – 2425.

*Jeidels, O.*, Das Verhältnis der deutschen Großbanken zur Industrie mit besonderer Berücksichtigung der Eisenindustrie, Leipzig (1905), zugleich Dissertation, Berlin, Universität (1905).

*Jensen, M. C. / Meckling, W H.*, Theory of the Firm: Managerial Behavior, Agency Costs and Ownership structure, JoFE 3 (1976), S. 305 – 360.

*Jensen, M.C.*, The Market for Corporate Control: The Scientific Evidence, JoFE 11 (1983), S. 5 –50.

*J. P. Morgan* (Hrsg.), 1991 Annual Report, New York NY (1992).

*Juncker, K.*, Relationship Management, in: *Krümmel, H. J. / Rudolph, B.* (Hrsg.), Innovationen im Kreditmanagement – Entscheidungshilfen, Serviceaufgaben und Controlling im Firmenkundengeschäft der Banken, Frankfurt/Main (1985), S. 91 – 100.

*Kaiser, D.*, Buchrezension zu: *Götz, E.*, Technische Aktienanalyse und die Effizienz des deutschen Kapitalmarktes, ZfbF 43 (1991), S. 116/17.

*Kaiser, D.*, Neuere Entwicklung in der Theorie der Kreditrationierung, WiSt 21 (1992), S. 529 – 532.

*Kartte, W.*, Die Macht der Banken, ZfgK 43 (1990), S. 15/6.

*Kaufmann, G. G.*, Purpose and Operation of the Shadow Financial Regulatory Committee, in: *Kaufmann, G. G.* (Hrsg.), Restructuring the American Financial System, Norwell MA (1990), S. 1 – 7.

*Kelly, E. J.*, Legislative History of the Glass-Steagall Act, in: *Walter, I.* (Hrsg.), Deregulating Wall Street: Commercial Bank Penetration of the Corporate Securities Market, New York NY et al. (1985), S. 41 – 65.

*Kindleberger, C. P.*, A Financial History of Western Europe, London (1984).

*Kindleberger, C. P.*, Manias, Panics and Crashes: A History of Financial Crises, 2. Auflage, Houndsmills und London (1989).

*Kirchhoff, W.*, Die Bedeutung des Europäischen Gerichtshofs für Europa und für die einzelnen Marktteilnehmer, DB 42 (1989), S. 2261 – 2264.

*Knight, F.*, Risk, Uncertainty und Profit, Boston MA und New York NY (1921).

*Knobbe-Keuk, B.*, Bilanz- und Unternehmenssteuerrecht, Köln, 8. Auflage (1991).

*Knoll, H-C.*, Die Übernahme von Kapitalgesellschaften: Unter besonderer Berücksichtigung des Schutzes von Minderheitsaktionären nach amerikanischem, englischem und deutschem Recht, Baden-Baden (1992), zugleich Dissertation, Bayreuth, Universität (1991).

*Köpf, G.*, Depotstimmrecht und Aufsichtsratsmandate von Bankvorständen: Ein Beitrag zur Diskussion über die Macht der Banken, WiSt 15 (1986), S. 583 – 587.

*Koppensteiner, H.-G.* > Kommentierung der §§ 15 – 22 und 291 – 328 AktG < in: *Zöllner, W.* (Hrsg.), Kölner Kommentar zum AktG, Köln et al., 2. Auflage (1988).

*Kraft, A.* > Kommentierung der §§ 1 – 11, 13, 14, 23 – 53, 262 – 277, 339 – 361 AktG < in: *Zöllner, W.* (Hrsg.), Kölner Kommentar zum AktG, Köln et al., 2. Auflage (1988).

*Krooss, H. E. / Samuelson, P. A.*, Documentary History of Banking and Currency in the United States, Bände II und IV, New York NY, Toronto, London, Sidney (1969).

*Kropf, B.*, „Verbundene Unternehmen" im Aktiengesetz und im Bilanzrichtlinien-Gesetz, DB 39 (1986), S. 364 – 368.

*Krüger, A.*, Das Kölner Bankiergewerbe vom Ende des 18. Jahrhunderts bis 1875, Essen (1925).

*Krümmel, H. J.*, Liquidität, in: *Albers, W. et al.* (Hrsg.), Handwörterbuch der Wirtschaftswissenschaft, Stuttgart und New York (1978), Bd. 5, S. 47 – 54.

*Kübler, F.*, Gesellschaftsrecht: Die privatrechtlichen Ordnungsstrukturen und Regelungsprobleme von Verbänden und Unternehmen, 3., neubearbeitete und erweiterte Auflage, Heidelberg (1990).

*Kuhn, T.*, The Structure of Scientific Revolutions, Chicago (1962).

*Lambsdorff, O.*, Banken und Unternehmenskonzentration – Muß der Bankeneinfluß zurückgeschraubt werden?, ZfgK 41 (1988), S. 56 – 59.

*Lambsdorff, O.*, Die Macht der Banken, ZfgK 43 (1990), S. 12 – 15.

*Lamprecht, H.*, Entwicklung des Börsen- und Maklerwesens in den USA, AG 18 (1973), S. 191 – 196.

*Landes, D. S.*, The Unbound Prometheus, Cambridge MA (1969), deutsche Übersetzung: Der entfesselte Prometheus, Köln (1973).

*Larenz, K.*, Lehrbuch des Schuldrechts, Erster Band: Allgemeiner Teil, 14., neubearbeitete Auflage, München (1987).

*Leimbach, H.*, Transactions in Corporate Control: an Empirical Investigation of the Nature, Determinants and Effects of Corporate Buy Outs, Frankfurt/Main et al. (1989), zugleich Dissertation, Paderborn, Universität (1989).

*Leland, H. E. / Pyle, D. H.*, Informational Asymmetries, Financial Structure and Financial Intermediation, JoF 32 (1977), S. 371 – 387.

*Lenz, C. O.*, Der Europäische Gerichtshof und das Bankwesen, BI/GF, o.J., Heft 5 (1991), S. 10 – 12.

*Link, T. J. / Hartung A. R.*, Vorstoß der US-Regierung zur Bankenreform, Die Bank, o.J., Heft 3 (1991), S. 132 – 137.

*Link, T. J.*, US-Reform benachteiligt Auslandsbanken, Die Bank, o.J., Heft 6 (1991), S. 300 – 303

*Logue, D. E.*, Initial Public Offerings, in: *William, J.P.* (Hrsg.), The Investment Banking Handbook, New York NY et al. (1988), S. 125 – 139.

*Lutter, M. / Wahlers, H. W.*, Der Buyout: Amerikanische Fälle und die Regeln des deutschen Rechts, AG 34 (1989), S. 1 – 17.

*Maas, U. / Schruff, W.*, Der Konzernabschluß nach neuem Recht (Teil I), Wpg. 39 (1986), S. 201 – 210.

*Macey, J. R. / Miller, G. P.*, Banking Law and Regulation, Boston MA et al. (1992).

*Maier, G.*, USA: Monetäre Innovationen – ihre Ursachen und Konsequenzen für die Geldpolitik, Die Bank, o.J., Heft 11 (1981), S. 542 – 546.

*Manne, H.G.*, Mergers and the Market for Corporate Control, JoPE 73 (1965), S. 110 – 120.

*Maul, K.-H.*, Der Abhängigkeitsbericht im künftigen Konzernrecht – Ein Vergleich zwischen der Regelung des Vorentwurfs zur 9. EG-Richtlinie und des geltenden Aktienrechts, DB 38 (1985), S. 1749 – 1752.

*Mayer, C.*, New Issues in Corporate Finance, EER 32 (1988), S. 1167 – 1189.

*Mayer, C.*, The Regulation of Financial Services: Lessons from the United Kingdom for 1992, in: *Dermine, J.* (Hrsg.), European Banking in the 1990's, Oxford (1990), S. 41 – 61.

*Mayson, S. W. / French, D. / Ryan, C. L.*, Mayson, French & Ryan on Company Law: 1992–93 Edition, 9. Auflage, London (1992).

*McBain, G. S.* (Hrsg.), Butterworths Banking Law Handbook, London und Edinburgh (1989).

*Meier, A.*, Einheitliche Leitung im Konzern aus betriebswirtschaftlicher Sicht, WPg. 19 (1966), S. 570 – 573.

*Mertens, H.-J.*, > Kommentierung der §§ 76 – 117 und 278 – 290 <, in: *Zöllner, W.* (Hrsg.), Kölner Kommentar zum AktG, Köln et al. (1985).

*Michel, A. / Shaked, I.*, RJR Nabisco: A Case Study of a Complex Leveraged Buyout, Financial Analysts Journal, o.J., Heft 5 (1991), S. 15 –27.

*Modigliani, F. / Miller, M. H.*, The Cost of Capital, Corporation Finance and the Theory of Investment, AER 48 (1958), S. 261 – 297.

*Möschel, W.*, Das Trennsystem in der U.S.-amerikanischen Bankwirtschaft, Baden-Baden (1978).

*Monopolkommission* (Hrsg.), Hauptgutachten 1973/75: Mehr Wettbewerb ist möglich, Baden Baden (1976).

*Monopolkommission* (Hrsg.), Hauptgutachten 1976/77: Fortschreitende Konzentration bei Großunternehmen, Baden Baden (1978).

*Monßen, H.-G.*, Neue Entscheidungen im Insider-Recht, BI/GF, o.J., Heft 5 (1991), S. 29–31.

*Morschbach, M.*, Struktur des Bankwesens in den USA, Frankfurt/Main (1981).

*Moschner, M.*, Mergers & Acquisitions: Erste Folge, ÖBA, o.J., Heft 6 (1988a), S. 596 – 599.

*Moschner, M.*, Mergers & Acquisitions: Dritte Folge: Mergers & Acquisitions – Teil des Merchant und Investment Banking, ÖBA, o.J., Heft 8 (1988b), S. 824 – 827.

*Moschner, M.*, Mergers & Acquisitions: Fünfte Folge: Management Buy Out, ÖBA, o.J., Heft 11 (1988c), S. 1107 – 1112.

*Moschner, M.*, Mergers & Acquisitions: Sechste Folge: Management Buy Out II, ÖBA, o.J., Heft 12 (1988d), S. 1218 – 1224.

*Moschner, M.*, Mergers & Acquisitions: Siebente Folge: Management Buy Out III, ÖBA, o.J., Heft 1 (1989a), S. 72 – 78.

*Moschner, M.*, Mergers & Acquisitions: Achte Folge: Leveraged Buy-out, ÖBA, o.J., Heft 2 (1989b), S. 170 – 176.

*Moschner, M.*, Mergers & Acquisitions: Neunte Folge: ESOP-LBO, ÖBA, o.J., Heft 3 (1989c), S. 310 – 316.

*Moye, J.E.*, The Law of Business Organizations, 3. Auflage, St. Paul MN et al. (1989).

*Müller, H.-P.*, Steuern im Konzern, in: *Institut der Wirtschaftsprüfer* (Hrsg.), Handbuch der Unternehmensbesteuerung, Düsseldorf (1990), S. 1979 – 2030.

*Neuber, F.*, Die Macht der Banken, ZfgK 43 (1990), S. 18 – 21.

*Neuburger, H. / Stokes, H.*, German Banks and German Growth, 1883 – 1913: an Empirical View, JoEH 34 (1974), S. 710 – 731.

*New York Stock Exchange* (Hrsg.), You and the Investment World, New York NY (1990).

*Nick, A.*, Die Regelung öffentlicher Übernahmeangebote: Die Ausgangslage in der Bundesrepublik Deutschland und der EG-Richtlinien-Entwurf, ZfB 61(1991), S. 859 – 882.

*Niessen, H.*, Zu den jüngsten Entwicklungen des Bilanzrechts der Europäischen Gemeinschaft, Wpg. 43 (1991), S. 193 – 200.

*Noel, E.*, Die Organe der Europäischen Gemeinschaft, Luxemburg (1988).

*Norton, J. R.*, Up against „The Wall": Glass-Steagall and the Dilemma of a Deregulated („Reregulated") Banking Environment, The Business Lawyer 42 (1987), S. 327 – 368.

*Notger, C.*, Strategic Planning of U.S. Commercial Banks in a Changing Legal Environment, Idstein (1985).

*O'Brien, B.*, The Approach, Announcements and Independent Advice, in: *Westminster Management Consultants Limited* (Hrsg.), A Practitioner's Guide to the City Code on Takeovers and Mergers, 4. Auflage, Surrey (1992), S. 27 – 45.

*OECD*, Merger Policies and Recent Trends in Mergers, Paris (1984).

*Orth, M.*, Gewerbesteuerrecht, in: *Institut der Wirtschaftsprüfer* (Hrsg.), Handbuch der Unternehmensbesteuerung, Düsseldorf (1990), S. 1057 – 1142.

*Otto, H.-J.*, Fremdfinanzierte Übernahmen: Gesellschafts- und steuerrechtliche Kriterien des Leveraged Buy Out, DB 42 (1989), S. 1389 – 1396.

*Panel on Take-overs and Mergers* (Hrsg.), The City Code on Take-overs and Mergers, London (1988).

*Papenheim-Tockhorn, H.*, Der Aufbau von Kooperationsbeziehungen als strategisches Instrument: Eine Längsschnittuntersuchung zur Kooptationspolitik deutscher Unternehmen, Dissertation, Hagen, FernUniversität (1992).

*Pawley, M. / Winstone, D. / Bentley, P.*, UK Financial Institutions and Markets, Houndsmills und London (1991).

*Peltzer, M.*, Die Rolle der Banken bei Unternehmensveräußerungen: Rechtsproblem und Interessenkonflikte, ZfW 12 (1991), S. 485 – 493.

*Peltzer, M.*, Hostile Takeovers ind der Bundesrepublik Deutschland? Möglichkeiten und Hindernisse, ZfW 10 (1989), S. 69 – 79.

*Pfeiffer, H.*, Großbanken und Finanzgruppen – Ausgewählte Ergebnisse einer Untersuchung der personellen Verflechtungen von Deutscher, Dresdner und Commerzbank, WSI-Mitteilungen, o.J., Heft 7 (1986), S. 473 – 480.

*Picot, A. / Kaufmann, Th.*, Property-Rights-Theorie, in: Gablers Wirtschafts-Lexikon, Wiesbaden (1988), Bd. 4, Sp. 1063 – 1066.

*Picot, A. / Michaelis, E.*, Verteilung von Verfügungsrechten in Großunternehmungen und Unternehmensverfassung, ZfB 54 (1984), S. 252 – 272.

*Pohl, H.*, Formen und Phasen der Industriefinanzierung bis zum 2. Weltkrieg, BhA, Neuntes Beiheft (1983), S. 13 – 33.

*Pugel, T. A. / White, L. J.*, An Analysis of the Competitive Effects of Allowing Commercial Bank Affiliates to Underwrite Corporate Securities, in: *Walter, I.* (Hrsg.), Deregulating Wall Street: Commercial Bank Penetration of the Corporate Securities Market, New York NY et al. (1985), S. 93 – 139.

*Rider, B. / Abrams, C. / Ferran, E.* (Hrsg.), Guide to the Financial Services Act 1986, 2. Auflage, Bicester/Oxfordshire (1989).

*Riesser, J.*, Die deutschen Großbanken und ihre Konzentration im Zusammenhange mit der Entwicklung der Gesamtwirtschaft in Deutschland, Jena (1910).

*Riesser, J.*, Von 1848 bis heute: Wesentlich gekürzte Ausgabe des Buches „Die deutschen Großbanken und ihre Konzentration im Zusammenhang mit der Entwicklung der Gesamtwirtschaft in Deutschland", Jena (1912).

*Röller, W.*, Macht der Banken?, Wir (Mitarbeiterzeitung der Dresdner Bank), o.J., Nr. 148 (1989), S. 6.

*Röller, W.*, Die Macht der Banken, ZfgK 43 (1990), S. 16 – 18.

*Rudolph, B.*, Kreditsicherheiten als Instrumente zur Begrenzung von Kreditrisiken, ZfbF 36 (1984), S. 16 – 43.

*Rudolph, B.*, Gestaltungsformen bankaufsichtsrechtlicher Normen, WISU 20 (1991), S. 596 – 601.

*Sametz, A. W. / Keenan, M. / Bloch, E. / Goldberg, L.*, Securities Activities of Commercial Banks: An Evaluation of Current Developments and Regulatory Issues, Journal of Comparative Corporate Law and Securities Regulation 2 (1979), S. 155 – 193.

*Sandweg, J. / Stürmer, M.*, Industrialisierung und soziale Frage in Deutschland im 19. Jahrhundert, München (1981).

*Santomero, A. M.*, European Banking Post – 1992: Lessons from the United States, in: *Dermine, J.* (Hrsg.), European Banking in the 1990's, Oxford (1990), S. 437 – 453.

*Sautter, T.*, Strategische Analyse von Unternehmensaktivitäten: Entwurf und Bewertung von Akquisitionsstrategien, Frankfurt/M. (1989).

*Savage, D. T.*, Interstate Banking: A Status Report, FRB 79 (1993), S. 1075 – 1089.

*Schaad, H.-P.*, Das Depotstimmrecht der Banken nach schweizerischem und deutschem Recht, Zürich (1972).

*Scheffler, W.*, Grundzüge zur Besteuerung von inländischen Konzernen, DBW 51 (1991), S. 701 – 717.

*Schemmel, L.*, Steuerharmonisierung in der Europäischen Gemeinschaft, Schriftenreihe des Karl-Bräuer-Instituts des Bundes der Steuerzahler e.V., Heft 65, Wiesbaden (1989).

*Schmidt, R. H.*, Grundformen der Finanzierung: Eine Anwendung des neoinstitutionalistischen Ansatzes der Finanzierungstheorie, Kredit und Kapital 14 (1981), S. 186 – 221.

*Schmidt, R. H.*, Neuere Property Rights-Analysen in der Finanzierungstheorie, in: *Budäus, D. et al.* (Hrsg.), BWL und Theorie der Verfügungsrechte, Wiesbaden (1988), S. 240 – 267.

*Schnetzer, W.*, Möglichkeiten für eine Versicherung von Bankeinlagen in der Bundesrepublik Deutschland – Gestaltungsformen, Grenzen und Konsequenzen, Karlsruhe (1984), zugleich Dissertation, Hagen, FernUniversität (1983).

*Scholtens, L. J. R.*, On the Foundations of Financial Intermediation: A Review of the Literature, Kredit und Kapital 26 (1993), S. 112 – 141.

*Schreyögg, G. / Steinmann, H.*, Zur Trennung von Eigentum und Verfügungsgewalt: Eine empirische Analyse der Beteiligungsverhältnisse in deutschen Großunternehmen, ZfB 51 (1981), S. 533 – 558.

*Schreyögg, G.*, Der Aufsichtsrat als Steuerungsinstrument des Vorstandes – die Verwaltung der Aktiengesellschaft im Lichte der neueren Managementlehre, AG 28 (1983), S. 278 – 283.

*Schubert, W. / Küting, K.-H.*, Unternehmungszusammenschlüsse, München (1981).

*Schulte-Mattler, H.*, Kapitaladäquanz-Richtlinie schafft einheitliche Aufsichtsregeln, Die Bank, o.J., Heft 8 (1992), S. 460 – 467.

*Schumpeter, J. A.*, Business Cycles: A Theoretical and Statistical Analysis of the Capitalist Process, New York NY und London (1939).

*Scott-Quinn, B.*, Investment Banking: Theory and Practice, London (1990).

*Securities and Investments Board* (Hrsg.), The Background to Investor Protection, London (1992).

*Semler, F.-J.*, Der Unternehmens- und Beteiligungskaufvertrag, in: *Hölters, W.* (Hrsg.), Handbuch des Unternehmens- und Beteiligungskaufs, Köln (1992), S. 431 – 518.

*Sieben, G. / Sielaff, M.*, Berichte des Arbeitskreises „Unternehmensacquisition", Stuttgart (1989).

*Smith, C. W. / Warner, J. B.*, On Financial Contracting: An Analysis of Bond Covenants, JoFE 7 (1979), S. 117 – 161.

*Spanos, A.*, Statistical Foundations of Econometric Modelling, Cambridge et al. (1986).

*Starbatty, J.*, Ordoliberalismus, WiSt 12 (1983), S. 567 – 573.

*Statistisches Bundesamt* (Hrsg.), Statistisches Jahrbuch 1992 für das Ausland, Wiesbaden (1992).

*Stechow, F.-L. von*, Die Auflösung der Arbeitsteilung im englischen Bankensystem dargestellt am Beispiel der Londoner Clearing Banks und Merchant Banks, Würzburg (1973).

*Steinmann, H. / Schreyögg, G. / Dütthorn, C.*, Managerkontrolle in deutschen Großunternehmen – 1972 und 1979 im Vergleich, ZfB 53 (1983), S. 4 – 25.

*Steinmann, H. / Schreyögg, G.*, Zur Bedeutung des Arguments der „Trennung von Eigentum und Verfügungsgewalt" – Eine Erwiderung, ZfB 54 (1984), S. 273 – 283.

*Stern, E.*, Übernahmeangebote im englischen Recht: The City Code on Takeovers and Mergers, Teil 1, ÖBA, o.J., Heft 12 (1992), S. 1065 – 1073.

*Stiglitz, J. E. / Weiss, A. E.*, Credit Rationing in Markets with Imperfect Information, AER 71 (1981), S. 393 – 410.

*Storck, J.*, Betriebs- und marktpolitische Aspekte von Mergers and Acquisitions, Die Bank, o.J., Heft 7 (1990), S. 376 – 380.

*Studienkommission „Grundsatzfragen der Kreditwirtschaft"* (Hrsg.), ohne Titel, Schriftenreihe des Bundesministeriums der Finanzen, Heft 28 (1979).

*Stützel, W.*, Preis, Wert und Macht: Analytische Theorie des Verhältnisses der Wirtschaft zum Staat, Dissertation, Tübingen, Universität (1952), unveränderter Nachdruck Aalen (1972).

*Stützel, W.*, Entscheidungstheoretische Elementarkategorien als Grundlage einer Begegnung von Wirtschaftswissenschaft und Rechtswissenschaft, Schriften des Vereins für Socialpolitik, N.F., Bd. 33 (1964), S. 27 – 50; Wiederabdruck in ZfB 36 (1966), S. 769 – 789.

*Süchting, J.*, Überlegungen zur Attraktivität eines Allfinanzangebotes, bank und markt 16, Heft 12 (1987), S. 7 – 13.

*Swoboda, P.*, Finanzierung I: Theorie, in: *Albers, W. et al.* (Hrsg.), Handwörterbuch der Wirtschaftswissenschaft, Bd. 3, Stuttgart und New York NY (1981), S. 18 – 31.

*Symons, E. L. / White, J. L.* (Hrsg.), Banking Law: Selected Statutes and Regulations, St. Paul MN (1991).

*Szagunn, V. / Wohlschieß, K.*, Gesetz über das Kreditwesen in der Fassung vom 11.7.1985: Kommentar, 5., neubearbeitete Auflage, Stuttgart, Berlin, Köln (1990).

*Teweles, R. J. / Bradley, E. S.*, The Stock Market, 5. Auflage, New York NY et al. (1987).

*Thadden, E. L. von*, Zur Effizienz des Marktes für Unternehmenskontrolle, Wirtschaftswissenschaftliches Zentrum der Universität Basel, Discussion Paper Nr. 8913, Basel (1989).

*The Institute of Chartered Secretaries and Administrators* (Hrsg.), Companies Act 1985 and Related Legislation with Index, Cambridge and Dover NH (1985).

*Theisen, M. R.*, Haftung und Haftungsrisiko des Aufsichtsrats, DBW 53 (1993), S. 295 – 318.

*Thieme, J.*, Geldtheorie: Stand, neuere Entwicklungen und geldpolitische Konsequenzen, WiSt 22 (1993), S. 171 – 180.

*Tilly, R .H.*, Financial Institutions and Industrialization in the Rhineland 1815 – 1870, Madison MW und London (1966).

*Tilly, R. H.*, Kapital, Staat und sozialer Protest in der deutschen Industrialisierung: Gesammelte Aufsätze, Göttingen (1980).

*Tilly, R. H.*, German Banking, 1850 – 1914: Development Assistance for the Strong, JoEEH 15 (1986), S. 113 – 152.

*Tilly, R .H.*, Banking Institutions in Historical Perspective: Germany, Great Britain and the United States in the Nineteenth and Early Twentieth Century, JITE 145 (1989), S. 189 – 209.

*Tietzel, M,* Die Ökonomie der Property Rights: Ein Überblick, ZWP 30 (1981), S. 207–243.

*Treumann, W. / Peltzer, M. / Kuehn, A. M.*, US Business Law: A bilingual Guide for the German businessman and Investor and his advisors, 2., neubearbeitete und erweiterte Auflage, Köln (1990).

*Trockels, F.*, „Business Judgement Rule" and „Corporate Take-overs", AG 35 (1990), S. 139 – 144.

*Turner, G.*, Zur Stellung des Aufsichtsrats im beherrschten Unternehmen, DB 44 (1991), S. 583/4.

*Ulrich, S.*, Die neuen Bankiers, Manager Magazin, o.J., Heft 3 (1991), S. 155 – 164.

*Ulrich, S. / Wilhelm, W.*, im Gespräch mit *Schmitz, R.*, Jeder braucht einen Freund, Manager Magazin, o.J., Heft 3 (1991), S. 178 – 185.

*US Department of Commerce* (Hrsg.), US Department of Commerce: Statistical Abstract of the United States, Washington DC (1992).

*Vonnemann, W.*, Die neue europäische Fusionskontrolle: Überblick über die EG-Fusionskontrollverordnung vom 21.12.1989, DB 43 (1990), S. 569 – 574.

*Walras, L.*, Eléments d'Economie Politique Pure ou Théorie de la Richesse Sociale, 1. Auflage Lausanne (1874), édition comparée, Paris (1988).

*Wellhöner, V.*, Großbanken und Großindustrie im Kaiserreich, Göttingen (1989).

*Wenger, E.*, Universalbankensystem und Depotstimmrecht, Schriften des Vereins für Socialpolitik, N.F., Bd. 214 (1992), S. 73 – 103.

*White, E. N.*, Before the Glass-Steagall Act: An Analysis of the Investment Banking Activities of National Banks, Explorations in Economic History 23 (1986), S. 33 – 55.

*White, L. J.*, The S&L debacle: public policy lessons for bank and thrift regulation, New York NY et al. (1991).

*Widmann, S. / Mayer, R.*, Umwandlungsrecht, Loseblattsammlung, Bonn, 17. Aktualisierung (1991).

*Widmann, S.*, Änderung der Unternehmensstruktur, in: *Institut der Wirtschaftsprüfer* (Hrsg.), Handbuch der Unternehmensbesteuerung, Düsseldorf (1990), S. 1885 – 1977.

*Wiesner, P. M.*, Stand des europäischen Unternehmensrechts, Die Bank, o.J., Heft 7 (1991), S. 401 – 407.

*Wiethölter, R.*, Interessen und Organisation der Aktiengesellschaft im amerikanischen und deutschen Recht, Karlsruhe (1961), zugleich Habilitation, Köln, Albertus-Magnus-Universität (1960).

*Wissmann, M.*, Die Macht der Banken, ZfgK 43 (1990), S. 10 – 12.

*WP-Handbuch*, Wirtschaftsprüfer-Handbuch 1992: Handbuch für Rechnungslegung, Prüfung und Beratung, Band I, *Institut der Wirtschaftsprüfer* (Hrsg.), Düsseldorf (1992).

*WP-Handbuch*, Wirtschaftsprüfer-Handbuch 1992: Handbuch für Rechnungslegung, Prüfung und Beratung, Band II, *Institut der Wirtschaftsprüfer* (Hrsg.), Düsseldorf (1992).

*Zöllner, W.*, > Kommentierung der §§ 12, 118 – 141, 179 – 181, 241 – 257, 362 – 398, 407 – 410, 142 – 147 (letztere zusammen mit Kronstein, H.) < in: ders. (Hrsg.), Kölner Kommentar zum AktG, Köln et al. (1985).

## Aus unserem Programm

Heinrich Brakmann
**Aktienemissionen und Kurseffekte**
Deutsche Bezugsrechtsemissionen für die Jahre 1978 bis 1988
1993. XXV, 373 Seiten, 29 Abb., 53 Tab.,
Broschur DM 118,-/ ÖS 921,-/ SFr 119,-
ISBN 3-8244-0144-4
Für Bezugsrechtsemissionen deutscher Industrieunternehmen ermittelt der
Autor signifikant positive Überrenditen zum Ankündigungszeitpunkt. An-
scheinend gelingt es Unternehmen, mit Bezugsrechtsemissionen die Quali-
tät des zu finanzierenden Investitionsprogramms zu signalisieren.

Jürgen Cramer
**Financial Engineering durch Finanzinnovationen**
Ertrags- und Risikooptimierung bei Banken und Unternehmen
1993. XXIV, 388 Seiten, 25 Abb., 62 Tab.,
Broschur DM 118,-/ ÖS 921,-/ SFr 119,-
ISBN 3-8244-0162-2
In diesem Buch werden Ansätze der Unternehmensforschung zur Ertrags-
optimierung und Risikosteuerung von Finanzinnovationen genutzt. Pra-
xisbeispiele verdeutlichen die Überlegungen.

Carl Heinz Daube
**Marketmaker in Aktienoptionen an der Deutschen Terminbörse**
1993. XXVII, 356 Seiten, 36 Abb., 8 Tab.,
Broschur DM 118,-/ ÖS 921,-/ SFr 119,-
ISBN 3-8244-0149-5
Wer als Marketmaker erfolgreich tätig sein will, muß potentielle Wertände-
rungen seiner Positionen ermitteln, beurteilen und beherrschen können.
Ausgehend von der Optionsbewertungstheorie wird herausgearbeitet, wie
sich ein Marketmaker Risikoprofile seiner Positionen erstellen kann.

Winfried Freygang
**Kapitalallokation in diversifizierten Unternehmen**
Ermittlung divisionaler Eigenkapitalkosten
1993. XXI, 388 Seiten, 41 Abb., 29 Tab.,
Broschur DM 118,-/ ÖS 921,-/ SFr 119,-
ISBN 3-8244-0193-2
In diesem Buch werden nach einer Betrachtung wichtiger Ansätze der
Wertsteigerungsanalyse alternative Konzepte zur Schätzung divisionaler
Eigenkapitalkostensätze vorgestellt und unter deutschen Kapitalmarktbe-
dingungen gewürdigt.